中国社会学
经典文库

（修订版）

跨越边界的社区

北京“浙江村”的生活史

项飙 著

生活·讀書·新知 三联书店 生活書店出版有限公司

本书新增地图（Pxlii）的绘制底图来自北京市规划和国土资源管理委员会、北京市民政局公布的北京市域地图，审图号：京S（2016）024号

图书在版编目（CIP）数据

跨越边界的社区：北京“浙江村”的生活史 / 项飙 著 .—北京：生活书店出版有限公司，2018.3（2025.12 重印）
ISBN 978-7-80768-188-5

Ⅰ.①跨… Ⅱ.①项… Ⅲ.①城市社会学—研究—北京②农村劳动力—劳动力转移—研究—浙江 Ⅳ.①C912.81 ②F323.6

中国版本图书馆 CIP 数据核字 (2017) 第 069570 号

丛书策划　杨震林
责任编辑　苏　毅
装帧设计　罗　洪
责任印制　孙　明
出版发行　生活書店出版有限公司
（北京市东城区美术馆东街 22 号）
邮　　编　100010
经　　销　新华书店
印　　刷　天津睿和印艺科技有限公司
版　　次　2018 年 3 月北京第 1 版
2025 年 12 月北京第 25 次印刷
开　　本　635 毫米 × 965 毫米 1/16　印张 35
字　　数　419 千字　图 26 幅
印　　数　138,001-143,000 册
定　　价　68.00 元
（印装查询：010-64052612；邮购查询：010-84010542）

目　录

第三章　周家一日

第四章　1984：来到北京

第五章　1986—1988：站稳脚跟

插图

序一（修订版序） 让他们看到饱满的自己

《跨越边界的社区》原版成书于1998年，2000年出版。摆在读者面前的是我第二次修改的结果。第一次是在2001年。当时为了准备英译本，在刚刚经历了被西方学术规范全面震撼的我，删了全书的三分之一。[①] 我把大量细节断然抛去，认为它们没有理论意义。我觉得自己做那些细琐描述是因为缺乏规范训练，是缺乏高度概括的学术能力的体现。我这次修改用的是2001年那满页是羞愤的删除号的手改稿。但这次的一个主要工作却是把那些粗重叉叉下的细节抢救回来。

放下了一些理论焦虑，蓄起了一点历史视角，我重新体会到细节的价值。首先我意识到，我当年不完全是因为没有理论才求诸细节。如果我们把理论理解为劝说读者的工具，细节对我来说就是另一种形式的理论。我希望通过充分的细节来说服读者：自下而上的社会变化是可能的，由此形成的社会自主性是应该被允许甚至得到鼓励的。我当年那么投入地整理记录细节，是觉得一个新的历史在自己眼前形成，我被其鲜活生动深深吸引，强烈希望全世界都知道这些细节。细节不是通常意义上的理论，但是各个细节都是有“道

---

① 英译版 *Transcending Boundaries: Zhejiangcun: the Story of A Migrant Village in Beijing*。Jim Weldon译，荷兰Brill Academic Publishers于2005年出版。2001年修订时，我正在澳大利亚为我在牛津大学的博士论文进行对印度籍计算机工程人员的调查。关于我当时的学术迷惑，读者可参阅《一个陌生者的探险》，《全球“猎身”：世界信息产业和印度的技术劳工》，北京：北京大学出版社，2010年。

理”的，即细节展示人们怎么行动、什么行动导致什么结果的逻辑。

记下那么多细节，也是因为我把自己定位成读者和“浙江村”之间的中介。我不掌握“浙江村”的所有事实，也不是他们的代言人，我想做的，是把读者带到“浙江村”。我希望读者通过看我怎么和“浙江村人”互动，读者能够直接地接近他们。整本书在很大程度上是一场双重对话：我和“浙江村人”的对话，和以此为基础的我和读者的对话。我希望保持对话的开放性，让读者进入我和“浙江村人”的互动、进入我的思维过程。没有细节，就没有对话的展开。我在新版中也保留了曾经删去的非学术性的（比如政策建议、社会评论式，及个人感受的）语言。这些思考和感悟当然是粗浅和芜杂的，但是它们是开放性对话的有机组成部分。

因为当时的细节记录是基于这样的冲动，近二十年后重读，不但依然可以触摸当时跳动的脉搏，反而感到了更大的冲击力。在调查中，这些细节是令我惊讶兴奋、追着捡拾的彩珠。在2001年它们看似满地杂草。而现在，这些细节又像是从泥土深处探出的芽头，零乱但是包含着坚挺的生命，让我看到原来没有看到的东西。

比如，我在2001年把对生活体系的描写（第六章）基本上都删去了。但是现在看来，人们怎么买菜、看病、养小孩等等，可能比他们怎么做生意更为重要。“浙江村”把物质生产（做服装）和人的生产（生活体系）用同样的方式组织起来，这两个体系的重叠是它独特的生命力所在。“浙江村”首先是一个统一的社会体。我们固然可以认为其生活体系是辅助经济活动而存在的，就像我们的吃喝拉撒在辅助我们的工作；但是如果从以人为本的角度看，服装生意无非是这个社会自我延续过程的一部分，就像只有了解了人们怎么吃喝拉撒，我们才明白“工作”对他们的意义究竟是什么。事实上，“浙江村”在2000年以后的变化的重点，并不在于其经济活动；而其生活体系的变化，特别是居住大院的消失和依靠外部市场来满足教育、医疗的需要，可能更为重要。

又比如，《跨越边界的社区》详细记录了社区内非正式权威形成的复杂过程，包括大人物和帮派、和各级政府之间的千丝万缕的关系。自发形成的权威具有暴力和掠夺性的一面，但是通过在社区内部提供公共产品（特别是作为居住和生产空间的大院），草根权威出现良性化的趋势。最有威望的大人物成为打击帮派势力的主要力量，并且和基层政府积极互动。“浙江村”这二十年的一个显著变化是大人物的草根性的减弱。对新式精英来说，群众威望不再那么重要，而财富和体制给予的光环是他们追求的目标。重读历史细节让我意识到，新式精英的草根性的减弱，不能理解为劣绅对良绅的取代，更不是现代对传统的更替，而是因为“浙江村”的自主性被破坏了。由于自主性的破坏，体制有了更大的控制能力，但是并不因此有更强的社会吸纳能力。新式精英因此紧随体制，而他们发展群众基础的意愿和能力都不如老的大人物了。

我之所以重新体会到这些细节的价值，也是因为我对我和“浙江村人”的关系有了新的认识。我一直没有勇气把《跨越边界的社区》送给任何“浙江村”的朋友，因为我对大部分人的描写都强调他们的多面性，没有丝毫的颂扬成分。而且主流社会和体制是我心目中的阅听人，因为我想要的是改变他们对“浙江村人”这一类流动人口的看法。我从来没有想过“浙江村人”会去读它。但令我惊讶也最令我特别欣慰的是，许多“浙江村人”买了这本书，而且一买就是几十本。到 2016 年还有朋友问我哪里可以买到。“浙江村人”在书里看到了他们自己。我猜想，是细节让他们和文本建立了真实具体的关系。同时，旨在讲道理的细节使他们看到自己行动的意义。他们看到自己不仅仅是生意人、是被驱逐者，而且是和主流社会的对话者。

高建平（见第八章）是今天“浙江村”最重要的精英人物之一，他准备借北京的疏解计划在河北再造一个新“浙江村”。巨大的计划也面临巨大的压力。2016 年他希望我在公共媒体上为他的项目论证，向北京和丰台区政府提出有利项目的建议。我坦言我做不到。我说他的项目也许成功，也许不成功，我的工作只是细致地记录他的所为，多少年以后，别人可以从他的成功或者失败里看出新的道理，因为社会就是这么过来的。他沉默了片刻，然后看着我严肃地说，“你下次来北京我们一定要好好聊聊！”这是令我感动的一刻。平时他们似乎只关心眼前项目的成败，强烈渴望得到政府的认可，但是他们也渴求看到自己是一个历史主体，看到成败背后的道理，看到自己和社会整体的关系。他们希望看到饱满的自己。

在这次修订版里保留这些细节，也是我对当年的研究方式的纪念。我之所以能够在“浙江村”毫无计划地泡六年，是因为当时的社会科学研究和教学还没有被正规化。学校里既无考试的压力，也没有发表的要求。如果说《跨越边界的社区》有什么特别的优点，那就是我对调查对象的超乎寻常的熟悉亲密程度。这种熟悉，只有靠开放的、长时间的、不赶任务的“浸泡”才能获得；没有这种熟悉，就不会有真正贴切和丰富的分析。如我在书里所说，“‘浙江村’在我心中更多的是一个现实，而不是一个用以写文章的题目”。（2000：521）本书新版的序二从经济社会“正规化”的角度分析了“浙江村”的变化，而社会研究领域的“正规化”也是这二十年一个重要的变化①。基金申请指南、A类刊物要求，框架、假设、文献回顾……黏稠的术语和雕琢的论证，堵塞了对话，窒息了思考。在这些正规化的文本里，不仅社会行动者看不到自己，连研究者也找不到作为活人的自己。近来兴起的底层书写是文学界和思想界对这一趋势的弥足珍贵的纠正，但是在这些文本里，底层者多以个体的受害人的面目出现，而不是以多面立体的、群体性的历史主体的身份

---

① 关于中国社会科学界自20世纪90年代的变化，读者可参阅拙著《中国社会科学“知青时代”的终结》，《文化纵横》2015年12月号：70—79。

站出来。多有感人的叹息，少有勃发倔强的生命。这样的文本可能符合知识分子的口味，但不是群众自己想看的。[①] 要让群众看到饱满的自己，我们需要直面他们的经验和忧虑，需要解释这些经验和忧虑从哪里来，需要亮出他们的坚韧、顽强、智慧和希望。

这次修订工作的本身，也都是关于细节：核实细节信息、纠正错别字、调整不通顺的句式、统一前后不一致的格式。在这里我要特别感谢北京三联书店的苏毅编辑及其同事们一丝不苟的工作。在一切似乎都在泡沫化的今天，他们这种细节精神尤其让人感动。

除了这篇“修订版序”外，新版中加入了序二和序三。这是为了向读者交待：二十年前的这些事对我们今天有什么参考价值？我为此在 2015 和 2016 年三次重访“浙江村”，同时结合以前的重访，写成了序二，回顾了“浙江村”和中国社会二十年来的变化。中国社会在这二十年间并没有历史断裂，甚至没有大的事件，但是我们的日常工作和生活——从入学到求职到就医到婚恋——许多规则都已大不相同。有些变化在形式上是我曾期望的，但是其实际效果往往出乎预料。有些变化则和原来的预期大相径庭。《跨越边界的社区》里记载的诸多细节，显示了当时社会发展的多种可能。那么，为什么一种可能性最后抑制了其他的可能？今天是否还存在多种可能？我当初为什么会形成那种期望，今天又应该如何理解这个期望的落空？本版不能对此展开讨论，但是我希望读者带着这些问题去读这本书。序三是我在 2003 年为英文版所作，对当时的户籍改革方案作了回应。希望这也能为读者提供一个线索，以便对本书作更好的历史性的阅读。

---

① 关于笔者对西方近来“受苦民族志”的评论，及民族志分析如何参与社会变化，可参见《我们如何叙述当下、进入历史：兼论人类学的现实角色》，《考古人类学刊》（台湾）2015 年 12 月号（第 83 期）：89—102。

原版录用的照片，在多次搬家中遗失，此版正文中用的照片是我在同一时期（1992—1998年间）拍的。

在新版书的末尾我也加了“索引”。索引是邀请读者进入文本，或者在读完之后从另一个角度体会细节的一扇后门。读“目录”像是在远处看房子，你看见房子有几层、占地多大、大概是怎么搭建的。索引则通过关键词，展示了书里涵盖的具体话题，比如社会网络、地方政府行为等。这些主题往往是散布在各章节中的，同时，同一段落中又可能包含不同的主题。索引把镶嵌在民族志细节中的多个主题勾勒出来。索引也是把一座房子和其他房子联结在一起的过道。索引选的关键词，是我认为知识界及公众关注的话题，比如乡镇企业、国有企业改革、土地关系等等。书里不一定对它们展开专题分析，但是提供了独特的素材。索引可以帮助关注这些话题的读者查找相关的细节，看到本书和其他文献的联系。（可能正是这个原因，索引里最常用的条目是人名、地名、特别事件等专有名词。对历史、人文地理、国际关系等学科来说，这些专有名词是把知识系统化的节点。）如果说目录展示了一株树如何自成一体，索引则让我们从一棵树里看到一片林。

由于这样的理解，本书的索引突出概念化的主题。比如，我把劳务中介、工资、带班人等都归在“劳动”这一目下；把承包、联营、下岗等归入“国有企业改革”这一范畴。我同时特意选了一些值得进一步探讨的主题，比如联络处、保安、清理（外来人口）。这些议题可能还不是社会科学界广泛使用的关键词，但是它们代表了中国历史上和当今比较重要，也有特色的现象。这些问题也经常在别的研究中被提及。让这样的潜伏的主题呈现出来，和别的研究的潜流汇合，也许能够帮助我们发展出比较扎实的中国问题和中国视角来。

最后我要交待一下关于我的名字的细节。我多年来署名“项飚”，护照上也是这么写的。可是最近发现，我在温州老家户籍本上登记的是“项飙”，从而新的身份证必须是“飙”。否则，公安部门告诉我，我将会有不断的麻烦。所以本版署名“项飙”（但是在引用我以前的出版物时，包括本书原版时，将使用原来署名样式）。这也算是中国社会管治正规化的一个例子。作为人口管理对象的项飙现在有了一个明确、连贯的记录，但作为作者的我，不得不对我四十多年来的文字生命说一声沉重的再见。

2017 年 6 月于东京

序二　正规化的纠结：北京“浙江村”和中国社会二十年来的变化①

中国大陆社会自20世纪90年代以来的变化让人有难以名状的感觉。我们一方面觉得这些变化是正常的、合乎逻辑的（比如市场原则越来越普遍），但是冷不丁就遇上了原来想不到的种种怪象（比如医疗制度改革使得看病更贵更难）。所谓怪象，不仅是因为这些现象不合理、在意料之外，而且我们难以以惯有的思路对它们加以解释。怪象的不合理是明摆着的，但我们又觉得似乎别无选择。历史沿着看似合理的路径走进了错误的房间。现在我们似乎不知道该期望什么、怎么期望，甚至不敢期望。难怪“纠结”成为21世纪初使用频率最高的新词之一。

北京城南“浙江村”近二十年的变化是这个“纠结中国”的一部分。“浙江村”是由来自浙江温州地区的服装加工、经营户于20世纪80年代中期形成的聚居区，人口规模多时曾达到近十万。“浙江村”的发展完全在政府规划之外，大部分的家庭作坊没有注册，治安和环境“脏乱差”，是一个典型的非正规经济。虽然非正规经济在全世界、特别是在发展中国家是一个普遍现象，但是“浙江村”又有其特殊性。它是由一穷二白的流动农民在离天安门广场不足五

---

① 本文的初稿是以“泡沫、盘根和光环：北京‘浙江村’和中国社会二十年来的变化”为题在香港中文大学当代中国文化研究中心的演讲（2016年2月19日）。修改稿发表在《二十一世纪》2017年2月号：81—97。收入本书时，略有修改。

公里的地方形成的，是在面临着严格的社会控制、在当地政府的不断轰赶清理（通过没收生活生产工具、断水断电、限期搬走、强行驱逐等方式把外来者赶出北京，其中以 1995 年 11 月的大清理最为彻底）中不断壮大的。反过来它又不断推进城市社会的变化。

我在 1992 年到 1998 年间花六年时间调查“浙江村”，认为它用实践有力地驳斥了当时中国精英主义的改革思路，特别是强调自上而下的理性设计和“中国人素质太差，改革不易”等论调。我当年的预期是，像“浙江村”这样的“新社会空间”[①] 将逐步正规化，成为推进城市社会前进的持续动力。我这样预期是因为，首先，在市场化这一不可逆转的趋势下，“浙江村”经济将上规模、上档次。由于“浙江村”经济是深深嵌入社区组织中去的，经济的提升将带来社会组织化程度的提高，进而提高他们表达利益的能力，获得更高程度的政府

① 新社会空间是《跨越边界的社区》描述“浙江村”的一个核心概念。这个概念显然受 20 世纪 90 年代当时关于“市民社会”讨论的影响，带有目的论的色彩。当把它和张鹂教授对“浙江村”的出色研究相对比，其局限就尤其突出。张鹂的研究也以空间为核心概念，但是其含义完全不同。受列斐伏尔和福柯的影响，张鹂强调物理空间如何成为权力斗争的场域。我的笼统的社会空间是和国家相对的，而张鹂强调国家、社区领导者、普通工商户三层间的复杂庇护关系。我不得不问自己：为什么我没有关注权力的多层关系，而强调社区和国家的两分呢？这并不是我没有看到权力的多面性——我自己是当年“浙江村”和政府互动的一个中介，我在乐清县（市）驻“浙江村”联络处帮忙、组织爱心小组、为他们联系媒体、起草给政府部门的信件等等。我对空间概念的简单化应用，首先可能是一个实证判断问题。张鹂强调的庇护关系在酒桌上体现得非常明显，当政府官员、“浙江村”的大人物和普通工商户坐在一起，谁大谁小一目了然。但是在实际运作中，大人物在当时主要对下（普通工商户）负责，这是他们的权威基础。地方政府固然可以轰赶外来人口，但是他们在具体运作中经常是被动的，不断在妥协。同时，我的研究本身是 20 世纪 90 年代中国知识分子建设自主性社会的努力的一部分，其目的不是为了和现有理论对话；关心的是有没有形成新的结构性的社会关系，而不是物理空间的分析性意义。见 Li Zhang. *Strangers in the City: Reconfigurations of Space, Power, and Social Networks Within China's Floating Population*（Stanford：Stanford University Press, 2001）。张鹂著，袁长庚译，《城市里的陌生人：中国流动人口的空间、权力与社会网络的重构》，南京：江苏人民出版社，2014。

认可。同时，城市管理体制的改革，也将使得政府权力更有限但是更有效，从而和“浙江村”这样的新空间更好地对接。我在当时最大的服装批发市场（京温市场）和“浙江村人”兴建的最大的住宅兼加工小区（JO 大院）里帮助组建了民间组织“爱心小组”，就是希望推进他们的自我组织能力和与正式权力的互动能力。[①]

二十年后的“浙江村”显然“正规化”了。大型高档商贸城替代了简易的批发市场；一批产值上千万、雇用上百工人、有自己商标品牌的服装企业替代了满天星斗式的家庭作坊。2006 年初，丰台区“十一五”规划纲要提出要将大红门建设成“时装之都核心区”，成为丰台区的“四大经济板块”之一和“北京市第六大商圈”。2008 年北京市把大红门确定为市级文化创意产业聚集区，洋名 CBC（Clothing Business Center）。[②] 2016 年我第五次重访“浙江村”和新一代精英交

---

① 我这样的行动指向的研究可能也造成了 Charles Hale 所说的“分析上的封闭”。行动指向的研究希望在当时当地对问题作明确的判断，而不进行超脱的分析。最重要的是对总体形势的把握，而不是微观上的分解；要的是建设，而不是解构。行动指向不把一个现象转换为理论上的开放性问题，所以“封闭”。这样，可写的东西不多，写出来的也可能被认为是带有目的论、化约论色彩的肤浅描述，难以和文献对话。但是二十年后的回顾让我意识到，也许正是“分析上的封闭”，给研究带来了某种“历史的开放性”。也就是说，正是因为当时的“封闭式”的判断，它让我们更清晰地看到了我们当年理解的局限，看到历史轨迹如何难以预测，从而逼迫我们反思。正是因为它明显地带有那个时代的局限和痕迹，它可能成为进一步思考的一个基石。袁长庚先生对这一“历史的开放性”作了精到的描述：“《跨越边界的社区》是 indexical 的，它的问题意识、关怀、文本之外的政治诉求甚至研究者参与其中的方式、路径，都全然是那个时代‘中国的’问题。抛开学术上艰深的讨论不言，它始终是一个开放性的文本，始终可以让不同时代的读者再次返回那个时刻。”他同时认为《跨越边界的社区》所体现的行动指向和历史感是中国大陆 20 世纪 90 年代的学术作品的一个特色，在一定程度上是对知青学者的风格的继承。（2016 年 6 月 8 日、10 日致笔者电子邮件。）Charles Hale，“Activist Research v. Cultural Critique：Indigenous Land Rights and the Contradictions of Politically Engaged Anthropology,” *Cultural Anthropology* 21，no. 1（2006）：96–120.

② 北京大红门服装协会 2008 年的“大红门服装商贸区介绍”：http://www.bj.xinhuanet.com/bjpd-wq/2008-12/30/content_15321309.htm.（2016 年 4 月 1 日最后阅读。）这么介绍大红门商贸区：（转下页）

谈时，居然有女行政助理坐在一边做笔录。在社会生态上，违章建筑在21世纪第一个十年中期以后基本消失。交通、卫生、治安都明显改善。大部分留在北京的“浙江村人”购买了中高档的商品房，在高楼里没有人再支起缝纫机、电熨架做衣服，在生活方式上和别的城市居民没有差别。[①] 城市化和市场化似乎确实促进了一体化。[②]

但是，“浙江村”的社会自主性，即自下而上的自我组织和创新能力也消失了。像1995年前那种自发兴建住宅小区、成立爱心小组在今天是完全不可想象的了。尽管今天大多数“浙江村人”买房上楼，但是依然没有北京户口，孩子上学要进高档私立学校或者靠交高额赞助费进公立学校；我们看到的一体化，并不是“浙江村人”和城市社会的整合，而是他们作为商品房房主和私立教育的消费者与城市市场的交易。同时，当地的区、乡政府比以前拥有了更大的行政干预和资源汲取的权力，“浙江村”则完全失去“倒逼”政策变革的能力。

（接上页）商贸区内汇集了大批江、浙、闽、粤和港澳服装巨贾的资金与货源，……39家大型服装、纺织品市场，营业面积约100余万平方米，货物日平均吞吐量达1600吨，年交易额占全市同类商品交易额的一半以上，50 000余家商户在此经营，服装纺织行业从业人员超过100 000人。在北京重点发展的“两轴两带多中心区域”中占据重要的地位，同时也是华北乃至国内外闻名的以服装批发业为主导的服装商圈，是丰台区重点发展的四大主体产业之一。

① 到2015年，于20世纪80年代和90年代来到北京的“浙江村人”的大部分人歇业回温州老家。“浙江村人”的职业生涯是根据家庭生命周期决定的。人们一般在第三代出生的时候即歇业。温州人管歇业叫“站起来”，而全身心地工作叫“躺下来”（或者“倒进去”）。躺下大干、起身不干，这也许体现了温州人对网络关系的敏感：重要的不是你自己干不干，而是是否全身进入网络。关于他们的子女，我在《跨越边界的社区》（2000：508）提到在北京接受了教育的温州青少年出现“回归”“浙江村”的趋势。跟进调查显示这个问题也比原来理解的要复杂。对现在已经成年的子女而言，“浙江村”里的同龄人是他们重要的朋友圈子（对男性尤其如此，他们称为“发小”），但是在就业上，很少人子承父业留在“浙江村”。成功的“浙江村人”对子女的普遍期望是大学毕业后进入国企或者大型外资企业。

② 新近的类似观点可见李琼英，《从并存到同化：一个中国移民村的变迁之路——以北京“浙江村”为例》，《江淮论坛》2013年第2期：136—141。

在20世纪90年代，媒体对“浙江村”的报道多含有对城市政府的批评，而21世纪第一个十年中期之后对“浙江村”的报道，则几乎是一边倒的对政府产业提升、旧城改造政策的应和与鼓吹。

基于对当时“浙江村”的观察，我在20世纪90年代末曾这样判断：“在一定领域内，中国已经出现国家和社会的分野，但这种分野又是‘有实无名’的，在事实中存在，却并未得到政策、法律及一般社会意识上的明确认可。”（2000：499）二十年后的情况可能更像是“有名无实”：“浙江村人”作为注册的投资人、购房者在名义上是独立的经济和法律主体，但是他们不再构成一股实际的社会力量。“浙江村”所经历的正规化是中国大陆社会变化的一个普遍趋势。自20世纪90年代以来，各类认证、审批在程序上越来越透明，但是行政权力也越来越大、越来越绕不开。政府和国企重新成为大学毕业生的择业首选。社会结构上的失衡，是和日常生活在形式上的有序，和街道的整洁、坐车的方便同时发生的，甚至是通过后者而得以实现并掩盖其内在矛盾的。中国庞大的非正规经济近年来引起了学术界的关注，如黄宗智指出，中国城镇50%以上的工人处于非正式就业状态，[①] 而在我看来，现在特别值得注意的，不是非正规经济的持续存在，而是非正规经济的“被正规化”。首先，小本生意越来越难做，小规模的个体私营经济被挤出市场。其次，非正规经济被吸纳到正规经济中来，在形式上成为正规经济的一部分。比如，以前包工头带老乡可以随便找工作，但是现在因为执照和资质方面的要求，需要通过正式注册的劳务公司揽活儿。派遣工制度、层层外包、企业以“实习”名义利用技校学生等等，都是有正式程序的。像郭宇宽指出的那样，在建筑业、电视片制作以及学术界日益流行

---

① 黄宗智，《中国被忽视的非正规经济：现实与理论》，《开放时代》2009年第2期：51—73。

的包工制，主要是占据正式地位的单位和个人的寻租行为所致。[①] 通过正式程序安排的工作，其实际条件和报酬很可能比以前更差。

所以非正规经济的被正规化在很大程度上是一个形式问题，但是它不仅仅是表面上的包装，而是一个复杂的社会过程。它需要引入新的机构（比如劳务派遣公司），形成新的经济和社会关系。老乡带老乡找工作的非正规就业，和劳务派遣公司经营下的非正规就业，有质上的不同。前者意味着没有福利保护的就业，后者则意味着对剥削的正当化、制度化。

正规化意味着新的社会经济秩序的形成，意味着重新界定哪些是应该扶植的（比如大型企业和正规方式管理下的非正规经济），哪些是要淘汰的（比如自主的非正规经济），哪些事情是要为另外一些事情服务的。这样的“秩序”的形成——而不是具体的政策或者制度——是当代政府管治社会的主要手段。套用2013年中共十八届三中全会提出的热门词，正规化可以被认为是“国家治理体系和国家治理能力的现代化”的核心内容之一。但是值得注意的是，正规化不是靠政府独家推进的，而是多方互动的结果。其中市场规则的作用不比政府的小。这一进行中的正规化过程很难被概括成一个公式化的图景；对“浙江村”个案的民族志梳理可能会帮助我们理解中国今天的纠结。[②]

“分割—攫取”模式

“浙江村”的正规化不能被理解为是“现代”对“传统”的替代，

① 郭宇宽，《资本的屏蔽还是权力的屏蔽？——“包工制”的理论纵深和中国实证》，《领导者》2011年8月总41期：162—167。

② 在1998年完成《跨越边界的社区》一书后，我和“浙江村”的朋友一直保持联系，并于2003、2005、2015和2016年共五次重访“浙江村”，进行个别深度访谈和小组讨论。我也在英国和日本访谈了在“浙江村”出生、现已成年的第二代“浙江村人”。文中的人名均为化名。

而应该放在一个更大的“社会分割—价值攫取”的发展逻辑下来考察。所谓“分割—攫取”，是指强势者通过对社会群体进行区隔来攫取价值。这固然是人类社会的常态，但是具体的分割—攫取方式是不断变化的。在改革前，国家用行政手段分割城乡社会，从农村攫取剩余价值扶持城市工业。“浙江村人”在“文化大革命”期间偷偷离家到边远地区讨生活，是对这一体制的逃避和反抗。从 20 世纪 80 年代初开始，政府允许农民流动，但是不允许在城市定居。城乡分割有所松动，但是流动人口的经济属性和社会属性被分割，即流动人口可以自由地在市场上出卖劳动力，但是他们的社会权益，比如医疗和子女教育等，需要回到农村才能实现（当然是非常有限的）。流动人口在城里只是劳动力，回家才是社会人。① 不提供任何社会保护的劳动力市场成为价值攫取的主要渠道。在这个阶段，“浙江村”用最直接的方式反分割，即抱团造出自己的一个社区来，把经济生产和社会再生产（自己办幼儿园、诊所等）一体化，形成“社区—产业型”的进城模式。② 这是“浙江村”为什么具有特别强的社会自主性、难以被打散的重要原因。

1995 年之后的正规化是分割—攫取逻辑的延续，但是它的侧重点不在于区隔不同的社会身份（比如有没有户口），而是根据和资产的关系划分人群和产业，那些有利于城市资产（特别是土地）增值的得到扶植，那些不利于资产增值的（比如原来占“浙江村”主流的小型作坊和小型服务业和买不起商品房的）被淘汰。比如北京市

---

① 汪建华等将之概括为“拆分型的劳动力再生产模式”。见汪建华、郑广怀、孟泉、沈原，《在制度化与激进化之间：中国新生代农民工的组织化趋势》，《二十一世纪》2015 年 8 月（总第 150 期）：4—18，页 4 及注 2。此外参见 Claude Meillassoux，*Maidens, Meal and Money: Capitalism and the Domestic Community*（Cambridge：Cambridge University Press，1981）。

② 王汉生、刘世定、孙立平、项飚，《“浙江村”：中国农民进入城市的一种独特方式》，《社会学研究》1997 年第 1 期：56–67。

在2009年宣布，北京市和丰台等区县将在三年里投资500亿改造南城，“浙江村”是重点改造对象。[①] 政府能够投资500亿，离不开“浙江村”多年在税费上的贡献；政府愿意为南城投资500亿，又离不开“浙江村”经济已经把南城做成有巨大增值潜力的商业热地的事实。而在改造中，绝大部分的“浙江村”生产企业要搬离，给更高档次的企业让地。虽然到2016年大部分“浙江村”企业还留在原地，但是这一计划造成“浙江村”企业强烈的正规化需求，特别是希望通过投资竞标得到政府划拨的土地。这种需求也造成了土地价格的上涨和地方政府寻租的条件。从2015年开始推进的“非首都功能疏解”计划，把大红门一带的服装加工和批发界定为典型的“非首都功能”，要全面迁出北京，为高附加值产业让路。这可以看作是分割—攫取逻辑的升级。分割和攫取不仅是结构性的，也是时间性的：它通过对过去的抹煞和掩盖而实现。

对应于分割—攫取方式的变化，“浙江村”经济在二十年间从“平铺式”发展变成了“垂直式”发展。当年“浙江村”的自我抱团形成了平铺式发展模式：先来的工商户带后来的，没有本钱的小户可以借助亲戚老乡关系进入生产和营销网络中来，并且很快达到其他人的经营水平。“浙江村”经济规模的扩大，主要靠其人口的增多；其经营效率的提高主要靠分工的细化和广大工商户的平等参与。其资本集中程度低，更没有大鱼吃小鱼的现象。外界多爱强调温州人的企业家性格，而温州农民当年的流动更是一种基于乡土情谊的“同去同去”，与市场性的竞争行为相去甚远。

“浙江村”的平铺式发展并不仅是所谓传统网络的自然延伸，它更是对割裂流动人口的经济生产和社会再生产的体制的反抗。所以

---

① 北京市发展和改革委员会《促进城市南部地区加快发展行动计划》，2009年11月5日发布。见 http：//zhengwu.beijing.gov.cn/ghxx/qtgh/t1094011.htm。

会平铺，是因为大家追求的是亲友老乡的集体式的发展。大家要赚钱，同时要做一个好亲戚、好老乡，没有人想看到自己的亲友老乡沦为被剥削的劳工。换句话说，经济活动是社会关系再生产的一部分，前者为后者服务。这样的平铺式发展，可以看作是 20 世纪 80 年代中国农村改革逻辑（包括乡镇企业的发展）的一个延伸。它具有很强的社会吸纳能力，为基层人群提供了发展机会。这一平等普惠主义的改革红利对当前中国还有重要影响：正是因为基层人群积累了基本的生活资源，几次经济震荡没有转化为大规模的社会危机。

2000 年以后，随着资产的重要性的提高，“浙江村”内的发展也从平铺转向垂直。各种生意的资本集中程度提高，没有本钱的小户很难进入。“浙江村”经济明显分成两部分。一是盖市场出租摊位，它本质上是一种地产经营，投资大、回报高但是风险也高，投机性强。二是服装生产及连带产业（比如布料批发），其回报率低、周期长、风险低，但是和盖市场一样，它也需要大量资金投入，否则生产规模太小无法形成价格优势而会被淘汰。正规化和上规模不一定意味着更稳定。和原来紧紧嵌入社会网络、受社会关系保护的经济运作相比，这些大生意在很多方面是更脆弱而不是更稳健了。“浙江村”的纵向式发展也体现在社会关系上。新式精英不如原来的大人物有深厚的群众基础，相反他们形成了一个以资产为基础、以党支部为组织形式的半封闭式圈子。精英和精英之间的关系，远比精英和群众的关系重要。

从平铺到垂直，意味着原来“同去同去”社会关系的瓦解，同时资产和正式权力的重要性的上升。当分割—攫取的手段越原始的时候（比如行政控制的城乡二元），抵制相对容易，“浙江村”反而因此具有了更强的自主性。分割越是精细和抽象，抵抗也越难。政府的手和市场的手交织在一起，看得见却抓不着。价值攫取不再是像把水从一条河抽到另一条河，而更像是通过毛细血管式的管道从机体各个部位汲取养料。如果说在 20 世纪 80 年代初，“浙江村”面对城乡割据状态的策略是逃避，在80—90年代，面对城市的歧视性政策的反应是联合和表达，那么2000年以来我们看到的是其原来的社会性的收缩甚至消失。[①]

下文将从三个方面来具体回顾“浙江村”的正规化究竟是怎么发生的：市场经营、服装加工和大人物的角色。

批发市场：土地的资产化

“浙江村”正规化的起点是1995年政府的大清理。1995年的清理和以前的多次轰赶有质的不同。首先，以前的清理由乡、区或者市政府的某一职能部门（一般为公安或者工商）带头，只针对外来人口，不触及北京当地的系统。而1995年的清理是在国务院最高领导的直接指示下进行的。这不仅意味着力度大，而且直指那些“浙江村”赖以生存的错综复杂的当地关系。北京格外复杂的行政体制是“浙江村”发展的重要空间。比如北京“浙江村”内的土地，其实际所有权有属于中央单位的、市属单位的、区属企业的，还有属于部队的和准军事部门的，更不用说当地乡村了。这些单位分属不同的系统，谁都不服谁，地方政府无力协调，而“浙江村人”却可以通过种种办法，从不同单位获得土地的临时使用权。同时，当“浙江村人”碰到在村里解决不了的问题时，就去乡里，乡里解决不了去区里、再到市里，一直到中央。遇到和规划部门摆不平的事情，就去找工商部门，如果政府部门有阻力就去找媒体。体制的复杂，对体制外的“浙江村人”却意味着诸多缝隙。这样，每次市、区政府轰赶的风头一过，不同的单位又将土地出租给回来的“浙江

① 关于“浙江村”早年的这几类应对策略，参见笔者《逃避、联合与表达》，《中国社会科学季刊》（香港）1998年1月号（第22期）：91—112。

村人”。而在1995年的清理中，工作组先拆了北京单位的违章建筑，然后才动“浙江村人”的大院。清理之后，不许村集体向外地人出租房子和空地。

在大清理的同时，当地乡村的土地关系也发生了重要变化。1995年，“浙江村”核心地带的南苑乡果园行政村按照“资产变股权、社员（村民）当股东”的原则，把村集体资产和非农用地未来的收益权，变成股份，分给每个村民。行政村成立投资公司对土地资产进行管理。村民变股东后，他们“带股上楼”，即免费入住投资公司盖成的高层住宅，同时让出各户的宅基地，由投资公司统一开发。[①] 从而，土地从有具体的使用价值、镶嵌在社会关系中而难以流动的资源，变成了为追求利润最大化而被经营的资产。乡村投资公司通过合作、转让等手段把属于其他单位的临近土地进行组合。原来犬牙相错的土地占有关系得到改变，“浙江村人”很难再通过私下关系获得地皮来盖大院和临时市场。

也是在1995年清理的高峰期，北京市政府提出要建设23万多平方米的大红门服装商贸城。在1995年之后的多轮清理中（比如2006年为准备北京奥运会的大规模清理），每次清理都伴随着村或者乡属的大型的贸易、开发或投资公司的出现。清理成为地方政府的公司系统地掌控“浙江村”资产的手段之一。

土地的资产化固然意味着市场规则冲击了行政体制造成的土地割据，但并不意味着行政权力的退出。相反，资产化带来的是

① “土地经营”和“农民上楼”是中国在2000年以后城市化过程中的普遍现象，学界和政策界已经多有讨论，如周飞舟、王绍琛，《农民上楼与资本下乡：城镇化的社会学研究》，《中国社会科学》2015年第1期：66—83。但是和典型的土地经营不同，“浙江村”所在的投资公司不将土地转让，也不将地产作为抵押从银行贷款来发展基础设施，而是由公司直接投资土地。造成这个差别的主要原因之一是投资公司可以和“浙江村”的经营户合作，而后者可以带来大量的民间资本。

权力的集中。比如，原来村民小组有相当大的自主权，可以直接向“浙江村人”出租土地，为大院提供水电，协助工程进展和维持周边治安等事务，由此获得集体收入。但是投资公司成立之后，投资公司决定一切，农民个体和村民小组无法直接参与和受益。土地的资产化也改变了行政村的权力架构。“党委加村民委员会”的格局变成了“党委加公司”。公司的功能和权力远远超出了村民委员会。当果园村党委书记在干了 30 年后退休的时候，其书记职位和投资公司的总经理则分别由其子、女担任，于是成了“党委加公司加家族”。

在这样的背景下，正规化也就显得合乎逻辑了。对当地的投资公司来说，兴建大型市场是从土地里获利的最快的办法。他们或者直接投资，或者和“浙江村”工商户合作，高层商场取代了集贸市场。正规市场的发展，也离不开对早期自发市场的“分割—攫取”。大红门早市的演变是一个典型例子。在 1995 年的轰赶回潮之后，“浙江村人”在凌晨 4 点到 7 点之间沿大红门路边摆地摊，自发形成非常活跃的服装批发早市。1996 年大红门街道办事处和一个“浙江村”经营户合作，禁止路边摆摊，要求摊主进入在一块菜地上开辟的临时市场，交纳租金。南苑乡政府下属的投资公司在兴建了 DH 服装商贸城后，招租有困难，于是南苑乡政府认定菜地上的早市为非法并加以取缔，让经营户进入租金更高的 DH 商贸城，这才真正启动了商贸城的发展。[①]

市场的正规化造成了“浙江村”内加工和销售这两个环节之间的分离。为了追求高档次，市场投资者鼓励各摊位成为大品牌的专

---

① 我在 2000 年的书里写道：“1997 年 4 月，大红门路边上的 DH 市场把原来固定的柜台拆掉，搞成大厅式的，让大家摆钢丝床，从正规的市场‘退化’成早市。”（2000：443）所指的是同一件事，但是描述不准确。2016 年的回溯调查发现，当时的“退化”是带有行政强迫性质的。

卖店，从而和“浙江村”内的服装生产脱节。在2015年，在市场里只有25%左右的货来自“浙江村”内，同时也只有25%左右的在“浙江村”生产的服装通过这些市场销售。这意味着“浙江村”里原来“包摊位的”群体和“代销”关系的终结。包摊位是“浙江村”平铺式发展模式的一个重要部分，是当年很多新来者的第一份职业。一个新来者只要在临时市场里租到摊位，就可以从做服装的亲友那里拿到货，卖出去之后再给钱，所以代销基本上是没本的生意。当他做大了之后，他也会以经销的方式（即在拿货的时候就给加工户付款）帮新来的加工户一把，保证新来者有充足的流动资金。平常包摊位的到各加工户走访，搜集衣服，同时传达最新的市场动态。这样供销之间形成关系紧密又不断扩大的网络。但是在高档市场中，不仅租金高，而且从外地进的服装一般不能代销，必须提前垫付资金。2000年后期以来，全国经济低迷，下家（即从河北等地来进货的零售商）开始普遍欠账。这样，正规市场中的摊主需要大量资金投入并承担高风险，不可能成为新来者的落脚点。他们认购摊位的动机也变了。摊主现在不再是代销商也不再是生产和市场之间的连接点，他们买或者租摊位，主要不是为了自己经营，而是希望日后以高价转租或者转卖。现在市场中的大部分摊位是温州商户最早承租或者购买的，但是转租给了来自全国各地的经营者。也就是说，大家是冲着摊位今后的价值去的。因此，不管是市场投资者还是摊主，他们所从事的实质上都是资产经营。

资产经营带来了泡沫。首先，由于市场投资可以在短期内收到高回报（一般市场在刚建好就招租，同时通过对建筑公司拖欠工程款，可以很快收回成本），“浙江村”内的大量资金投入到市场建设上来。到2015年市场空间已经明显过剩，摊位价格下滑。其次，从市场建设中获得的大量利润，从2009年开始进入全国各地的各类矿产和地产。“浙江村人”感兴趣的显然不是矿，而是在投机今后矿产升值的可能。[①] 这是和中国宏观经济紧密联系的。2008 年国家投入四万亿后，货币流通性过剩而造成的各类资产（包括矿产、土地、字画古董等；“浙江村”里也有人在近年开始收集字画）价格在 2014 年之前迅速上升。“浙江村”内的投机和泡沫完全是“正规”经济的一部分。

资产经营和投机刺激了金融活动。在 1995 年以前的“浙江村”，大家都在债务关系里面，但是其债务是表现为代销关系的实物债务，基本上没有独立的金融活动。2010 年以后“浙江村”内出现金融“担保公司”。几个大户合伙在银行存款 1000 万以上，便可担保其他企业和个人从该银行贷款，他们向贷款人收取贷款额度的 3% 作为佣金。更普遍的做法是，担保公司以自己的存款为抵押向同一银行贷款，转借给第三方，收取高额利息。这样，担保公司就成了“正规”的高利贷组织。但是由于整体经济的不稳定，村内的10 家担保公司在 2015 年全部面临危机。

金融活跃的另一个副产品是大额度的赌博行为。赌博从 20 世纪 90 年代初就存在，但是参与的人数有限。早年的赌博有时候是救助性的，比如某人生意亏损，朋友们会建议他开赌庄，大家来赌，让他抽头。有时候赌博也成为帮派敲诈勒索的手段（即所谓“倒款”，见本书第七章）。但是 2000 年以来的赌博和民间互助以及帮派势力都关系不大，变得普遍化。其涉及人数之多、数目之巨，已经影响到“浙江村”的经济运行。赌博不是资产化和金融化的必然后果，但是按“浙江村人”的说法，它们都受同一个“社会风气”影响。如果市场投资和矿业的盈利靠运气，那么赌博和这些冠冕堂皇的生意又有什么大的区别呢？资产化和金融化使得财富的伦理含义变得不确定，即所获财富和劳动投入、和个人对社会的实际贡献，几乎没有关系。浮躁

---

① “浙江村人”的项目主要集中在对矿产的前期勘探和办理国家相关手续上，然后将此打包高价转手。矿产开发涉及国家对采矿权、环境、安全多方面的管制和与地方政府的长期交涉；而跑关系正是一部分“浙江村人”的特长。除矿产之外，因电子商务而蓬勃发展的快递服务业是“浙江村”资金的另一个出口。

的心态普遍蔓延。可能正因为如此，“浙江村”里经营户的一个新时尚是走访各大名刹，和住持和尚聊天，尤其是去北京潭柘寺喝茶，据说这样会“接地气”、保佑财富。接地气在“浙江村”是一个全新的概念。这个曾经最务实的社区，现在要向和尚讨“地气”。

服装加工：“去社会性”的正规化

但是“浙江村”的经济还在增长，这是因为其生产能力在扩大。用“浙江村人”的话来说，服装加工是这里“真正赚钱”的生意。加工户一般被认为是比较老实本分的，觉得“只有装到自己口袋里的钱才是真的钱”。而市场和矿产的投资者，往往被说成是“只会在兜里算账的”，意思是只知道把有限的资源来回倒腾以求升值，没有把经济实体做大。是加工户的这一保守性格，保证了“浙江村”经济的相对稳定。

但是“浙江村”生产体系的变化，并不小于批发市场的转型。2000 年之后，雇工少于十人、专业做某一加工工序的作坊基本上消失，取而代之的是正规企业。如果原来作坊之间形成了细密分工和紧密合作，彼此间的交易成本很低，为什么在 1995 年大清理之后出现了大规模的企业？要全面回答这个科斯式问题，需要更多的回溯研究和数据。但是我至今的观察显示，这一转变是一系列因素共同作用的结果，而不是一个自然演化的过程。

首先，企业的兴起是因为大清理打断、稀释了原来的合作网络。在清理后，很多作坊在远离原来“浙江村”中心的大兴县立足，不能和其他作坊随时来往、靠其他作坊完成像锁扣、绣花等多样工序。它们逐步把生产过程内部化和一体化。[①]

---

① 生产过程一体化到企业内部，当然也有技术上的原因。服装生产的机械化不鼓励分工，而流水线更是要对生产过程做横向整合。当然，技术不是中性的。为什么一体化的技术会取代分散化的技术，这本身不是一个技术问题，而是资本运行的逻辑决定的。

其次，大清理后非正式的批发市场大幅度萎缩，市场正规化，这意味着产品必须有正式注册的商标和生产厂家。2000年初大兴县政府又提出“村村点火、户户冒烟”的工业发展政策，鼓励企业申请执照和注册商标。在2016年中期，在“浙江村”正常运营、雇有上百工人的企业可能不到一千，“浙江村人”注册的生产企业可能多达五千家。而注册的商标更多，一个企业可能注册多个商标，一种服装风格就注册一个正式商标。如果我们把注册作为正规经济的标准，“浙江村”的加工企业可谓达到了“过度正规化”。所以要过度正规化，一方面反映了中低端正规市场的特色：既然无法形成一个家喻户晓的大品牌，一品一牌反而好卖，因为这时时给消费者新鲜感。另一方面，“浙江村人”也希望靠注册给他们的生存带来合法性。政府今后清理的时候，总得对有合法执照、有多个注册商标的企业手下留情吧？在他们装修豪华的接待室里，执照、商标登记证、纳税证，甚至土地租赁合同都郑重装裱，高悬墙上。

“浙江村”企业的扩大也有一个偶然因素。20世纪90年代后期，中央政府加大对国有企业改革的力度，北京郊区包括“浙江村”所在地的不少小型国有企业破产。这些国企靠向“浙江村”加工户出租厂房来支付职工的基本收入。由于这种出租行为有利于国企改革和社会稳定，政府没有阻止。这样，在土地资产化的背景下企业不仅可以获得生产用地，而且还是以相当优惠的条件获得这一紧缺资源。

正规企业可以在短期内挤垮小作坊，最重要的原因可能是企业可以攫取大规模的劳动剩余。在“浙江村”近千家雇用上百工人的企业中，到2015年，几乎没有企业和工人签订正式用工合同。令人惊讶的是，企业生产的正规化完全没有带来雇佣关系的正规化——比如工人和雇主形成正式的谈判机制，甚至组织工会；相反，和以前相比，雇佣关系更不正式了。以前的付酬方式是以月工资为主、月工资和计件工资混合，而现在几乎完全是计件付酬。以前的雇佣关系大多持续一年以上（部分原因是老板每月只发生活费，大部分工资在年底结清），而现在工人很“自由”，可以随时退出。有时候不同企业统一计件报酬的标准，允许工人们在不同的企业间根据生产需求流动，哪家有活就去哪家干，干完了就走。工人的工资虽然在理论上不低——如果每天有工做，每月可以拿到7000元以上——但是很不稳定。以前工人和老板（特别是和老板娘及其他女性亲戚）同吃同住同劳动，形成某种模拟家庭关系，老板对工人的剥削和老板对自身及家庭成员的自我剥削是混合在一起的。而现在的关系是纯粹的现时劳务交换，只有剥削，没有自我剥削。好几位企业主在介绍他们生产规模的时候，都首先提到所租厂房的面积是多少，其次提到产值，只有当我特意问的时候，他们才想通常雇多少人。这既反映了土地资产化条件下他们对土地的敏感，也说明了工人地位的进一步边缘化。不受任何保护的廉价劳动力是企业利润的关键来源和其正规化的重要基础。

生产企业的正规化，当然不意味社会关系网络的完全消失。但是，由于资本量的加大，互助网络也向企业化的方向发展。比如，布皮料市场是一个网络性很强的部门，布商皮商间互相拆借资金、转让布料，但是由于涉及的资金量越来越大，现在的互助不再是像以前那样写个条子说句话就可以，而往往采取入股的方式。一个1989年出生的小伙子在2012年带了一百来万到“浙江村”经营布料，2014年布料积压亏了本钱。在同一市场经营的姑姑和一个朋友便以出资解救。他们伸手相助，固然是因为不能看着自己的亲友破产，同时也是因为他们知道，布皮料生意的盈亏取决于对时尚的预测，如果预测对了、提前进了畅销的布料就大赚，预测错了就可能大亏；而这种预测的成败在很大程度上是一个随机事件，若干次错误后，总会有好运气。到2015年底小伙子的生意翻过身来的时候，姑姑和朋友的投资现在占了大份。小伙子把自己称为“操盘手”，扮演类似经理人的角色。

“浙江村”内部经济的正规化在某种意义上可以被看作是一个社会网络“去社会性”的过程。“去社会性”有两层意思。第一，社会关系网络成为为企业服务的工具，而不是企业存在的基础。原来像“代销”这样的关系是根基性的，没有代销关系，作坊和摊位都很难经营，而现在企业是基础，网络是企业之间的网络。原来，凡是一个人有点亲戚老乡关系，就可以凭借这点社会性开始经营；而现在如果没有大量资金就无法进入网络。当社会关系网络是组织公共生活的基础，是解决纠纷、形成权威、判断什么行为是可以接受的什么是不可以接受的原则所在，网络的社会属性是第一位的；而当个体的利润最大化成为基本原则、企业成为基本的经济组织，网络的运作也就从属于对经济利益的计算。第二，“去社会性”意味着社会关系变弱变碎，比如工人和雇主之间的关系变成了纯粹的经济关系。用 Hirschman 的话说，工人只能靠不断流动、不断用脚投票来寻找机会、解决问题，不能“叫喊”（谈判），更谈不上“忠诚”。[①] 由于社会关系的脆弱化，社会创新也就失去了基础。

“去社会性”的趋势，也同样体现在大人物的角色变化中。

大人物：从威望到光环

我在 2015 年 6 月 30 日去看刘世明的时候，他正在为第二天的日程安排纠结。从 2002 年起，身为乐清市驻外党委委员、城关党支部书记的他每年“七一”都要组织支部成员到全国各个革命圣地进行红色旅游。但是他同时是 JD 市场的董事长，当年和他一起盖市场的一个股东的母亲刚刚在温州去世，将在 7 月 1 日出殡。按温州的风俗，

① Albert O. Hirschman. *Exit, Voice, and Loyalty* (Cambridge, Mass.: Harvard University Press, 1970).

朋友父母出殡是大事。更主要的是，这位股东曾在关键时刻对JD市场有突出贡献。JD市场刚开张的时候，生意一度冷清，几户摊主想退出。经理层很着急，因为一旦有人退出，其他摊主可能也会动摇。这位股东出面做工作。他曾是拳师，在“浙江村”有一帮学武的徒弟，有几位也买了摊位。他让自己的徒弟坚决稳住，同时和徒弟一起走访可能动摇的摊主，邀请他们做“结拜兄弟”。摊主们不敢不买这个面子。市场由此稳住。6月29日刘世明一夜没有睡好觉，在红旅和白喜（出殡）之间摇摆，最后他请他爱人代表全家去送丧。毕竟党务要紧。

刘世明需要在拳师和党务间平衡，折射出“浙江村”大人物角色的微妙变化。如果拳师代表了获得权威的民间路线，党务则体现了从正式体制中汲取权威的方式。草根性是原来“浙江村”大人物的根本属性。首先，他们的权威是在没有明显经济分层的情况下产生的，其权威基础不是对有形资源的占有，而是靠群众威信，特别是靠通过对“系”的运作而形成的影响。“系”是一个人的亲友关系和生意关系的叠加，是原来“浙江村”社区形成的核心单位。每个人都有自己的系，同时每个人的系都和别人的重叠。如果一个人的系铺得广，系里的人的生意都做得好，同时系里的人和其他有影响的系交集，那么他就可能有相当的社会影响。所以在早期“浙江村”权威的形成也是“平铺式”的。

其次，原来大人物的草根性也体现在他们和普通“浙江村人”的关系上。在1995年前的“浙江村”，广大小户面向全国做生意，而大人物则在社区内部提供公共资源，呈现“小主外、大主内”的格局。这和大多数移民社区是相反的。大多数社区是“小主内、大主外”：普通人的活动限于社区内部，社团领袖代表普通人和外界交涉。正因为这个格局，很多海外华人不会当国的语言，却可以在唐人街过一辈子。“浙江村”里“主内”的大人物当然要和当地政府来往，但是他们和政府的交往是以他们在社区内部的权威为基础的，并不是因为他们和政府的关系才使得他们在社区里有权威。这样的格局使得“浙江村”在生产生活上自成一体又高度开放性，形成所谓内部聚合性和对外开放性的辩证统一关系。[①]

在大清理前的“浙江村”，大人物提供的公共资源主要是封闭式的居住和生产空间，即有围墙的、对人员出入可以统一监控的大院。他们盖大院，不完全是为了赚钱，而在很大程度上是为了满足他们对公共管理的兴趣。大院本质上是一个社会项目，它和后来的房地产投资是两码事。大院兴起的原因之一是20世纪90年代初严重恶化的卫生状况以及更为突出的治安问题，当时流窜全国的浙江犯罪团伙和“浙江村”内的吸毒群体在村内抢劫，“浙江村人”强烈希望有统一规划的、有安全保障的居住方式。大院老板们对治安防卫、院内及周边道路规划、水电设施配备、小型专线巴士运营等显示出极大的兴趣。刘世明牵头兴建的JO大院是一个典型例子，设计了一整套管理措施。JO大院也因此成为1995年大清理的重点对象。[②] 在清理中，刘世明他们除了到处找关系希望“保”住大院外，特别强调要加强治安，不能因为人心不定给抢劫团伙可乘之机。大院的股东轮流彻夜巡逻，我清晰记得自己当时住在院里参与夜巡的情景。

1995年的大清理打破了“浙江村”“大主内”的格局。大型市场成了大人物们唯一的经营项目。盖市场主要靠资金大、胆子大，一个关键性前提是和当地政府与国有企业有紧密关系，能够搞到地皮。“手段”——比如资金拆借、向不同人施惠或者施压以摆平竞争对手等——变得很重要。大人物的权威基础从扎根于群众的声

① 参见笔者：《社区何为》，《社会学研究》1998年第6期：54—62。

② 1995年国务院和北京市清理“浙江村”，政府担心的并不是所谓的脏乱差，而是其内部的组织化，因此大院成为重点。关于JO大院的管理尝试，见项飚，2000：405—412。

望，变成更个人化的、竞争性的“势力”。“浙江村人”对势力的定义是：“如果你要盖一个市场，别人不敢和你竞争、挡你的路。”势力不完全是新概念。大人物间的势力之争在“浙江村”早期也存在，而且涉及当时的帮派，但是随着大院的兴建，威望最高的大人物逐渐成为遏制帮派的力量，出现“良绅化”的趋势。大清理逆转了这一趋势。

当我们谈到未来的时候，刘世明觉得自己已经进入“半退休”状态，“未来就看下一代了”。他现在最大的愿望是把他经营的市场改建成一个具有标志性的高层建筑，这样“我们的后代经过这个地方，都能看得见”。但是商厦真的是刘世明最想让后人记住的吗？他自己也说，盖大院那几年是他在北京“最有味道”的几年，因为那时候是“把心掏出来”干的，只不过他觉得那已经被证明行不通，再讲也没有意思。显然，如果没有当年的“把心掏出来”干，就不会有今天的大红门。但是当多年积累的价值被凝固到钢筋水泥里之后，垫底者的身影已无踪可寻。

最让人吃惊的变化是“浙江村”大人物的纷纷入党。2001 年，中央要求县级以下政府一律取消驻京办事处，浙江乐清市（县级）撤销了其驻京办，驻京办的功能由原来驻京办的党委替代。党委由此走到前台。“浙江村人”的入党积极性出乎意料的高，到 2015 年底“浙江村”有 1400 名乐清籍党员，12 个支部。[①] 曾任乐清市某镇镇委书记的林书记于 2010 年被派往北京任在外党委书记，当他召开第一次党员大会时，他估计到会的不会多于三分之一的党员，结果到了有 70% 以上，会场坐不下。2005 年以后大人物邀请我的几次宴

① 支部分为三类：一是按照流出地的乡镇组织起来的；二是按照现在所在的市场组织的；三是按照在北京的地域组织的，比如大红门街有几家服装加工厂，党员相对集中，就成立一个党支部。每个支部平均每年发展三到四名党员，直到 2014 年根据中央限制党员发展的要求，才进行数量控制，一个支部一年发展不多于一人。

会基本上都是支部会议，围桌而坐的全是党员。（我也第一次在这样的宴席上见到作为独立嘉宾——而不是助理或者家属——的女“浙江村人”。她们是经营成功的女党员。“浙江村”里经济上的女强人其实不少，但是她们还是要借党员的身份才能在正式场合和男性平起平坐。）

大人物所以积极入党，首先因为这在“浙江村”意味着成功和光彩。刘世明告诉我：“在我们支部里的，都是经济上干得好的，有威信的，有名气的。这样其他人也想加入。”个人经济实力是发展党员和选举支部书记的首要标准。因此正如党委林书记所言，支部书记是“民主自然产生”的，即最有经济实力的人当书记。作为对成功的认可的党员身份倒有一个意想不到的归化作用。一位老“浙江村人”（非党员）认为党组织的发展是“浙江村”近年来最大的亮点，因为它让不少有势力的能人“走上了正道”。不少新生大人物原来是黑白两道都来的，并靠此而发展了自己的势力，党员的身份使他们变得更“正规”。

党支部成为现在“浙江村”里号召力最强的组织。一个在今天被认为是最有势力的“70后”告诉我：“原来是亲戚间互相走动，现在年轻人不管这些了。做得好的和做得不好的（亲戚）也讲不到一起。现在主要是支部（成员）坐在一起聊。交换一下有什么新的计划。”他也特别强调这样的圈子的重要性，通过朋友圈子他可以在一天之内融得近千万的资金，这样的融资能力在争取项目时“不给对手任何思考的余地”。但是在“浙江村”，党支部的号召力显然不在于它的群众性。党支部和群众没有什么关系，甚至还要突出自己的非群众性。其主要活动都限于成员内部：除了“七一”的旅游，支部组织政策学习（主要根据乐清党委发来的学习材料）、接待政府官员、捐款在全国各地建设希望小学、协助乐清政府截留来京上访人员。党支部是精英圈子形成的一个基础。

以前大人物之间的合作关系“与其说是不同大人物个人之间的联合，不如说是不同大人物的各自的系的重叠”[①]，现在的情况显然大不一样。

大人物入党，也是因为他们希望党员的身份能帮助他们获得高层社会的认可，特别是帮助他们和政治高层建立关系。一个新派大人物是“浙江村”内外多家公司的董事，但他认为党支部书记是他最重要的身份。作为支部书记，他成为温州市党员代表大会代表，并且通过运作，两次随党和国家主要领导人出访。新派大人物经常被说成是能“通天”的（即跟最高领导层说上话）。经常听到的传言包括，某政治局常委家里的家具是某某人帮助添置的，另一常委的小舅子家里的窗帘是某某人买的。一时间中共领导人的家庭装潢用品似乎都是“浙江村人”帮助添置的。真假当然难辨，但是这些传闻给大人物平添了势力，使有抱负的年轻人心向往之。党员身份也给人带来一种难以说清但是真切的“感觉”。林书记说，在老家过年的时候“别人说‘项总’‘项董事长’，或者‘项会长’我敬你一杯，和说‘项书记’我敬你一杯，那感觉是完全不一样的。”对不少大人物来说，这样的感觉很重要。

我们或者可以称这样的党员身份为“光环”，即由正式权力授予的、高度可见的荣誉。光环和威望不同。威望是在日常生活中浮现出来的，大人物需要不断地做好事、做好人，比如慷慨助人、公正解决纠纷等等，去巩固和培育威望。而光环是外界给予的，和大人物在日常生活中的举止没有太多关系。原来一个大院老板如果做了不好的事会“丢脸”，甚至威信扫地；而光环则不受这样的影响。我在2000年的书里特别说明了我当时为什么不称大人物为“精英”，因为“精英”是外来研究者赋予的标签，而“大人物”是社区成员自己的概念；和政府关系紧密或者生意做得大的，在外人看来是精

---

① 项飚，2000：456。

英，却未必是“浙江村人”眼里的大人物。[①] 按这样的界定，今天的大人物已经成为典型的“精英”。

光环和传统的招安、册封等吸纳手段有很大区别。招安、册封是要以点带面，通过册封一个非正式头领而归化一批人。而光环是大人物个人和权力体系之间的接合点，不会因此带一批人（比如大人物的“系”）进入体制。戴了党员光环的大人物也不能制度化地参与到公共事务中，从而他们和传统中国社会的士绅也很不一样。

大人物身上的从草根威望到体制光环的变化，也意味着现在人们怎么赚钱、怎么做人，和怎么获得正式的认可，各自的原则是分离的甚至是矛盾的。劳动和财富之间的距离、威信和权力之间的距离、日常生活中的意义和意识形态宣传之间的距离，似乎越拉越大。一个人可以在不做好人的前提下过上体面和有尊严的生活，有时候甚至必须不做好人才有体面和尊严。这可以理解为经济上的“分割—攫取”在思想意识领域的影响。

没有结论的反思

“浙江村”的正规化，当然不意味着“浙江村人”的言行举止都变得像教科书上写的那样，一板一眼按正式规则来。市场经营和服装企业的发展仍然离不开各种不正规行为。在头戴光环的精英身上，也依然可见帮派势力的踪影。在一定意义上，正规化无非是把各种非正规因素装到正规的形式（注册公司、大型工厂）之下。

正规化意味着总体秩序的变化，意味着，可供小人物发展的社会平台在萎缩，和资本或者正式权力没有关系的小人物只能“出局”。而留在“局”里的成功者，他们的地位仍然非常不稳固，时刻

① 项飚，2000：451。

面临被淘汰的风险。不像原来的大人物那样可以依靠自己的草根性自成一局，今天的精英要两眼向上，受制于人。当然，出局的人并不会饿死，国家提供基本生命保护的能力确实在加强——这是正规化的另一面。

“浙江村”正规化的最大受益者是占有土地的政府和各类公司化了的基层政权。他们受益，靠的不是对资产的掠夺，而是靠那些创造了价值的人的社会主体性的消解。一代“浙江村人”的劳动和经营沉淀为巨大的土地级差地租，而“浙江村人”却不能以一个主体身份要求分享这一价值。正规化既是对非正规实践的在名义上的否定，又是对它在事实上的侵占。“浙江村”的正规化把一个萌生中的“新社会空间”还原成了一个物理空间。社会空间里的主体是人，构成社会空间的是错综复杂从而也不免杂乱的关系；物理空间里的主体是地，起主导作用的是行政框架下的单一化的市场规则。面对社会空间，政府要谈判、妥协、学会共存；处理物理空间的手段则简单明了：拆、迁、卖。

中国这二十年的经验证明，正规化不意味着经济的衰退，相反，对非正规经济的正规化是 20 世纪 90 年代以后的增长引擎之一。这和改革初期的发展动力大不相同。在 20 世纪 80 年代，以个体户、乡镇企业以及像“浙江村”这样的流动商户为代表的非正规经济是发展主力，资源从低效的国有企业流入非正规部门而被充分地再利用（比如来自上海等地的国有企业的废品曾是温州乡镇企业和家庭工厂的主要原料）。而现在，资源从社会上被重新收回到正式的，特别是国有的部门。由于正规化把原来分散的资源集中起来，而资产化又刺激了交易、做大了账面资产，同时又没有遏制原来的各种非正规的手段（如对劳动、环保法规的逃避），它在一定时间段内在统计上表现出强劲的增长势头。20 世纪 80 年代的非正规经济调动民间积极性、脱贫致富，20 世纪 90 年代以后的正规化则很可能在拉大贫富差距，造成“国富民穷”的格局。前者是广泛包容，后者形成区隔。[①]

为什么我在二十年前没有注意到正规化的这些后果？首先，这可能是因为当时对“市场机制”的认识过于乐观和简单，以为引入市场机制就会让各种问题迎刃而解，而没有注意到市场本身含有巨大的“分割—攫取”的冲动。我在当时的研究中既强调“浙江村”“网络代替企业”的充分市场化的特色，又把1995年以后正规企业的兴起看作是“浙江村”市场经济的进步，而没有意识到二者之间的逻辑矛盾和这一转变的社会后果，可见当时理解的片面性。当时被我认为是体现了“市场规律”的现象，比如广泛的合作和充分的交易，在今天看来其实是“浙江村”群体社会性的体现，在一定意义上是反市场的。

第二，我当时把市场经济和行政体制分割甚至对立起来，完全没有预料到行政体制可以如此有效地利用市场。行政力量动用市场手段，不是把行政体系市场化了，也不是政府在追求最大利润，而是要通过利益手段维持、深化现有的权力关系。因此很难说行政介入是否“扭

① 黄亚生用宏观经济数据为基础，论证了中国在1990年初以后因为国家的政策干预，经济发展的中心从社会底层、农村转移到沿海、城市中的国有和外资部门。Yasheng Huang，*Capitalism with Chinese Characteristics: Entrepreneurship and the State*（Cambridge：Cambridge University Press，2008）。在对黄著的评论中，Joel Andreas认为这一转变不是因为国家干预，而是资本主义的规律使然。Joel Andreas，“A Shanghai Model？” *New Left Review*，no. 65（2010）：63–85. 我认为这两个观点都有根据，国家干预和资本主义规律二者已经密不可分，究竟哪个是主导力量要看具体的经济部门而定。本文强调的是，“正规化”是使得国家干预和资本主义相互缠绕的一个中心机制。黄宗智认为，地方政府和企业的特殊关系而造成的地方政府保护下的非正规经济（比如在招商引资政策下企业对税收、劳动、环保等法规的逃避）是20世纪90年代之后中国经济发展的主要动力。黄宗智，《有计划的非正规性》，《开放时代》2011年第1期：1—3。但是在本文看来，这里值得注意的不是招商引资中的不正规操作，而是政府对此的保护甚至鼓励。关键不在于非正规，而在于其正规形式。这正是本文所分析的正规化的一种形态。

曲”了市场规则。在“浙江村”，市场摊位的租赁和买卖，劳动力的雇佣，服装的交易，都是按市场规则来的，但是谁能够进入哪个市场、哪个市场究竟怎么玩，是有讲究的。综合起来看，利益的流向就非常明显。

第三，最大的问题可能是我忽视了“人”的复杂性、多面性。比如我就没有注意到“浙江村人”对体制承认的渴求。[①] 又比如我对户籍身份高度重视，几乎把破除城乡身份区隔当作一个终极目标，而没有充分意识到，社会的发展和人的发展，归根到底靠的是人的社会能动性——即人们不断进行集体式的创新，并抵制被区隔被攫取的能力——而且正规身份有可能会弱化这样的能动性。我当时把社会变化想象为一个单向、单线的演进过程，把“浙江村”看作是一个过渡，而不是一场持续性的斗争，因而没有认真去讨论“怎么办”的问题，即如何去激发一种潜在可能而防止另一种。

如何认识“浙江村人”这类群体的主体性——即他们在当前的社会变化里是一股什么力量、特别是可能能够成为一股什么力量——在正规化的趋势下变得更加复杂了。在理论上，正规化的趋势应该引发正规化的对策，即他们应该以完整的公民或者阶级的身份参与社会运动。[②] 如果20世纪80年代是靠拉关系、走后门解决问题，今天应该靠正式谈判、法律合同甚至结社建党。但是这样的正规化策略是否现实？另一方面，“浙江村”给我最大的启示是，社会自主性和能动性一定要靠具体的社会关系来落实，比如老乡亲戚关系、“系”与“系”

---

① 我对这一个问题的反思，参见拙著《普通人的“国家”理论》，《开放时代》2010年第10期：117—132。

② 比如，潘毅等学者认为中国劳工正在成为一个有意识的阶级主体。潘毅、卢晖临、张慧鹏，《阶级的形成：建筑工地上的劳动控制与建筑工人的集体抗争》，《开放时代》2010年第五期：5—26。而郭宇宽认为劳工首先应该成为一个公民主体。郭宇宽，《资本的屏蔽还是权力的屏蔽？》。

之间的重叠，大院老板对普通工商户的代表关系等。当这样的实实在在而非正规的社会关系瓦解后，不管我们用什么概念来给他们定位——是市民、公民、阶级，或者团体——社会行动可能都没有基础，社会的自我保护和抵制能力就会丧失。但是，非正规社会关系是否还有自发发展的空间？我们最后可能要二者并重，两条腿走路。

二十年前我的错误之一是把当时的一个片段当作历史的“必然”趋势。当前的态势也只是变动中的另一个片段，其发展可能仍然是多样的。疏解计划下的“浙江村”企业主、来自全国各地的工人，以及离开了“浙江村”的第二代，他们究竟怎么想、怎么做，都需要进一步仔细地了解。但是有一点很清楚：他们的心态和行为都是矛盾重重的。既然纠结是我们这个时代的精神，我们就要认真地对待自己的和大众的纠结。抓住纠结不放，深挖其间的内在矛盾，也许是看出未来端倪、形成应对策略的一个办法。

2015—2017，始作于北京，

成稿于温州、香港，修订于东京

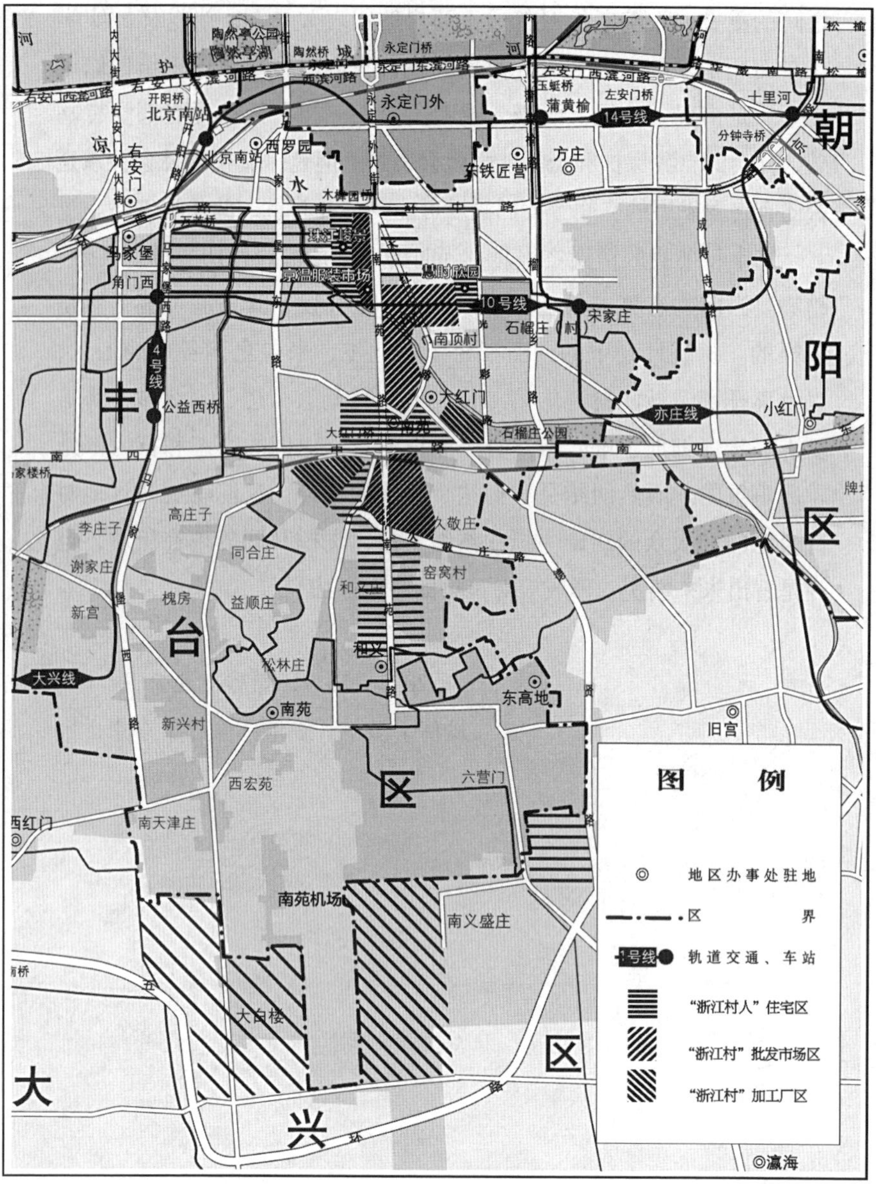

图 1　2017 年“浙江村”疏解前的分布示意图

底图来源：北京市规划和国土资源管理委员会、北京市民政局，审图号：京 S（2016）024 号

2000 年以后大部分“浙江村人”的居住场所。一部分住宅也是服装企业的样板间或办公室，所以楼顶树有“精品服装”的字样

原来租赁临时摊位的个体布料商，现在正规化成了经营公司

正规化的市场，人气不如前

2017 年初在“首都疏解”计划中被拆除的市场

“浙江村”里政府提倡的模范市场的样子。高端正规，但是没有店铺、没有顾客

中共温州市第十次党代会　代表
中共乐清市驻京联络处委员会　委员
中共乐清市乐成镇驻京支部　书记

[redacted]

地址:北京市丰台区南苑路[redacted]号
ADD:No.66 NanyuanRoad FengtaiDistrict Beijing
邮编(PC):100075
Http://www.zlhd.com

电话(TEL):[redacted]
手机(MB):[redacted]
传真(FAX):[redacted]

刘世明折叠式名片的首页。打开之后，里面列有9个职位，从各类商会的会长、常委开始，到最后才是董事长和总经理职位

序三 2005年英译版序言（节选）[①]

2001年10月1日，中国政府正式宣布计划放宽户籍制度。在全国的两万个小城镇，只要流动人口证明他们有合法的住址和稳定的收入，就可以申请当地城市户口。这项政策改革被广泛赞誉为是里程碑式突破，不少人也期望它将对中国人口流动产生根本性影响。那么，“浙江村”这个案例是否还有其制度上的和政治上的分析意义？我个人的看法是肯定的。“浙江村人”的生活经历以及他们和政府的关系，反映了中国人口流动引起的种种社会紧张，户籍制度的放宽不会消解这些紧张关系，甚至可能会使它们变得更显著。这背后有多个原因。

首先，我们应该意识到，户籍制度本身并不是造成社会紧张的主要原因，因为户籍制度在改革开放后已经不能阻止人们实际上的流动。在1978年开始的改革开放之前，户籍制度因为和对生活必需品的准供给制联系在一起，从而直接、全面控制着人们的生活。如果一个人在城市又没有城市户口，就得不到食物、布匹和燃料等必

---

① 在我的英文序言里，我特别感谢了原牛津大学彭柯（Frank Pieke）教授对我的关键性的支持，我们初识于1995年的北京，当时他对我的“浙江村”研究非常感兴趣，且对更深层次的调研给予了洞察性建议。我也因此在1998年去英国成了他的学生。当中文版《跨越边界的社区》出版后，彭柯教授提议立刻译成英文，没有他异乎寻常的慷慨相助，也就没有本书的英译版。我也特别感谢中央民族大学博士生刘喆女士将英文序言初译成中文。

需品。现在，多数必需品都成了可以在开放市场上获得的商品。大城市中的绝大多数流动人口在非国营部门工作或者做小生意，户籍对他们的影响就更小。

现在，只有当流动人口想在城市永久定居、要让孩子进入正规国民教育体系、要在政府部门工作，或者要买房买地时，户籍才成为一个问题。然而，中国农村流动人口并不是十分渴望在大城市定居。由于中国农村的土地集体所有和家庭联产承包制，中国没有因为失去了土地而不得不涌向城市的人群。不少流动人口往返于城市和农村之间，在两地都有收入。在我对珠江三角洲的农民工的调查中，我注意到一个“小资产阶级化”的趋势——即流动人口通过变成小商业主而改善他们的境遇。他们最理想的定居地点是小城镇或者是离原籍农村不远的新开发区。这些地方不但市场进入门槛低，从而使流动人口的有限积蓄有用武之地，而且地方政府热情欢迎外来人口，向他们征收费用后给予落户。至于“浙江村”，没有户口并没有妨碍温州商人发展出他们自己全国性的商业关系网络和在社区内进行自我管理（甚至可以说，正是因他们缺乏正式的合法性，他们才被迫发展出自己的一套组织系统）。他们已经成为北京事实上的“定居者”。考虑到各种改革已经进行了二十年，现在很难单凭改革户籍这一项制度缓解因流动人口而形成的社会紧张。在我看来，今后人口流动的情况，更取决于中国经济是否能够继续增长，以及城乡之间能否平衡地发展。

其次，自发人口流动诱发的社会紧张归根结底是由行政体系的总体特征造成的，户籍制度只是这个行政体系中的一小部分。中国行政体系严格依据地缘边界（尤其是省级）划分权利和责任。比如，北京市政府在 1995 年清除“浙江村”时，发布了一条特别禁令：严厉禁止北京任何区和县接纳“浙江村人”，以期把这些流动人口彻底推出北京的行政边界。令人费解的是，这一政策甚至得到了国务院的认可。看来，连中央政府也没有意识到，这些流动人口是中国公民、将生活在中国，简单地把他们从一个行政区驱逐到另一个行政区并不能解决任何问题！行政系统的高度“地域化”，是户口制度有效运行的条件。正是因为如此，随着 20 世纪 80 年代以来全国统一市场逐步取代原有的地域化的计划经济，户籍制度也逐渐失去了它控制流动的效力。由于同样的原因，人口流动所产生的社会紧张是由于地域化的行政体制，只是放宽甚至是取消户籍制度，这些社会紧张不会自动消失。政府在 1995 年清理“浙江村”，并不是因为流动人口没有户口，而是觉得无法控制流动人口聚居区。如果城市管理体制不改革，“浙江村”的社会问题，比如犯罪团伙、违章建筑和脏乱差，就不可能解决。即便是所有“浙江村”里的流动人口在一夜之间拥有了北京户口，也不会改变什么。由于“浙江村”的生意靠的是全国性的流动，无论给他们哪个城市的户口，他们和地域化的行政体系都永远存在紧张。

第三个也是更根本性的原因，是国家对社会的根深蒂固的疑虑。在地域化的行政体系下，地域和空间界限本身并不重要；地域显得重要，是因为体制相信，把人限定在具有明确行政边界的地域之内是最有效的控制手段。所以关键的不是一个地方和另一个地方的关系，而是国家和社会的关系。只要这种立场不变，户籍改革不会减少因自发流动人口增加而造成的社会紧张。就拿“浙江村”的例子来讲，大院（流动人口自发兴建的集居住、生产为一体的小区）是一种特殊的空间，本来可以在政府和流动人口之间充当中介调解者的角色，优化管理。当地的大红门派出所也意识到这一潜力，希望通过大院来遏制“浙江村”的犯罪团伙。但是，这一以大院为独立的社会管理单位、和大院老板合作的尝试却得不到上级政府的认可。这倒不是因为这一尝试不适合地域化的行政管理，而是因为政府担心这些大院老板会因此获得更多权力。任何提高社会自治的措施有可能降低犯罪率，但是在长期也可能引起国家与社会的关系的结构性变化。当政府面临选择：是靠“压”来解决突发性问题，还是进行结构性的调整时，政府总偏爱前一种。换句话说，真正的问题出在国家与社会关系上。

“浙江村”的案例也展示了，自发性流动对体制形成挑战，不仅仅是因为流动人口跨越了行政边界，而且也因为他们在新的地方建立了自己“扎根”的“地域化”的新空间。一方面是人、钱和信息的跨区域流动，另一方面是有形的在地社区的成长。这两个过程实际上是同一的。这也是“浙江村”不能被彻底清理的原因所在：扎根的有形社区仅仅是巨大冰山的一角，冰山底下是全国性的关系网络和流动体系。

** ** **

我在调查“浙江村”时，对西方社会学理论知之甚少，尽管当时我知道“跨国社区”（transnational communities）这个词，但真正接触到像《无边界国族》（*Nations Unbound*，Basch 等著，1994）这一类书、了解到“跨国主义”（transnationalism），还是在我去牛津大学读博士的时候。这一系列文献和我的研究之间的共同点显而易见，然而，“跨国主义”一个潜在的预设是，国内的自由流动是正常现象，而国家间的流动则不寻常，所以才关注跨国界的流动。“浙江村”案例则提出了这样的问题：究竟我们在什么程度上可以认为国际流动和国内流动有本质的不同。从流动人口的观点看，国内的跨区域流动和跨国界的流动不一定有质的不同。确实，在很多案例中，如果我们不了解国内流动的一面，对跨国流动也不能很好地理解。比如说，北京有两个“新疆村”，是来自新疆的维吾尔族形成的聚居区。“新疆村”成了维吾尔族流动人口和商务活动的联络中心，既是国内的也是国际的。

它们为维吾尔族人提供签证服务、提供国际贸易中需要的文件、帮助和在北京及其他地区的企业建立联系，它们由此帮助维吾尔族人去麦加朝圣、向西方和中亚出口纺织品和衣服、从这些国家进口地毯，有时也走私毒品。另一个例子是印度南部安得拉邦，那里是我所研究的全球流动的计算机技术劳工的重要源发地。在当地社会占主导地位的卡玛种姓中的年轻人，为了接受更好的教育，从农村流动到城市，然后为了更好的工作和生活机会，又从印度流动到西方。“在安得拉地区（安得拉邦的沿海平原，那里有印度最肥沃的土地）有地，在海得拉巴（安得拉邦的首府，距离安得拉地区 300 公里）有房，在美国有工作”，这是他们家庭的奋斗目标。

确实，国家的内部构成和跨越国界的联系，这两者之间的关系在跨国主义研究中是个不易处理的问题。一方面，它认定民族国家是当今世界的基本构成单位，因此跨国流动关系应受到特别关注。然而另一方面，它只关注有跨国联系的群体，他们只占世界人口的很小一部分。究竟跨国流动过程怎么影响到绝大多数的、居住在民族国家内部的人们，并不清楚。把国内和国际流动人口联系起来看，我们可能能得到更完整的图景。比如说，20 世纪 90 年代初苏联解体——它本身是一个横跨东欧、中亚的跨国现象——带动了个体商贩的跨边境贸易，特别是从俄罗斯到中国来购买轻工产品。他们带来了“浙江村”内皮夹克业务的井喷式增长，使“浙江村”形成了自己的全国性的要素市场网络。一些“浙江村”商人也转移到和俄罗斯、蒙古接壤的边境城镇，甚至直接进入俄罗斯境内做生意。与此相似，在印度的计算机技术工人的案例中，计算机产业的全球化导致技术工人从安得拉邦流向西方；同时当地富有的农户放弃农村的产业而流入大城市，希望他们的孩子能够接受良好的技术培训，尽快加入全球的计算机产业；在海外工作的技术工人也劝说父母从农村搬到城市，以享受更优质的生活、把钱投入比农业更有利可图的城市房地产。因此，跨越边界的活动和联系在很多情况下是国内活动和联系的延展。如果只关注跨越边界的那一部分，就不太容易了解到实际情况。对国内和国际流动之间的关系进行分析，也能帮助我们揭示，跨国流动过程如何在全球层面上发生，又怎么和基层的社会变化互动。

另一个和“跨国社区”这个概念相关的主题，是关于“社区”研究的方法。本书的社区研究取向或可称为“关系视角”。关系视角和传统的社区研究方法的一个关键性不同在于对“整体性”的不同理解。在传统的社区研究里，整体性意味着不同部分整合成一个自洽的、有明确边界的整体或者实体。但是，关系视角不认为这些关系会必然成为一个实在的整体。相反，关系视角集中关注不同社会关系如何在与彼此的互动中扩展、萎缩和改变。比如说，“浙江村”的生意是深深地嵌入在亲缘关系中的，但是“浙江村人”一般不愿意和同一个亲戚合作过长，并且他们不断在新的地方寻找新的商业伙伴。这样的嵌入和“脱离”之间的平衡成为“浙江村”网络扩张的主要驱动力之一。总之，在“浙江村人”眼里，“浙江村”是一个广泛交互的“关系丛”而不是一个实体，是一个过程而不是结构。在我完成了“浙江村”调查的相当一段时间以后，我才意识到“多点民族志”在当前西方人类学中非常流行。那么中国式的“全面但不求完整”，或者说强调普遍联系但是不预设自成一体（holism without wholeness）的视角，是否可能帮助我们理解空间上不断延展的社会构成，这可能是个令人感兴趣的问题。

最后，我要反思一下这本书的局限和偏差。首先，本书详细叙述了“浙江村”的贸易体系及其和国家的互动，却没有充分描述“浙江村”的生产过程，比如：作坊里的工人们是如何被组织起来的、是如何被管理的，从而使他们的劳动力转化成商品？我的叙述也缺少性别视角。尽管我提到女性的某些具体角色（比如促成亲戚间的商业合作、经营劳务介绍所、组织金融互助会），但是考虑到妇女在创建、培养、维持社会关系中的关键作用，书中对妇女的生活经验和想法的叙述实在是太有限了。我对工人的忽略和对妇女的忽略是有内在关联的。“浙江村”里的生产靠两个妇女群体维持，一是老板娘，二是从外省招募过来的女工。老板娘一方面对女工形成直接的身体性的监督，从而控制整个生产过程，另一方面也给女工树立起一个努力工作的内当家形象，给女工间接的、精神上的影响。忽略了性别关系，也就看不到生产过程中的社会文化含义。书中对户与户之间的商业关系着墨较多，而对家户内部的权力结构则过于疏忽。

我认识到这些不足时，颇觉意外。因为在我随后对印度计算机技术工人的调查中，我觉得几乎是自然而然地关注了生产过程和性别关系；我的一个中心论点就是不平等的两性关系帮助调动了当地资源，从而为全球市场供应了廉价的技术劳动力；廉价劳动力使劳动力市场能够高度灵活化，再反过来刺激了全球化。在这两项研究中，我都没有根据一个特别的理论框架来选择研究方法；改变了我的观点的，我猜想，是研究的社会环境以及我研究的动力。我在做“浙江村”研究的时候（1992年到1998年），主导中国知识界的是一种精英主义，认为中国是全面落后的，尤其是其人口素质太差，而西方的自由市场模式将是中国唯一的发展目标。“浙江村”研究希望挑战这一意识。这样，我敏感地捕捉到作为“低素质”典型的“浙江村”如何在商业上和在与国家的互动中取得成功，但是忽略了另一面：妇女和工人们怎么在狭窄的作坊里生产出有竞争力的产品，尤其是雇主和工人之间的不平等、男人和女人之间的不平等状态。与此不同，印度研究的背景是，20世纪末世界主流话语认为知识是最重要的生产要素、劳动关系在“新经济”中无关紧要、灵活的劳工市场是提高生产力的必备条件。针对这种主导意识，我觉得需要去检验灵活劳动关系背后的成本：这些技术工人是如何被培育出来的，为什么一个人可以如此灵活地被雇用和解雇，是谁承担了其中的成本，又是谁攫取了其中的利益？

也许值得一提的是，我对印度的研究使我在重返“浙江村”的时候注意到以前没有注意到的方面。在 2003 年 5 月份的回访期间，我得知“浙江村”南部的大兴区兴建了一个服装工业园，并吸引了四十多家“浙江村”企业入盟。这正是我在 1995 年大清理之前对北京市政府提出的建议。但令朋友讶异的是，我现在对此颇有顾虑。尽管这一举措有利于打破行政边界、接纳现在仍然没有北京户口的“浙江村”业主，但是这一政策仅仅惠及那些已经聚集了足够财富的大户。事实上，成功商人现在在世界上任何地方都受欢迎，而普通的流动工人，包括“浙江村”里的雇工，依然要面对强大的行政藩篱和社会歧视。为一小部分人打破边界，往往意味着剩下的多数人要面临更多的障碍。比如在中国，那些受政府欢迎的成功经济人士的流动，促使大城市的房价激涨，意味着一般的流动群体的生活更加艰辛。我的“浙江村”研究带有自由放任的政策取向，而我现在觉得一个更现实的危险是，政府可能会过分迎合新成功者而损害其他群体的福利。

2003 年于新加坡

第一章　引论：从日常行为的角度

为什么要写这本书

我清楚记得在20世纪80年代，一位著名人士在某著名大学尝试教育管理制度改革而告失败。他对新闻界宣称，失败的原因是“教员素质太差”。这件事情给我印象很深，是因为它背后有明显的悖论。改革方案不是艺术品，别人接受不了，只能说明方案设计者自己考虑不周，甚至无能。怎么能把板子打到对方身上呢？但是，这样的逻辑偏偏在相当一段时间，以至到现在，还很盛行。“素质太低”几乎是所有人挂在嘴边的论调，成为解释各种问题的最直截了当的方法。但是我对那位改革者，以及大部分感叹“素质太低”的人，还是感到尊敬。他们毕竟在认真想着这个社会里的事。在更大的世界历史范围内，我们常常发现这样的事情：满怀热情的社会科学专家和革命家，在为群众谋福利的努力中造成群众的痛苦。

并不能认为是这些悲壮的失败者“昏了头”。他们对社会往往有成体系的理性认识和规划。当人们在说“素质低”“太落后”等等的时候，他心里也是有一个理论在。正是和他心里的理性认识相比，人们才显得“素质低”。不是缺乏理性，而是过于理性。或者更精确地说，是固守了僵化的理性。

在这样的思路下，我们常常感到焦虑以至灰心。在成堆的问题面前，我们常常说“用市场（机制）来解决！”但问题是，“怎么形成市场？”——因为我们还没有一个完整的市场。当我们从概念、从一些理论出发看问题的时候，我们不但感到自己是“落后”的，而且是偏离“正常”形态的；不是“假以时日”便可迎头赶上，而是不彻底改造自己就没有希望。

这样的焦虑和灰心恐怕是危险的。“忧患意识”固然重要，但是更重要的问题是我们在现有条件下应该怎么办。不管是一个人还是一个民族，发展主要来自不断的探索而不是事先一揽子的设计。设计可以仅凭理性，而探索必须要有自信作为支撑。在我看来，我们的焦虑和灰心正是现在的世界话语体系过于单一的体现。发达国家基于其自身的有限实践而创造出来的概念成为被普遍接受的理念；非发达国家的人民从这些概念出发来思考自己。别人的理念成为尺子，而自己成为被量裁的对象。在丧失自我的时候也丧失了真正发展的可能。

本书的第一个目的，就是要比较彻底地从我们的日常行为本身出发，来看我们社会中的现象。正是这种想法，激励我在当今中国著名的流动人口聚居区——北京“浙江村”这个“奇怪”的社区蹲了近6年的时间。我相信长时期的观察是了解事实细微机理的唯一可靠的办法。

这本书的核心议题是讲述“浙江村”是怎么形成的。我提出，它的形成过程是一个开发和聚合的辩证过程。“浙江村”真正的生活体系是一个全国性的“流动经营网络”。我们所看到的社区，乃是巨大冰山露出海面的一角而已。离开了社区背后的开放的体系，社区中的聚合行为将无法被理解。其聚合乃是为开放服务的。这和其他移民聚居区，及我们过去对移民聚居区的想象是很不一样的。

那么这一过程到底是怎么一点一点发生的呢？本书不从结构、角色、规则这些概念出发，而是基于对人的具体行为的直接观察，描写在日常生活中，“关系”如何重叠而成为一个社区。这个“关系”和结构主义等理论上所说的“关系”不同，它既不指事物在一个思维秩序中的相对位置，也不指人和人的一般的“联系”，而是有独特内容和含义的，是中国人在日常生活中所说的“关系”。我将提出“系”的概念和“关系丛”的看法，来勾画“浙江村”社区的型貌，表现他们对关系的运用和意识。

近年来关于关系的研究不是没有。但是有三个值得注意的问题。第一个问题是把中国人的关系“特例化”。特例化首先倾向于把“关系”视为是中国独有，而西方社会不太存在的东西；然后，研究兴趣往往集中在关系有哪些特别以至“奇异”的地方，而忽略了中国社会中关系的一般特征。其要点不在于述说中国社会的组成方式，而是在强调它“究竟怎么和西方不一样”。西方中心论，在今天主要不表现为西方的种族优越感，或者把西方的观点强加于人，而是自觉不自觉地以西方社会为基本的参照来看其他文化。像对关系的看法，不仅外国人这么看，中国人自己也往往跟着这么看。第二个值得注意的问题可以看作第一个问题的延伸，它在中国社会的范围内把“关系”作泛化并实质化的理解。似乎中国人是为关系而关系，“关系”压倒一切，成为组织社会的原则之一。第三个问题是把关系片面化。其典型表现是把关系看作特殊的“资本”、特殊的“网络”方式等等。这一取向一方面强调关系在形式上的特殊，另一方面又努力将它纳入西方的概念体系。我们所说的“关系”被这样一处理，就完全“跑了味”，至多只解释了它的小侧面，所以我说它“片面化”。认为关系可以简单“化约”为资本等概念，也扼杀了关系在理论上的挖掘潜力。

在我看来，关系与其说是客观的行为规则，不如说是中国人关于社会和人际关系的一套民间理论。[①] 关系既不是人们行动的目的，

① 这里特别感谢英国牛津大学彭轲博士。和他的讨论使我的这一想法更加明晰起来。

也不是可以化约为资本等因素的手段，它是一种表达方式。关系既是对人际关系的看法，也是对“人”本身的看法，也涉及社会结构层面上的看法。我认为，在以西方社会理论为基本参照的取向之下，我们对“关系”所达成的了解非常有限。关键是要回到事实本身上来。

人类学和社会学就是研究人和人的关系的。中国人在50个世纪的文明进程中不仅形成了丰富独特的实践方式，而且形成了自己关于人际关系的认知，这将是人类学和社会学发展的理论资源之一。和以往从西方认知里发展起来的理论保持一定的距离，先从中国的事实中最朴素地发掘出一些简单的东西来；然后再拿这个理解去看非中国的社会，看有没有可能从这里形成一般性的学术概念，这大概是中国学术形成自主性，并真正对国际学术界作出贡献的重要路子。这也是我写这本书所持的“理论方向感”。

“奇怪”的社区

让我们回到事实本身。

北京“浙江村”既非自然村落，更非行政编制，它是指进京经商的浙江人（其实几乎全部来自温州地区）自发形成的聚居区。地处北京市丰台区大红门地区，是典型的城乡结合部。覆及26个自然村。本地人口（北京人）1.4万，外来人口近10万。[①] 温州人在此租房而居，以服装生产和销售为主导产业。丰台区政府在上报北京市政府的一份正式文件中开篇就说：京城人不知南苑乡者有之，不知“浙江村”者无几，“浙江村”以其物美价廉的服装而闻名全国，更

① 根据1994年10月有关政府部门提供的数字。以下关于“浙江村”的数字，若无特殊说明，均为在当地经过抽样、推论所得。

以其村容、村貌的脏、乱、差，社会治安的混乱而蜚声京城。“浙江村”已成为北京城市生活中的一个专门概念。

从天安门广场南行5公里，刚过南三环，你就被甩入了拥挤的旋涡。大小汽车、人力三轮车、偶尔还会有老北京的驴车，团团转成一锅粥。背着大包小包的行人从你身边匆匆走过，迎面又走来拿着大哥大（早期移动电话）急急说话的人。南腔北调，嘈杂非凡。挤在摩肩接踵的胡同里，满耳瓯语咿呀，迎面而来的尽是瘦削清癯的南国身形，真让人恍如隔世。道边摆的“水晶糕”是温州人在后村一带就地做的；“粉干”“面干”则直接从温州捎上来。街边的“美容厅”清一色按温州风格布置。马村的菜市场里，在那些临时搭起的棚子中，在木片竹竿撑起的架子上，摆满温州人喜食的海蜇皮、虾米、蛏、鱼及桂圆、荔枝干等等。这里多数海鲜是乐清人派车从青岛、秦皇岛购进的，也有不少专门从温州本地运来。如果你是1995年以前来到这里，从木樨园把你载入“浙江村”腹地的，往往就是从温州来的那一团火红的脚踏三轮车。这一切使人感到恍然置身异域。

这里，美容美发店一家紧挨一家，装饰一家比一家豪华，但在店门口堆满的是垃圾和令人掩鼻的臭鱼烂虾；这里，政府来赶了多少次，包括1995年全国闻名的大清理，但哪次都是越赶越多，“铁打的营盘来回跑的兵”；这里的人们个个打扮得比北京市民要光鲜得多，住的却是临时搭建、拥挤不堪的小平房，腰缠万贯的人又往往不愿意离开这里，开着奔驰、丰田在村里跑……

“这帮人怎么就能搞出这么个‘浙江村’来？”

这是北京市民、城市政府部门，甚至好多温州人自己张口就问的问题。这个问题与其说是好奇——真想知道“浙江村”是怎么来的，毋宁说是惊叹——觉得不可思议。在今天，我们对1997年东南亚的金融危机、对中东局势、对微软公司的产品满天飞、对国有企业的改革，以及对国内农民的流动等等现象都觉得“可以理解”，认为它是我们“现代化”进程中不免出现的事情。而“浙江村”这样的社区突然出现在首都，则难免叫人感觉有些突兀。我在调查中经常听见这样的话：（“浙江村”）和首都形象、和现代化大都市极不相称。不少人对我用这么多的时间和精力，全身心扑到这个社区里作调查，感到不解：它难道能代表我们这个社会发展的什么主流方向吗？

然而，这个惊讶，却正是我作这个调查，同时也是我写这本书的一个最重要的动力之一。人们的“不可思议”，不仅仅是少见多怪的问题，更重要的是因为“浙江村”这个事实和我们对社会的普遍的认知模式不相符合。在这个意义上，“浙江村”有可能给我们带来新的认识。

现代和传统

“浙江村”首先叫人奇怪的是：人口流动本来正是市场一体化和文化一体化最主要的推动力之一，但在整个地球都要被称为“村”的时候，为什么流动中还产生了“浙江村”这样落后、怎么看也不舒服的“村”呢？如果再看看“浙江村”的内部生活，这里的人们用的尽是“土”办法、“土”关系、“土”观念，他们为什么能在首都这样的国际大都市立足并且发展呢？

自从滕尼斯提出关于 Community 和 Society 的区分（一组同义的叫法是“通体社会”和“联体社会”、“礼俗社会”和“法理社会”）以来，人们就往往用这样的二分法来说明社会的基本特征。比如涂尔干的“机械团结”和“有机团结”，韦伯的“实质合理性”和“形式合理性”、“传统性统治”和“合法性统治”，以及库利的“初级群体”和“次级群体”等等。刘易斯的传统部门—资本主义部门的划分，其实也可归入这一思潮。这些“对子”的提出，具体内容各不相同，但是都以“传统—现代”这样的区分为基础。最典型的莫过于帕森斯提出的所谓“模式变项”。正如很多学者已经指出的那样，这样的认识模式给我们两个这样的印象：（一）现代和传统在本质上是对立的。如果一个人在现代社会坚持传统特征，那就要“失败”或陷入内心的冲突和紧张。（二）从传统状态发展到现代状态是必然的。目前我们所看到的不同的社会形态只不过是处在两极之间的不同阶段。

这一思想被广泛地应用在对人口流动的研究中。被认为最早采用实证方法的社会学研究，托马斯等人（Thomas and Zanaiecki）的《在美国的波兰农民》就体现了这个观念。对城市和移民研究有重大影响的芝加哥学派强调“城市社区”与“传统社区”的差别。沃斯（Wirth）提出“城市性”（urbanism）的概念。帕克的继承人瑞得菲尔德（Redfield）提出的“乡土—城市”的连续统（folk-urban continuum）。他们的这一研究取向被称为 Wirth-Redfield 模式。在 Wirth-Redfield 模式之下，从农村到城市的迁移被视为一个原有人际关系解组、移民不断个人化，而最后失去自已原有文化特征和社会关系的过程。（Kearney，1986）“同化假设”也是“传统—现代”的思路在人口流动研究中的典型例子。它认为随着时间的推移，来自传统文化的人必将会“与过去决裂”，失去“特殊群体感”，会被统一地融入现代文化。（Sauvy，1966；Price，1969：181-182）

对于传统和现代两分法，不是没有人提出质疑。相反，正如我们所看到的，它已成为目前中国社会科学界利用率最高的靶子之一。但是问题在于，我们不能简单地宣布传统和现代不对立就可以了事。我们在事实中分明感受到有一股“现代化”的趋势在，我们分明感到我们今天的生活和过去是不一样的。Parsons 等人说的理论、我们过去所形成的印象，不是全无道理的。关键是要对这个趋势中的具体过程作出分析。

在人口流动的研究中，化解现代化和传统的对立关系的具体努力，大概有这样几种：

一是我称为的“并存”（coexisting）模式。比如基于对移民社区、移民网络的发现，提出“无现代化的迁移”，强调传统社会要素和现代因素共存的可能。反驳了简单的“同化假设”。但它们并没有说明“并存”的内在机理到底有哪些。

第二个重要的模式姑且称为“依附”（dependency）与“联结”（articulation）模式。现代化理论多少抱着这样的乐观态度：人口流动将把“现代”的社会形态扩散到“落后”地区。但弗兰克（Frank，1967）提出发达地区与不发达地区形成了“中心—边缘”的格局。卡斯特尔（Castell，1975）、卡斯莱特（Caslets，1973）、维斯特（Weist，1979）等人认为，中心地区的生产体系的扩展破坏了边缘地区的传统经济结构和组织，造成劳动力的失业；同时中心的发展又越来越需要大量的廉价劳动力，大量人口于是从边缘流向中心。这些移民不仅提供了廉价劳动力，降低了劳动力价格，并在政治上使原有的工人阶级分解，从而更有利于居于核心的资本主义部门。精壮劳动力的大量外流，使流出地的生产能力下降，消费人口的比例上升，于是进一步导致通货膨胀和发展的停滞。并且这种流动还将导致边缘地带在意识形态上对核心地区的依赖，丧失把握发展机会的意识和能力。显然，流动不可能再是一个单线的“现代化过程”。在理论上，依附论提供了一个把流出地和流入地统一起来考察的框架。

那么，在人口流动中现代因素和传统因素为什么能够并存？依附理论描述的中心—边缘结构究竟是怎样维持的呢？——具体说来，为什么边缘地带能持续地提供低廉的劳动力，其价值为中心地带所攫取？梅利索克斯（Meillassoux，1981）对在法国的非洲劳工的出色研究中指出，边缘和中心的真正分工是，边缘地带为中心生产和再生产劳动力。由于边缘地带的经济是非市场化的，因而养活劳动力的费用极低。当农村劳动力进入城市时，其实也带入了大量的隐蔽价值。当这些劳动力衰老的时候，他们却又回到农村。劳动力的生产和使用被分割开来，这就是中心地带能不断获得经济剩余的秘密所在。又有人注意到，越来越多的移民并不进入正式的资本主义部门，而是进入所谓“非正式经济”（informal economy）。人们进而发现，非正式经济与正式经济并不矛盾，相反，正式经济在很大程度上依赖于非正式经济。后者并不随着经济的发展和工业化的推进而消失。（Fernanderz-Kelly，1983）这些研究指出了人口流动把不同的社会形态、不同的阶级（资产阶级、无产阶级和传统小农）“联结”起来。在联结模式下，出现了一批对“大体系下的小社会”“跨越两个世界的家庭和社区”的研究。一方面是联结，一方面是对以往所形成的社会边界的超越。我把“浙江村”叫作“跨越边界的社区”，在一定程度上继承了联结模式的研究思路。

但是依附和联结理论解决的事实上是“传统地区”和“现代地区”之间的关系。还没有讲到行为规则的层次上。迁移研究中的“嵌入”（embeddedness）模式就更深了一层。

嵌入理论虽然是经济社会学中一个普遍的理论话题，但关于移民和种群（ethnicity）的研究是它最富有成效的研究领域。（Merton，1993）嵌入性的基本意思是，经济的交易行为总是在一定的社会结构中展开，这将影响交易的方式和结果。波拉尼（Polanyi）最早提出这个想法。他要强调的是，市场不是“古已有之”的自然之物，过去的经济行为是嵌入到别的社会关系中的。只有在资本主义条件下，市场才从别的社会关系中“脱嵌”出来，成为一个似乎具有自主性的领域。格兰诺维特（Granovetter，1985）进一步发展了这个概念，他提出，不仅是资本主义之前的经济被一定的社会结构所塑造，到资本主义社会仍然如此。不像主流经济学所想象的那样，经济活动将从其他的或者说一般的社会活动中分离出来，Granovetter 十分突出网络的作用。移民经济所以能以“非现代”的手段在现代经济中存活，并且颇有活力，就是因为它的经济能更好地扎根于一定的网络之中。

但是嵌入理论有一个问题：它要说的这一切，究竟是怎么发生的呢？第一个问题是，它讲不清楚“嵌入”本身的过程是怎么发生的。比如这一理论认为，不应该把信任归结为制度或者是“普遍道德”的威力，强调信任是对社会关系嵌入的结果。但是它仍然不能回答：为什么网络会促使人们更好地信任？波尔兹（Portes，1993）提出一个重要的概念：强制的信任（enforceable trust）。它强调在紧密团结的团体中，人们会把集体的规则置于个人的眼前利益之上。这样比起一般市场条件下的交易行为就多了一种监督力量，于是互相间的信任也就更加牢靠。为什么能够这样呢？Portes（1993：1325）指出两点理由。一是因为人们相信这会带来长远的利益，人们“知道”集体对个人的制约将带来好处。更重要的理由是：如果你违背了集体规则，你将被“驱逐”。（Granovetter 也提到这个“驱逐法”的问题。）这两点解释说的恐怕都不是事实本身的逻辑。第一点说的是，一个人因为知道怎么做是合理的，于是他这么做，这等于是什么也没说。至于用“驱逐”解释信任就更是同义反复，甚至是循环论证——在一个集体中，是个体之间的基本信任发生在前呢，还是集体的共同意志产生在前？

很显然，一个稳定的网络必然产生于信任的基础上，或者说稳定的网络就等于信任。如果一个集体强大到可以以“驱逐”威慑个体，这说明这个集体内部的信任程度已经相当高。所以不能用网络来解释信任。

第二个问题是，嵌入理论未能说明在“嵌入”的状态下，经济运行的实际过程是怎么发生、怎么变化的，和我们过去理解的有哪些不一样？Granovetter 消解了前资本主义经济和现代经济之间的鸿沟，但是我们还是明显感觉到这两种经济之间是有本质性的差别的。这正是前人（Polanyi）要用嵌入和非嵌入来区别的东西。如果认为以往的区别是不对的，那么又怎么用嵌入性的观点来说明这个至关重要的变化呢？

嵌入理论让我们注意到了关系网络的重要性。但是，它也对“关系”做了僵化的理解。Portes 对移民聚居区形成了这样的明确观点：聚居区所以能有自己发达的经济，就是因为它的封闭使人们依赖社区内独特的结构，从而有丰富的“社会资源”，他强调，“很少有比这更为嵌入的经济行为”。（1993：1322）但这明显导致了一种“特例论”。越是在这些个别的案例中（移民聚居区的情况当然不能代表当今社会的一般情形），嵌入性表现得越明显，那么在日益开放和一体化的社会中，嵌入性不正是要如 Polanyi 所说的那样消失吗？

嵌入理论想纠正人们过去在理论上的一些偏见，特别是经济学领域里的一些预设，但它实在忽略了生活本身的逻辑。这恐怕是它理论困难的根源。它所持的还是方法论的个人主义，只不过把视角转移到了不同个人之间的关系。如果我们从事实出发，从社会学的视角看，问题是不是应该倒过来：不是经济行为“嵌入”在社会关系中，而是人们是依靠着社会关系在“展开”自己的经济行为。

总体和具体

“乱”是城市居民对“浙江村”的基本印象之一。我曾问一名当地的干部：“你觉得这里治安为什么会特别差呢？”

“管不了啊。要在别的地方，早就清除出去了，可是在这里，他能藏得住，浙江人被敲了也不愿意报案。……坏人在哪儿都有，但就在这里找着‘温床’了！”

“那该怎么办呢？”

“很难办！轰赶，是越轰越多，但是不轰又有什么别的办法呢？这个瘤子长在腿上，光挖瘤子不伤肉又做不到，它和腿是一体啊。急了的时候只能切腿，别让癌细胞再扩散到别的地儿去。我个人也觉得这不是真正的办法，但是政府有政府的难处。”

对“浙江村”比较熟悉的居民和官员对这个社区通常的评论是：“其实这里百分之九十五、九十八的人都是正经做生意的，可就是有那么几个在这里捣乱的。”在这里，“百分之九十五比百分之五”是通过人们的具体观察得出的结论。上面这位干部又指出，这百分之五所以会存在，并引起焦虑，是因为它和那百分之九十五形成了一个百分之百，是一个整体。这个观点显然已很有社会学的味道。但这又给他带来了新的困惑：从他的具体认识上看，轰赶不是办法；但从整体的角度看，又好像只能轰赶，即靠打击百分之百来处理百分之五。

这引出一个普遍问题——在对我们自己生活的理解中，我们往往不能把自己的亲眼所见（社会的具体生活）和亲身所感（社会在总体上的面目）统一起来。

当政府机构对“浙江村”形成正式决策的时候，是把“浙江村”看作一个整体现象的。但是当他们去执行决策的时候，面对的是具体的人和事。要在具体的人和事中落实在总体上形成的结论，最后的办法只能是“一刀切”。在另一些时候则是倒过来。政府在决策的时候是针对某个具体问题，比如“浙江村”内的吸毒；但是在执行的时候却发现它和社区内的别的方面都是紧密相连的，是一个总体问题，最后也没办法，只能治标，不能治本，甚至做做表面文章，走过场了事。（这样的事情实在是太多了！）

“浙江村”还叫人纳闷：这帮外地农民居然能聚集成村，日益壮大还屡轰不走，哪里来的这“组织性、纪律性”？“浙江村”的村民，特别是1992年以前来北京的，大多数没有特殊技术（大部分工商户自己不会裁衣），与“主流社会”更没有特殊关系，就揣着几千块至多几万块钱，携妻带子来到京城。没有疑问，在现行制度安排下，他们是典型的弱势群体或者说边缘群体。但是经过若干年的积淀，“浙江村”现在成了那一片的主人。这和我们改革的总体进程也很有相似之处。我们感觉到，社会的总体格局是在迅速地变化着的，我们常常在现实中听到政府官员这样的感叹：“现在政府是步步后退”、“我们被搞得焦头烂额”。但如果我们定睛一看，那些“逼”着制度不断作调整的人，往往都是些没有多少资源，甚至没有明确法律地位的“弱者”。最后呈现出来的格局上的变化引人注目，但是这变化究竟是怎么来的，往往是个难题。

“具体认识”和“总体认识”上的断裂，也是社会学里的老问题。

我说前面的那位官员的看法有社会学的味道，是因为它接近社会学里的核心概念：凸生事实。这个概念让我们意识到，社会不是分散的个人的无机组合，而是一个超越个人之上的事实。不错，不管是普通人感知社会，还是学者作研究，这个概念都很好地帮助了我们对社会总体面目的理解。但是，我们似乎也常常忘记，“凸生”在本质上是我们构造出来的概念工具，并不等于事实本身。

在我看过的论述中，布劳（1987〔1964〕：4）关于“凸生”的解释最明了易懂。他说：一个三角形是由三条边组成的，但是在三角形作为一个整体出现之后，它就超越了三条边，我们不能再用分别的每条边来解释整个三角形。在他那里，“凸生”是“突然”发生的。但事实上，每条边，有的向这个角度斜，有的是向那个角度斜，它们不都蕴涵了整个三角形的信息吗？教科书上经常用来说明“凸生”概念的另一个例子是教育程度（或者年龄等其他变量）的分布。说，一个人可以有他自己特定的教育程度，但教育程度的分布则只属于社会，是超越了个人的实在。但重要的是，这个“分布”其实还是社会学家为了观察和描述社会所构造出来的工具。我们怎么能够从社会分布里看出活的、体现出社会运行状态的“社会性格”呢？这时候就不得不把个人特质和总体的分布联系起来看。比如在讨论个人的教育程度如何时，我们所说的不是一个简单的年数，这个数在不同的社会里是有很不一样的社会含义的；而要体会某一个体教育程度的社会含义，我们就必须去了解社会的教育程度的分布。本科毕业生在决定是不是继续上研究生的时候，想的是：在现在的教育程度的“分布”下，本科程度够不够用？我们在理解自己的生活的时候，从来不会把个体的变量和“凸生”的情况完全割裂开来看。所以，事实中并不存在一个突然出现的“三角形”。凸生不应该是突然的。真正重要的是各条边之间的关系。最后所浮现出来的“三角形”这个形态，无非是这些关系的一个总的表象。嵌入理论所以让人感到不够清楚，也是因为它是用三角形的整体来解释每条边之间的关系，没有解决好总体和具体的关系。不仅过于强调了三角形的独立存在，对各条边也作了过于个体化的理解。

过去我总认为，政府也好，个人也好，能不能办好事情，最重要的是总体决策或者说认识“正确”与否。现在看来这并不是关键。第一，很难说是否会有一个所谓总体上的正确判断。同一个问题，从不同的角度看，必有不同的面目。第二，靠抽象思维和概念所形成的总体判断，和把问题解决好是两码事。真实的问题总是由诸多再具体不过的细节构成。不存在一个必然要出现的“浙江村”。你讲它是利大于弊，还是弊大于利，都不重要。重要的是你要把握它的各个细节是怎么搭配在一起。

迁移研究之所以重视网络，部分原因也是要克服总体认识和具体观察上的断裂。正如伍德（Wood）所指出的那样，以往的迁移理论，形成了两个极端，一是新古典主义的微观框架，以个人为分析单位（如均衡分析和现代化模式）；一是结构功能主义的宏观视角，以国家和地区为分析单位（如历史—结构理论）。前者适合说明细微的机理，后者适合勾画整体的型貌，但两者在理论上没有能够互补和呼应。学者们一直在寻求合适的分析单位来调和这两个极端。较早的如哈瑞斯指出，个人主义模式是过于简单的，因为人在决策的时候在很大程度上依赖于他的亲戚朋友，特别是已经迁移和找到工作的亲友。决策单位并不一定是个人，也可以（甚至在更多的情况下）是家庭、亲属网络，或者社区。（Harris，1978）麦克唐纳（MacDonald，1964）等人的研究都指出了网络对迁移决策的重要性。稍后的研究，像麦恩斯（Mines，1981）、凯尔尼（Kearney，1986），特别是梅斯（Massey，1988）等人的研究，不仅指出网络（或者家庭、小社区）对个人迁移决策的影响，而且强调它是整个迁移过程得以发生并且持续下去的基础。但是这些理论并没有很好地解决网络和个人之间的关系。要么像早年的有关集体行动的社会学研究一样，把网络或者家庭看成是个人的简单总和；要么就把网络看作决策和行动的单位本身。如 Wood（1981）把迁移看成是家庭对外界的不同环境的集体性反应，目的是提高家庭的生存可能和生存质量。罗斯（Rouse，转引自 Goldering，1992）对此的批评富有启发，他指出，不能把家庭看成是迁移过程中终极的社会单位，它也是人的行为的产物，家庭内部关系不是一成不变的，也不断地被修改、创造和维持。

人们意识到网络在迁移中的重要性，但在理论上对总体和具体之间的关系仍然没有比较好的说明。我们从中可以得到的一个启发是，讨论这一问题，不能仅靠分析单位的变化，比如把个人转变到网络，而是要探索新的理念。我想做的是不再把网络看作是外在于行动者的、人际间联系的一种“浮现”，而想借用我们的“关系”的视角，建立网络和个人之间的更内在化的关系。

总体和具体之间的断裂，和我们对传统和现代的认识的断裂是有直接关系的。就是因为我们过于强调了社会的总体面目，于是把“传统”想象成一个面目，又冠以“现代”另一个面目，而忽略了这总体面目是由很具体的内容构成的、此具体和彼具体之间很可能是相通的。

“浙江村”的奇怪，正是由于它在一定程度上凸显了我们这些在认识上的断裂。我在序文里所说的，也是这些断裂带给我们的尴尬。这本书要在这“奇怪”上做点文章，希望回到人们的日常行为本身，摆脱这些断裂，一方面说明“浙江村”本身在迁移和社区研究中有什么值得重视的特征，说明中国人关系的“营造”法。另一方面，探索通过日常行为过程来分析社会的方法和叙述方式。

第二章　走进“浙江村”

和一般训练有素的人类学者的调查不同，我在调查之前几乎没有任何的理论上的想法，思路完全是在调查过程中形成的。回过头来看，这个思路有两个特点：一是注重对“过程”的描写；二是注重对日常生活中的中介性概念的挖掘。

创造中的社区

1992 年开始调查“浙江村”的时候，我是把我的工作当作一项“社区研究”来看待的。

大家知道，开创社区研究，并对中国的社区研究产生直接影响的，是马林诺夫斯基。他对社区的重视和对社区的具体理解，和他的人类学理论直接相关。他强调要把文化看成一个整体。社区成了验证这一文化观的最好场所。在一个边界明晰、自成一体的社会单位里，才能更清楚地看到各种文化要素怎样分别发挥功能，从而成为一个整体。同时，在有型的社区里，各种现象都能方便地被观察和记录，这和他倡导的实地研究是一致的。所以他“十分重视对在时空上严格界定的单个社会中的人文生活的描写。”（王铭铭，1996：113）

另一个对中国人类学界产生重要影响的是布朗。布朗和马林诺夫斯基的理论不一样。一个是从下往上看（马），一个从上往下看（布）；一个强调制度等是由人的需求而衍生开来的，另一个强调结构本身的意义，社会的每一部分都对整体有“功能”，搭配成一个整体。但两人都强调社会的整合，在纷杂的社会现象背后有一只无形的手，社会的各个部分总是相辅相成。

马林诺夫斯基的“实地调查自社区始”的思路，在20世纪30年代得到了中国学术界的回应。1936年，当时中国社会学和人类学界的领导人物吴文藻先生告诉马林诺夫斯基：他要筹划创立以功能主义为理论基础、社区研究为方法基础的“中国社会学派”。（王铭铭，1997：30—31）他说：“我所要提出的新观点，即是从社区着眼，来观察社会、了解社会。”“社会是描述集合生活的抽象概念，是一切复杂的社会关系全部体系之总称。而社区乃是一地人民实际生活的具体表词，它有物质的基础，是可以观察到的。”（吴文藻，1935，转引自王铭铭，1997：30）社区是“社会生活的各方面都密切地相互关联而成的一个整体”，是“社会功能和社会结构二者合并起来”的“社会体系”。（吴文藻，1988）费孝通先生（1985：94）说：“以全盘社会结构的格式作为研究对象，这对象并不能是概然性的，必须是具体的社区，因为联系着社会制度的是人民的生活，人民的生活有时空的坐落，这就是社区。”

这样，“社区”这个概念就有了四个隐含的含义。（一）在结构上构成一个整体。（二）在功能上是自足的。（三）有一定边界。（四）是大社会的“具体而微”。

我开始就抱着这样的社区观念进行调查。布朗“（社会各部分）各有功能、搭配成整体”的说法给我的印象更深些。我给自己规定两个基本任务。一是把“浙江村”里人们所扮演的具体的角色、形成的稳定的关系和规则理出来；二是去看这些不同部分是如何“搭配”成一整体的。我想这是说明何为“浙江村”的最清晰的方法。当时我直接参考的具体研究有两个，一是费先生（1986）的《江村经济》，二是怀特（Whyte，1981）的《街角社会》。参考前一本书，我想去说明在“浙江村”里各项制度和各种行为是怎样基于“服装生产和销售”这个基本的行为和需求展开的；参考后一本，我要看稳定的社会结构怎样在日常的互动中维持下去，并表现出来。

这一思路使我初期的工作颇有章法，较快地看出了这个社区的大致轮廓。正当我满怀信心照着这一轮廓深入细描时，却越来越觉得吃力。我常常是白天跟着他们乱跑，为自己不断看到的新东西而激动，但晚上做笔记或回忆时，却为找不到这些事实的“理论含义”而苦恼。以至于在 1993 年我写完第一篇有关“浙江村”白描式的初步报告后，在三年多的时间里没能凑出一篇学术性的文章来。

开始，我给自己对“浙江村”的结构描述确定了一个测验方法：见到一个人，就想一想，他在我所理解的角色体系和结构中是属于什么位置？他的这个行为那个行为有什么结构上的意义（是怎样为结构决定，又怎样维持结构）？在初期，这种测验法效果不错。可是随着我和他们交往更加深入——直至深入到我被要求去调解他们的家庭纠纷——我就逐渐发现，不仅我原先给他安排的位置不准确，而且几乎没办法给他简单地排座。或者说，按某个标准排出来的座总是切中不了他们的真实行为。他们的行为和意识充满了微妙的变动。在某一个时点，他会处在某个位置上，但与其说他是被决定在这个位置上，毋宁说是他暂时“选择”了这个位置！当面的热情和背后的猜疑，此时的慷慨和过后的心计，情趣相投和功利意图……令我大开眼界。我至今不能用狭义的“结构”来描画“浙江村”的社会。

不仅“归类法”受到挑战，“搭配法”也有困难。我固然可以在文字上说明该社区内的各个部分、不同群体是如何组合在一起的，但我没法证明这种搭配是“必然”的，即所谓具有内在整合性的。“浙江村”的经济和日常生活很大一部分是依赖外部的。社区内一些新成分的出现，比如 1996 年以来的装饰布料市场，和社区内的生活没有直接的关系，更不是为了满足社区的某种功能需求而出现。我开始调查的前三年主要是住在社区里面，但后来就在社区之外调查社区。因为我看到，“浙江村”里的好多事情在“浙江村”里反而不好理解。故事固然都发生在社区里，但故事的源头及后果却往往在社区之外。它不具有内在整合的必然性，倒具有必然的对外开放性了。这也是我要用“跨越边界的社区”这几个字概括“浙江村”特质的理由。

我在初到“浙江村”的笔记里写道：“这里就像一团生物学上说的原生质。固然有简单的分化，彼此不同，却形不成结构。没有有效的整合，联系都是松散的。……如果每个个人对他们所处的集体没有归属感，那么，这个集体很难作为一个整体来发展。生活在里面的人不会感到安全。没有归属感，认为这里不是他们的家，正是‘浙江村’如此混乱的原因。……我寄希望于个体协会、商会等自我形成的中介组织的出现，起到核心和组织的作用。”我们总希望看到一个明确、“头头是道”的社会形态，而且潜在地认为最后会出现这样的格局。但是后来“浙江村”的发展却并没有“满足”我的期待。这不禁让我重新思考我们对社区的“整体性”的想象。当今人们的社会生活，并不是靠在小范围内形成整体而得以维持。我们需要换个视角，换种观察和描述的方法。

我的困惑不仅来自“社区”的概念，也和我所学到的人类学的一般理念有关。人类学的核心概念是“文化”。人类学认为，并不存在完全客观的“社会事实”，人总是在他所理解和构造的意义世界里生活。人的行为正是靠人造的文化调节的。所以文化在广义上就可以理解为人的生活面目。但是按这样的广义理解来做文化研究显然是难以操作的，人类学家在研究实践中似乎又形成这样的认识：总体的文化会在某些事实，或者在某些场合中突出地表现出来，会集中地体现文化的内部信息。这些凸显文化的形式，比如仪式、口头流传的故事等等，是人类学家特别关注的对象。而“浙江村”就给我出了难题：这里没有仪式，没有象征，即使过春节，也就是随便吃一顿，搓搓麻将而已。我所面对的是一群“没有文化的人”！

我去想“浙江村”和费孝通描述的“江村”有什么不同。彼此的区别不仅仅在于一个是“常态”，一个是“偏态”；更主要的，江村是多少年生活的积淀，早已形成自己的一副固定面目，而“浙江村”却是时刻处在变迁之中。江村有自己明确的边界，深深地扎根于它所在的土地之中；而“浙江村”恰恰相反，它是人口流动的产物，看上去波澜起伏，没有一个能牢牢抓得住的根。

江村和“浙江村”的区别不是偶然的。社区的封闭性越来越弱，“根”越来越浅，变动越来越剧烈、频繁，乃是“大势所趋”。能被看作是整体社会的具体而微的社区确实在消失。另外，社会的不同部分也在越来越紧密地缠绕在一起。没有哪个研究对象可以让你用静态的眼光、相对孤立地来看它。科尔曼指出：当高楼大厦越来越多地替代了原始森林，“人们出于各种目的创建的社会组织正在取代社会赖以发展的各种原始社会组织”（1990：原著序言）。这是一个快速变迁的时代、个人的主观能动性大显身手的时代，社会运行的逻辑已不是“经长期共同生活”而积淀下来的结构，而是人们运用习得的知识和策略进行的“建构”。江村研究的重点是“社会结构”，那么“浙江村”调查的重点恐怕就应该是“社会建构”了。

从“结构”到“建构”，显示的不仅是社会的变化，更是我们理解社会的方式的变化。在20世纪30年代，人们对中国农村究竟是怎么回事缺乏最基本的了解。告诉大家村庄作为一个社会实在是怎样组织、运行的，是当时第一要紧的事。现在人们对“浙江村”当然也是不太清楚，但是，不管是政府还是社会其他群体，甚至是“浙江村人”自己，他们要知道“是怎么回事”的直接目的是“该怎么做”。在一个人和人的关系越来越广泛，也越来越紧密的社会，当我们看一件事情，我们想的是“怎么在现在的情境下理解它？”各个机构、各个群体分别在其中发挥什么样的作用？这个事情和“我”（或者和“我”所在的群体、机构）是什么关系？我们是靠这样的“行动着的思维”来理解问题的。如果把社会看成一个静态的系统，我们固然也能得到一个清楚的图景，但却不免隔靴搔痒。

而且，这个建构过程应当是一个多种因素共同作用的过程。我认为，在当今社会，并不存在“总体制度”和“地方制度”的区分。至少，不存在平行的这样两种制度。如果我们把中国社会看成一个“大社会”，那么像北京、像“浙江村”这样的“小社会”，都是它的直接的组成部分，而不是在不同层次上的“具体而微”。光是把社区放在大背景下看是不够的，需要对它和大社会的关系形成新的理解。我们要看的确实是一个各种跨越了边界的事件的来回穿插、共同作用的过程。

系

“浙江村”过程确实是饶有趣味又令人费解的：（一）最早来的6户人家，是怎么衍生出现在这套复杂的体系的？（二）“浙江村”怎么用它看起来落后的手段，在现代社会中给自己打出这片天地？

我们当然可以从很多具体的方面作出解释，但是，在“浙江村”的发展中有没有一个核心环节呢？

我在对“浙江村”和其他流动人口的群体的观察中，注意到一个新的行动单位。我称为“系”。简言之，“系”是以某一行动者为中心的多种关系的组合，或者可以叫作“关系丛”。它类似于我们平常说的“圈子”（它和“圈子”的不同之处将在《讨论》一章中说明）。它是在人们原来的社会关系的基础上，在流动和经营的过程中形成的。是它，组织了“浙江村”内的基本的生活。是“系”内的变化和不同“系”之间的互动，促进了“浙江村”的形成，并使它具有现在的特性。

最早让我模模糊糊意识到这个范畴的存在的，是我对北京保姆的观察。我发现，“保姆帮”的存在是一个普遍的现象。她们往往在星期天聚在街心公园聊天，老家有什么新消息，各人碰上了什么事，看似漫无边际，但她们借此形成了对城市社会的基本理解，也产生了各自的行为策略和行为方式。这种保姆帮成为化解焦虑、调整观念（尤其是在怎样看待“自尊”的问题上）、与外界社会发生互动的重要中介。一位北京的家庭主妇告诉我，她前后雇的两个保姆性格完全不一样。“第一个就跟居委会副主任似的，老乡大大小小的事都管，星期天就在我家楼下会齐，然后出去溜达。那些老乡平常有什么事也到我家来，问题小的一个人来，问题大的就在我家厨房开小会。第二个保姆一天没三句话，可她也有帮，一到星期天就往外跑。我比较关心她，看她有心事也劝劝，但她不一定真听你的。但出去一趟回来就不一样了。有了主意。”这样，帮提供对外界事件的解释，使之转化为个人的意识；同时帮使她们在问题面前形成具体的策略，对外界形成回馈。保姆帮一般以老乡为基础，而且与不当保姆的老乡也形成不定期的联系。

1994 年我在对东莞民工的实地调查中发现，流动人口中的老乡关系比我想象的要复杂。我区分了老乡帮、老乡圈和老乡派三种类型。“老乡帮”是大家较为关注的所谓非正式组织。人数一般不超过 15 人，有比较明确的“老大”，内部关系紧密，群体的边界明晰，一有事全军出动。往往存在于“散工”[①] 等群体。“老乡派”则指在一个工作单位内按省区范围形成的派别。但也不是严格的一省一派，往往形成大省（在同一企业内人数多的省）独立，小省联合的局面。语言是分派和联合的重要标准，比如贵州的和广西的就要好一些，

---

① “散工”指在城市里没有固定职业，聚于街头或者大桥底下，等待随时被召的劳动力。主要从事搬运、房屋装修等。

因为彼此语言相通，而湖南的和广西的就往往有矛盾，因为不易交流，而且广西人讲白话，与东莞当地一样，他们比湖南人要容易晋升。各老乡派内部关系松散，平常同派的都未必认识；但不同派之间分界清晰。在一个厂内，来自不同省份的民工之间发生大规模矛盾是经常的事。老乡派搞的是“当然会员制”，既然你是某地来的，你就得与你的同省人保持一致，选择的余地很小。

在事实中还有一种大家不注意，而我认为是最重要的关系，即“老乡圈”。一个老乡圈往往有五六个人，一般是在家里就认识，到了流入地之后又觉得情趣相投，关系更为紧密。老乡圈内部关系相当稳定，彼此有很强的义务感，但它对外的边界并不明晰，如果一个新来的跟大家都讲得来，也会自然地成为一员。老乡圈的存在是隐蔽的，因为各人分散在各厂，而且节假日较少，不能经常有集体行动。但它是民工情感交流、提供生活照顾、化解各种危机的首要甚至唯一渠道。更重要的是，老乡圈内的互动将形成成员们对某些事件的共同看法，影响到每个人的行为。而老乡帮和老乡派的行为模式基本是固定的，没有“塑造”意识的功能。比如，一个民工受了欺负，如果他是某老乡帮的成员，那么，其他“帮员”会毫不犹豫地给他出气，主要的方式是打一架；如果这事涉及省际的矛盾，那么就可能引发老乡派之间的纠纷，如一派向厂方告另一派的状，甚至以罢工威胁。如果他求助于老乡圈，情况就不一样。“我们几个老乡会在一起商量。他要是火气很大，一定要打一架，我们也不会去。要么就劝他大事化小，实在叫人生气的，我们就让年纪大一点的老乡去找对方评评理。……我们主要是分析给他听，以后该怎么办。”[①]三种老乡关系之间并不矛盾。老乡派和老乡帮都以老乡圈为基础。如果没有内部的各个老乡圈的作用，其他两种关系也都难以维持。

---

① 刘子荣，东莞台联纸盒厂，1994年8月，参见项飚，1995。

保姆帮和老乡圈都是实实在在的行为领域，对于流动人口而言，这个范畴比他们现在的工作单位、原有家庭和社区等明确的社会组织甚至更为重要。但另一方面，它又不是一个组织，也不是一个简单意义上的群体。我开始意识到这类“圈子”的重要性。①

“系”这个字最早在我脑子里冒出来，是一次在对“浙江村人”的流动史的整理过程中。很多访谈对象告诉我，他们的流动与亲友们有紧密的关系，一个带一个，呈现出典型的“链式流动”的形态。来到北京以后，同一“流动链”上的成员又在经营上合作，生活上互助，形成圈子。在早期，这就是“浙江村”基本的构成单位。用“系”这个字，多少有着“链”和“串”的意思。到后来，虽然流动超越了链式流动的方式，但人们仍然是沿着小圈子的思维来决定是否来北京以及来北京干什么。

“系”最重要的特征在于，它是不同关系的组合。在“浙江村”，一个系包含两个“亚系”。一边以亲友关系为主，我叫它“亲友圈”。“亲友圈”主要包含三种关系。一是一般的亲戚；二是同村的同龄群或者同学关系；三是“文革”中的同一派系的战友。另一边以合作关系为主，叫作“生意圈”。“生意圈”里的是客户。客户是熟人，但还到不了亲友这一层。两个亚系有重叠的部分，即既是亲友，又在生意上合作的部分。这个部分构成人们生活中最重要的关系。可以表示为图 2：

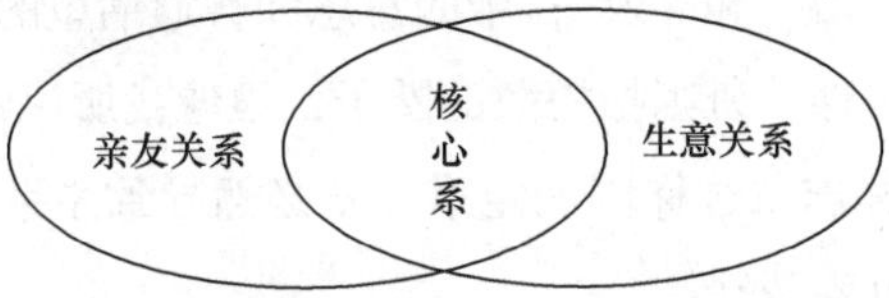

图 2　单个“系”的结构

① 很多人关心流动人口的组织化问题，而我认为，隐而不见的关系网络可能是更重要也更普遍的事实。这样的网络比起正式组织来，更有弹性、能动性，对个人和社会的功能也更大。

图 2 表示的是简化了的单个系的结构。在事实中，系和系之间的边界是不清楚的。更全面的显示方法见第九章图 8。

这里特别需要强调的是，不能仅把“系”理解为不同关系的“重叠”，而应该是不同关系的“互动”。核心系的重要，也不在于它“兼有”两种关系，而是在于它协调着两种不同关系之间的互相作用。亲友关系和生意关系的互动过程，正是本书的基本线索。

“系”的这一结构，一方面使经济关系和非经济关系区分开来，保证经济运作的基本规则不受干扰。另一方面，非经济关系又为经济运作提供了很大便利。特别是，它形成了对经济关系的潜在的监督。在书中，我用“锁住”表示这种监督能力。我想这是社区既保持自己的秩序，又在经济上迅速扩展的最主要的原因。

在一个系内，不同的关系并不一定完全打通。或者说，不同的关系之间不具有完全的可传递性。朋友 A 和朋友 B 都处于某人的亲友圈中，但是他们两个人之间未必有多少亲密的关系。一个系的不同客户之间更有可能完全没有关系。这是系和我们一般所说的“群体”“圈子”的区别。它类似于阎云翔所说的由关系网络构成的“准群体”（Yan，1992）。系是靠具体的人组织起来的。我们不能说甲和乙是一个系的，只能说他们同处在“某一个人的”系中。人们在介绍某个人的时候，经常告诉我：“他和某某是一‘班’的。”（温州话能清楚地区分“帮”和“班”；帮的意思和普通话里的帮近似，强调具有较强的组织性，班则指松散的圈子，很像我所说的系。）这成为他身份的重要标志。这样因人定系，就必然导致系系交叉，成为总体结构生成的重要基础。

“系”同时也是人们日常行为的主要单位，是他们形成社会意识的基础。1994 年，“浙江村”的一个批发商遭帮派抢劫，他与亲友们反复商量是报复还是撤退，最后形成了“撤”的决定。当他向我说明他的想法时，他用的是这样的一个三段论：如果我们再卷进去会怎么样——而我们做事一贯是怎么样的——所以，我决定这样做。在这里，对事态发展的预测和对自己的认定（“我们”是怎么样的人，怎么做事）都是在他的系内共同形成的。而在另一个帮派抢劫的案例中，受害人采取了另一种策略：拉自己的人马、报复或者防范。我很难把他们的不同决策归结于两个当事人在性格和思想观念上的差异，是他们彼此的系形成了不同的“公共意识”。

系是人们构造的产物。1997年春节，我在乐清调查，被邀请参加一个访谈对象家里的“新年酒”[①]。到了席上我惊讶地发现，来客的成分如此复杂，有男方的亲戚、女方的亲戚，还有主人丈母娘家的邻居及其他一些朋友。同时，很多关系紧密的亲戚又未到场。在一般情况下，这种宴席只限于本家族，而且男方的亲戚和女方的亲戚是分开请的（所以在江浙一带，一家往往要摆好多次新年酒），同时，请的人务必全，否则是大忌。我问主人为什么来客会是这样的格局，他说这些人比亲眷还要密切呢。在“浙江村”，人们时时强调亲友的重要性，但这个亲友，绝不是原有的、固定的亲友关系，而是根据人的实践需要加以改变的。这个亲友关系在表现方式上，和过去似乎是一样的；而在其功能上，以及人们对它的处理方式上却是变化了的。我曾粗略地称为“传统网络的市场化”。为什么关系网络能以原来的面目而实现新的功能呢？关键是人们把不同的关系组合在了一起，不同的关系在相互作用。

近来的社会学研究强调“场景”（context）的重要性，但场景依然是一个模糊的概念。几个人坐在一起聊天的环境可以称为场

---

① 在温州，春节的宴席分两种，在年前吃的叫分岁酒，过了年的叫新年酒或正月酒；一般而言，同吃分岁酒的是一个小家庭之内的，正月酒要请一些人。我的访谈对象过了年才回家，两桌酒就合并了。

景，国家的政策环境也可称为场景，那么，究竟是什么样的场景决定人的行动呢？把它定义得过于宏观或微观都不合适。我们可以把日常生活的环境分为两个层次，一个是“不可及环境”，另一个是“可及环境”。不可及环境指超出个人的操作范围的场景，如法律、国家的政策、“社会形势”等。可及环境指行动者能直接参与、成为其中一部分的场景。可及环境又有两个层次。一是即刻的，完全以在场形式表现的具体场景，如说话办事在办公室和在家里不一样。另一个不是以完全在场的形式表现的，而贯穿于个人基础的日常生活，我们所说的“人际关系”的环境是这种场景的典型体现。“系”就可算是这一种场景。对于一般人来说，国家的政策法规，社会形势的变化，是笼统而模糊的，无法与自己的日常操作直接对接。“浙江村”中 30 岁以上的男性业主大部分在“文革”后期就有了出省流动的经历，当时的外流是来源于这样的猜测：处处闹革命，趁乱出去没人管。在我看来，这里最重要的环节是这种猜测的形成。而这种猜测是靠“圈子”内部的交流和互动而形成的。温州本地和“浙江村”的发展中，都有大量的“擦边球”（不完全符合国家规定的做法），甚至被国家明令禁止的做法。人们对当时的宏观场景不是没有察觉，他们也担心：“国家会干涉吗？”但是这并不直接决定人的行为。他们会去“商量”。商量的结果，其实就是对国家政策，及自己行为和国家政策之间的关系作出再解释和再定义，塑造了人们的实际行动。不同的系，会有不同的商量结果，也就产生不同的行动。“知道”不等于理解，“觉察”不等于判断。系就把外在的场景重新定义，使之具体化，变为人们日常操作的组成部分。

对内，系把外在的事件“转译”成人的具体意识，对外，它“输出”行为；同时，人又将不断改变系本身。这个从人们的日常行动里观察到的范畴，能够在分析上充当个人与社会之间的中间环节。

在互动中认识对方

“过程”的视角和“系”的发现，是在对“浙江村”的观察中达成的；同时我再用这样的认识去进一步理解它。这个理解的过程，也是我不断卷入“浙江村”、我和“浙江村人”的互动不断深化的过程。

我们只能在和对方的互动中认识对方。这句话看似常识，却和我们多少年来关于社会学调查的信条大不相同。一般认为，调查者应该和被调查者保持一定的距离，而且要对被调查者实行“保护”，即不要让其他的社会因素来影响它。当调查者要为被调查者做点什么的时候，往往是要被斥为“不科学”的。

对强调“超脱观察”的理论，我是不理解的。如果认为以一个局外人的眼睛和耳朵能理解一种生活，那就大错特错了。不真正卷入对方的生活，你就只能靠自己已有的生活经验来想象对方。生活本来就是一个不断受干扰的过程。只要你的举止得体，特别是能与他们的生活协调，你的来访为什么就比他的一个朋友的来访更有破坏性呢？时刻摆出局外人的样子，强调“我是来研究你们的，我和你们是不一样的”，恐怕更令对方紧张吧。

在对“浙江村”的调查中，我扮演了四个角色。1992 年到 1993 年，我是一个“要写论文的学生”。这段时间主要靠两点来突破。一是抓住当时已经初现端倪的大人物，特别是刘世明，通过他认识了他“系”里的一帮人。二是认识了和我差不多同龄或者年龄比我小的“浙江村人”。我发现，“浙江村”里的年轻人的“心理年龄”在很多方面要比我早熟，表现出很强的独立参与社区生活的愿望。他们有许多见解，也很愿意把我介绍给他们的朋友们。他们不是社区的主流群体，却是我观察社区生活的重要窗口。

一则他们和我年纪相仿，对我的戒心很少，有什么事愿意主动告诉我。二则，正如我前面已经提到的，同龄群关系是“系”的构造中的一个重要因素，而同龄群主要形成于青少年时期。三则成长的青少年正是睁大眼睛看他们的世界的时期，他们和我一样在做调查，他们对各色人等的评论相当精确地反映了社区内的结构和关系。我从这里得出一个小经验是，如果你要调查一个社区的历史，那要找老人；而如果你要看一个社区的活的生活，你最好找在社区暂时还没有固定位置（还没有建立自己的家庭）的年轻人聊一聊。

但这种“交朋友”的办法也有局限。在我进入社区的1992年，“浙江村”已经颇为成形了。你很难和几个互相没有关系的青少年群体同时交往。我较早的一个青少年朋友是周权禹，通过他认识了五六个人。有一次我在“浙江村”的街头跟另外两个刚认识的小伙子聊天，周的一个朋友从边上过，我冲他打招呼他却没理我。第二天周碰见我问：“你昨天跟某某某在一起？……你跟他们在一起干什么？”我只能故意轻描淡写地说我和他们也是无意中碰见。在随后的几天里，周倒没什么，他的朋友则对我有些冷淡。从这以后，我基本上只按已经认识的朋友的引见“滚雪球”。调查者的行为反而被被调查者给限制住了。这样，你虽然对社区内的某一部分的规则有较深的了解，但却难以把握社区的“全貌”。对于初期进入者，这显然是一个缺憾。

1993年以后，我在保持自己“写论文的学生”的角色的同时，开始到浙江乐清县的驻京联络处（详见第七章）里“帮忙”，充当临时文书的角色。在联络处，什么样的人都要见，什么样的事情都可能碰到。这使我对“浙江村”的认识范围明显加大。而且从联络处，开始了解到很多和“浙江村”有关，又超出“浙江村”社区范围的信息。在联络处的经历，也使我得到了更大范围的信任。“他是在联络处干过的”——至少说明我不是来找调查对象的“茬”的。“交朋友”的经历使我初步悟到“浙江村”里的细微规矩；而联络处的工作让我掌握了“浙江村”的广泛知识。我后来和别人聊天，能随口说点相关的人的逸闻趣事，使对方很有兴趣。大概有调查经历的人都有这个体会，一问一答和真正进入聊天状态是完全不一样的。可惜我们现在对此强调很少。

1994年底开始，我又有了新角色：社会工作者。具体地说，是“北京大学（学生）‘浙江村’社会工作小组”的负责人。要做的事情是帮助京温中心的工商户组织“爱心小组”（参见第八章），给他们出点子，帮助他们建立和发展组织。我的前两个角色多少还属于“外人”，要么是朋友，要么是帮忙的，而社会工作者的角色使我更深地卷入了他们的生活。这段经历对我理解“浙江村”是不可或缺的。它让我细致、生动地看到“浙江村人”这个新群体的潜在的愿望；看到他们面对既定制度的策略和想法。这段经历也让我体会到，“社会”绝不是一个一览无余的平面，它蕴涵着无数的可能，随时会发生变化。这些可能是很难用理论进行推导的。当事人在事先也并不能意识到这些可能性。而理解这些潜在的可能，正是社会科学工作者应该做的事情。这样的“潜在的可能”不能来自简单的“观察”，而只能来自“体察”。

和在联络处的工作经历相似，“爱心小组”的社会工作使我在社区内赢得了比较广泛的可信度和知名度。在随后的调查中，我经常碰见我不认识对方但对方认识我的人。不少人还要拉着我的手说：“你是为我们做了好事的。”实在让我感动得够呛。以往的人类学研究往往要求研究者能认识被调查的社区的全部成员，了解他们之间的所有关系。这在“浙江村”显然做不到。但是，我多少成为社区内的“公众人物”，使我和整体社区的关系更接近于这样的要求。具体就表现在，我能随时方便地找到人了解我想了解的情况。以至于我根本不用去“浙江村”，也会有朋友给我打电话或者上门来告诉我社区内的最新动态。这恐怕不是交几个一般的朋友所能达到的。

在我写这本书的一年多时间里，我又多了一个角色，即社区内一些企业的“顾问”。他们拉我当这个“顾问”，不是因为我懂什么经营理论或者和政府有特别的关系，而是因为他们认为我了解“浙江村”里错综复杂的关系。这让我受宠若惊。顾问是“介入”和“超脱”之间的角色。它的好处是让我更多更深地感受到社区内的隐蔽的关系，比如一个新人的崛起会不会给其他人带来威胁，彼此又会采取什么对策等。在写作的时候多了这一角色的另一个好处是，我能在一定程度上检验我前期调查形成的观点。我根据自己的理解给他们提出建议，看他们对我的想法怎么分析；再看看这些想法在操作中能否得到验证。

“温州的大学生”

但是所有这些具体角色，或者说在“浙江村”里的具体位置，都离不开我自己的基本身份：来自温州的在北京读书的学生。这是“浙江村人”对我的基本界定。

从出生到上大学，我在温州生活了18年。我还记得自己是怎么认识“厂”这个字的。我的一个邻居说，过去的“厂”字下面有个“敞”字（指繁体字），是开着的；后来这“敞”字没了，关门了，但里头还有一个“人”①；到现在是连这个“人”也没了，彻底倒台。大家只能靠自己。这个测字法典型概括了当时温州的国营、集体企业的衰退。技术人员、工人纷纷回家搞自己的“第二经济”，供销员把本来应该给厂里拉的业务拉到自己的家里来。

① “文革”中后期曾流行过一套新的简体字。“厂”在当时被写成“仄”字。

我最早的童年记忆之一是大人们的“做私工”。大概是在1978、1979年，我的一个亲戚不知道从哪里接来一批活，在家里装搭塑料眼镜架。他白天在厂里工作，晚上回家干到深夜。每天屋里一“开工”，我的外婆就要到大门外张望。不久又改打金银首饰。每次做活的时候照例门户紧闭。但打首饰需要用小火炉熔金，一次一个邻居透过窗户看见里面有火苗，大呼“着火”，见我的亲戚从里面出来，她明白过来，连忙笑着走开。过了不久我们就知道，他们家也在“做私工”！大家可谓心照不宣。后来我知道，就在城市居民还在为做私工提心吊胆的时候，地下工厂早已经在乐清、苍南等农村地区蓬勃发展。

到20世纪80年代中期，“做私工”这个词销声匿迹了，取而代之的是“外加工”（这个词至今仍在用），即自己开作坊，承接工厂发包的某项工艺。每户规模都很小，只有一两台机器，但通过不同作坊之间的紧密合作，就成了一个巨大的流水线。在那个时候我就有了“网络”这个概念，而且由此懂得人缘好才能生意好。

我出生在中学教师家庭，从小天天听中央人民广播电台的新闻节目。但我从父母和学校那里听的是一套，星期六星期天到我外公家里去，从那边的邻居那里听到的又是另一套。邻居们的议论有两个特点。一是对什么事情都以“利益”二字蔽之。对“政治意义”这类东西毫无概念。我人小言轻，不能争辩，在一旁听了总觉得不舒服。一个例外是20世纪70年代末80年代初，中央提出今后要以促进国内的发展为主，不再搞过多的国际援助。大家对此很是拥护。“自己都穷死了，还给别人援助。好听有什么用！”再一个特点是对策意识很强。（国家）“是不是要收”（指紧缩、加强控制）是他们经常讨论的话题。一个一边在国营商店工作，一边在家里摆副食摊的邻居，对“收”尤其敏感。每每一说形势，都宣布自己准备歇手，因为看样子上面要“收”。我到现在也不知道他们如何从“形势大好”的宣传中一再得出和宣传不同的结论。

这些个人记忆，都让我早早意识到温州人独立于体制之外（用当地政府的话说，温州人民从来不向国家“等、靠、要”）和发展小规模、网络化的经济的经验。这让我较早地意识到，“浙江村”的形成是一个在国家之外，旧线（原来的社会关系）织新网（新的经营和社会空间）的过程。

讲这些对温州的记忆，我也想说明，我是温州人，但不是典型的温州人，至少不是我现在所要研究的温州人。我是通过自己和他们的反差来认识他们的。不少人以为我是温州人，进入“浙江村”就毫无问题，实则不然。我的亲戚中没有和“浙江村”里的人有来往的。我是在1993年春节，专门请一位在乐清工作的亲戚帮忙，费了不小劲才和刘世明接上头。这样，一方面，我懂号称“天下第一难”的温州方言，和他们有一定的共同知识；另一方面，他们的具体想法和在北京的生活经历，对我又是完全陌生的，甚至令我震惊。熟悉，但又不至于熟视无睹。

我的“大学生”身份（后来变成“研究生”，甚至按他们一些人的叫法，成了“学者”），也强化了我和他们的区别。我很赞同怀特在他对街角社会的研究中说的：“人们并不希望我和他们一模一样；事实上，只要我对他们很友好，感兴趣，他们见我和他们不一样，反而会感到很有意思，很高兴。因此，我不再努力完全融入他们的生活中去。”（怀特，1994：343）“浙江村”的金一国是我的好朋友，我们认识的经历有点戏剧性。那次我住在“浙江村”口的桃源旅馆里。金一国母亲的一个好朋友和丈夫吵架，为显示她的生气程度要暂时住到金家，金一国让出自己的床铺来住旅馆。我们刚好住一个房间。当我得知他也是温州人，兴奋地要和他搭讪时，他却很平静地问我：“怎么，你现在要写你的第二篇论文吗？现在采访什么？”我大骇。事后知道，他是通过旅馆的服务员知道我的情况的，而旅馆的服务员可能是刚好读了报纸有关我的报道。在此之前，我只是在迫不得已的时候，才介绍自己的情况，并总把自己的目的模糊化：“听说有好多老乡在这里，来玩玩，也想学学怎么做生意。”听了金一国的话，我一时很尴尬。他倒兴趣渐浓，问来问去，主动告诉我不少关于“大人物”和帮派的敏感话题。从那以后，我学会在调查中“放松自己”。该表现一点个性的地方，发表一点自己看法的时候，我也都表现一点。我也请一些人来北大坐坐。坚持自己和他们的不同，反而更容易进入他们的生活体系。从这里我进一步体会到，调查者要了解被调查者，而被调查者对调查者也是有认知能力的。你在对方心中如果是一个模糊的形象，你很难真正清晰、深入地了解对方。

在具体的调查方法上，我以参与观察为主。此外，一般了解、深度访谈、文献研究、小规模的统计调查，能用什么就用什么。从1993年到1998年，我连续6年回温州的乐清和永嘉县（“浙江村人”的主要来源地）实地调查。我也参与北京市政府和温州市政府部门组织的有关调查。不同的互动方式得到的是不同的理解。如果把自己看成专家，按着某些所谓调查方法的教条来和对方互动，那你得到的只能是教条本身和它的副产品。

在我调查的前5年中，我从来没想到要写这本书。我只是对这个事情感兴趣；我只是觉得我们需要对它增强了解。我观察持续这么长时间，也是因为我“走进”了它的生活。很多事情我觉得自己有义务去跟进，去分析。这使得我的整个调查基本上没有任何设计，是一个彻底开放的了解过程。这是它的“不规范”或者说“不科学”，但也是它的特色所在。

本书的写法

民族志写作，大凡会碰见如何协调三个逻辑间的关系的问题：

（一）事实本身的逻辑；（二）研究者发现事实的逻辑（过程）；（三）作文的逻辑。所谓作文的逻辑是指我们要有一个叙述框架，把事情说得更清楚，也有利我们的理论论证。本书“从日常行为的角度”出发的视角，决定我叙述的逻辑要为前两个逻辑服务。

我尝试了好几种写法，但都觉得很困难。主要原因在于，各个现象、各种变迁是综合发生的。“浙江村人”的流动、经营、人际关系、纠纷、大人物的出现等等，互相之间是难以分离的。而这联系和纠缠，又是最值得注意的。最后我选择了“年谱”式的写法。以它的“生活史”为叙述主线。依循时间的流程，我觉得我终于能相对从容地展示事实变化的逻辑。

但是也不存在所谓完全按事实逻辑来写的可能。事实是个逝者如斯、纷繁复杂、几乎不可言说的过程。比如，“浙江村”内服装业劳动力市场的形成变化，是一个贯彻始终的过程。但在书中，我只在“1984：来到北京”和“1986—1988：站稳脚跟”两章中集中写它。在这两个时段，劳动力市场的变化最明显，对其他方面的影响也比较大。在正面写它的时候，我又瞻前顾后，把整个劳动力市场变化的过程统起来看，所以“1984：来到北京”写的就不仅仅是1984年的事情。对其他现象的叙述也类似。

我们已经看到的“引论：从日常行为的角度”和“走进‘浙江村’”，说明了研究的基本取向和方法。

“周家一日”通过对“浙江村”里一个普通家庭前后两年的日常生活的描写，希望直观地展示出他们生活的基本样式及其变化。在对他们生活细节的描写的背后是三个变量：时间安排，空间格局，和基本的关系网络。

“1984：来到北京”讲了“浙江村”的“史前史”，和人们怎样来到北京，说明“浙江村”的形成不是简单的“改革政策加固有传统”的产物。

“1986—1988：站稳脚跟”说的是“浙江村人”怎么进入城市的正规商业系统。这为“浙江村”在北京的发展奠定了基础。在社区内部随之出现了“代销”关系，做的（加工户）和卖的（包柜台的）形成初步的分工。这样，对外部市场占有份额的增大，促进了内部网络的发展；内部网络的发展，又使人们的流动多少独立于体制的制约，成为一个自为发展的过程。

“1988—1992：扩张”是全书最长的一章，提出了温州人“全国流动经营网络”的概念。在我看来，这个网络的形成是“浙江村”社区真正形成的标志。本章说明了这个网络的形成过程，以及它和社区内部关系的变化的关系。这一时期，人们的生意圈和亲友圈从原来完全重叠开始分离；但是另一方面亲友圈的重要性并没有减弱，“系”的结构反倒在强化。同时“系”和“系”之间的重叠也在增强。这样社区内部出现了一些新的规则，特别在对纠纷的解决办法上，这为后来社区内“大人物”的兴起提供了条件。总之，人们通过更密集、更复杂的聚合形态，让自己的手向外伸得更远。本章还讨论了三个在流动研究中的重要议题：外来人口和当地人的关系，“浙江村”和流出地社区、家族的关系，以及，“浙江村”和国家的关系。

“1992—1995：乱里挣钱”，这个题目有点怪。它想突出“浙江村”当时的两个特点。一是社区内出现了“大生意”——盖大院和批发市场。做这些大生意的“大人物”，通过对自己的“系”的运作，和与别人的“系”的重叠，而浮现出来。这一时期的第二个特点是“乱”，帮派势力猖獗。本章描述了帮派的形成、组织特征和行为方式。大人物和帮派是有内在关系的。这种关联也是“浙江村”社区的重要特征之一。本章的另一个重要内容是不同政府部门的介入。政府组建的京温服装批发中心带来了“浙江村”新的转折。但其他方式的政府介入和异地政府之间的合作，基本上没有效果。

“1995：波折和回潮”讲述两个事件。一是“爱心小组”的成立；二是大清理。这两个事件把“浙江村”内部组织方式和它与体制的互动关系，都以典型的甚至戏剧化的方式表达出来了。我的重点是要说明，“浙江村”的反抗和表达能力固然很弱，但这并不意味它就依附于现有的体制。它有很强的独立利益意识，在事实中对体制也造成明显的制衡。这可能是当今中国一个相对独立的“社会”平和生长的方式。

“讨论：关系丛”总结了“浙江村”的发展过程，尝试从个案中抽取普遍性的概念。集中讨论了“系”的概念和“关系丛”的观点，认为任何稳定的关系都不能只理解为“单线关系”。在关于信任问题的讨论中，提出了“锁住”的概念。

最后一章，“未来：新社会空间”，从体制变革的角度讨论“浙江村”的历史和未来。“浙江村”形成的具体方式，和它所处的体制背景有直接的关系。“浙江村”超越了地域的、体制的、身份的等一系列社会边界，成为居于体制之外的“新社会空间”。这个空间向我们展示了另一种社会组织方式和生活方式的可能。它具有巨大的活力。由这样的“新空间”反过来促进我们体制的变革，促进原来社会边界的更改，乃是中国当今社会变迁的一个重要路径。

我在书中引述了大量“浙江村人”的话。这些话并不都是严格意义上的原话。一则温州话的用词、语法和普通话多有不同，不易“翻译”；而且人们日常讲话大多是不连贯的，很可能是冗长拖沓的。我在语序等方面作了整理。第二，更重要的是，访谈不是我主要的调查方法；一个人对一件事的叙述是在不同的场合零散地告诉我的，人们在讲述时又带有很强的场景性，比如他认为我知道的事情就在谈话中省略。如果我不对这些零星的即时议论作必要的编辑，读者是没法理解的。读者可能会有这样的质疑：编辑会不会使材料的真实性受到损失。这个问题可以讨论，但我在这里必须向读者说明我对他们的话是作了改动的。

书中的人名是化名，大院和市场大部分用的是拼音代号。书中的数据和细微情节也不完全是精确的。这一是因为我无法对一些数据进行统计；二是我为安全考虑，有意将部分细节模糊化。但这些都不太会影响我们对“浙江村”的理解。我在“浙江村”调查的时间越长，其实我对精确性的追求也越低——我们对生活的真正理解其实从来不是靠技术意义上的“精确性”达成的。

第三章　周家一日

看图说话：区位与扩张

图 3 说明了“浙江村”在北京所处的位置。我想强调两点。

一、从图中看到，“浙江村”远不是北京唯一的外来人口聚居区。图中所画的也只是所有聚居区的一部分。比如还有所谓的同样是由浙江人形成的“眼镜村”“木材村”（来自福建）等等。正是通过对不同的聚居区的比较，我形成了社区内部聚合力越强，其对外的开放程度越高的结论（参见第十章）。

二、图上所标的“浙江村”也不是温州人在北京的唯一聚居点。在 1990 年前后，除本书重点研究的大红门“浙江村”外，北京又形成了四个温州服装个体户的聚居地：公主坟西侧的沙窝、海淀区的大钟寺、海淀区五道口及朝阳区的大郊亭与劲松东口。1993 年左右在石景山区的古城又出现一个温州人的小型社区。除了这些聚居点，也有不少温州人散居于市区，比如在前门、天桥、东单、西四一带卖五金电器的；在中关村电子一条街和西四、崇文门一带卖电子配件的；在崇文区沙子口卖皮鞋和童装的；等等。如果我们放眼全国，则几乎所有的城市都有温州人在经商，有“浙江村”“温州街”等社区的城市亦不在少数，尤其以兰州、石家庄、太原、昆明、成都、绍兴等城市为多。

所以，本书所要讲的“浙江村”，并不是当今中国社会中独一无二的“特例”。

我们在这幅图上也看到了不同聚居区明显的共性：除了“新疆村”，所有的聚居区都处在城乡结合部。背后的原因有四个：

一、最简单的，这里有大量的闲房可供出租。中国城市居民的住房是由“单位”分配的，这些住房不许出租。而城乡结合部有相当一批“农民”，他们拥有自己的“私房”，可以自由处置。其实在市区的外来人口也不少，但是因为没有成片的闲房，所以形不成“村”的格局。

二、为什么不住到闲房更多的郊区或农村去呢？道理也很简单，这些外来人口要从事商业和小工业，不能离市中心太远。

三、城乡结合部的行政管理往往相对薄弱。在城市，行政管理基本上通过“单位和街道—居委会”的体系执行；在农村，也有相对成熟的“乡镇—行政村—自然村”的管理序列。而在城乡结合部，两种体系混杂。住在 1 号的居民是在某单位上班的，他要归当地街道和居委会管，而住在 2 号的在名义上仍然是农民（尽管这些地区的农民早就不再务农），他就算乡—村序列里的人。在一个家庭内，父亲可能是“村”里人，女儿儿子可能就要归居委会管。这种混杂并没有使两种管理力量相互强化，而往往是互相推诿，出现了行政管理上的真空。居委会和村委会即使在一个院子里办公，也几乎从来不来往。正如我们在本书中所要看到的，面对两个行政系统，外来人口不是感到多了一层管理，反而感到运作空间更大了。

四、和第三点相关，城乡结合部的土地占有和利用模式往往比城市和农村都要远为多样和复杂。当地政府曾给我提供了下面这张“‘浙江村’基本情况一览表”：

1. “浙江村”区域总面积约 7500 亩
2. 农村集体总占地面积约 4039 亩
3. 农村住宅占地面积 472 亩，建筑面积 496 800 平方米

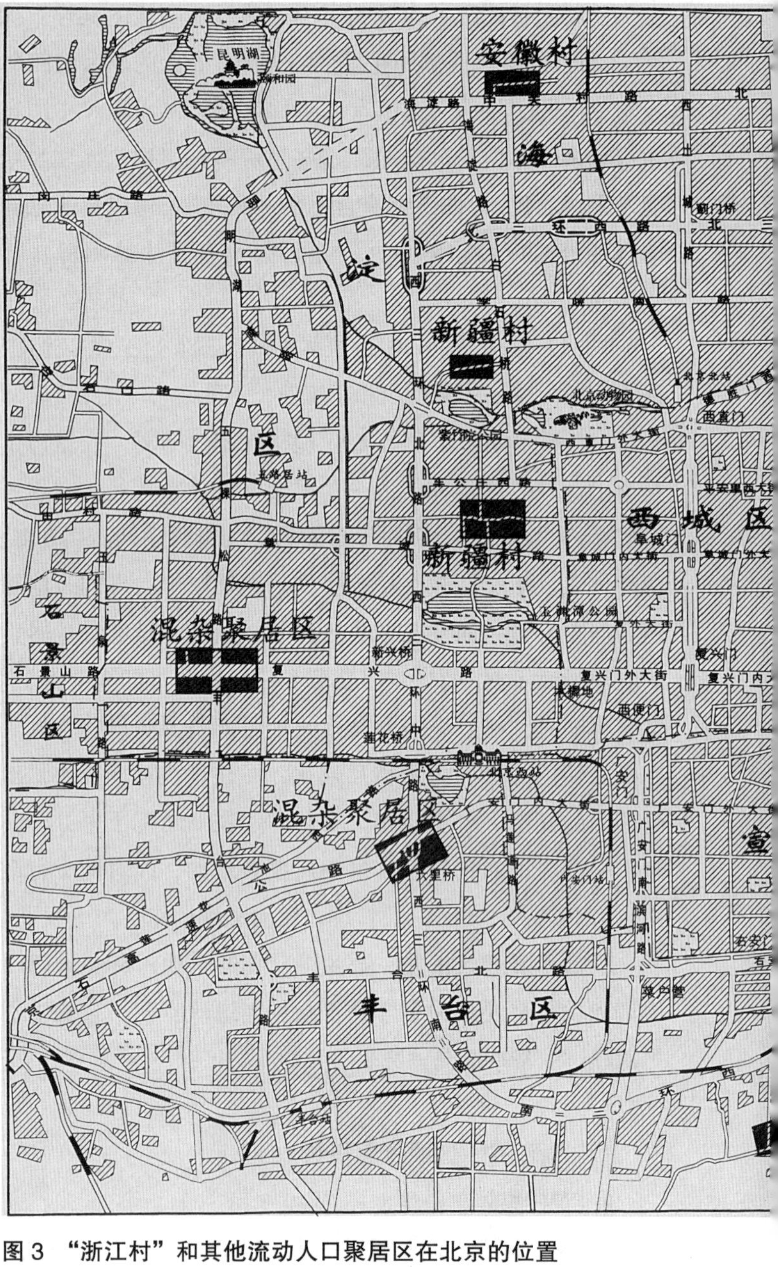

图 3　“浙江村”和其他流动人口聚居区在北京的位置

北
东城区
朝阳区
崇文区
河南村
四元桥
三元桥
安贞桥
和平里
安定门
东直门
朝阳门
建国门
东便门
广渠门
磁器口
朝阳公园
天坛公园
分钟寺桥
京沈高速路
图例
区县界
街区
跨越边界的社区

右安门
宣武区
沙子口
永定门外
西罗园
永定门外大街
玩芳亭公园
洋桥西里
洋桥
木樨园桥
南三环西路
南三环
马家堡
角门
丰台区
天海市场
京温市场
大红门街道办
南苑乡政府
任庄子
大红门站
公益庄
高庄子
八大排
同和庄
王庄子
仁家庄
槐房
新林庄
赵王庄
和义庄
松林庄
东地
久敬庄
南苑路

图 4　“浙江村”的基本范围

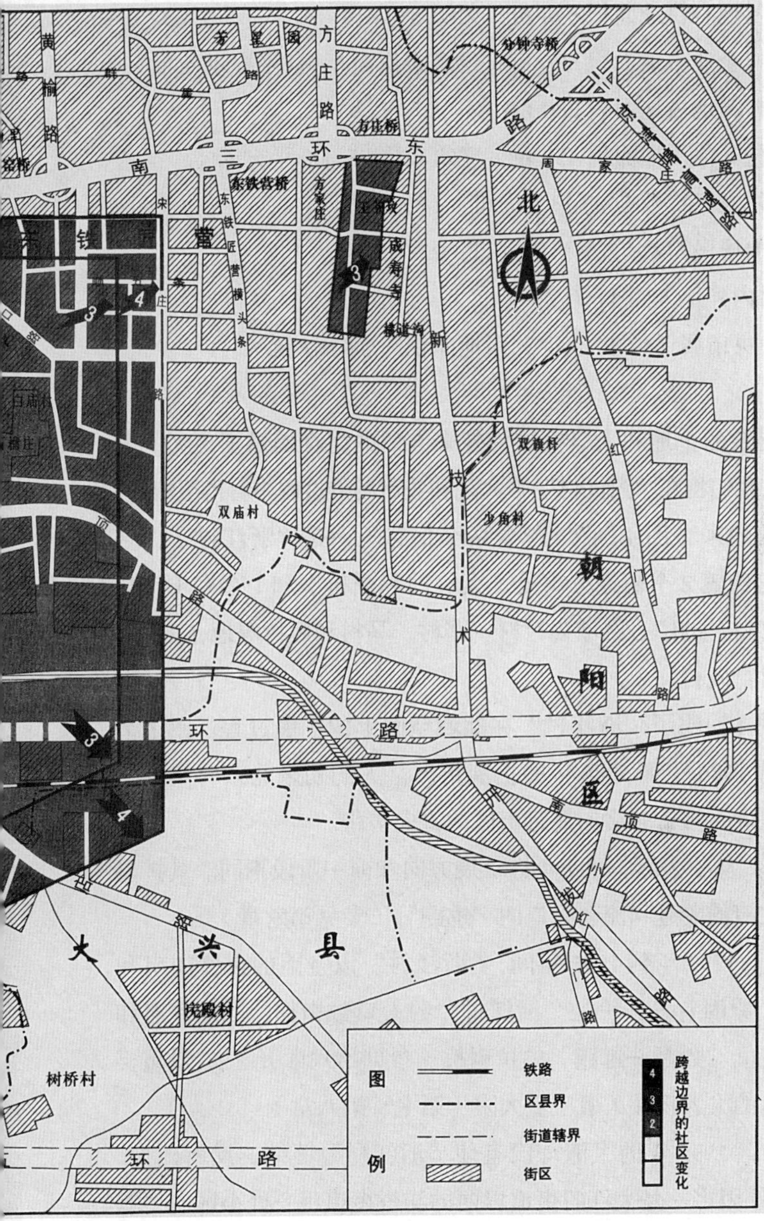

芳星园
方庄路
分钟寺桥
南三环东路
方庄桥
东铁营桥
周家庄路
北
成寿寺
横道沟
新技术路
双庙村
朝阳区
南顶路
小红门路
大兴县
树桥村
环路
图例
铁路
区县界
街道辖界
街区
跨越边界的社区变化
4
3
2

4. 农村现有耕地面积 844 亩，菜田 8844 亩
5. 农村企业占地面积 896 亩，建筑面积 263 400 平方米
6. 农村绿地占地面积 280 亩
7. 农村其他用地面积 457 亩，建筑面积 95 000 平方米
8. 农村农民户数 5608 户，人口：14 301 人
9. 村内居民户数 7251 户，人口：23 313 人
10. 村内外地人约 11 万人
11. 中央市属单位 30 余个，用地面积约 34 161 亩

这种混杂的土地和人口模式为外来人口的生存提供了更大的缝隙。这一点我们将在“浙江村”盖大院和盖市场的过程中看得更清楚。

下面我们来看图 4。图 4 包含两个信息。一是“浙江村”的基本范围。它覆盖 2 个街道办事处（大红门和洋桥）和 1 个乡（南苑乡）。“浙江村”的中心区域为时村、邓村、马村和后村等地，上述 4 村均属时村行政村。

二是图 4 说明了“浙江村”在地域空间上的扩展过程。图中箭头 1 表示从 1986 年到 1988 年的扩展情况。人们初来北京时集中在马村和海慧寺一带，然后向靠近市区的方向扩张。

箭头 2：从 1988 到 1992 年，扩展方向和前一阶段不同。其扩展动力来自政府的轰赶和流动人口的“逃跑”。（参见第六章）

箭头 3：1992 年到 1995 年间，“浙江村”以空前的速度向南和向东扩展。原因有三：一是“浙江村”的人口数增加；二是政府和流动人口之间“轰赶—逃跑”的拉锯战（参见第六章）；三，最重要的是，村里的大人物在久敬庄盖大院（第七、第八章）。

箭头 4：1995 年的大清理没有使“浙江村”萎缩，反而扩大。“西进”的原因之一是大红门街道以西的洋桥街道将一处小区向“浙江村人”开放。

但是，“浙江村”能够在大红门地区形成并如此迅速地扩张，并不完全是因为大红门地区的特殊性。当初温州人来到这里，基本上没有意识到它的离城近等优点，更没有意识到这里多样的土地占有方式能让他们今后做“大生意”（盖大院和市场）。他们当时只觉得：在市区可能不让住，要到“边”（边缘地带）上去。不少人认为大红门的交通条件是“浙江村”形成的重要原因。因为这里有海户屯长途汽车站，2路汽车车站可直达前门与东华门等地。但事实是，海户屯长途汽车站在1989年之前只是一个简陋的停车场，2路汽车站也只是在1992年才从木樨园石马坟南移至海户屯。温州人初来这里时，根本就不存在理性的“选址”。“浙江村”迅速的扩展，主要是外来人口的“后天努力”所致。

所以重要的还是他们的行为本身。下面我们就从“浙江村”里的一户普通人家的一天的生活讲起。

两拨人

周家是和我差不多时间进入“浙江村”的。新兵的报道手续往往能显示出一个兵营的规则，对初来乍到的一户人家的观察，也将使我们集中看到社区的内部生活。周的表弟是我在北京大学的一个朋友，我随我的北大朋友称呼他们，如“大姊”“大姊夫”等。

“周家”并不是一个严格意义上的“家”，更精确的称法应该是“户”。内部的关系可以用图5表示。

整户人家可分为“家里人”和雇工两拨。从家庭成员看，这是一个联合式家庭，由两个独立的家庭组合而成。这完全是为了来北京才形成的新组合。两个家庭在来之前各拿出25000元，组成一个“共同基金”。两家一本账，收入、进货、出差以及平常买菜和招待客人，进进出出，全在这个账上走。如果钱不够花了，则双方再投。

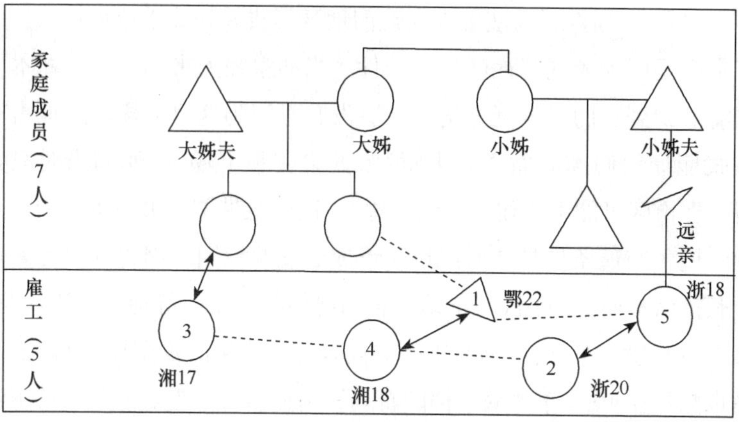

图5　周家两拨人

到年终，手里剩多少钱平分就是。两家能分得开的日常消费，如小孩上学的钱、自己买衣服（虽然他们在做衣服，但几乎所有人的衣服都是从市场上买的）等，则各家自己掏钱。

我所以叫他们是“周家”，是因为姓周的大姊夫扮演了一家之主的角色。两连襟一起管进货和销售，但是账归大姊夫管。大姊负责一家的饮食起居，小姊负责生产和对女工的管理。在平常的劳作中，大姊夫最是悠闲自在。吃饭时他总是第一个落座（虽然当我初去的时候，还是让了我一下），他要先喝点酒，又总是最后一个吃完。在席间，大家主要听他发表评论。

他们来的时候叫了5名雇工，1男4女，分别来自湖南、湖北和浙江。在“浙江村”，这样的雇工被称为“老司”①。老司的工资被叫作“老司钿”。报酬的确定在原则上是根据每个人的技能高低。

① “老司”在温州话中是指有技术的人，如“剃头老司”“炒菜老司”等。有意思的是，北京人现在把这些雇工叫作“老师”。这显然是跟着温州人在叫，但又不知道究竟是哪两个字的缘故。温州人自己也不知道“老司”是哪两个字，在说普通话的时候又反过来跟着北京人，把自己的雇工叫作“老师”。

被标为1号的雇工负责裁剪，这是技术活，也是整个流程里最关键的一环，因而工资最高，400元一个月。2号来自浙江丽水，“生活”（手艺）很不错，一个月给350元。5号是大姊夫的远亲，工资300元。我悄悄问小姊，这个小姑娘技术怎么样，小姊摇摇头，“也就是过得去。但是亲眷嘛，总不能让她和这些江西人[①]一样。”但这种偏袒十分有限。大姊就在一边插话说：“亲眷，亲眷有时最难弄！你给他多少也是嫌你少的。”两个湖南妹子，一个每月工资260元。另一个仅130元。小姊和我说：“她是头一次出来，差不多什么也不会。有时别人还要停下来和她讲。也就值这个工资！”

图5中用双向箭头来表示相对稳定和亲密的关系，虚线则表示一般的友好关系。可以看到，这里构成了一个同龄人的圈子。阿萍虽然是主家之女，却和雇工干完全一样的活；她显然更爱和雇工们大声逗乐或者咬耳朵，跟父母则没几句话可说。如果从实际的互动关系看，这户人更应该被分为成年人和青少年两个圈，而不是主家和雇工。

雇主和雇工的熟悉以至亲密，在“浙江村”是普遍现象。随便推开一户人家的门，只见满屋的人一起劳作，分不清谁是老司，谁是老板。即使在较大的企业里，老板也觉得只有和工人在一起，心里才踏实。不是说双方没有雇主—雇工的意识，我经常听见雇主这样训斥工人：“怎么这么懒！”以及“拿别人工资就要勤快”等。但是他们又常常把这一关系按亲友关系表现出来。比如雇工能和老板一起过节以及偶尔上街买点东西；如果老板的长辈亲戚来，雇工要

① 这里的“江西人”是泛指打工者。可能是由于浙赣铁路线的原因，江西人是外省中最早，也是最多来温州地区打工的人。尽管后来有湖北、安徽乃至东北的人来，但统统被视为“江西人系列”。和别的地方的“外地人”差不多，“江西人”的形象在温州也是“脏”的、干着低层的体力活，甚至是值得警惕的。温州人自己虽然拿流动当家常便饭，但还是明确地认为自己和这些“江西人”是“不一样”的。

表现出晚辈的尊重等。

各人的年谱

我们看看他们各人是怎样因循了各自的生活轨迹，最后碰到了一起，在这里展开他们新的生活，塑造新的社区。

大姊夫

1957年生于虹桥东联乡沿前村。该村人分5房，共四五百户。根据他在半小时内的历数，现在光是住在大红门前后街的就有93户。

1973—1975年。16岁初中毕业，第一次离家，跟着同村的师傅到浙江龙泉县做木工。“那时候在家里种田等于是没事情干。木工跟‘资本主义尾巴’不太一样……（‘资本主义尾巴’）应该是赚得多的吧。木工全靠体力，这是老手艺了嘛。当时农村里身价高的媛子儿（姑娘）找对象，就问‘是做木的吗？’我们那一带做木的很多。都跑到外面做。”

从那时候起，大姊夫就没种过地。现在划在他和大姊名下的还有1.9亩地。1992、1993年他们以每亩一年170元的“倒贴费”请人耕种。一年的收成、投入全归“代耕农”。种地的人是本县东边山区上下来的和江西来的农民。

1975—1976年。开始在龙泉自立门户。从家里带了一个“伙计”（合作者），给人包活做家具。

1976年。回家和表妹（即我下面所称的“大姊”）结婚。龙泉一年赚的钱几乎全都花在婚礼上了。

1977—1978年。与同村的几个木匠到青海打了一年家具。

1978—1981年。带着妻子和小舅子（即表弟）到甘肃敦煌打家具。表弟是第一次离家外出。这期间所发生的“翻天覆地”的改革对大姊夫似乎没什么影响。

1981—1984 年。大姊夫的父亲原来是生产队长，负责队办的鱼粉厂。父亲发现自己管不了，把大姊夫招回管理。1981 年承包了该企业，办成乡里数一数二的厂子。但是因为外地提供的鱼粉质量不能保证，厂子萎缩，1984 年关门。

1984—1988 年。重新外出。同时在嘉兴和绍兴开办猪血厂。稍后又在杭州郊区办厂。“三个地方来回跑。连着三年过年都没回家。你大姊也一样。”

1989 年。放弃猪血厂。去广西包工程。

1990 年。到嘉兴做组合家具，搞了不到一年。

1990—1992 年。与自己的表姊夫到温岭县承包某村办工厂，生产机车用冲件。“那个厂的规模太小。周转资金就几万。搞了两年也没搞出名堂。”①

大姊夫说：“90、91 这些年我看见不少同乡的到北京做衣服，利润还可以。1992 年我跑业务时经过山东济宁，和妹夫、妹妹商量了一下，92 年底回家把（来北京的）事情定下来。——也算是向别人学习吧！

“我另外一个表姊夫到北京已经 5 年了。我先跟他联系。让他帮我们找房子。他会四处打听。他就住在离这里不远。我们沿前一带的都住得不远。今年正月刚过，我和你大姊就来了，房子已经有了，就拍电报让妹夫几个从山东过来。”

大姊只上了两年学。婚前务农，婚后除 1990 年在家养猪（当时村里突然兴起养猪崽的热潮）之外，其余时间都在跟大姊夫一起跑。

---

① 当时的承包的做法是，由发包方出厂房、设备、工人、资金，承包人出的是销售能力。自己一般不再给厂里投入多少资金。

小姊夫（姓郑）

1965年生于虹桥朴湖乡朴湖村。该村离大姊夫的沿前村不远。该村的人口规模以及外流情况也和沿前相似。小姊夫家里兄弟4个，大哥1993年的时候在山东，二哥在西安，只剩一个弟弟在家里。用小姊夫的话说，这还没出去的，就算“还没找到饭吃”。

1984—1986年。小姊夫初中毕业就首次离家，跟着哥哥去新疆伊犁学木工。“像我们年轻的要学木工，在家里反而不好找师傅。（因为）大家都往外跑啊！”

1986年。和同乡去湖北做木工。由于葛洲坝工程的建设，温州去了不少搞建筑的，竟形成了去湖北打工的传统（参见第四章）。

1986—1989年。由同乡介绍，跟另一帮同乡到杭州郊区一家集体工厂里做沙发。“做了半年就自己几个出来干。在别人手下总是不好过。自己干的问题是生活（业务）有时接不上。中间又到宁波干了一阵。”1987年回家时，经人介绍和小姊认识。两年后结婚。

1989—1991年。与哥、嫂、妻及两名“老司”到西安做衣服。第二年，14岁的大侄女（阿萍）到西安跟他们做。同年和哥嫂分开，改为松散的合作：哥嫂继续做衣服，他们包柜台。阿萍继续跟着哥嫂他们。1991年，哥哥一家离开西安，转到山东济宁。1992年小姊夫也来到了济宁，重新叫了两个老司，又做起了衣服。

小姊（姓朱）

1966年出生在虹桥大溪乡四桥村。该村有三四百户人家。外出人口和临近的其他地区相比偏少。除大姊之外，另有一哥、一弟。哥于1993年4月从湖北荆州转到北京，包租木樨园的柜台；后来又觉得柜台费太高，当年返回荆州。现在经营西服，从温州和北京进货。弟弟初中毕业后在家中搞运输。

1983—1984年。初中辍学后，凭大姊夫（也即表哥）的面子进了鱼粉厂。首次离家是在1983年，跟姊夫去嘉兴跑鱼粉的销路。后来又因公跑了杭州、宁波、绍兴等地。

1985年。鱼粉厂倒闭后，跟同村人到广西延平学做服装。在80年代早、中期，男孩子学木工已经不时兴了，女孩子学裁缝倒成了农村中小小的潮流。

1986年。和同乡的几个姑娘去山西大同做衣服。也是在同乡人开的铺子里做雇工。“就和今天我们的老司一样！”

1988年订婚。到大姊夫的嘉兴的猪血厂里，帮着跑供销业务。此时小姊夫在杭州、宁波做家具。

1989年结婚，同小姊夫一起去西安。

阿萍（大姊长女）

18岁。1988年初一辍学，到温岭父亲的冲件厂当了几个月的工人。1990年到西安。后随到济宁。

阿玲（大姊次女）

11岁。小学三年级。1993年9月从虹桥转入“浙江村”附近的某小学读书。由于大姊夫的一个堂兄在北京已经6年有余，他自己的孩子也在这个学校读书，跟校长、班主任都关系不错，阿玲的赞助费也因此减半。一次交给学校500元了事。

我在周家碰上了阿玲班上的班长，居然也是从温州来的女孩。她们班上共有30多名同学，其中温州同学7个，3男4女。

阿云（小姊子）

5岁。先前一直在家中由祖母带。1993年来北京后，全托在丰台区的某幼儿园。入园费700元，其他学费和北京孩子同等收取，每月170。这样的价格实在不算贵。进幼儿园比上学要难得多。好在小姊夫一个朋友的兄弟来京多年，活动能力甚强，认识幼儿园的老师，据说关系相当“硬”，而且刚好这个朋友自己的孩子也要在今年入托，阿云便刚好搭了这趟便车。

老司1

男，22岁，湖北麻城市兔山乡鲍家墩村人。

初中毕业以后，就一直犹豫着是不是出来打工。“在家里我最小，不放心我出来……我一边种田，一边跟我的一般亲戚学裁缝。

“我运气好。裁缝学了不久，一个老乡从温州打工回来，说你们‘小温州’要会做衣服的。我们管温州叫‘小香港’，虹桥就叫‘小温州’。”[①]

他刚到“小温州”的劳务介绍所，就碰上了小姊夫。

老司3和4

一个17岁，一个18岁。同村，只说自己是“长沙”的。

老司3初一辍学，在家务农。1992年和同村的几个小姑娘跑到温州。先到温州市区的劳务介绍所，找了个在家庭作坊里做蛋糕的工作。做了半年作坊关门。8月份又回到了介绍所。这时候碰上一个虹桥介绍所的，到温州的劳务市场上找劳动力。问她会不会做衣服，小姑娘只当自己过去学过两手裁缝，就说会。他们把她带到虹桥，介绍给了一个在石家庄做的老板。“后半年我在石家庄做。苦死了，自己不会做，老板着急。到最后才拿了1千来块钱回家。不过

---

① 在温州本地从来没有过这种叫法，我怀疑这是劳动力的“带班人”（参见第六章）为吸引劳动力而杜撰的。随着来温州的劳动力的增多，这一叫法进一步扩散开来。

我觉得做衣服挺好的。今年我又跑到虹桥去，找了另外一家介绍所。在那里碰上他们了。”

第二次出来的时候，她带出了老司 4。

其余的几个老司，或者是从介绍所招的，或者是“浙江村”里的亲戚介绍的。他们的个人经历相似，和我们平常所说的“民工”基本是一个类型。

住房、设备和投资

1993 年，周家住在大红门后街的一个院子里。这个两进的院子接纳了 9 户温州人，加上主人共 40 余口。周家住在前院的北侧，4 间小屋，一共 30 多平方米。

小姊小姊夫的卧室在最西侧的小屋。这本来是前后院的通道，前两年主人见浙江人纷纷从木樨园、马村一带向后“撤”，赶紧加盖了这不到 4 平方米的小屋。屋里只容得下一张床，电视机没地方放，居然就用尼龙绳绑好，从梁上悬挂下来。

小屋东侧的是“镬灶间”，即厨房。房间不到 5 平方米，呈梯形。估计这里原来是围墙或者是厕所。厨房里的东西也再简单不过，一个电饭煲、煤气罐和煤气灶、煤炉（这是为了如果一时买不到煤气备用的，同时也为了取暖），还有一个从温州捎上来的老式碗柜和一张方案桌。没有热水瓶，他们每天中午泡一大塑料桶的茶水，谁渴了就自己从这桶里舀水喝。如果嫌凉就拿煤炉上的开水兑。而第二年春节我到二姊家里的时候，喝的是滚烫的糖水，而且加上绿茶和桂花。

和厨房连着的是他们的工作室。这是人们绝对的活动中心。从起床到晚上睡觉，包括吃饭，一天全在这里度过。邻居聊天也到这里。工作室大约 15 平方米。房间的四分之一被一张大裁剪铺所占据。刚来的时候，四个女工就睡在裁剪铺下面，男工则在门边地上搭铺就寝。后来，他们花 280 元买了一张“格子铺”（上下床）。现在，四个女工分别在上下床睡，而男老司则睡在裁剪铺之上。

在剩下的空间中，四台缝纫机又占了一半多。一个老式的柜子上搭了一张板，是用来熨衣服的；门边的一张小桌上垫着皮垫，用来给衣服打扣眼。再加几张凳子，摞在地上的衣料，地上已经不允许人自由活动了。但是还要充分利用立体空间。四条纵横交错的电线从屋外拉进来。空中挂着五颜六色的线棰，长短参差的条码（即缝在衣服上表明衣服的型号大小的），一个大灯泡再加一盏煤气灯。由于这里家家户户都是超量用电，经常断电，所以需要煤气灯。还有两个晃晃悠悠的蒸汽调温熨斗。仰头看看天花板，清晰可见黑洞洞的木梁和瓦片。

再往东是大姊和大姊夫的卧房。两张床（阿萍也睡这个屋）之外，还叠放着 6 台旧的缝纫机。我对这么大量的设备储存颇感惊讶。但大姊夫只是笑笑，“我们上来的时候，刚好在虹桥的旧货市场上碰见这些东西，先买下来再说。”两年以后我才明白其中的奥妙。

两家为了到北京发展而付出的一次性支出有：11 台缝纫机，其中 2 台是新货，3 台从山东运过来，6 台从温州运过来。现在用的是前面的 5 台。机器加上运费，大概 3500 元。两个蒸汽熨斗，460 元。6 个电动机（装在缝纫机上，带动脚踏板），360 元。

招老司付给介绍所的介绍费是 700 元。自己加老司的交通费是 1150 元。

家里的日常支出可以分为两部分。一部分是一般性的日常开支，另一部分则是政策要求的、作为“外来人口”的额外支出。

生活开支主要有：

① 房租。1993 年，四间小屋每月租金 450 元。电费和水费另算，

一个月 80 到 90 元。

② 一天的伙食要 30—50 元。光味精一天要吃 1 块多，一天 1.6—1.7 元的煤，3—4 元的油。但是购买这些生活必需品没有任何问题，甚至比在老家还方便。比如，这里煤气按私价也才 38 元，而在温州要 50 多。大米是 8 毛一斤，在温州是 1.1 元左右。

③ 每个月月初预支给老司的生活费是 170 元（为实际所规定的月工资的十分之一，参见第六章）。他们总共在年末要付 20 400 元。

此外，还有上面所说的小孩入托费、上学的赞助费。

因为政策的原因要支出的有：

① 暂住费。由大红门派出所暂住人口办公室收取。每人每月 20 元。半年或者一年一收，在办理或者续办暂住证的时候收取。老司的暂住费一般由老板代交。

② 税收。由于任何人，包括加工户自己，没法掌握他们的精确产值和利润，时村税务所（这是特别因为“浙江村”的出现而新设的）创造了一个新办法：每个月收一次，收费标准是看对方有几台缝纫机在用。一个机头 50 元。也可按人头收，一个劳动力一次收 17 元。

③ 卫生费。由北京的生产队即村公所收取。最早每人每月 5 块，后来涨到 10 块。名义上这是为处理垃圾用的，但事实上得不到什么服务。除非每个人每月再交 5 块钱，那么能保证把你家门口的垃圾清走。后来，这 10 块和 5 块就绑在一起了，算是必交的卫生费。本地人无须交此费用。

④ 罚款。周家刚来就被罚了一次。全家 12 个人，应该登记 10 个暂住证（阿云和阿玲未满 16 岁，不必办理），但是只把大、小姊夫，和两个雇工报给派出所。这本是“浙江村”里很通行的做法。不承想被派出所查出，补办后要罚 1200，大姊夫早年跑供销的嘴皮子功夫派上用场，最后“讲”到 600。

在政策性的支出中，税收员的“小动作”是免不了的。大姊和我说：“猫儿碰见腥哪有不吃的。他们收你200，票就开100。你要是跟他认真，他就马上要收你400。你有什么办法？然后他说这是照顾你了，让我们可别跟别人说。”

生产上的细账，连大姊夫自己也算不清楚。1993年来到这里以后，刨去上面历数的这些一次性投资，两家一共投了4.3万多元，主要用以进料，但在一个多月的时间里就收回来了。可见其资金流转速度之快。

1994年的春节，我在温州碰上他们姊妹两家。他们对外宣称一共挣了4万块钱，一家分2万。但是他们的亲戚并不相信，觉得应该翻一倍。我也偏向于他们亲戚的猜测。

一天的生活

1993年3月29日。天气已相当和暖。

周家正做的是一种蓝色水洗布的抽腰短大衣和一种红色薄呢长大衣，都是女式的。所以选择蓝色的水洗布大衣，是因为它去年在“浙江村”卖得火。这时候，人们已经不根据“在北京的商场里好不好卖”来决定做什么衣服。“在‘浙江村’里好不好卖”，比“在商场好不好卖”更为重要。红色薄呢大衣则是小姊夫从山东带来的样式。这种样式在“浙江村”并不多见，但在山东的时候卖得不错。他们盘算，如果在“浙江村”能卖得好，就在这里出手；真不行，就让山东的老客户卖。

早上7点多，两连襟把前一夜做的衣服抱到轻工市场上。红、蓝衣服各抱了10件。他们在轻工市场并没有自己的摊位。一边看每个摊位上挂的东西，一边小声商量，看自己的东西和哪个摊对路。

最后看见一家也挂着呢服卖，小姊夫拿出衣服来问：“老司啊，我们的衣服在你这里代销怎么样？”

对方问价格。大姊夫报的是红呢大衣 50 元，水洗衣 35 元。对方照例是说价格太高。讨价还价并不太复杂，因为水洗衣在“村”里有固定价格，最后把红大衣讲到 45 元了事。

对方拿出自己的账本，记上几月几号，拿了几件什么样的衣服，单价多少。大姊夫在送衣方这一栏里填上名字。单子是三联的，摊位持原件和一份复印件，另一份复印件则由姊夫拿回。

然后就在市场里转，看见新式的衣服，便问问价格，问问好卖不好卖。这已经是他们的日常习惯。

一圈下来，已经 9 点多。回家吃早饭。

这时候家里的人大都已经起床，大姊忙着做早饭。起床的先后顺序一般是这样的：两连襟睡得早，起得也早，赶市场开门送衣服去；大姊随后，起来做饭；小姊老司们起得最晚，因为她们是夜里忙着劳作的主力。

大家端着碗来回走动——根本没有地方让人坐。仅仅 15 分钟，包括我在内的 12 个人全部解决了自己的早饭。

两连襟抹抹嘴，抱起地上的两堆衣服，又到市场上去。因为今天是月底，要结账。毕竟是刚来北京，有些事心里不踏实，决定今天两个人就在市场里守着，直到把款全收回来。

留在家里的也不怠惰，饭碗往大盆里一泡就开了工。阿萍、小姊和几个老司各忙各的，大姊不会做衣服，就往做好了的衣服上缝商标和条码。商标从温州运来，打的是南方某市的“玉兔牌”。今天所做衣服的型号是“XL”。可惜大姊不谙英文，把“XL”钉反了，一个邻居过来借一卷黑线时才发现，大笑，拆掉重缝。

忽听得一声大喊：“某某某，电话！”小姊急忙跑出去接。“浙江村”里处处是北京人设的公用电话。北京人留下对方的电话号码，跑来叫一趟，1.5 元；而小姊跑到他那里，按这个电话再打一遍，再交5毛。

电话是小姊夫从市场里打过来的，问在绍兴柯桥镇做布料生意的堂兄的情况。他们在市场上摸到了什么信息，决定马上通过这位堂兄进一批布料做新的服装。

1点半开始吃中饭。大、小姊夫尚未回来。“不等他们，到市场里就没准的。”一顿饭依然是15分钟。

下午2点左右，两连襟回来。草草吃了剩的饭菜，开始算账。然后二人又急急出去，任务有三：一是再看一下市场上的衣服；再是给绍兴的堂兄打电话，让他在绍兴等着；三是马上去退一张第二天去金华的火车票，赶往柯桥进货。

小姊要去幼儿园接儿子。临走前小姊笑嘻嘻抹了口红，披上大衣。完全不是在作坊里埋头劳作的模样。

近5时，抱着皮球的阿云，和姊夫们先后回来，屋里一片喧嚣。小姊绘声绘色讲幼儿园老师跟她讲的关于阿云在幼儿园里的故事。

不过终究还是有一顿相对正规的晚饭。大约在8点钟开始。比中饭大为丰富。有蒸带鱼、炒腊肉等七碗菜。晚饭吃得好的真正原因有两点：一是他们都在下午买菜，晚上吃新鲜的；再一个他们吃完晚饭要工作一夜，晚饭自然是重要的了。

大姊夫的晚饭吃了大概有1个小时。其他人仍然是一撂碗就开始干活。一直到凌晨2点。

小姊和小姊夫毕竟是过去做过衣服的，对这种规律早已适应。大姊夫则对我笑着直摇头：“我到这里完全是新生训练。全是倒着来的，白天睡觉晚上做。开始我不想这样，我和你大姊都受不了。可是一做起来，做完了一件想再做一件，总想再忍一忍。连夜做最大的好处是，今天做完了，明天一早我和你小姊夫就能马上抱到市场上卖。形式（指衣服的样式）能跟得紧。要是都像公家的厂一样，白天做，第二天再拿出来，东西就不新鲜了。”原来做衣服竟像做豆腐一样讲究时效!

这天他们家一共做了30件衣服,12件红大衣,18件水洗外套。

一天中的来客

上午11点半左右,邻居一个男子来聊天。虹桥镇人,来京已经6年。正聊着,一个三四岁的小男孩摇摇摆摆跑来:“妈妈叫你走来。”前面四个字是普通话,后面的“走来”是虹桥话,“回来”的意思。

下午3点多,住后院的一对年轻夫妇过来。丈夫1984年初就来到北京,先在海淀区五道口做衣服。1989年因为北京“形势紧”回家,到乡镇企业当“业务员”(也叫供销员,事实上就是推销员),认识了现在的老婆。两口子刚刚来。“我们就两个人,现在不做事,只当来北京旅游。我们到现在还没雇老司呢。”我发现他爱人已经有明显的身孕。“为什么有孩子了还出来呢?”小伙子回答:“我们其实才订婚,在家里反倒不方便。”我对他们今年的安排问长问短反而让他们觉得烦琐。“不用怕,想到干什么再干什么。”小两口一直待到6点才回去。

4点多,一个中年男子夹着公文包进门。他也不敲门,径直上前摸了摸墙上挂的衣服。大姊从厨房里走出来,报了两个价,如果是买的人自己拉车来是一个价,如果要卖者送则是另一个价,但是两者差别不大。男子一边听着,一边点点头,也不说什么。

大姊的报价比早上两位姊夫的报价要低。“上门来买价格都高不了。到你家里来的东西都要得多,要了就会常要。”

5点半左右,一个高个男青年随姊夫们进门。也和小姊夫一个村,过去在社队企业干过,懂一点机械。姊夫们让他过来看看昨天出了故障的蒸汽熨斗。他倒腾了一会,劝他们明天拿到胡同口温州人开的修理铺去。

6点15，一个戴着回族白帽的北京老妇来送信。她是村里的“邮递员”。由于一个门牌号里往往住上几十个温州人，所以信必须要挨户送到家门口。老妇当然也不知道她面前的这家人姓甚名谁，阿玲便出来一封信一封信地辨认。一封信的运送费2毛、3毛和1块不等，按平信、挂号和快件分，电报则一份2元。老妇告诉我，她刚开始干这个活，学马村那边经验。

8点，正吃晚饭，进来一个小姑娘，是湖南雇工的老乡，在另一家干活。大姊招呼她吃饭，她只说是吃过了。大姊又转身对3号说：“你叫她一起在这里吃。”用湖南话翻译过去之后，那边仍推辞。大姊虹桥话的成分多于普通话，但小姑娘都能懂，而年头长的雇工，有些都能说流利的温州话了。小姑娘也是来聊天。

又一个邻居，中年妇女，也是虹桥人，丈夫和大姊夫邻村，端着面条过来，边吃边聊。

下午的那对年轻夫妇又进来。这回的主题是聊电视连续剧《六个梦》。大姊和小姊有时候也能瞅空看上一两眼，而那小两口则从头看到尾，就来此详细叙述，补充大姊和小姊没看到的部分。

9点多，一个40多岁的妇女拿着一本一笔进来。小姊夫看见她倒有些愣住了。“怎么，现在就讨账？”

妇女一脸小心的笑意，“看你说到哪里去。不好意思，我今天对账，怎么有一笔对不上。只好来问问你们。我现在这个脑子没用了，这点事也算不清。叫我老老（丈夫）和儿子‘责’（责怪）死了……”

小姊打断她的话：“没关系哪，算不清的时候总是有的。怎么对不上呢？”

除非做皮夹克，“浙江村”的衣服加工有这么几道工序一般是外包的：领子加衬（在领子下面用胶粘上一层薄布，使之挺括）、锁扣（在衣服上打扣眼，分“直扣”“圆扣”两种）、罗口（和拉松紧带差不多，主要是在袖口、腰部加紧）。来的这女人是这条胡同里专门做这些工序的。周家的衣服都是在她家做的。加工完了双方记账。等一批活完了，或者到了年底或者端午、中秋等时节，双方对账结清。

账查清了。是妇女自己记的时候把 32 记成 23 了。来人把她自己的单子改了之后，又让大姊夫重新签了名。

9 点半不到，一对陌生的年轻夫妇进来。仔细看着墙上的衣服，问："你们这衣服往外怎么卖？"小姊犹豫片刻，皱着眉头问："你们是来看衣服的吗？""看衣服"的意思是包柜台的来加工户那里选货。对方只是看着衣服，"对，来看看，来看看。"小姊说："别人怎么卖我们也怎么卖。"等他们走了，屋里的人不禁满腹狐疑："真不知道是要干什么的。——'浙江村'里偷样板的可不少呢。"

9 点半，又一个邻居抓着一把牛肉干过来，和那小两口开玩笑。

两年以后

1995 年春节，大、小姊分了家。分家并不是难事。因为一开始双方就是平摊出钱，共同消费，平分利润，账很容易算。更重要的是，分家不是新决定。从一开始双方就彼此明了，"能分的时候马上分"。这时我才明白了那些多余的二手缝纫机的含义。在分家时，唯一的困难是至少有一方要重新购置设备，而他们早就准备好了！

他们的亲戚告诉我，两家在一年的合作中，已经有明显的矛盾。"浙江村人"认为合作中出现矛盾是必然的，这也是他们"能分就分"的行为的心理基础。亲戚说大姊夫不对，自己赚了一点钱就爱说别人（大姊夫在春节回家的时候，总说小姊夫太懒），而且该给别人面子的时候不给。

大姊夫一家搬进了JX大院。大院（详见第七章）里的房子毕竟宽敞。房间被布置成上下两层，上层大概占到房间平面面积的三分之一，是凌空搭出的一块木板。工人就睡在这半层高的准楼阁上。这种真正的“叠床架屋”是大院里的房子的普遍格局。我听说有个专门卖竖梯的河北人，就因此在“浙江村”赚了大钱，最后也搞起了倒服装的买卖。

大姊原来一直做“时装”。“浙江村人”把衣服分成三大类：皮夹克、西装，和时装。羽绒服、童装，前面说的呢大衣、水洗布的短大衣，统统被归为时装。但搬到大院里以后，大姊却不得不从1995年开始做皮夹克了。“开始也不明显，后来这个院里的人都做皮夹克，来院里看衣服、拿衣服的人也都要皮的。我们一家孤零零没法做（时装）。”当然，转产对他们也不困难。做时装的和做皮夹克的机器几乎完全一样。只需要把线换成粗的，把缝纫机机台上金属的“压脚”换成塑料的就可以了。大姊夫说：“做皮就难在要会认皮。你大姊有个在温州的邻舍（邻居）也住在这个院子里，他会挑。我先跟着他去（河北）留史。两家合起来进了一鼓……反正隔壁邻居都是做皮的，一天到晚都听他们讲到留史进货怎么样怎么样。做衣服的生活不像你们读书那么难，有几次看下来心里就有数了。”

1995年10月16号早上10点多，我来到周家。

除去两个女儿，这天在周家做的还有5个女工。1个来自浙江金华，2个来自江西吉安，另外2个来自安徽阜阳。一开始我就发现这5个雇工之间的关系跟以前不一样。金华和吉安的是一个圈子，阿萍阿玲也多和她们说话；而两个安徽的则自成一体，她们做的东西也和别人的分着放。我后来才理解其中的差别。

大姊夫指着正在做着的衣服给我看，“今年这种皮夹克上得特别快，隔壁一家一天起码有三四十件往外拿的。……这些安徽的细囡现在自己在后村租房子，等你来招。你要人，到他们那里就行。工资计件。像做这样一件皮夹克要10块，有的要15，也有的要8块。没有比5块少的。饭吃我们的。中午来，第二天早上回去睡。有时候中间还要给点夜宵。”

跟着我后脚进来一个披头散发的年轻妇女，手里拿着一个小锅，进来就笑着大声说：“讨饭吃讨饭吃！你们这里还有没有多的饭？”这位年轻妇女和周家住在JX大院的同一排（大院里的房子分排）。小孩说饿，大人懒得做，干脆到周家“讨”一点。邻里间的这种“讨饭”，在“浙江村”是常见的事。但在农村，除非是很近的亲戚，自己懒而到别人那里要饭，至少会被别人看作是“人家（家庭）不正规”。

12点多，门外突然一阵响。“进来看看，这家也做得不错的。”大院的老板领着三四个人进来。大院老板一脸殷勤，跟进来的几个人颇有气度，一看就知道不是温州人，或者用温州人的话说，一看就是“吃工资饭”的。老板向大姊夫介绍，“嘿，这几个是总后（解放军总后勤部）的，朋友，想来买几件便宜的衣服。”

大姊夫冲着老板说：“要买皮夹克么，你带他们到阿生那里去。到我这里，你老板还倒楣[①]呢。”

“你家里哪里差啊！这么多机器摆起来。阿生那儿看过来，他们想看看还有没有新的样式。”

阿生是当时这个院里做得最大的，叫了10个工人。

“来来。”大姊夫礼貌地招呼。

对方只往里头走。来的中年男子突然指着地上的皮料和墙角的煤炉，高声发话：“你们要注意防火！现在冬季，北京失火有好几起了。全国都注意这个事。火星一出来，你这些皮料一着可不得了。”

---

① “倒楣”，在温州话中是丢脸的意思。

大姊和大姊夫一时都摸不着头脑，不知道该怎么回答。

中年男子突然又意识到大院老板在抽烟。“别抽了！着了可就晚了！”老板笑着把烟扔到屋外。

来人看来是一家。其中的中年妇女冲着他说，“你真是走哪儿管哪儿！”

男子还要继续发表意见，那妇女却已经从墙上取下一件大号皮夹克给他披上了，看了看扭头问大姊夫：“老板啊，这衣服定做一件，多少钱？”没等大姊夫开口，大院老板忙接口说：“什么多少钱啊！它合适就它了！看看哪里还需要改？”大姊夫略带歉意地笑着说：“哎哟，这衣服本来今天早上就（有人）来拿的……”“行！”大院老板不再说别的，冲着客人说：“这里给你做一件，明天我给你送过去！”

男子又叮嘱了“要注意防火”，一帮人退身而出。

大院老板第二天来拿衣服的时候也把钱给了大姊夫。后来我也知道周家和老板的关系其实是不错的。大姊夫说：“这是他（指大院老板）的人情。朋友的人情我们不能太冷淡，那看不得，但是也没必要太热情。如果有什么特别的事（指需要他做出特别表示的），他应该会事先找我们说的。”

1 点钟开饭。吃的样子和过去倒是没什么不一样，吃的东西却更简单了。除了饭，没一样是热的。

刚吃完饭，一个人背个大包匆匆走进来。大姊大姊夫见着他倒立刻热情起来：“今天怎么在下午来？”对方一口的唐山口音：“上午来到京温（服装批发中心）看了看，又到别的几个地方看。”“哦。”大姊有点不愿意，换了话题：“你要的全给你做好了。——这几件是新样子。看看？”

对方蹲下，一件一件地翻看他定做的衣服，一共数了 20 件皮夹克。当即付款，500 元一件。

大姊再次引导："看看这些。"对方看了新的样式，问："那先代销？"

大姊夫："你大老板还代销。"

"我们那地方不比北京，小地方，人就认一个样。"

"代销就——560。"

彼此没有讨价还价，数了7件。大姊夫拿出三联账本记上款式、件数、欠款额。河北客签了字，拿了一联。

27件皮夹克的体积实在不小。包的拉链早不管用，包是靠绑上的。我替下大姊夫，和河北客一起把衣服抬到院门口。在院门口，早早就有三四辆红篷三轮车等着人租。我们使劲把皮夹克扔上一辆车。河北客爬上去，直赴海户屯长途汽车站。那里发往河北的车只要人坐满就走。河北客明天一早就能把这些东西挂上架了。

没过多久，又一个客户进来，看样子还是第一次登大姊的门。一问是江苏人，在东北包店铺，是第二次来"浙江村"，还在挨户看货。他指了指院子的另一侧："做彩色的那家做得大。"大姊说："他做得大，你一下子拿不到他的货的。不知道要等多久。"大姊夫瞪了她一眼。

江苏客一走，大姊夫就数落大姊："你这么说，传到阿生那里怎么办？说我们抢他的生意了。他们宁可把拿衣服的人得罪了，也会气我们这么说的！"

晚上7点，一个中年说乐清话的男子快步进来。环顾四周，指着他们正在做的衣服说："这种样子你们还有几件？"

"就这些，下午刚叫一个河北人拿走7件。"

"明天中午的时候能给我几件呢？"

"你要多少？"

那人连珠炮似的往下说，双方丝毫没有生分之感："一个北京的，来我摊上要这样的，60件，我现在才凑了40多。听阿峰说你们

来自温州的红色人力三轮车把“浙江村”里小作坊刚做好的衣服随时运到附近的市场上

有做这样的，来看看。明天你要给我 20 件，我就不找别人了。”

大姊夫：“哦，你听洪峰说的。行，20 件。”

“你的价是多少？我们从别的地方拿是 520 元。”

“我们还有什么说的。都是洪峰的朋友了。”

在这些交易中，双方一般是不会报假价的。　大姊夫一直没问前来的年轻人到底叫什么，直到要最后入账签字，才想起了名字的问题。反正自己找上门的生意当然是好事，

半小时后，洪峰也过来问了一下。大姊大姊夫当然对他很热情的样子，但是也没有表示什么特别的谢意。大姊夫只说：“他哥哥跟我是从小玩大的。”

大姊突然叫起来：“呶嘎（糟糕）！纽珠（纽扣）没了！——你到世锦家借一点先？”

这世锦就是今天上午来“讨饭”的那一家。

大姊夫和我进了世锦家的门就说：“纽珠拿两个先。”抓起一把和我一起数。

“还数什么，都拿去，明天早上去买就是了！”

大姊夫还是坚持数了 60 个。到 1995 年，纽扣这些辅料在“浙江村”都能买到了。临时借几十个百把个纽扣不算特别大的人情。

姊夫问世锦：“我听说这大院要拆？马村那边都这么说。警察挨户通知了呢。”

“讲讲的吧。这么多他怎么拆！”

“不拆喏好，要拆东西都不知道往哪里搬。”

“要拆就让他拆。我们前几年不都是这样的？一会儿拆一会儿赶。拆就走。”

大姊夫可能一则不愿意在比他有经验的人面前多说自己没经验的事，二则也确实觉得没什么可想的，就这样几句轻描淡写，这个不大不小的风声算是在心理上就解决了。

晚饭一直到10点左右才吃，和两年前大不一样，东西少，简单，吃得快。大姊夫不再喝酒，不再利用餐桌上的机会发表他的各种见解，连和我的聊天都比以前少了许多理论色彩。过去办点事情两连襟要商量半天，现在是说干就干。

我试探着问大姊夫：“这两年比前年要好吧？”——我的意思是问他分家前后的比较。大姊夫也不把我当外人，“虽然说是两姊妹，生意的东西有的还是没法合的。今年，好是好不到哪里去，比前年多一倍是有的。”

这一夜干到了第二天早上8点，总算把这20件皮夹克赶出来。大姊先去睡，“明天人来，总得有个人出来说话。”大姊夫则忙着砸扣眼。

第二天8点，忙了一夜的大姊夫双眼迷离地看着大家：“是不是再做几件，做到中午。上午可能还会有人来呢。”几个女工低头不语，两个安徽女露出不满意和为难的神色。大姊夫终于退却：“也行，回去睡觉。下午2点钟来。”

大姊起床后，抓紧把衣服一件件地擦洗，不平整的地方拽平。

已经睡下的大姊夫突然在里屋叫起来，“你打个电话给阿峰的亲眷，看他是要什么商标。”没等大姊反应，他起床小跑着自己打去了。

一会儿回来。“没打通。那就先用我们自己老（旧）的吧。”大姊夫此举属于小心。像这样来拿衣服的，一般是不会对商标提出要求的。

小姊夫家

小姊夫1995年叫了4个老司：3个江西的，1个湖南的，是从两个劳务介绍所里招过来的。小姊说：“这几个江西的生活都不错，本来想都叫江西的，后来我怕一个地方来的人不好管。他要齐起心来跟你捣鬼你没办法。”老司的工资和大姊夫家的差不多，裁的 1600 元，一般缝纫工 1000 元，另外两个 800 元。

早上 7 点刚过，小姊夫还是和刚来北京的时候一样，自己先起来，抱起昨天一夜做的 32 件大衣到京温市场里去。京温市场凌晨 5 点开张（由于它的主要客户是外地批发商，开门关门都早），等我和小姊夫去的时候早已热闹非凡。小姊夫直奔二楼的一个摊位。守摊的是一个 20 岁左右的小姑娘。看样子很熟，小姊夫把衣服往地上一撂，小姑娘开始数，数完了自己登个记，再给小姊夫一张条。纸条比以前的也更简单，只记了几月几号，多少件什么衣服。其余一概从免。

交了自己的货，小姊夫又拉着我转，看别的摊位上的东西。他感兴趣的是两样事，一是各摊位新挂上的衣服，二是看外地来的客户怎么做买卖。我正四处张望着，小姊夫突然捅捅我：“你看，这个人会买什么东西。”只听见一个摊主和客户在说钱的事：“3 万多。你别给支票，我们直接要现金。”我理解他的意思，这些进货大户喜欢什么，是值得关注的。

客户说完了，走出市场。我正要跟上，小姊夫奇怪地问我：“你认识他？”我摇头。他赶紧摆摆手。这样的经历后来也重复过几次。他虽然对这些感兴趣，可总是浅尝辄止。“不能随便问别人的底细。别人问我们我们也会不高兴的。”

然后转到 YXD 轻纺市场。这个布料专业市场主要针对“浙江村”内加工户的需求，每天的开张时间要比京温晚三四个小时。我们到的时候，正是“市中各户次第开”。小姊夫边走边看，比在京温的时候看得更仔细。

正看着，有人从后面拍了小姊夫一下，小姊夫回头一看，劈脸就问：“你总这么拖拉，那布什么时候到啊？”

那人笑嘻嘻地说：“昨天给我打电话了，今天一早就运，个把礼拜就到了。”

小姊夫又问：“我姊夫上次运过来的东西还好卖吧？”

“不错。你们家的眼光怎么会有问题？”

两个人边走边说，到了那个小伙子的摊位口上。卖布料的摊位和卖服装的不一样。首先，摊位的面积要大，布料一捆捆地倚墙而立，或者一摞摞地摆在地上。在摊位的门口，通常摆一张桌子，上有电话、账本、计算器等等。这是因为布料的交易比一般的服装买卖要复杂。人们不仅可以在这里用现金买布，还可以预购布料。布料不像服装那样是就地进货，摊主需要有固定的搭档在浙江或者广东发货，随时都要做好账。人们的一般评价是，搞布料的人赚得多，轻松，但是要文化程度高。要控制得了这远程的、大批量的生意。

小姊夫问问这布的价格，问问那料子好不好卖，但很少发表什么评论。走的时候又叮嘱了一句：“东西来的时候马上跟我们说！”

原来京温里的那个摊位和这个布料摊都是小姊夫的固定合作者。京温的摊位原来是小姊夫自己在1995年初花了8万从别人那里转租来的。小姊夫自己都不知道这个摊位到自己手里已经是第几手了（参见第七章）。他倒不抱怨这高额的转租费。“做生意总是要投资的，你来得迟只能这样。反正还是有钱能赚。”

但是到了1995年的10月，服装的旺季来了，小姊和小姊夫觉得又做又卖顾不过来，于是又把摊位转给了正华，即那对曾住在隔壁的小两口。究竟怎么个转法我不好问，但应该加钱。因为当初小姊夫转进来的时候不是旺季，而现在一上摊就看着要赚钱。小姊夫当时对我说“反正还是有钱能赚”，也应该是包含了再转卖的考虑。摊位转过去之后，小姊夫做的衣服就基本上都在这个摊位卖。

那位布料摊主本来和小姊夫没有直接的关系，但他的搭档，即在绍兴给他发货的，则是前面已经说过的小姊的堂兄。小姊夫的布料多从他那里进，价格比从一般的摊位买要低，但也便宜不了多少。小姊夫对此毫不介意："怎么能让亲眷和朋友不赚钱呢。"

对为什么一般到这个摊位上买布，小姊夫自己的解释竟是"我和这个人讲得来"。在他看来，经常到这儿买布就跟经常到某一个熟人那里串门是一样的。有时候小姊夫也去别的摊位买布，而且还是跟那个人一起去买的。"人总是喜欢和讲得来的人在一起。但是生意也是自己做自己的。"生意关系和亲友关系既重叠，但又可以分得很开。

回到家，已时近中午。小姊夫一进门就开始熨、叠衣服。

过了有 1 个小时，一个老太太端着一碗菜走进来："吃饭了！你们谁去端一下。"老太太是小姊的母亲。我跟着她到了小姊的弟弟家中。弟弟 1994 年来北京，住在紧邻的院里。老母亲则是 1995 年才来。父亲也来住了几个月，太不习惯又回了家。母亲做好每天的中饭和晚饭，两家一起吃。小姊和弟弟每个月分别给母亲 400 块钱当菜金，显然比他们自己做要省钱。

3 点多，一个和小姊夫差不多年纪的青年人推门进来。小姊、小姊夫只是抬头看了一眼，也不招呼他坐。年轻人倒先向他们问起我来："这老司是哪里的？"

"别人是研究生呢！"小姊夫大声说。

年轻人一下子没明白过来。

"朋友呐！"小姊夫又补充说。

一个"朋友"，就解释了所有的问题。年轻人不再问，扭头对小姊夫说："时福买了辆桑塔纳，你晓得吗？"

"哪个时福？"

"精瘦瘦的那个，沿岸村的，柜台包西单的，阿东的亲眷……现在住在京瓯大院的。……不认识啊？"

"看见也许会知道。信安那辆奔驰别人说它是假的。真的假的？"

"旧货！信安这个人会钻。碰见个北京人，有点用的他就往上粘。这车我看也就 30 多万。”

年轻人接着说：“我有个朋友在驾校。他说了，别人去学车都要送东西，我去了肯定没问题。怎么样，先去学车去？”刚提要住在驾校，小姊就叫起来：“现在忙都忙死了，还去学这个东西！”

但是在又两年（1997 年）之后，小姊夫并没有忘记他的话，他们两个人趁春节之前（春节虽然是服装零售的最旺季，但是服装加工从腊月就基本歇活了），去学了开车。

年轻人说得差不多了，自己起身往外走，走出门口又回头大声跟我说：“朋友！我也住在前街，有空来玩！”

这位年轻人也是小姊夫一个村的，属于同龄群的朋友。

直接用“朋友”这样的称呼来称呼别人，并不符合温州人的习惯。传统的乡村社会中更是几乎不存在“朋友”的意识。但在“浙江村”的青年人中间，它成为基本的社会用语。

7 点来钟，又一个年轻人钻进门来。小姊小姊夫的态度和对待前一个差不多。只是小姊打趣说：“今天赚的钞票口袋里又放不下吧。”

年轻人笑着说，“也难卖得很。过去你们做衣服的求我们包柜台的，现在我们倒还求你们了！”

年轻人在屋里站了没有 3 分钟就出去了。他是小姊的远房亲戚，在王府井包柜台，从商店结了账回家，路过这儿，遛过来看一眼。

一会儿，正华进来了。正华这两天是第一次见到我，热情地打了招呼。按小姊夫的话说，他是靠脑子赚钱的，懒得出了名。摊上忙碌的是他的表妹。他和表妹是这么商量的：货由他进，市场的事情（主要指和工商方面的交道）由他管，表妹就管看摊和记账，给她利润的四分之一当报酬。正华说：“我也学北京的商场的样，给她‘底扣’25%。”

正华问：“光彩体育馆你们去过没有？昨天两个朋友拉我去那里打台球。台球厅里温州人占一半呢！”

小姊夫说:“你现在可爽，老婆回家，自己在这里可自由。”正华老婆两年前的第一胎在“浙江村”里温州人的诊所里生，结果难产，送到天坛医院，一家人吓得半死。第二胎便回去生产。如何逃脱老家计划生育的管理，另有办法。

正华又讲起今天的所见所感:“今天在（京温市场）二楼东首，有个摊位，卖的衣服和你们的挺像。但是领（子）要大，腰下面的再包一点（再窄一点）。卖得蛮好。你们明天也去看看。”

“谁在卖？”

“不（认）识。”

晚饭和中饭一样，是妈妈做好了，这边去弟弟那里端。

晚上 8 点多，北京房东来收下个月的房租和这个月的水电费。面无表情，报：上个月的水费 9 块，电费 93 块。小姊面无表情地交钱。

小姊夫起身要去洗澡。两年前在“浙江村”洗澡是件很麻烦的事。1995 年以后，村里盖起了两家温州人自己开的浴池。一家在马村，一家在邓村。老司们则趁哪一天生活不紧集体去洗。

小姊把小卧室里的电视放到最大音量，边踩缝纫机边听。听见电视里有新的响动，就让我赶紧跑去看看怎么回事。

第四章　1984：来到北京

史前史

大姊夫在讲他过去经历的时候感叹：我这一辈子做过的事真是能写好几本书！在“浙江村”我经常听见这种感慨（有的是说能演电影，有的说能编戏）。

1994 年春节，我向乐清县工商局的领导打听有关乐清人口外流的情况。他张口就不容置疑地说：“乐清人嘛，‘文革’的时候就全国到处乱跑！”这位干部 50 多岁，本地人，一直在乐清工作。他的经历给了他这样的印象：“浙江村”是这些人自己多年“跑”出来的结果。1994 年 10 月我随北京市有关部门在“浙江村”开展外来人口调查，发现，这里 30 岁以上的男性业主 60% 以上在 80 年代以前就有了出省的流动经历。王春光（1995：64）对“浙江村”的调查也发现，这里年纪在 32 岁以上的男人 80% 在改革前有过外出的经历。很多学者也强调温州地区有人口外流的传统。（费孝通，1992；林白，1986；王春光，1994）但是“浙江村”的出现，并不是简单的“传统加改革政策”的产物。

在来到“浙江村”之前，“浙江村人”有三种流动经历。

一是在“文革”后期，以“师傅带徒弟”或者“先走带后走”带出来的。当时主要是去西北地区打家具和去湖北等地做木工、弹棉花，以及换银圆、去内蒙古淘金沙等等。

“浙江村”村民姚信安告诉我：“我是71年，18岁时第一次出远门，去甘肃敦煌。我们都是趁乱出去。有段时间火车不都是白坐的么！本来温州人去上海一带的多，但是这边管得严。在西北革命虽然闹得凶，但没人认真管事。”1975年首次外出、1986年来到北京的周年滔说：“当时从村里出来并没什么障碍。我们家祖祖辈辈都讲和气生财，我年轻时，这个运动那个运动中对别人都没怎么样。出来时生产队长也是本家，拦你对他没什么好处。反正在家里也没有真活可干。大队长也是睁只眼闭只眼，公社就管不过来了。出去工分当然是没了，每月再交2.5元给生产队，用以赡养五保户。我78年回家结婚，还当了一年生产队长。因为在村里的也搞两派斗争，选不出人，倒把我这个中立派选上了。”

“文化大革命”所导致的混乱给人们提供了自发外出的可能。而能抓住并利用这个机会，离不开“师傅带徒弟”这种网络的结成。姚信安说：

“我出去不用带钱。那时我的一个堂伯，解放初曾跟他的师傅到外面做过家具，家里有一点工具和钱。他跟我爸分析，觉得当时可以出去试试，劝我爸让我跟他去。学手艺在农村是件顶好的事，就答应了。在外面吃住由他管，年底再给一两百块钱。

“我们这里有几批知青曾到西北支边，他们常写信回来，所以我们知道那里的一些事。而且想，万一到那边不行还可以找他们。”

“师徒”是中国农村中由来已久的关系。各种手艺、行当因此得以传承。人们现在在新的形势下重新利用这一关系，使老一代能够把他们在手工业合作化以前所积累的资源（包括在过去的流动中所得到的经验、信息和资金等等）重新动员起来，成为在国家之外的，资源组合的一个渠道。

外出后，人们主要靠开辟“地下市场”讨生活。姚信安说：“我们不敢去大城市，一般住到县城或郊区的村里，挨户问要不要做家具。给哪家做就住在哪家，付房租。米、煤请他们帮忙买。西北人家具做得不行，我们很容易找到生意。按当时的说法，我们是典型的投机倒把，黑市。但老百姓没有天天真搞阶级斗争的，儿女结婚总得有柜子、床。怕的是他们邻居间有矛盾，或者嫌我们吵，才去‘报官’。我们半夜里躲到猪栏、牛棚里也是常有的事。我自己就被公安遣送过两次，但我们无所谓。基本还能做得下来。”

当时他们不可能到市场上买木材，也不可能卖家具，只能偷偷摸摸由客户提供木材赚点手工费。资源积累和群体扩大的速度极慢。根据乐清、永嘉的杭郭、钱家埕、河深桥等村村民的回忆，当时外出的人占本村的大约二十分之一，而且整个70年代没什么增长。

姚信安的流动小组看起来颇有代表性：

“我第一次出去时一共是3个人。一般都是2到5个人一起走。我们得到处转、躲，人多了不好办。73年，我自己独立当了师傅，带着自己的堂弟和外甥出去。我的师傅和师兄都回家不再干了，觉得外面太苦，长年干吃不消。”

“躲着走”是当时流动的最显著的特征之一。周乐金开始补鞋，后来改行做家具，他回忆说：“那时苦得没门。我74年先去的是上海（温州交通极不方便，要去外地，一般要先到上海转车——作者）。干了两个月换了好几个地方，最后还是被捉住送回来了（指收容遣送——作者）。在家里待了一个月，我又出去，去重庆。我修鞋，自己做点小孩的鞋卖。有一次在街口看见几个穿制服的过来，我赶紧卷起东西跑，跑了两步，对面又来了一群！好在没来抓。觉得重庆还是管得太严，又去了青海。当时总觉得西北偏僻，管得松。青海好一点。躲、逃，能做多少做多少。”

这些都是“浙江村人”非常普遍的经历。有意思的是躲不过去怎么办。几乎所有人的态度都是，“被抓住了要老实，过了风头再出来。”姚信安说：“（我）被送了两次，当然苦，但你有什么办法呢？”金阿豹的说法更明确：“外地人如果被抓住一次，他们就觉得好像白衬衫上滴了墨一样，不得了了。但我们无所谓，年轻人谁能挣钱谁有本事。在外面做生意被送回家里，谁也不会看不起你。大家都差不多。我被抓住了，在那些‘官’面前我可老实得很，叫干吗干吗。傻瓜才和他们‘顶’。等出了他们的地盘，接着来。”

第二种流动方式也出现在“文革”后期，以公社“修建社”的名义成群结队外出做工。让我们听听陈阿钊的回忆。

> 1973年我跟东联公社的修建社第一次出去。修建社1970年成立，我们村有不少人在社里当木工和瓦工。（修建）社里的头出去包工，包下工带我们出去做。修建社不是随时到村里招（人）的。随时招太麻烦，当官的也得不到好处。就当一次工人，农民不会去送东西的……我有个朋友在公社里工作，他和我是同一个村的，比我大十几岁，在“文革”里我们都是“连派”[①]。靠他的关系我进了修建社。在农村青年都有派性，你总要到一个派里去吧。我们那时候也很忙，贴大字报，抓人去游街。71、72年武斗，最热闹，73年安静一些了。“杜派”掌了权，我们斗输了，我这才想到出去做生活。一个派的有感情。总共有100多个朋友，有10个左右关系密切。
>
> 先在湖北荆门五七油田干了两年。一个月80块钱。在家里一年最多也就200块钱。75年又去甘肃。不是整个修建社都去。社里有个人的哥哥在酒泉有关系，他以修建社的名义，包了那里的一个工程，带去了30多人。30多人里又有10多个去了敦煌。因为领头的这个人在敦煌也有关系，在那里也拉了工程。

---

① “连派”和“杜派”是武斗时乐清县的两大对立派。因为两派的头分别姓连和杜，故这样称呼。

他把敦煌的工程再转包给他在队里的亲眷，由他带我们10个人去。人都是这样，能给自己搞的时候都给自己搞！

进（敦煌）这个队又要有关系。因为人少，工资高。带队的这个人是我隔壁村的，也和我一个派的。在敦煌我一天干16个小时，一个月拿100多。干了两年，但是我家里太困难，很早阿爸就死了。不想老在外面干。76年回来在村里当了干部。和我一起在修建社干的，好几个自己出来拉工程。在那时候一年下来都能赚上千的。所以我回家是回错了。

这些修建社最引人注目的特征是，它不断派生出新的工程队来。越来越多的人利用修建社这块牌子，来“为自己搞”。而后这些人又带出新的人来。前面说的小姊夫的早年流动就是这种关系延伸下来的结果。乐清人的早期流动和湖北葛洲坝的关系，也经历了一个变化。先是两地政府之间和单位之间的联系；再发展到假借政府和单位名义的个人联系；再就是在事实上和工程没任何关系的流动。

和修建社包工程相似的是养蜂。永嘉的赵明柱说：“那时候国家只允许到外面搞两件事，一是搞建筑，一是养蜂。养蜂的根据季节变化，哪里有花，就往哪里跑。只要说是养蜂的，有供销社的介绍信，就能买火车票。带着蜜蜂上火车。”养蜂的主要是永嘉人，乐清人不多。显然，养蜂的在关系网络上的扩张性远不如搞工程的。

第三种流动形式出现于“文革”之后，改革开放的初期，即温州著名的“供销大军”。

许均名在“浙江村”里算是年纪最大的一拨了。来自永嘉县乌牛镇西牙村。跟解放前、改革前，以及改革之后的流动都有直接的关系。60多岁的人，说话仍然底气十足：

我1946年和两个叔伯兄弟、一个同村的去上海，才15岁。

也是打工。和现在江西人到我们这里一样！先到一个面粉厂。后来开厂的资本家跑了，我们转到码头去背货，解放后被港务局招成工人。回家结了婚，老婆也带去住了一段时间。

哪里知道三年自然灾害一来，又让你回来！1962年回到村里，当公社的服务社副主任。当时县里有手工业联社，服务社是它下面的，管社里的手工业，主要是打铁、剃头和做鞋的。外出打工，也到我们这里开介绍信。如果到外面是100元的产值，我们收二三元的管理费。当然没有发票，就让他自己说，我们给他估。不会刁难他们，我们自己本来也是往外跑的人么！那时候跑得都不远，主要到城关和温州市。

1976年，我去上塘镇（县政府所在地）当供销员。替社队企业推销电器和阀门。县里有供销经理部，出去先要到供销经理部把浙江省的粮票换成全国粮票，盖上生产指挥部的印（章）。拿着县里的介绍信和厂里的样品，还有目录，到大企业的供销科推销。对方一般也很热情的。在那边签下合同，回来生产。自己能做就做，不能做就到上海买。买来卖出，到最后还是有钱可赚。运货的时候再去一趟。全镇当时的供销员有30个到40个。

供销员有固定给一个厂跑的，也有自己跑的。第一种算是厂里雇你的，给你工资。这个少，一个厂不可能养很多供销员，也不可靠，拿厂里的钱给自己跑关系，关系全打通了，自己办厂去了，有多少这样的事！自己跑的是，让厂里给你开介绍信，替厂里拉来活之后给你提成，一路上的费用全都由你自己掏。开始厂归镇里直接管，当供销员也要有关系，镇里管你的。后来就放开了。谁都可以做，只要拉来业务就行。81年买空卖空不给你搞了，那时受一点影响。84年政策放开了，往外跑的人又多起来。

我（如果）一直干供销其实也不错。90年以后我们这里都说去北京做衣服赚得大，我的两个女儿、一个儿子要去。我想也行。反正干供销也差不多了，我“老头牌”也跟着去吧。他们愿意和我一起就一起干，不愿意就自己干自己的。91 年去的，现在我还和儿子在一起。

大姊夫走的也是这“供销员之路”。

不过，由供销员演变而来的“浙江村人”不是多数。原来的供销员后来主要分化为两拨，一拨回乡办厂，另一拨仍在外地经营，但是和“浙江村”的经营之道不同。一个温州的中层干部曾这样概括这批供销员的行为轨迹：“开始是千山万水，到处乱跑，推销产品，组织原材料，甚至倒买倒卖。后来跟外地的企业、用户搞熟了，关系紧密了，跑的方向明确了。这叫‘跑业务’。再后来市场开放，重点转到一般的市场开拓上来，在自己有把握的地方坐镇开拓市场，可以把它叫作‘做销售’了。一步一步，由‘游商’变成相对固定的‘坐商’。”

供销员和“浙江村”的主要区别在于，不是到外地加工，而是温州企业在外地的窗口。在北京，大部分温州供销员从事服装生意，其余的则做电器、建筑材料（特别是线缆和装饰材料一类）、眼镜等生意。做电器的还逐渐在西四、缸瓦市一带形成了所谓“电器一条街”。他们的经营活动都在“浙江村”之外，和“浙江村”很少联系。比如卖服装的供销员开始以中档西装为主，这在“浙江村”很少生产；当“浙江村”后来（特别是 1990 年以后）开始在北京形成有影响的市场的时候，原来的供销员这批人觉得服装的竞争太强，又转向了电器、建筑材料等行业。

供销员比前两种流动人员更少地进入“浙江村”，也可以从关系网络的发展特征上得到解释。在三种流动中，“关系”的利用、建立或者改造，都是它们的核心环节。但是在前两种流动中，关系的发展有某种“内向”的特征，即不管是师—徒关系，还是修建社的工友关系，流动群体内部的网络是很重要的。而供销员的关系完全是“外向”的。顺着这样的差别，由师徒带出来的和随修建社出来的人，更倾向于聚在一起，成为日后“浙江村”的主力；而当年的供销员依然坚持各自经营上的独立性。

哥伦布的故事

谁最早来到“浙江村”？

第一种说法有点离奇：

“浙江村”的历史开始于1983年。根据访问，“浙江村”最初的住户名叫黄贵余，来自温州市乐清县农村。据别人介绍，黄是曾在北京读中专，未毕业而被动员回乡的当地知识分子，他大概于1979年首次来北京“考察”从事服装业的可能性，于1981年正式在“浙江村”落户。（曹建春，1993：17）

这个传说语焉不详，我也未在“浙江村”里得到证实。至于一个人会在1979年的时候来北京“考察”从事服装业，有点令人难以想象。一些“浙江村人”对照自己在那时候的经历，觉得这样的事情似乎不太可能。

第二种说法是最早来这里打天下的是乐清虹桥镇钱家垟村人钱某。他原在天桥商场门口一带设摊补鞋。在1983年发现商场里一种人造棉总是供不应求，便托人从江苏进了一批布料，叫卖天桥，十分畅销。小有资本后便在海慧寺一带正式定居，起初加工呢大衣，后又制作皮夹克，三年前开始专门承租柜台。

持这种看法的，主要是和钱某关系不错，对钱比较“服”的两个人，或者按我的话，算是在钱的“系”里的人。他们不仅向我讲过这件事，也向别人这样叙述。他们常常以这样的语气开始：“‘浙江村’，就算是（钱）某某来得最早了！”当我向他们确认时，他们也承认这属于“听说”，但是他们“愿意”接受这个说法。可惜的是，当我到“浙江村”时，钱已经从“浙江村”搬到了王府井住，我一直没有机会向他详细了解天桥补鞋等等究竟是怎么回事。这种说法，后来也被一位记者写在了1993年的一份浙江的杂志上。（参见项飚，1994：20—23）

第三种说法是，1983年底，乐清县雁芙乡尚古山村的刘氏兄弟，在包头做完一年的服装生意，在“撤”回乐清途中转到北京。因见当时的北京街头偶有叫卖短裤袜子、针头线脑之类的地摊，便将随身带来的一些衬衣、外裤等“积压货”也拿了出来，摆在前门、王府井等繁华地段，挂在路旁的树枝上叫卖。这两处日均客流量逾50万人的大市场，很快使得这些“积压货”一销而空。尝到“甜头”之后，他们改变了原先“撤”回乐清的打算，来到地处京郊西南的丰台海户屯，各租了一间当地农民院房，重新摆下缝纫机，搭起裁剪台，以后又在最繁华的商业区——前门大栅栏“瑞蚨祥绸布店”的门口租了柜台，拉开了乐清人在京经营的帷幕。

这个说法最早被一位在北京学习的乐清县的调研干部写进了有关材料（陈继明，1991：2—3），后来又被很多报纸杂志引述（如王建琦，1993）。这种说法在“浙江村”里也是最普遍的，只不过没那么戏剧性。

同时，还有一些人认为自己是来得最早的。胡某就和我说：“我84年来的时候，这里真的一个温州人都没有。不过很快他们也都上来了。刘泽波他们其实都比我晚！”王春光（1995：35）的调查也发现了一个1982年就来北京做生意的温州人。

看来要真正确定谁最早来，是件很不容易的事情。但是有意思的是，现在“浙江村”已经形成了自己的定论，认定刘泽波是他们的“哥伦布”。连当地的北京人现在也管刘泽波叫“刘老大”。这不仅在北京的“浙江村”流传，也流传到外地的温州人中间，而且温州老家的很多人也持这一观点。

但在事实上，正如我们在下面所要看到的，刘泽波也是和其他一群人一起来的，但现在所流传的社区故事却不见其他人的姓名。这里一个主要原因是刘这几年做得越来越大，成为村里屈指可数的大户。不仅生意做得大，亲戚朋友圈子也大。在最近的几个春节里，刘泽波还都要被乐清地方政府作为“外出企业家代表”邀请回家和领导座谈。另外，按“浙江村人”自己的说法，人有两种，一种是赚了1块说自己赚了5块的，另一种是赚了10块说赚5块的。刘泽波是典型的后一种。他的一句话曾让我感动，他无意中说：“我这一辈子睡了几小时觉都能算得清楚。”勤劳、内向、精明，这样风格的人在“浙江村”并不是多数，却是“浙江村人”所最认同的。因而，记忆的、经济的、政治的、文化认同的，不同因素互相作用，强化了“浙江村”的主流结论。我自己也曾一度出于“找到了哥伦布”的兴奋，把刘泽波认定为最早来的人。（项飚，1995）现在看来，我也多少参与了这个社区故事的流传和创作。还值得一提的是，在北京的几个流动人口聚居区中，“浙江村”是唯一一个有“村史”概念的社区。

我虽然不敢确定刘泽波就是“哥伦布”，但有两点仍然可以肯定：（一）刘泽波来的时候还没有成形的“浙江村”；（二）刘泽波一帮人是独立来的，即使不是第一，仍有“拓殖”之功。刘泽波生于1943年：

我村里有100多户人家，做衣服的有七八户。家里6个兄弟姊妹，我是老大。我阿爸是个非常勤劳的人，白天在生产队集体劳动，晚上自己到山上去扛树（采木）。这么勤劳是要都要不来的东西，但那时候就批你。生产队在路口等着，抓住你就当典型批判。一有什么风来，公社要开会，或者县里要什么典型，就把你拉出来。但该干还是干，这么苦换几个钱吃饭，有什么对不起别人、对不起国家的！

我1963年初中毕业，跟着别人学裁缝。学了一年，第二年就自己开门户，而且带徒弟。最早是在家里做。1967年租了一间“大队屋”[①]做衣服。按现在的话，算是和大队“联营”。大队屋在镇的集市上。从山上下来的人，这次赶市的时候把衣服放在这里做，下次赶市的时候来拿。当时就做中山装。我每个月给队里交30块钱。因为一个满劳力一天的工分是1块钱。30块钱等于是全出满了。交了钱队里给你记工分，剩下的收入归自己。到年底粮食和大家一样，照人头和工分分。

那时候不错，一天干下来挣5块钱。在外面接的是两三块钱，我带徒弟收1块钱，回家自己加班又赚1块钱。这在我的脑子里就留下“租铺面自己干”的概念。

“文化大革命”把农村搞乱了。到60年代的后期，开始斗地富反坏，连大队书记都被拉出去游街了，没人管了！70、71年，乐清的连派和杜派开始武斗。农村里赌博的习惯就是那些年形成的。那时候流行“三十四门”，还有“挂花会”。我们村那时候有人开始出去，卖“银番钿”（银圆）。从西北把银圆买来，就在本地卖，这里形成一个卖银圆的地下市场。也不知道最后卖到哪里去。

我第一次出来是1981年。我们村有个知青66年去宁夏乌海市（应为内蒙古乌海市，与宁夏接壤）支边，后来当了当地供销社社长。80年他回家过年时告诉我们：去他那边做衣服一件能

---

① “大队屋”在温州农村是一个专有名词，或者指村委会所在处，或者指归属大队所有的房子。直到现在，“浙江村人”还把马村的第一个大院叫作“大队屋”，因为是由马村村委会出面盖的（详见第七章）。

比家里多赚3块多！[①]劝我们出去试试，就在他的供销社里做。

他（这个知青）这样做纯粹是义务的。他爸是地主，按五六十年代的话说，成分不好。但是我们对他家都不错。当时他的父亲、兄弟都在村里，需要我们照应。他自己也说：总是觉得老乡好，是自己人。在78、79年时，他就从那边供销社介绍一些业务到乡村里，办扫帚厂和打绳厂。到了乌海，过年过节我们也都送一些菜油、饼干去看他，但他并不图这个。

先是一些手艺不太好，在家里钱挣不多的人跟他去。人嘛，去那么远的地方总有点担心，我当时在家里算不错，就没动心思。哪里知道他们年底一回来（1981年春节的时候），一个人都挣了一两千！而那时在村里做衣服，一年吃剩用剩能有一两百就不错了。

82年正月，我也决定走。按照那位社长的意思，我们去乡里开了证明。一共4个人，我自己一个，老婆一个，带了我第二个儿子，还有我妹妹。我妹妹做衣服相当不错的，开始她还不愿意跟我们出来，我保证给她工资130，这样把她动员出来。这次出去包括路费等等才带了1000多元。

通过对其他来得比较早的人的访谈，他们带的钱一般是“六七百”“千来块”。钱来自本人过去做衣服的收入积累，也来自村内的借贷。所以此时能动员出较多的劳动力和资金，原因在于人们

① 这一价格差的形成，刘泽波的分析是：“一是乌海是城市，吃工资的，当地的消费比老家高多了，它有矿区，国家有补贴。那时候他们的工资都能达到150元到200元了。二是乌海裁缝少，做衣服的吃香。”当时温州市区的裁缝工钱略低于乌海。问他们当初为什么不去温州市区，回答是：“我们去温州也站不住脚，别人一听口音就知道是乡下人，不喜欢。到外省就说是南方人，反而好办。”城乡之间的隔阂，反而造成了更远距离的流动。

的预期。人们意识到“那时和70年代不一样了”，而且“（供销）社长是国家干部，又专管市场，跟着他应该保险”。

> 到了乌海，由供销社安排地方接零活，摊就摆在供销社门口，加工费由供销社定，摊上挂的是“上海裁缝”的牌子。我自己写的。我们白天在供销社接活，住在旅馆里，晚上回去自己拼命赶。那时候到国营衣服店里，最少一个月才能给你做出来，我们最多两个晚上。乌海矿上的人礼拜六来，礼拜一回去，他想礼拜天就拿走。所以礼拜六是整天整夜不睡。我们做的样子很新，不少人都赶过来做，真把我们当上海老司。
>
> 后来在供销社边上开了一个小的集贸市场，里头也有卖服装的。我看着算了算，觉得自己做批量卖应该比接零活好。我又通过那位社长办了手续，转到供销社办的自由市场上，自己做衣服卖。这样自产自销，果然赚得多。这一年赚了一万多。这时我除了缝纫机外，又买了台锁扣机。
>
> 到81年的上半年，这两年（1980、1981）去的刚好是10户人家。10户人家基本都是我们自己村的，不是自己村也是隔壁村。我们这帮人团结，有什么事大家都会出来。出去确实比在家里的时候感到亲密。摊儿摆在一起，住也住在一起……不，生意分开。感情好不好跟生意在不在一起做没有关系。到81年下半年，在乌海的乐清人就有30来户，都是芙蓉人。第二年就超过100户。这100多户就不可能都住在一起了。但也是一帮一帮地在一起。互相都知道，有来往。这一帮和那一帮里有一个认识的，慢慢地都认识了。
>
> 在乌海我开始知道附近的包头很大，东西卖得起价。我跟供销社里的干部聊天，知道社里的布料都是从北京的公司里批发来的，而且那时已允许个体户去批。我想去包头肯定赚得多。

那时我已经攒了2万多块钱。和老乡商量是不是去包头，我们10户中有人反对去包头，觉得冒险，那就愿走的走，愿留的留。

（最后包括刘泽波一共6户人家到了包头。）我们走的这6户并不都是最近的亲戚，主要看观点是不是一致。没有义务跟所有老乡老在一起。跑到更好的地方赚钱去，不管是家里还是外面的老乡都不会说你。

我们到了包头一看，已经有60多户温州人在那里！两个旅馆都已经住不下。这些人有从家里直接上来的，也有从外地转过来的。反正那些年温州人在外地干的都在西北这一带。到1982年底，已经有五六百户在包头。[①]

去包头时我把我的大妹妹也叫出来。她当时在村里搞社教（其实民办教师），才30块钱一个月。我说你先出来，第一个月不管赚钱不赚钱，都给你60。吃住当然我全包。在包头布料从北京的公司进。北京的布料花色多，也新。到82年年底，我什么都算起来的话，已经有十来万块钱。82年我回家盖了一座屋，又拿出一笔钱参加那时的“抬会”。（见第六章）结果会倒了，这些钱也全泡了汤。这样83年来北京的时候才带了7000元。

来北京进布料的时候我就想，北京来来去去的人这么多，布料也多，在这里肯定赚钱。83年我来北京批布料时，看见前门一带还都是空荡荡的，都是一些绿铁皮的散摊儿。看样子也是个体搞的。见这些地方我就想能不能租。

我向一个在摊上卖衣服的打听谁管这个事。然后自己跑到宣武区工商局问：外地人到底能不能来？那个人问我有没有外出证明。证明我们一直有，前两年是由手工业局开，83年出来

---

① 我对这个数字表示怀疑，但是现在已经没法核对。不过这至少说明当时包头温州人的规模。

的时候由工商局开。北京的态度蛮好，说只要证明的抬头不要写“外省”而直接写“北京”就行。回去一说，大家（指在一起的6户人家）都愿意来。我就专门回了一趟温州，替6户人办了证明。这时我的大儿子也不再念书了，我把他也带到北京。

住到哪里去呢？我想首都总不比别的地方，随便让我们农民住。房子应该到偏僻的地方去找吧。我们随便上了17路车，乘了几站在木樨园下来。也是随便下，觉得差不多了。下了车边走边问，我们找的第一家是海户屯4号。北京人还挺好讲话——当然我们也是低声细语，尽量地客气——他说自己这里没空了，但是9号院为儿子结婚才盖了新房，可能能往外租。9号就租下来了，但给了一起来的别人。我又经9号的介绍，住到了33号。房子大概有13平方米，每月55元。

然后我们又拿着证明去长椿街租了一个摊。

来到北京

被一些人认为是最早来的钱容光其实比刘泽波晚来一年。这里头还有个小插曲。刘泽波告诉我：

容光和我认识，对我也蛮尊重。现在有时候也过来采访（探望。刘想在我面前用一个更正规的词）我一下。他是“虹桥帮”的。他们原来在甘肃中卫（应为宁夏中卫市，与甘肃、内蒙古接壤）做服装，83年不断有消息传到芙蓉、虹桥，说北京的钱好赚。有一户丈夫在中卫，和容光在一起的，老婆在家里，听到这消息就跑到中卫，让丈夫马上去北京。丈夫开始还不愿意，他老婆就在那里大闹一阵。这一闹在中卫闹出影响来，一帮虹桥的，有十多户就全到北京来了。他们来了，我们就算芙蓉帮，他们是虹桥帮。我们是最早的两批人。

除了刘泽波和钱容光这两“支”，我发现的“浙江村”另一个最早的“系”是姚信安的一帮人。这些“小分队”，都是多种关系的组合。

我 1983 年的时候就改做衣服了。做木太辛苦，赚钱也很少。我老婆做衣服会一点。我还有两个堂妹，做得不错的。开始是她们几个女人商量想出去。

我老婆有两个亲眷早几年就出来了。一个是我老婆的表姊妹，一个是我老婆姨娘（小姨子）的小叔子。他们两个搭档有几年了，也做衣服，都一起走。我过去的一个师兄弟（在一个老师门下学木工的），也要和我们一起去。他也找自己的亲眷做（衣服）。

我师兄弟和我老婆的亲眷是不认识的，但到外面就都熟了。亲眷不亲眷都一样。我跟我老婆姨娘的小叔子也算亲眷，在家里其实没什么来往，到了外面才亲热起来。

83 年我们去的是兰州。在兰州做的时候我们就听说在北京的一帮温州人赚了不少钱。开始我还不太相信，北京这种地方还能让你做这种事情啊。83 年年底我回家，不少人在传，说芙蓉的最早去北京的都已经赚了好几万了！几个人过了年商量，去北京！

有两个人先去兰州把前一年没弄完的东西搞完，其他人直接去北京。那时我们知道温州人都集中在木樨园，下了火车就往这边走。

当然，说他们是“浙江村”最早的几个“支”，绝不是说没有在他们之外，和他们同时甚至比他们更早来的人。比如前面的陈阿钊，在家里待到 1981 年去嘉峪关跟别人学做木（那时候已经 32 岁了）；

后去西藏拉萨做衣服，因为资金不够又回家。1984 年带一家人来到北京，住在老婆的舅舅的家里。舅舅曾是铁道兵，复员后在北京地铁站工作。他跟“浙江村”的一批人在很长时间内都没有联系。

但我这里强调刘、钱、姚三帮人的作用，是因为他们的三个支成为“浙江村”社区的源起。从那三个“支”里发出了不同的“流动链”，引发了“链式流动”，把新的经营者引带到北京，奠定了“浙江村”的基础。至少在 1986 年以前，芙蓉来的人都和刘泽波有这样那样的关系。刘泽波自己估计，直接由他带上来的有 30 户左右。虹桥这一带早来的人主要则是由钱容光和姚信安带来。这些“链”在居住方式上也有所反映。比如芙蓉人早期住在邓村多，而虹桥人多在马村和后村。这其中，和钱有关系的更多住在海慧寺，而属于“姚派”的则主要在马村。

松紧两条链

从最早的这三支开始，“浙江村”就是一张谁也脱不了谁的干系的网。但是，也是从这一开始，它又不是一张按某一个简单逻辑编制起来的网。

我问刘泽波怎么理解“带人来”（先来者引来后来者）的这个“带”字。

> 也不叫“带”。怎么算是“带”呢？近的亲眷，一个村里关系比较好的人，他们问我北京怎么样，我把真实情况告诉他。有的让你帮他租间房，跟他讲衣服怎么做，我都帮。大部分是我们回家的时候，问我们，然后和我们一起来。
>
> ……我们没有这种心理，说自己赚了钱，就想主动把别人带来。他上来要是不赚钱呢？生意的东西是不敢劝的。除非是

在家里有困难的，真想帮他忙。还有亲属，亲兄弟姊妹，那可能会主动和他们说。当然了，特别有能力的，你想和他合作的，这会劝。这是为自己好啊。

人都是灵的……在北京，一条裤子能赚七八元，是外地的一倍！到 84 年下半年这里的温州人就有 200 来户了。

周建荣一家是顺着钱容光的链条来的北京。

84 年我们去北京。因为 83 年都听说容光的钱赚了不少。他是我正式的堂兄。但是我们去北京没怎么和他认真商量，就想如果在北京碰上什么事情还能找他。到了北京和他也没什么生意上的联系。你要别人帮忙，跟亲戚说，他会帮你；你不说，别人也不会无缘无故来帮你。

可见，这条链的主要功能是信息传播和加强心理上的安全感，实质的关系很松。

但这时也存在一条“紧链”，那就是刘泽波提到的“劳动力链”。刘泽波的堂兄刘泽良闻知刘泽波在北京“赚大钱”，当机立断，让自己的大儿子、大女儿马上去学裁缝，儿子不愿意学，还差点离家出走。女儿听话，学了 2 个月，赶紧派到刘泽波这里“实习”。连爱松和钱容光是一帮的，他说：

本来我们那里的女孩子会做一点衣服的不少，农闲的时候都学一点。到那几年会做衣服的都成了宝。自己家里的人都派上用场还不够，大家开始叫人[①]。亲眷叫没了，叫朋友、叫同村

① 叫人，和下面的“讨人”意思相近，都是“雇人”的意思。

的。有的人都已经到了北京还专门跑回来找。

路费由叫的人付，吃住在老板家，到年底回家结账的时候把工资给他们。

在劳动力链的发展中，刘泽波自己对待两个亲妹妹的态度令人印象深刻。他完全以经济刺激的办法来动员妹妹。链上的原有关系固然是亲戚乡邻，但是使得这条链出现，并且能拉得动的，却是彼此间的经济关系。此时的流动链是一个隐性的劳动力市场。

靠这松紧两条链，据丰台区政府有关部门的介绍，“浙江村”到1985年秋已经有5000余人。

一起干

“……6户人才来北京，孤零零的，光互相关心可不够。多少要有点一起干的意思。这样对谁都好。”

刘泽波淡淡一句话，引起我的莫大兴趣。——我们来看看他们初来北京时生意和生活情况。

刚来的时候（6户人家）是分开住的。……84年生意旺的时候，又上来5户人家。我们11户统一包了海慧寺旅馆，一间一个月85元。大家都紧挨着住。我们喜欢这样，分散在北京人家里住不舒服。

那时候大家做的东西都差不多，卖是自己卖自己的。没什么可保密的。但别人在做工上面有什么问题，只要问我，我都跟他们讲。

料子我们一起进。主要是我，运生，还有一个叫红德的，去布料公司或者就到商店里买。买回来之后大家分。10户一起去进的时候不多。那（户数）太多了，不方便。一般是五六户，三四户凑。

（我问：那有没有这样的事情：有四五户一起进了某个好卖的料子，然后大家跟着去进？原来那几家会不会保密？）

不会。他东西一拿来，大家就问。他们自己也会说。看见好样板，好卖的地方（哪里的摊位生意好——作者）也一样。我们是春天来到北京，一年做下来，料子和样板换了不少。都很好卖。大家都去找、去试。试了好的，大家做。……这怕什么竞争，就自己这几户人家。

……在关系上还是差不多，10户中差不多好。84年的时候有一户家里老人过辈（去世）了，另一个老人又病，我们每户都送了钱。如果在老家，这样的关系是没有“人情”[①]的。进料的时候钱先垫一下，这种事情有。

姚信安：

我们这几家很有意思，年纪都比较轻，到北京来还有一点玩的性质。4家人有时候还在一起吃饭，衣服也都跟着做。买衣服来拆开当样板，就是我发明的！那次我去王府井，看到一件女式衬衫，大翻领的，有一点束腰，买的人多极了。有的一买还几件。我也凑热闹买了一件。回来我跟他们说要是能做这衣服保证发财！可是没人会做。我说这不好办吗，做衣服和做木工一样，也是把料子裁成片再凑到一起，先拆开这衣服再按着

① 谁和谁有没有“人情”，并不是指彼此间有没有“情义”。而是指在婚丧嫁娶的事情上，要不要互相送礼。究竟什么样的关系是应该有人情的，不同的“人情”应该怎么表现，有一套规则。

它来不就行了！第一件还没搞成功，叫我老婆给拆坏了，连夜赶出来一件样子不整，束腰没束好。第二天我又去买了一件。4户人都跟着做，那一笔真捞了不少钱。我老婆穿着出来，这一带就有不少北京人让我们给加工的。

我们这里有一户的爸爸也刚好从家里上来，他不会做衣服，平常跟儿子做做饭。他每天6点到9点去西单、王府井，专门排队买衣服，买回来拆了打成样板，然后赶快做。

陈阿钊的经历从反面说明了“一起干”对早期的“浙江村人”的意义。

我86、87年亏得一塌糊涂。我们只是一家人“摸黑”做，不识门道不认路啊。先是到石狮进布，自己一个人跑去，结果在那里被扣了[①]，亏了好几万。87年同村的朋友上来，一起租柜台。借了钱自己做呢子大衣，结果又卖不出去，只好销价处理。一共亏了7万多。柜台不租了，自己做了衣服抱给北京的个体户卖。但没人告诉你该做什么！你做了什么抱到他那里，都说得过两天再看。你总不能等着什么也不干吧。接着做，好，积压。

直到1989年，生意做来做去，认识了一些“浙江村”里的老乡，日子才算踏实下来。和大家商量，说搞电脑绣花不错。“浙江村”里已经开始有拿到外面绣的，但是本比较大，一些人还投不起。这时候朋友也形成圈子。朋友圈五六个人，他们几个原先在河南南阳，比我晚一年到北京。他们是在“浙江村”的。1991年，我们4个人3个股，投资了60万，买了几台绣花机。才彻底打了翻身仗。

---

① 当时石狮做的多是走私货，“扣了”指的是被路检扣押。

我们可以这样概括早期“浙江村”经济生活的基本特征：在作坊内部，家庭成员即是雇工；作坊和作坊之间（也即亲友和亲友之间）紧密团结，互相帮忙，但是没有形成分工和真正意义上的合作。最早来的三“支”之间互相认识，但是在经济关系上没有交叉，来往不多。

刘、钱、姚不仅在地盘上立起了“浙江村”的桥头堡，也奠定了“浙江村”的产业基础：服装业。“浙江村人”做服装，并不是因为他们在流出地有这样的行业传统。除了最早的刘泽波等人，后来者并不是因为他们会做衣服而来“浙江村”，而是认为服装市场大才来北京“投资”这个行业。技术不够，关系来凑。人们通过系内的合作解决了生手进入服装业的种种困难。①这也促进了流动链的发展。

摆地摊—游击战

但刘泽波在长椿街的摊位并没有给他带来预想中的收益。

“政府搞生意上的事就是不行，那里当时没什么行人，来去的都是车，他偏偏在那里摆一排摊！如果在他们那个圈圈里走，挣不了钱。

“我把那里的摊位退掉，干脆让老婆孩子到先农坛体育场门口自己摆地摊，专做派丽丝②的裤子，好卖极了。”

---

① 在宣武区服装公司志（1995）里有这样的话：服装行业是密集劳动型微利企业。工业利润只有3%左右，而且淡旺季明显，职工收入少，待遇低，长期艰苦劳动，拼体力，拼设备，归口管理后劳动条件虽然不断改善，但因底子薄、基础差、厂房设备简陋，因此，发展缓慢。我们在下面还将进一步看到，“浙江村人”通过他们的内部合作，比正规企业更有效地解决了诸如淡旺季明显等问题。这也是服装业能一直成为“浙江村”核心产业的原因。

② 一种当时流行的料子。

1996年的一天，他的小儿子开车经过先农坛，指着车外告诉我：

“那时我爸在家里做，我和我妈到这儿摆地摊。每天一早就骑个二八的老牛车（28型自行车），背上前一天夜里做的衣服，驮着我妈来。我妈收钱，我就在旁边看着顾客有没有白拿不给钱的。快到中午的时候，我就拿几块钱买包子吃。同时我也看（有没有）警察、工商。一有动静，马上卷起东西就跑，等到他们人走远了再出来。”

顺着钱容光这条链来到北京的周住权，1985年携老婆、闺女、大儿子，还有一个会做衣服的侄女来到北京。他说：

> 那时候在前门摆地摊卖，真是不容易，来个警察就要赶紧跑。有时候地上的东西来不及抱，真心疼死。有一次看警察来，我躲到旁边一个小商店的柜台后面，刚钻进去，北京的一个售货员狠狠地踹了我一脚！要把我往外踢。我真是气极了，我转身往路边的厕所里钻，憋了半个多小时才敢出来。警察走了，可儿子也不知道到哪里去了！他才12岁。真把我急死。回家老婆哭。儿子到晚上才回来，他自己到街上逛了。我狠狠打了他一通。小孩子还不懂事，问我说怎么别的人做生意都不用逃。哎哟，那时候我真是眼泪都被他问出来了。

这样的打游击对当时的“浙江村人”并不是新鲜事。这也是其他流动人口的普遍经历。从1979年开始，京郊各地及河北的农民纷纷进入北京，随地摆摊、走街串巷，出售花生、鸡蛋、生姜、笤帚等各种农副产品。工商、公安部门围追堵截，但越堵越多，防不胜防。终于，1979年4月，由北京市工商局、公安局联合出面，在海淀、朝阳、石景山、丰台四个郊区建立了10个农贸市场。同时发出通告：严禁走街串巷。市政府要求“重点街道地区管死，一般街道地区管严”。但是很快，农民的菜摊又摆进了西城、东城等市区。几经“疏导”不解决问题，最后西城区于1980年前后开辟了百万庄、成方街、德外、展览路、动物园等市场。（以上资料见时宪民，1992：51—53）这是外来人口的第一个重大胜利，它撕开了铁板一块的城市流通体制，使自己有了合法依托。很显然，这场“游击战”为后来的“浙江村”的发展提供了空间。

从政府的意图来看，建立农贸市场，是要把逃避中的流动人口纳入自己力所能及的管理范围之内。开始，这一政策效果明显，流动的工商户和政府形成合作关系。但是很快，一是由于这些集贸市场容量有限，二是只允许出售农副产品，像“浙江村”里这批经营户又溢出了这一框架。于是“游击战”继续发展。

我自己的调查没有发现在这段时间就在北京做的“浙江村人”。王春光（1995：35）的调查为我们提供了一个补充案例。一个据说在1982年就来北京经营的乐清人Z. S. M. 说：

> 当时北京对来京做生意的管得很死，特别是在市区，每天有各种各样的巡逻队在巡逻，凡是见到外地生意人，抓走收容起来，过一段时间没收了东西，被驱逐出北京。我与弟弟两个人曾租住在市区民房，刚来一个月，就被纠察队发现，抓去收容，后被赶出北京。但我们没走多远，在河北石家庄逗留了半个月，觉得北京市场大，生意好做，又偷偷溜回北京。这次我们吸取上次的教训，不敢租住在闹市区，而是乘车到北京南站，一出来，就往郊区僻静一点的地方走，租住到海慧寺这一带。我们经常搬动，怕被发现没收东西，赶出北京。

逃跑的经历不仅不是空前，更不是绝后。在后面我们就会看到，至少到1995年，不断地“逃”是“浙江村”发展中的一个重要线索。“逃跑”也是温州模式发展的重要逻辑。[①]

从姚信安外出做木到周住权摆地摊赚大钱，在对他们“逃跑”策略的强调中，我们悄悄越过了所有关于当代中国的研究反复强调的分水岭：1978年的改革。

不管是农村分田到户的政策，还是城市里的集贸市场政策，都

---

① “温州模式”的独特不仅在于其在改革之后的表现，而早在20世纪50年代，温州就尝试了包田到户，到60—70年代，地下工厂在市郊和农村已有不少。在温州的整个改革过程中，地方政府花在给经营户“平反”的时间比花在“动员”上的时间要多得多。

根据我自己的回溯调查，温州模式发展的动力主要来自基层社会本身。其中一个重要逻辑是基层社会的“逃避”行为。温州市永嘉县燎原社是全国最早实行“包产到户”的地方。根据当事人的回忆，在集体化运动的初期，当地农民对干部的抵触情绪和行为是很明显的。也就是说，在国家权力还没有完全渗入农村社区的时候，农民为保护自己的利益，与国家是采取对话甚至反抗策略的，包括围攻干部、到县政府大院请愿等等。1956年，根据农民的要求和实际情况，燎原社率先搞了包产到户的试点，然后迅速在永嘉、乐清等县蔓延开来。1957年，包产到户被作为严重错误而禁止。1958年以后，随着高级社、政社合一体制的形成，国家对农村的控制空前强化，包产到户成了“反革命行为”。但在随后的20余年中，温州的自发“分地单干风”一直就没有停息过。而此时的分地，已不是像在50年代初那样公开反对集体化，而是采取了逃避的办法。在没人注意的时候，分开干，上级有所察觉，派“工作组”下村下乡，人们又赶快串通，每天一起上工、下工，俨然“共产主义”的样子。等工作组一走，立刻又恢复原样。“整整捉了这么多年的迷藏。”一位乐清市工商局的老干部对我说：“乐清到1978年才有工商局。其实从‘文化大革命’开始，乐清和温州其他一些地方就有不少地下作坊。当然要抓，不单是工商抓，谁都可以抓，那时说它是投机倒把、资本主义复辟，大罪啊。可是你来他逃，你一走他又干。抓住了他们也老实得很，没收东西也给，也认罪。‘文革’中还容易些，因为帽子可以随便戴，真不行，抓来坐牢都行。到了70年代末、80年代初，你不能随便给他们定罪，但好多东西当时也是不允许搞的，我们就十分被动。就算你知道哪家在开小工厂，你也没法查。他们不往你枪口上撞，就躲你。政府堵不住，堵不过来。到最后我们没办法，反而我们在那里编话、编数字，给自己开脱，也给他们辩护。在乐清比较发达的地带，其实早在国家还不怎么鼓励乡镇企业特别是私有企业的时候，就形成了规模，上了一个台阶。”逃避的有效性还体现在，它给地方政府也留了面子。自己的小作坊尽管发展，但决不妨碍各种政治运动的开展。这样，地方政府虽然不能完全控制这些“出轨”的东西，但在上级面前也没有什么交代不过去的。给地方政府“留了面子”，也就是给自己增加了安全。温州的民间社会关于“国家—个人”的关系有什么具体的民间理论，超出了本书的范围，但显然是一个值得进一步研究的课题。

不是“浙江村人”迈出他们第一步的原因。他们总是走在政策变化的前头。当国家允许农村和小城市恢复传统市场时，刘泽波们以此为跳板，到了包头、北京这些大城市。当北京实行个体户政策，开辟出个体摊位的时候，他们又尝试在最繁华的市区摆地摊。整个温州的改革也庶几近之。一个当地干部曾对我说：“温州的改革是走在全国、走在中央前面的。但中央的改革政策使温州自己的改革变得合法了，理直气壮了。”[①]

我们也不能简单地用“传统的恢复”来概括“浙江村人”的“史前史”的经历和“哥伦布”的故事。从现象上看，温州在历史上有流动的传统，但过去主要是去上海跑单帮、跑码头；而姚信安、刘泽波所跑的这些地方完全是靠他们闯出来的新路。他们是在利用传统关系作为“底子”，但并不是在因循某一个传统。与其说是“恢复”，毋宁说是“创造”。

正因为这个道理，“文革”成为温州人流动经历中的一个分水岭。“文革”的混乱使他们能比过去更好地“逃避”、摆脱国家的全面管制。居于国家之外而编织自己的网络，成为“浙江村”发展的基础。

改革，从一开始就不只是少数精英分子在前面开路，后面大众“跟上”的模式。在正式的体制改革开始之前，我们看到在基层社会已经积蓄了很大的改革势能。正式体制上的调整又激发出新的变革要求。

---

① 1996年春节，与温州市某政府研究部门的前任领导的访谈。同年，一位曾在温州地方政府中任重要职位的领导和我说了类似的话：“在温州的坚持改革的干部，就是走群众路线的干部，但也就是要受（来自）上面的政治风险的干部。因为你这里总是超前啊，群众的要求和中央的思路总不太合拍。从1984年开始，到1992年，一直是这种局面。现在还有这种情况。”

第五章　1986—1988：站稳脚跟

登堂入室

饱受摆地摊之苦的周住权在1986年有了一个重要变化。

……我来北京的时候已经有温州人开始包固定的柜台和摊，不知道怎么钻进去。我摆地摊，就留心这个事。

在我经常摆地摊的旁边，有一排四五间绿铁皮的摊位。摆在当时的红梅服装店的门口。我以为他是商店里的，跟他说我自己做了些衣服，问他愿不愿意替我卖。对方还真答应了！我记得很清楚，那是6月28号，我送去5条裤子，他说得卖两天，让明天再去看。当时有个人愿意给你卖衣服么你都高兴坏了，也没写什么字，给他就完了。第二天、第三天去，都说没卖完，让我再等。我觉得在北京的，总不会骗我们。等到1号去一看，那个铺空了！

我赶紧到红梅服装店里面问。才知道，那铺不是红梅的，是他们租给一个河北人的。前一天租期满了，人已经结完账走了！商店开始一点都不同情我们这些外地人，说不管我们这种事。

灰溜溜出来，我边走边想，总不能就这样吃亏算了。你国家的部门也有个公道啊。我咬咬牙在路边的烟摊上买了三包“中华”，又重新回到红梅的办公室。这时候办公室里新来了一个50多岁的老司伯。三包烟还正好，两个男的一个人一包，再拆一包给他们点上。我在旁边说自己怎么难。我不说是5条裤子，说前后给了他15条。(他们)还是不理你。

正说着，店里来了批货。我赶紧扯起袖口说："我来搬我来搬！"干得一头汗。搬完东西，原来那几个人不说话了。老司伯让我坐下，又问了是什么时候把东西给河北人的，河北人怎么说的等等。他先教育我，说我怎么没有法制意识——那时候听见说法律、法制意识还是挺新鲜的。最后他把河北人住的地址跟我说了。说他也没去过，但听说过。

那地方倒是不远，在东黄城根下头。我找了两个多小时，真把那个家伙找着了。他们也是租别人的房子住，自己也做衣服。我跟他们说："都是出门在外的人，你们怎么能干这种事！要是裤子没卖掉，就把裤子退给我；卖掉了给我钱。该多少给多少，我也不要你多(给)。"这样把钱拿回来。去找这河北人一趟，我也有收获，我知道了原来在城里也能租到房子。后来丰台赶人的时候我就住到这边来了。

过了两天，我又买了两条香烟到红梅商店，算是感谢他们。我生了一个心，问河北人的那个摊是不是又已经租出去了，我能不能来。这次我才知道那老司伯就是这里的经理。他想了想说，明天你带些你们做的衣服来，看看再说。

我自己对做衣服是不太懂的，只知道什么衣服在地摊上卖得不错，摸不透他们想要什么样的。我在红梅里头和附近的商店里仔细看了看，他们的东西都很陈旧。我又跑到西单买了两件正流行的衬衫。这衬衫如果(自己)能做，这两件就当样板；如果不能做，把商标拆了当是自己做的拿过去。回家整整忙了一夜，我老婆做了4件。

我去跟我表兄弟商量这个事情。他说希望蛮大！当时我们那一帮里有一家衣服做得相当好，他陪我去那家借了两件他们刚做的。比来比去，第二天带了6件去。西单买来的1件，老婆做的3件，这拿过来的2件。

表兄弟还跟我说，要等到快中午的时候去，请他们吃饭。办公室里有几个，一定要全请上。这个上面“细”（小气）不得。我表兄弟又让我不要跟哪个人搞得特别亲热，不要送东西。我们过去哪里干过这样的事?！他不告诉我，我真想不到！

第二天店里几个人一看，都觉得样子不错，都说没见过！他们自己虽然也是做服装的，但做的是国家的生意，和我们不一样，根本不关心市场上流行什么。经理说，现在店里还有柜台空，你就别租门口的，直接租店里的吧。又再三再四跟我说让我出去别乱讲，这种柜台一般不租给别人，说看我确实老实，才给我。

中午饭也请了。到“东来顺”吃炒菜。我长这么大那还是第一次请别人到饭馆里吃饭！那会儿北京的经理还不和现在比，我们请他吃顿饭他还不太自然。好像还有点怕似的。

店里的柜台比外面的铁皮架贵。铁皮架一个月1800，柜台是2400。租的办法很简单，我们两家自己签一个合同，我按手印，商店盖章。没有给工商局的，那时瞒工商局都瞒不过来呢。营业员用他的，我自己每天收现金，每个月的10号交租金。开始营业员的工资是店里给的，和别的营业员一样。后来我不放心，这样营业员和我没感情啊，多卖少卖和她一点关系也没有。我和经理商量，每个月我的租金减下来100元，营业员的基本工资由店里按过去的规定给，她的奖金我来给。试了三个月店里又说不行，别的营业员有意见，因为我给的奖金太高。最后我给奖金的时候先跟店里通气，商量着给。86年后半年我就赚了4万来块钱。红梅的柜台我一直租到92年。

1986 年以来普遍出现的“包柜台”（“浙江村人”对租赁柜台的称法）对“浙江村”的发展具有决定性意义。这使“浙江村”的产品开始占据城市核心的商业领域。人们不仅由此获得了稳定的经营场所，而且获得了空前的高额利润。1986 年到 1992 年是“浙江村”发展最快的时期，其基本的动力就在于此。

进 攻

在包柜台中，经营户通过和商店的租赁关系，把商店推到接受政府管理、和政府讨价还价的前台，而“浙江村”则隐身其后。避开自己身份的合法或非法的问题，不仅壮大了自己，而且开始直接影响、乃至部分地改变城市社会的经济社会体系。

刘泽波的儿子刘东和我讲：“86、87 年我们主要是攻商场经理。只要攻得下来，就有钱赚。我们温州人攻他们有一手。”一个“攻”字，道出了他们如何从“非正规经济”转换到“准正规经济”的过程。

西单工商所的一位“老工商”向我讲述了一段历史：

> 据我了解，柜台出租最早是在 1984 年。（这一现象）刚出来时，《北京日报》上还展开讨论。我记得当时的讨论的调子是反对的。你国家的地盘让个体户来经营，算是什么呢？认为会危害公有制的主体利益。如果哪个商店发现有出租的，租金就当作“非法收入”没收，而且还要重罚。
>
> 可是后来就不顶（事）了，底下偷摸搞出租的越来越多。1985 年上头开始允许商店搞联营，但比例不能超过总柜台数的 20%。联营和出租不一样，出租是完全把柜台给承租人，商店只管收租金；联营呢，商店还是经营的主体，只不过工业企业可以在商店里摆自己专柜，派信息员，协助商店卖货。也

叫“引厂进店”。这一搞联营，我们就麻烦了。本来就不知道是不是商店自己在经营，现在更搞不清楚是出租还是联营的了。1987年市里又发了个通知，开始允许出租，说是改革中的新鲜事物。开始规定出租柜台不能超过总量的30%，到1990年说不能超过50%，再后来只要不是100%就行！而事实上很多小商店就是全店出租。这完全是外来工商户步步紧逼，我们步步后退的结果。”（1993.11）

从1981年到1988年，北京市商业企业的改革经历了四次发展高潮和三次低落，被称为“四起三落”。[①]国家（国家又有诸如财政

① 这段复杂的改革历程，典型反映了国家和企业之间关系的一些变化，也是我们理解“浙江村”发展的重要背景材料。

1981年3月，苦于北京市“穿衣难”“吃饭难”“理发难”“洗澡难”等问题，同时受到农村“大包干”的启发，北京市政府在商业企业中开始实行利润承包经营责任制。具体做法是：以前一年该店的经营额为基数，再确定一个每年的增长比例，比如说是3%或者5%，作为商店必须完成的任务；对超额完成的部分，再按一定比例分成。此法一出，商业企业的职工积极性大大提高。但也出现了两个问题，一是“一些企业单纯追求利润，违背国家物价政策和供应政策”（李宗凌等，1990：131），二是有人认为承包会带来职工收入大幅度增加，导致对消费基金的失控。第一次的试点就此被搁置下来。

1983年，北京市委又决定在前门、西单两条大街上的国营和集体商业、服务业企业中试行经营管理责任制。允许在30人以下的国营零售店、饮食服务店，实行国家所有、集体承包责任制。只要完成一定的利润额，所剩全归企业，不再分成。这被称为“死包”。1983年国家实行企业“利改税”，同时企业承包的底数难以确定，商业职工奖金高出社会平均水平也引起了“群众的议论”（这在北京又是分外敏感的问题），这次改革又被冷落下来。

改革的停滞挫伤了商业职工的积极性，他们又拿出了职工对付国家的最好武器：请假、偷懒乃至怠工。1984年，北京市商品零售的利润下降，群众对商业服务态度的不满明显增加。这时，全国经济体制改革也要从改变国家和企业、职工的分配关系上入手，扩大企业经营自主权。北京市开始探索从所有制上对商业企业进行改革，提出以自然门脸为单位，把利润20万元以下的小型商业企业转变为全民所有、集体经营，或者直接转变为集体所有制，或者直接租赁给集体或者个人经营。从这时候开始，一些获得经营自主权的商店开始私下出租柜台。（转下页）

部和北京市之间的纷争）、企业（包括企业领导和职工）以及“群众”（消费者和社会舆论）之间就商业企业应该如何改革不断磨合，改革走走停停。此时处在体制之外的个体户和外来经营户则在迅速发展。特别是1985年的物价改革后，计划定价和计划调拨商品无论在品种上还是在数量上都大大减少，商业企业商品采购率大大提高；从而国营商店依靠计划调拨的货源和价格优势明显削弱。

西四一家服装商店的李经理跟我感叹：

“咱报纸上说到改革老有一句话，叫作压力与机遇同在。放开（指经营权下放）的时候商业局（该商店的主管单位之一）也跟我们这么说，说这一是给你们松绑，二也是给你们断奶。你们就放开手脚自己走，自己找饭吃。可这压力和机遇能同在吗？他们那些个体户都干了好几年了。还有这外地来的，在北京就地加工，没日没夜。今天看什么好，明天就挂出去。我们能这么干吗？我要让工人多加班一小时，都得花半小时做思想工作。再说，我们多少年了，就跟

（接上页）但是在同年，国务院决定对国营企业征收奖金税。北京市采取变通办法，强调“全民所有、集体经营”和完全的国营企业不一样，不交纳奖金税，而把职工的工资奖金按一定值在税前列支，但得不到国家财政部的认可。后来国家又进一步发文要求在集体企业中也征收奖金税。同时，北京市的商业企业的奖金额再次引起“群众议论”。改革再次停滞。又一次导致效益明显滑坡、服务态度恶劣成风。

经过再次的争取，1986年3月国务院对企业做了一次明显“让利”，比如国营小型商业企业已经改为全民所有、集体经营的，实行集体企业的财会制度等。北京市委市政府指出要继续完善企业内部的承包责任制，继续推行国营商业企业的“改、转、租”的改革。所谓“改、转、租”系指：适合按集体办法管理的予以改变（按集体企业的办法管理）；适合改为集体所有制的实行转制；适合租赁的就租给个人或合伙经营。需要指出的是，这里的“租赁”和“浙江村人”的包柜台还不是一回事。商业企业的租赁是指整个企业租给集体的或个体的独立经营者，承租人向企业的主管部门交纳租金和抵押金，集体承租人和个体承租人分别按八级累进税制和十级累进税制纳税。而“包柜台”是指个体经营者直接从商店承租柜台，除了向商店交纳租金，其余一概不管。到1988年以后，北京市在商业企业中又推行经理（厂长）负责制，并且进一步完善了大、中型企业的承包制度，使他们也获得了更大的自主权。

那几个企业打交道，走局里的计划，上哪儿倒货去？所以这‘机遇’是全让个体的给刨去了，我们就落着‘危机’了！”

令改革的设计者始料不及的是，经理们并没有把新获得的自主权用于对原来业务的经营，而是转向了对所占铺面的经营，即以各种名目出现的柜台出租。

所以，“浙江村人”在摆地摊的时候就埋下了登堂入室的伏笔。当时外围的包围是他们第一轮的进攻，接下来便是周住权所发动过的正面争取了。

西四某店的李经理和我说他们商店的变迁史：

> 我们这商店本来是卖文具的，但卖不上多少钱。86、87年从香港广东倒腾来的文具已经不少了，又有南方一些乡镇企业做的，很受欢迎，可我们卖的还是老几样。后来你们一个老乡，在我这儿附近的摊位上卖服装的，有一次在小饭馆吃饭认识了。他主动向我打招呼，说像我们商店这位置，要卖服装可了不得。我说我们这是文具公司的门脸，不能随便卖什么，而且也没地方进服装啊。你老乡真是会动脑子，他对北京的形势还很了解，说现在好多国家大单位都有做买卖的，你文具店搞出几个柜台来卖服装，哪怕先卖点箱包什么的，有什么不行呢？说只要我们这儿上服装，由他来做，包我发财。我回去重新看了看市里商业改革的文件，觉得可以试，向公司打报告。提出要搞试点，拓展其他经营品种。公司领导来看了一次，还真同意了。从这开始慢慢就改过来了。我和公司定的是承包的关系，经理负责制。当时规定，我们还必须拿出60%的柜台卖文具。卖我们公司下面厂子生产的破玩意儿。
>
> 我真去找了你那个老乡，他高兴得不得了。我本来是想让他帮我找货源，但他一定要直接租我的柜台。我说这恐怕不行。不管怎么着我还是公司的正式干部，我自己可以搞承包，但我也不

能当地主啊。我说倒有另外一种方式，叫引厂进店，我们想引进一些正规厂家的优质产品。他当时就跟我拍胸脯，说没问题，他说他哥就是一家温州集体服装厂的厂长，他给我介绍。也就过了十几天吧，他就把一家工厂的执照副本、介绍信给我拿过来了。我一看还真是那么回事。介绍信里把他任命为企业驻北京的联络员。我先腾出门口的一个半柜台给他卖。那时候一个月收3000元的租金。单是靠这租金，我的承包任务就完成差不多了。

后来这小子又跟我磨，说还有一家企业要来，再要一个半到两个柜台。但是我怕再扩大服装的经营面积公司和工商这边会有麻烦。还是他给我出的歪点子，重新调整了商店的布局。卖服装的成了狭长的一溜，比以前纵深大了。外人看上去，好像卖文具还占不少；可是要来买衣服的，又觉得这商店是分成清楚的两半的，不杂。这么着，又给了他一个半柜台。租金低了点，因为不在门边上，2800。

后来我才知道，什么他哥的企业，全是唬人的。那后来的一个半柜台也是他拿去转给别人了，真赚钱的还是他。不过你老乡讲义气。……也解决了我们职工不少的福利。

后来他名义上还在我们这儿租，其实是都转给别人，自己跑到西单租整层的去了。

周年涛的一段经历也颇有“攻势”。

我是86年在王府井租的柜台。原先租柜台一直是暗地里搞，没有正式执照。86年国庆之前，我一个同村的，也在王府井包柜台，因为没办手续被查了，货全被拉走了，那也上万呀。上午被查了，我中午就知道了。……不，还不是听在王府井包柜台的人说的，是听别的朋友说的。有一点消息，大家都知道。

> 我想，不办证早晚要出问题，出了事再跑就来不及了。我想自己去找工商说，我老婆和小舅子都说找不得，他们说，你哪里知道国家是怎么想的？不躲着他们走，搞不好就是往大螨（老虎）嘴里送肉啊！但我想有些事情你先说就好办。第二天我买了几包烟，去找管理员，认认真真地说要办执照，但对方说国家现在没这个规定，不能办。第二次又去，还说不行。我一是真想把执照办下来，再一个呢，你这样热心，别人要查的时候也不好拿你开刀了。我前前后后去东城区工商局一共跑了21趟！里面的人我是认识了个遍，但就是不批。1987年9月25号，十三大开过了，发表在《人民日报》上的公报里有“中、小企业可以出租”这么一条；我当即拿着这份报纸去找工商局，他们这下没话说。说要再问上面，让我等了两天，最后真破例给了我一个执照！

关于“联营”还有一则传说，说开此先河的是浙江湖州市某乡镇服装厂的供销员。他1985年来到北京，主动找到某著名商店的经理，联系能不能试卖他们的货。过去商店和厂家是经销关系，乡镇企业低人一等，就提出代销，卖不出去退回来，商店旱涝保收，由生产企业承担风险。北京市工商学会的有关人士也认为，最早提出“引厂进店”确实是苏南或浙江一带的乡镇企业。不管如何，所依循的都是“进攻”的逻辑。①

---

① 这些说法也向我们提醒了“外埠进京工商户”这一群体的多样和复杂性。到80年代中后期，从浙江进入北京的工商户已经形成了三种模式：一是“湖州模式”。湖州受苏南的辐射，乡镇企业初具规模，湖州商户主要以家乡这些企业为依托，以“引厂进店”的方式进入国营商店，销售服装和其他轻纺产品为主。二是“义乌模式”。这一模式也包括温岭、台州等地的商人。他们主要以家乡的小商品作坊和当时也已经初见规模的小商品市场为依托，进入如“天外天”“天意”等小商品集贸市场。第三种是“温州模式”。如前所述，温州的能分成供销员和“浙江村”两拨。湖州模式和义乌模式的经营者最后都和“浙江村”发生了部分的联系。

联手：出租和引厂进店之争

那么，“浙江村人”又以什么样的名义登堂入室呢？

先说直接按“出租”名义办的。书末附件 1 中所记录的操作步骤，是我所看到的出租手续最完备的案例。

但向我介绍情况的工商干部说：“哪有什么百分之百合法的，严格说这都是非法出租！按规定，商店出租柜台，先要由商店上级主管部门批准，地处繁华地区的，还要由该地区管理委员会批准，然后再经工商局批准登记。”我查阅的关于出租的规定中还要求：承租者必须在承租柜台的明显处设置租赁标志；承租柜台的个体工商户的经营人员（指“站柜台”的），必须是营业执照上核准的人员；出租柜台的企业收取的租金，按财务制度规定入账，并照章纳税。承租者必须自工商行政管理机关核准后 10 日内到出租柜台企业所在地的税务机关进行税务登记。

工商所也坦言，这些规定从一开始就没怎么落实过。特别是设置出租标志，不管是承租人还是商店，对此抵触不小。那个干部说：“你非要别人挂着‘出租’两字不切实际，这直接影响买卖啊。得，好些商店都在我们这儿做了多少年的，抬头不见还低头见。只要别的手续全了，别给我乱卖假冒伪劣产品，有什么大检查别给所里惹出麻烦，爱怎么着就怎么着吧。……特别是 86 年 87 年上头不知道为什么，急着要效益。这外地的和尚到北京来他就能念这口经，有效益。一般也不怎么抓。有时候区里局里还打个招呼，那意思还怕查多了影响效益，影响工作呢。”

我们已经看到，“浙江村”里大部分人不走出租形式，而用“引厂进店”的名义。根据北京工商局《北京市商业服务业企业出租柜台管理暂行规定》，“引厂进店”指“生产单位为了了解市场需求，反馈信息，在事业企业设立商品专柜，并由商业企业经营”的行为。它应该满足四个要求：（一）进店者必须为生产厂家本身，应有国有或集体的营业执照；（二）柜台由商店经营，而厂家只能派驻“信息员”；（三）只能销售本厂产品；（四）商店不收“保底费”，而给厂家规定月销售额，由商店统一收款，每月结算，按一定比例提成，提成后销售款返回厂家。如果事实销售额超出事先的约定，则超出部分再由双方商定提成比例。一般是要低于前一个比例。

1987年，市工商（87）企字第249号文件《关于贯彻执行〈北京市商业服务企业出租柜台管理暂行规定〉的补充通知》中指出：“将本企业的柜台或营业场地提供给对方经营使用，企业本身并没有投资和参与共同经营、共负盈亏；也没有向工商行政管理部门办理联营注册登记，而却以各种不同形式向对方收取所谓‘保底费’收入的，实为出租柜台的行为，均应按出租柜台的《暂行规定》执行。”这个枪口正对准了“浙江村”包柜台的一般做法。

西直门某商店副经理直截了当地告诉我：“按这规定没法做。那意思是让我们商业企业自己把握，有把握的让他进来，没把握的就拒掉。如果最后做不成多少营业额，商店应该负责。如果我们真能这么有把握，干吗不自己经营呢？我们现在大部分柜台还是自营，有把握的我们就自营，本来就没把握的才搞引厂进店。所以不定保底费不行。”我在某工商所的一份关于引厂进店的卷宗里看到，厂家所派的信息员的身份写的是“农民”，暂住理由是“做服装”，报的厂是江苏的一家工艺品厂，经销内容则是“工艺品”。

西直门工商所的一位老工商说：“出租要工商批，引厂进店只要（商店）和厂家签个合同就行了。商店搞引厂进店，主要是为了逃避管理。一直到现在，对引厂进店还没有什么明确的规定，他们打出这个旗号，我们的管理就没什么明确的根据。复杂就复杂在这里。”

但在事实中，包柜台是按“出租”还是用“引厂进店”的名义，区别在于两点。第一是租金的收取方式上不一样。出租是定下固定租金，而“引厂进店”是商店提成营业额。第二是手续上不一样，搞成引厂进店，承租者和商店的联手更为紧密，而工商部门的管理也更加困难。

在税收上承租人和商店也有联手关系。在实行增值税制之前，出租的柜台要交两项税。一是出租税，承租人交营业额的5%给商店，商店再交给税务所。二是营业税，3.24%，由柜台直接交给税务所。柜台的营业额是由商店报给税务部门的，报得高低，直接影响承租人的利益。也有的地段对出租的柜台搞包税，一个柜台600或700块钱。而柜台有大有小，怎么算是“一个柜台”，也由商店说了算。

那位老工商冲我直摇头：“（柜台出租）这事儿你也没什么可研究的。没法弄，谁也没法管。你政策是政策，可他们租柜台和商店的全结成一体了！”

可见，国有或集体商业企业在出租中扮演着重要的角色。另一名“浙江村人”也回忆说：“对，那时候主要是找经理。租金谈停当，他个人的利益我们也给照顾到，其他事情由他来办。我到现在也不知道你说的这些什么政府的规定。商店让我拿什么东西我就拿什么。”税收、管理费等统统由商场代办，执法部门几乎很难在市场上找到这些工商户。有意思的是，最后竟发展出这样一项制度：不少商店要求租柜台须另缴“安全押金”。

我问那个工商户：“有没有被工商看出马脚，店里经理来保的？”

“也有。我们租的时候要先押金，一个柜台1000到3000。一个是怕你中间走掉不做了。主要是怕你出事。出了事，店里拿这个钱去跑关系。如果最后保不住，店里有损失，这个钱就归店里，算我们赔他。”

那么，这种经济利益上的联手，有没有导致所谓“同化”，或者使外来人口和城里人基于共同经济利益而形成一个新的社会群体呢？并没有。一则，商店经理虽然逃避工商的管理，但他在工商那里还是“有面子”的。他并不无条件地维护承租人的利益，他的利益更多的是来自与两方关系之间的平衡。二则，彼此间在意识上的不认同感也相当明显。下面是我 1993 年去某商店（其绝大部分柜台已经出租，其中大部分又是租给温州人）调查的时候，和该商店的副经理的一段对话：

> 你们老乡的素质太差！从 85 年开始，有多少你们的老乡来找我、求我的，给我晚上悄悄往家里送东西的，什么都有！我呢，就看你素质。有的一到这儿就随地吐痰的，政策一点儿也不了解的，嘿，多了！还有的连普通话都说不明白。你中国人，又在首都，连普通话都讲不利索，那怎么成啊？我说对不起，我们这商店多少也是首都的门面，你们这样的我不能要。有几个都在这儿干了一段时间了，我看不行，也把他们给辞了。现在在这儿做的三个还行。他们也都是亲戚朋友，反正不是亲戚就是朋友——你们那儿是不是都是这样，朋友带朋友，自己一伙人扎堆儿？
>
> （我：恐怕哪儿都这样吧？）
>
> 不咭！我认为这就代表了一种落后的心态。你在北京哪有看到这样三五结伙的？我们要么是同事，要么是同学，工作中就是正规的工作关系，互相帮个忙是有的，可没有像他们这样的……
>
> （我：那平常您和他们来往多吗？）
>
> 没办法啊，他在你这里租你有什么办法。也得来往。但谈

完了业务上的事，别的不谈。主要就是我得监督他们。稍不留意，就会有假冒伪劣。这个问题在我们国家太严重！谁搞的？正式的国营的单位能搞假冒伪劣吗？外地人，主要是他们！……但是又没办法，我们按正规渠道走下来，还就竞争不过他们走歪道的！

这一种关系很值得重视，它和我们过去的流动研究中假设不同。交往的增多并不必然导致“融合”；但是不融合也不一定对交往造成障碍。理解了这一点，才能更清楚地理解“浙江村”为什么是开放的，但是自成社区的形态又长期存在。

执 照

引厂进店虽然在别的方面能弄虚作假，但承租人必须有生产厂家的执照。“浙江村人”获得执照的第一个途径是按政策来，办名符其实的个体执照。先由温州方面开出，再到北京换成临时个体执照。但这类执照效力不大，不受北京商场欢迎。比较普遍的方式是借或者租温州老家乡镇企业执照的副本，这也是温州本地私营企业发展中的老办法了。

姚信安说：

我开始包柜台的时候，拿的是个体的执照，很不方便。88年春节回家，我通过一个朋友找到一个办服装厂的。反正一个执照有三件副本，副本放在他那里也就放那儿了，借给我还算个人情。我开始一年给他5000元，后来关系也熟了，有时候他的货销不出去，也让我帮他弄。钱不钱无所谓，5000块钱还不够玩一天的。政策上怎么说？我们不知道。应该是不允许借吧。那一套我们不管，行得通就行，行不通再想办法。

……这个朋友（指办服装厂的）一直办厂。过去他也是搞“挂靠”。那时候他做电器，挂靠的厂在柳市，是镇办的，刚好我阿叔在那里当副厂长，后来说起来才知道。后来改做服装，他才自己领了执照。

另一种比较普遍的形式是向江西、陕西等相对落后的省区的厂家租借执照，一年给几千元的管理费。卢瑞南这些年来一直用江西省某县的执照。卢瑞南告诉我：“在‘浙江村’哪里的执照都有！有些关系多的，一下子都搞好几个过来。你到他那里借来长期用也行，办完手续就还给他也行。长期借要给钱，别人也要给厂里管理费。我去过江西，（但）这个厂我从来没去过，也不知道现在还有没有这个厂。反正这里能用（应付检查）就行。你找梅建光聊聊，他是我亲眷，他有好几个执照。我这个就是从他那里借的。”

梅建光能有这本事，是他们家多年流动、广交朋友的结果。他说：

我和江西的关系很长远了。70年代家里开始办社队企业，我爸爸自己到江西竹子多的地方把竹子买来，在老家的厂里做成马鞭，做完了到东北去卖。厂是乡办的。我们家里虽然成分不好，但是和乡里的关系都挺好的。他给乡里的企业赚了多少钱啊。乡里后来在外地不少地方设分点，比如在江西、东北设点，这样能在那边直接结账，我爸爸还都去当会计。这么多年，我爸爸一年到头在外面跑，有时候我也跟着。

这样我们和江西、黑龙江的供销社都有不少关系。我们本来还想在江西包服装厂的，和下面说好了，到了上面（县）条件谈不下来。

87 年我听说在北京包柜台赚钱不少，好多人想包，就因为没有执照包不了。我又重新到江西来，我说工厂不让我包，我就包你们的执照用。我一共拿了三个执照，管理费有一个是一年给 3000，一个一年 2500，还有一个是 1800。都算是集体的，但 3000 那个大，是挂在县里直接管的。他们一个厂一年的利润也没几万块钱，白拿这几千也挺高兴。

一个执照又有两个副本，如果你再跟工商的有关系，最多能给你开三个副本。包柜台的时候拿副本去就行，没什么风险。按规定衣服上的商标要和执照上的一样，但一般也不查。主要是开始办的时候要有照，柜台搞来了，接下来就全靠你自己的本事去搞关系了。

看得出来，卢瑞南对梅建光很佩服：

建光这个人脑子好，人也好。我们关系本来是一般的，后来因为执照去问他，他很热情，说让我们白用。这以后我们来往多起来，现在我有事情也经常找他商量。他和他爸爸素质都比我们高，在外面的时间也长，知道的东西比我们多。

开始我只想借执照用一段时间就行了。后来商店里又说查什么的，我想还是干脆长年放在柜台上好。我一年给他 5000。这个应该给。他还有来来去去的费用，也要和别人打交道。厂里给你执照也是有面子的嘛。

景朋的执照又是通过和外地的另外一种合作方式获得的。

我本来不是在湖北做木的吗，83 年还在荆州做。我的“生活”不错，当地一个厂长让我给他们局长改一套沙发。他是想拍他马屁，又不想太露骨。刚好那局长家里的椅子是很多年前做的，就让我把它改成新样式的沙发。那局长见了新做的沙发很高兴，说比外面买的要漂亮多了。刚好他儿子要结婚，又让我给他做了几大件。

88年的时候我想包柜台，要执照，我就想到这个局长。他是我认识的最大的官了。我按老地址找，还真找到了。我把事情原原本本和他说，问能不能在他这里的服装厂搞挂靠。他马上给我介绍了一家。结果那一家说执照可以白用，但有条件，替他们在北京卖一部分衣服。我当时就觉得这太啰唆，谁知道你的衣服卖得出去卖不出去？但局长说把衣服推销到首都去也是（当地的）一个光荣，我就只好先答应。还好，要求不算高，一年执照白用，给他们卖5000元的衣服。

一年里他们的衣服就卖了三件！到年底我和他们实话实说，如果你们还要这衣服，就自己运回去；不要了就放这里。不管怎么样，这5000块钱我都给你们，损失就损失我的，以后我就一年白给你们3000块钱。这对他们也合算。

也有商场直接帮助他们找执照的。刘庆会用的是青海某厂的照，他的服装上也一律用该厂的商标和厂址。他很得意，因为青海的商标，无论是做呢绒时装，还是皮夹克，都给人货真价实的印象。他说：

我跟那个厂里原先一点关系都没有，是商场经理牵的线。在我来之前，青海这个厂也在这里包柜台，卖他们自己的东西，结果保底费都保不了。我正好在这时候来找经理要柜台，但我没厂子的执照。经理跟青海的信息员说，反正你的东西也卖不好，干脆把商标借给别人用，还算是你们在这里包。青海开始还提出商标从他们那里直接运来，运过来多少个商标要抽头多少钱。我说这不现实，经理也帮我说了两句。最后说定我一年给他们 3 万就完了。

一次我在某商店发现一个“浙江村”经营户用的是北京某街道工厂的照。经营户也是通过商店经理介绍认识工厂的。“浙江村”在市场上挤垮了北京的小型服装厂，这些服装厂反过来又把执照租借给他们。

出具执照是国家政策的要求，“浙江村人”则通过自己的网络关系来解决这一问题。执照作为一种资源在社区内流转，使朋友亲戚之间的关系进一步紧密，也使像梅建光这样的提供执照的人的威信提高，成为日后亲友圈里的权威。

发明代销

随着包租柜台登堂入室，“浙江村”内出现了一种新的经营关系：代销。姚信安的一段经历详细说明了这一制度是怎么被发明出来的。

我来的第二年就开始包柜台了。在我这帮人里，和我差不多同时包柜台的还有两个。开始我们三户人家都是自己包自己做（加工）。我们那时候一天能做二三十件，也够一天卖的。但是你一个柜台上不能只放个二三十件、一两个样式的衣服，不好看。你摆地摊行，租正式商店的柜台就不行了。

我是 86 年 4 月 1 号开始租的，想赶“五一”。我先让家里加紧做，把会做的都做出来，忙了四五天，做了有五六十件，六个样式，型号也分出大小。一上柜台，第一天就卖了30来件。拿着四五百块钱回家，真是高兴坏了。第二天也差不多，卖了28件，收了523块钱。这时候靠家里做就跟不上了，想回去叫老司吧，一下子也想不出怎么叫法，那时候往村里打个电话比现在回去一趟都麻烦。我只好到几个亲戚朋友那里借衣服。

我先到我师兄弟那里。他家的衣服做得比我家的“整”。他没包柜台，给一个北京的个体户卖。我跟他说借，他笑了，说这怎么个借法？几天还给我？他说他的衣服挂到柜台上肯定有人买，什么借不借，就替他卖了算了！过去是让北京个体户代销，现在就让我替他代销。我说行啊，试试看。

我插话问道：“为什么还说试试看呢？”姚信安说：“那怎么说？当然要先说试试看了。这东西谁心里也没底，卖得出去卖不出去，卖多少价。这些事情不能打包票。”我问：“你师兄弟跟北京人都已经有合作了，为什么不早跟你合作呢？是他不知道你在包柜台？”姚信安说：“我包柜台他当然知道。我师兄弟这个人特别稳，要是我，我也不会一听说你包柜台就来让你代销，谁知道你是怎么打算的？我提出来了，要不符合你的心思，你不答应不是，答应了也不是。还尴尬。”姚信安继续说：

（我）从他那里拿了20多件，又到另外一个亲眷那里拿了十几件。价格是事先说好的。像我师兄弟，他做的女式衬衫给北京人代销一件8块，北京人到市场卖是12。别人卖多少我也卖多少，12块钱一件。但我给他9块。后来他们两家的衣服都是我给卖。这样做做，做“定”[1]起来，就先卖东西再说价格。我自己到市场上看卖多少合适。我往外卖是什么价钱，大概上扣一个比例给他们，一般10块钱的我扣2块，他们拿8块。

早先是卖完了就给他们钱，一天一算，后来双方都觉得繁饰[2]，就记账。也没定什么时候结账。反正都是自己人，想到了，有钱了（指姚自己手头能调动资金的时候），就结。这个事情我们很清楚，钱只要你现在不用，越早结越好，拖着没意思。后来商店搞收款台，顾客的钱先交到他那里，店里要每个月和我结一次账，我们结账的时间就跟着店里来。

我也没有一直只跟他们两家做。把心思转到包柜台上来后，我对别人做的东西也注意起来。东西做得好的，我就要。开始是收自己这一帮人里头的，后来就多了。这时候价格的说法和以前不一样。我拿的时候就（和做的人）讲好代销的价格。我到商店里再卖多少他们不管。这样我的利润比原来要大。原来10块钱我扣两三块，现在如果东西好，10块钱卖出去的东西我能赚5块。

89年我又租了两个柜台，我老婆也觉得顾不过来。90年我们就不再做衣服了。

马林法向我讲述了他和他的“代销客”之间关系的变化。怎么从亲友圈扩大到生意圈，又从生意圈里发展出新的亲友类的关系：

我柜台租下来后，先给亲眷朋友做代销。最早有三四家。

---

① 稳定，成形。这里具体指彼此的代销关系固定下来。

② 乐清方言，麻烦之意。

给自己人做比较省力，出点差错也没关系。我有一次把整整一个月的细账搞丢了，只有总账，知道一共卖了多少，可哪家卖了多少，应该是多少钱，统统都没了！……我和老婆互相怨，吵起来。我阿叔到我这里来送衣服，问为什么吵。结果他替我到几个亲眷家里凑账，让他们照他们自己的账本报。最后一（核）对，只差了12块钱！要不是跟自己亲眷做，早赔死了。

后来和我合作的慢慢多起来，89、90年有十多家，现在有二十来家。不一定都靠朋友介绍，有时候就自己在“浙江村”看，看到好的我就要。都是老乡，你要他衣服他都是高兴的。所以那些衣服做得好的，一天到晚都是来要的人，到国庆或者年底的时候，要都要不着。当时的这十来家，有两家关系不错，觉得讲得来，成了朋友。但大部分没有到这样的关系，还算是“客户”吧。

是朋友了，当然到我们家来，和我别的朋友、亲眷都慢慢认识了。他们和我弟弟、表弟也成了很好的朋友。

我在1993年关于“浙江村”的报告（项飚，1993）中就这样概括它的经济生活体系：

“浙江村”是个大工厂，又是个大公司，“村”里人相应分化为生产者与营销者两部分，前者略多于后者。每个人都以自己为中心，拉着一张辐射网。一个营销者连有几个生产者，一个生产者又连着几个营销者，都视各自经营规模而定，一般为二十余家。这些交错的关系并非都是无差异的，有些带有某种特殊的默契：阿三的柜台上少了货，阿四就要先给他赶做；而阿四平日的衣服阿三也尽力给卖个好价钱。这是以亲缘或情谊为基础的。但“亲兄弟明账目”是温州人挂在嘴边的话，帮忙须尽力，但利润也必须讲清。而此外的大多数网线只是一种信息储备，具有充分的弹性与余地。人们时刻根据对方的生产或营销情况，选择某一笔交易的伙伴。生产者与营销者间互相串门、讨论款式，送货上门或上门取货是“浙江村”里的常景。

这种以代销关系为基础的生产者和销售者“各自拉着一张辐射网”，就是我所说的“系”的典型结构了。

代销是经济生活中的普遍现象，但是很少像“浙江村”内的代销关系具有这么强的网络性，及互相制约的特征。陈正词和我说：“有时候我也去他们的柜台上看看。那一次就跟一个姓王的（给陈做代销——作者）吵起来了。我觉得他的价卖得太高，说稍微卖得低一点好。他说，你要么把东西拿走，要么你就别管。他是无所谓，价格高一点，卖得慢一点，利还是大。钱是压我们的钱。我把东西拿走了。现在我主要看时间，在哪家如果时间太长了我就去要。他自己如果觉得卖得好，真还想要你的货，他也会把价格降下来。”

“无本生意”

代销给“浙江村”创造了巨大的效益。1997年春节前，连胜德用他新换的车（原来买了一辆二手的，现在又买一辆新的）送我去机场，和我说：

你猜我88年到“浙江村”的时候带了多少钱？除去路费4800块整。那年我22岁，家里开始不让我出来，自己硬跑出来。我在亲眷边上租了一间房子，进去就要给房东200元。

我这个人懒，做衣服我不愿意。我亲眷在北京的有六七家，都做衣服，还没有人包柜台的。我想我要是包柜台，他们给别人也是代销，给我也是代销，干吗不给我呢？

可柜台不好找，住了一个月也没租下来，到处玩倒花了好几百。最后我在大栅栏附近找了一个，先请经理吃饭花了300多，租金3000，还要交1000块钱的押金。身边的钱花了个精光！我签了合同回来坐公共汽车，都是逃的票。我向我姨丈借了500块钱。全用来接下来几天吃饭、看电影的。接下来做生意就不用我自己的钱啦。我从几个亲眷那里收来衣服，卖完了再给钱，卖不出去就退，真是一点心架[①]也不用担。主要是把（商店）经理的关系搞好。第一个月下来，我记得特别清楚，我自己趴在柜台上一笔账一笔账地算，赚了8452块！觉得很刺激。我把500块钱还给姨丈，还在西单给他买了套西装。88年那一年下来，我就赚了10来万。不过那时候太年轻了，赚得多花得也多，一年花了七八万。住宾馆，和朋友吃饭、出去玩。再回家过个年，一年赚的全没了。这也就是因为包柜台赚钱太容易，要是自己做衣服赚这点钱可不敢这么花。所以说包柜台做的就是没本的生意。

王小涌是“浙江村”之外的乐清人。他直接从乐清盘石镇和温州市区的服装厂进货，在西单卖，属于我们上面说的从供销员转变过来的那一种。他告诉我另一则做代销的故事，并和我分析了这代销的意义。

有个叫阿权的，也是（乐清）县东的，来北京的时候除了

① 温州方言，心思，担心。

一张床，别的什么也没有，等包下一个柜台来，兜里就剩了 300 块钱，还不够一个月的生活费。但他搞代销。搞了不到两年，开始自己投资做高档西装，在大兴做。又干了一年，家里就盖了四间的四层楼。可是到 1992 年一下子亏了 30 来万！做出来的西装卖不出去，积压。所以还不如当时他做代销。代销利润低，你赚得实。

其实“浙江村”的东西根本没办法和我们比。我们怎么也是正规厂家的东西。现在我们不少布料都是进口的，样子也有专门的设计师设计。跟北京拉关系，我们花的钱只有比他们多没有比他们少的。因为我们做的整个业务量大。他们花 1000 块钱请人吃顿饭算是不得了了，但对我们来说还不到一次业务量的几十分之一。但他们厉害就厉害在代销上，自己一分钱都不用拿的。他们就胜我们这一点。

代销方式使“浙江村”的产品以极低的成本进入正规市场。而且在加工和销售两个环节之间几乎没有障碍，“只要互相认识就行”，早一天结账晚一天结账也不计较，甚至丢了整一个月的账都没关系。用流行的经济学术语说，是“交易成本”极低。但王小涌还只是看到了一个方面，觉得代销这种制度便宜了包柜台的。事实上，代销也使加工户直接受益。

我问刘泽波“浙江村”在城里包柜台对他的加工有什么影响，他说：

做的东西好起来。没包柜台，只做简单的东西。做裤子的多。6 月天也做一点女式的夏天衣服。柜台包下来之后，做的东西正规起来，样式也多。男式的，冬天的，还有制服什么，都开始做。从商店里买衣服来，拆开打样板的办法也是这个时候流行起来。[1]

柜台包下来，做的人更辛苦。为什么这么说呢？因为东西不愁卖了，总想再多做几件。赚得当然也比以前多。摆地摊的时候我一条裤子最多能赚到七八块，同样的裤子挂在柜台上怎么也有十块赚。

86年下半年我一个亲戚回温州，我叫他无论如何给带两个会做衣服的老司上来。我亲眷里会做的都已经到北京了。我们就出钱雇嘛。带来两个，我亲眷给他自己也带了两个。这是我第一年叫老司。

我们现在很难从数量上说明1986年以后的对外的“登堂入室”，和对内的代销方式给“浙江村”究竟带来了多少效益。但是刘泽波和“浙江村”其他的经营户的回忆说明了以下这些事实：

一、包柜台使他们加工服装的档次提高了，样式增多了。一个经营户和我说：“开始来的时候是（自己）会做什么做什么；后来什么好卖，你不会做也要学起来做。”加工上的这一提升，为他们今后在北京更大的发展打下了基础。

二、虽然一部分加工户不再摆地摊，同时出现专门的“包柜台”者，但加工户和市场之间的联系一点也没有弱化。就像我们在小姊夫的那一天生活中所看到的，包柜台的每天向加工者主动提供信息。做什么衣服，甚至是定什么价，都是由加工者和经营者共同决定的。这种联系是上面说的加工户能够得到技术提升的原因。

三、服装的平均利润率明显提高了。1983年，刘泽波年末总利

---

① 刘泽波的说法和姚信安稍有出入（见第一章），似乎刘泽波知道这个办法比姚信安那一帮人晚。这里有两个解释：一是刘泽波是正儿八经的做裁缝出身，做稍微复杂的衣服能够自己操剪；二是姚信安是虹桥的，刘泽波则是芙蓉的，虽然彼此也有交往，但刘泽波却不知道姚信安的发明。

润与年初投入的比值大致为11∶1。到1986—1988年，人们年初投入量一般已达到5000—10 000元，年末总利润大概达到70 000元至200 000元，该比率提高到为15∶1—21∶1。

四、最重要的是，开始了“叫老司”。“叫老司”的直接原因是两点。一是靠原来自己家里的人做不过来，再一个是服装样式上的新要求也进一步需要有专门经验的劳动力。它所引发的后果也是显而易见的，一是带来了“浙江村”人口增长的第一个高峰，二是开始形成专门为“浙江村”服务的劳动力市场。这一点我们在下面再说。

能人、自己人和永嘉人

登堂入室和代销，使人们形成新的合作关系，新的合作关系又引发了人们的“流动链”的变化。刘泽波在1986年也包过柜台，他提到包柜台的之间如何互相合作：

> 我们最先是在王府井的燕美商店里包，一个柜台一个月2500。87年我们转到燕美对面的安信商行，柜台费是一样的，也是每个月2500，但是税要另交。为什么搬呢，因为安信大。店越大，人越多，东西也越好卖。搬到安信，不再是我一家自己租了。我们三家合租了五个柜台，连起来，外面看起来是一家。

项友生说：

> 我摆了半年地摊后，85年在王府井租了一个柜台，效益很好。光卖自己做的衣服肯定是不够的，靠到别人家去收也不能

保证。我就想有一个做衣服的固定搭档。这个人要在老家熟悉的人中找，得讲得来，有能力，有资本，能多雇人，做出好衣服来。这时乐清一带原来的裁缝差不多都出去了，但小姑娘们已开始学做衣服，县里乡里还有一些裁缝班。所以老板自己不一定做，只要有头脑、有钱就行。

稍后我们光包柜台也要搭档。商店喜欢几个柜台成片出租，从我们来说，几个柜台上挂差不多的货才能引人注目，生意好做。

劝人上来是容易的事。那几年来北京买东西的人一年比一年多，商店都愿意出租柜台。就这样我劝来了一个过去认识的乡里农具厂的采购员，一个远房堂兄，和两个小学同学。

余工程是和刘泽波一起从家里出来的。刘泽波从渤海湾到包头，而他则到了内蒙古的乌拉特前旗，随后又到了西安。后来听说北京的生意好，跑到北京来。来到北京就在王府井包柜台，给刘等人做代销。他说：“我都很少到‘浙江村’里去。来了之后老乡都知道我，东西他们自己送过来，我们的信用好啊，账随时就结。刘泽波是主要的一家。”

这可被概括为“能人原则”。外部市场的明显扩大，使得人们意识到要构造生产和销售之间的“经营网络”，形成分工体系。要吸引能人上来。

但稍后，一些人又偏向了“自己人原则”。姚信安说：“我们都想找好的合作者，但有能力又愿意和你好好合作的能有几个？那时‘浙江村’里人已经不少，也出现不少纠纷。还是觉得自己人好。‘自己人’是指直接的亲戚或好朋友，有事能替你说话的。跟他做生意放心。把好赚钱的机会介绍给自己人也是应该的。”

这“自己人”原则还有一层背景：从1986年开始，“浙江村”

里出现了“虹桥帮”“芙蓉帮”和稍后出现的“清江帮”之间的争斗。这些帮和“帮派”不同，它的起源是几个地方之间人的摩擦，往往是由两三个系的人合在一起成为一个帮的中坚力量。这些争斗成为“浙江村”里“大人物”形成的一个环节。面对村里越来越多的冲突甚至殴斗，人们觉得没几个“自己人”在身边，未免担心。

但是在流动链的发展过程中，不管是“能人”还是“自己人”，来到社区就是独立经营者，虽然与先来者合作，但主要靠自己闯。

钱阿木说：“我表兄劝我来北京，主要是看我家里条件不太好，也是关心的意思。来了我想包柜台，表兄只告诉我哪里可能会有出租的、该怎么办等等，并不介绍一些好的店面。生意人嘛，好铺面好柜台总是留给自己。我靠自己闯市场。”这样，人们一方面依循流动链聚合，又必须不断地向外部市场扩张。换句话说，如果你没有扩展市场的能力，你也就很难聚合到社区中来。

在前一章我们已经提到流动中的“劳动力链”。到 1986 年以后，劳动力链的发展又带来了“浙江村”内除乐清人之外的第二大群体：永嘉人。永嘉县山区居多，经济发展上落后于乐清，和乐清东侧的几个乡镇接壤，当乐清人本家本村合适的劳动力出去得差不多的时候，他们就想到“去永嘉讨人”。

永嘉县前三房村姚某说：“我是全村最早去北京的。‘文革’中去甘肃弹棉的时候，我认识了一个乐清弹棉的，后来一直有联系。86 年他去北京做衣服，要讨‘老司’，就来我家问有没有人，我两个女儿刚好在家里也没事，就跟他去了。出去一年干得不错。女儿劝我和我老婆，出来自己干。88 年就带了家里的几千块钱的积蓄，加上女儿一年挣的，一共七八千块钱，到北京开始自己做。我们村的其他人都是从我这儿得到消息才出去的。”

“老司”自己独立出来干是一件普遍的现象，也是永嘉一带流动链形成的动力源。在他们独立出来之后，往往仍然和原来的老板保持联系，而且这成为他们经营中的重要关系。所以当老司，既是在学习技术，也是在学习如何进入社区内的经营网络。

“不宜久留”

在流动链的网络初步形成的1986年之后，人们的流动比刘泽波他们要“自由自在”多了。

由于流动人口的增多，国家公安部于1985年颁发了《关于城镇暂住人口的暂行规定》，规定“对暂住时间拟超过3个月的16周岁以上的人，须申领《暂住证》”，指出：“暂住人口需租赁房屋的，必须凭原单位或常住户口所在地乡镇人民政府的证明，由房主带领房客到当地公安派出所申报登记。”[①]但钱阿木回忆当时的流动经历说：“那时多数人都不办什么手续。你要是来做衣服的，平时打交道的都是老乡，谁知道你来了！如果包柜台，搞厂子执照的副本也很容易。而对于一些小商店，几乎什么手续都不需要。当我提起当时关于房屋租赁的规定时，钱表示惊讶：“我不知道。只是87、89年派出所赶我们走时说我们是非法租屋。但想租房只是给钱就行。”当年特地回乡办证明对刘泽波也成为遥远的回忆：“那时人少，心里不踏实，一出门就是北京人、戴帽子的。86年以后老乡那么多，好像就没人想到要办手续！”

也是在1986年这一年，“浙江村”开始成为北京社会生活中的一个“范畴”。什么叫一个“范畴”的出现呢？在这个时候，政府和城市社会开始意识到了这帮人的存在，意识到自己多了一个互动对

---

① 见国家工商行政管理局个体经济司：1987，《个体工商业政策法规汇编》（二），第459页，北京：经济科学出版社。

象。虽然据说在 1984 或者 1985 年，《北京日报》曾有过乐清裁缝在北京之类的报道[①]，但在 1986 年之后，人们才形成了“浙江村”的概念。“浙江村”的称呼也在附近叫开。在几乎后来所有的政府文件和媒体报道中，都称“浙江村”形成于 1986 年。这一年，外来人口达到 12 000 多人，接近当地农民人口数。[②]

也是在 1986 年，北京市工商局和丰台区政府第一次对“浙江村”作了简单的调查和讨论，并给出了“不宜久留”的结论。一个一直在当地工作的基层工商管理干部告诉我：

> 裁缝在北京一直是稀少行业。穿衣难的问题一直存在，所以他们来很受欢迎。85 年在这儿就有人做夹克什么的了。86、87 年规模大了。86 年政府提出“不宜久留，以轰为主”，认为“多了就乱”。其实那时候领导已经看到，今后要越聚越多，就很被动。87 年以后开始清查。派工作队下去疏导，和居委会的干部一起挨家挨户查，让外来的尽快撤走，宣传动员回乡。那时候认为有三点不符合要求，没法给他们办手续。（一）当时房屋租赁没有专门的管理部门。过去碰到的情况只是外地来北京的短暂的探亲访友，他们在这里长期租房而居，怎么管？不知道。（二）没有针对雇工的管理部门。他们异地雇工，在北京劳动，北京的劳动部门没法管，出了事又得算北京的事。（三）工商、经营条件不符合要求，没有当地的证明，不能给办任何手续。
>
> 这样不断疏导，其实没什么效果。来回磨。到节日了来一阵，过了就撒手。但结论一直是明确的，不宜久留。

---

① 根据陆见忠的回忆。陆见忠即为前一章姚信安所说的那位每天到西单和王府井排队买衣服来当样板的人。

② 见于 1994 年 12 月丰台区政府关于“浙江村”给北京市政府的一份专门报告。

国家的政策调整促进了市场的开放，使得“浙江村”能进军正规商场，因此促进了流动网络的形成。但网络的形成使得人们在不与体制发生交往，甚至使一些人不与流入地社会发生多少交往的情况下，照样能生活、能赚钱，国家的管理政策失去了有效依托。“浙江村”这就开始了它的“独立”和“扩展”的双轨共进的发展路子。Massey（1987，1988）提出，当一个迁移网络建立起来之后，它会反过来维持和促进迁移行为，使迁移行为逐渐独立于外部的经济社会因素，形成自主性的结构。在“浙江村”的案例里，这个“自主性”又意味着对体制的冲击。

第六章　1988—1992：扩张

皮夹克热

1993年我第一次见到刘世明，刚说我想知道一些“浙江村”的事情，他就告诉我：

> “浙江村”里做皮夹克，就是从我这里流行起来的。我最早是乐清机械厂的，86年去了一次北京，做了一段时间觉得在北京朋友不够多，又回来了。但是厂里的效益又不好。88年又和老婆一起出来。我是倒了楣[①]出来的。才到这里和别人来往不多。我想自己做什么好呢？那时候已经有穿皮夹克的了，算是很时髦的，一般人还有点买不起的样子。整个西单、王府井只有两家有卖皮夹克的。抢着买，星期天都能打起来。就想做皮夹克。这里还有一个原因。我自己对衣服一点不懂，对什么布好，什么颜色不行一点数也没有。皮夹克就好了，因为它全是黑的，不用挑！
>
> 当时我们买的缝纫机不能做皮衣，眼太细。这个我倒是内

---

① 倒了楣，是指出了不好的事，而且又被大家知道。刘世明第一次出来时，刚从监狱出来。一时不能重新进厂工作，就到北京做事。后来觉得回厂是“正事”，但在厂里又受些歧视，加上收入一般，又重新来北京。

行，拿榔头敲了敲，就能做了。第一年就让我赚了 10 来万。

后来卢连德又告诉了我另一则故事：

“浙江村”里最早做皮夹克的是宋里荣，是芙蓉五景村的。他当时住在石马坟。他在村里（指老家——作者）就是个大老司[①]。应该是在 1987 年——因为到 88 年“浙江村”里做皮夹克已经蛮流行了——他去天桥商场看衣服找样子。见了一条皮裤子，他就觉得很好。那裤子当时就卖 120 一条，他舍不得。那时候不像现在，买了就不能退的。他一天去看好几遍。毕竟是做衣服有经验的，多少尺寸，多少立裆，看了心里就有数。在商场里他又问别人哪里有卖皮的，别人告诉他河北辛集有。他去辛集进了 1000 多块钱的皮。回来先用布料做了当一条样子，再拿到商场里悄悄地对，这才放下来正式开始做。

做完了他也拿到天桥商场去代销。我们的成本和厂家出来的没法比。他们一件进价比如说是 110，我们就给他（商场）75、80，东西一点不比他们差，商店也就要了。他好像还拿了几条给商场旁边的几个小门脸。

皮裤卖得非常好，他先把自己的亲眷朋友带起来，然后又是他们村的做，最后整个“浙江村”都做皮件、皮夹克了。

他现在去上海做了。

还有人说最早做皮夹克的是在西安的那一拨乐清人，在 1985 年就有苗头，但是那时候北京和西安之间没有过多的来往，彼此的亲友关系间也重合不多，所以这股风没有刮到北京来。

---

① 大老司，指技术高超的手工劳动者。

鉴于刘世明的地位，我是不能拿卢连德的故事去求证他当初的话的，也不能去问他身边的人。这未免太不明事理。但可以确认的是，刘世明应该是最早参与皮夹克潮流的加工户之一，这对他后来的发展有着重要的作用。他不仅靠这个积累了最初的资金，而且皮夹克的巨大利润使他树立了“在北京干的信心”，开始大张旗鼓地把自己的亲戚朋友召到北京。这些带上来的“自己人”是他后来成为村里头号大人物的基础。

包租柜台使他们进入了城市的中心商业领域，而皮夹克使“浙江村”开始形成对一种新产品的垄断，不仅登堂入室，而且坐镇一方。作为一个大城市，北京的流行现象本不如中小城市明显，但是20世纪80年代以后，北京在服装上有过两次大流行。一是80年代中后期的风衣，那时候“浙江村”的规模尚小，没有赶上；再一次就是皮夹克。按一个北京人的话说：“91、92年坐公共汽车，谁的衣服不是被蹭得一身黑？尽是穿皮夹克的。得，最后你也得买一件，不为好看，就为别尽让别人蹭了！”

“浙江村”一时间成了“皮夹克村”。不管是外地来这里进货的商贩，还是趁着休息日来此零购的市民，大都奔着皮夹克来。1994年，北京的一媒体称，全北京市的皮夹克有70%到80%出自这里。一个劳动力一年可做皮夹克1500件到2000件。按我1996年的数据，皮夹克往外批的平均价格是800—2000元。直到1997、1998年，皮夹克仍然是这里的拳头产品。我想这也是刘世明为什么要强调他是皮夹克的始作俑者的部分原因。

皮夹克的加工程序并不复杂，但也让“浙江村”的加工户摸索了好长一段时间。卢连德是个爱动脑筋的年轻人，他说：

> 我们最早做裤子，又做防寒棉的棉衣，90年做皮夹克的时候，根本不会。我叔叔已经做了有一年了，我妹妹到他家去看

怎么做。看了好几天呢，吃饭也在他们家里吃。帮着钉钉纽扣，或者做点别的什么，慢慢上手。

开始做的时候全是一个号。那时候卖皮的不懂，我们不懂，买的也不懂！看见是皮的，能穿就行。哪里还知道皮的档次，说看看做工整不整的。后来自己做多了，看别人肩上、背上、袖口是怎么弄的，才慢慢总结出一套做法。慢慢的就有74号、76号这些说法。74、76是指衣服的长是74厘米还是76厘米。如果是74厘米长的，肩就要1尺8寸宽，袖要1尺7寸5长左右，胸围要120到130厘米。76的又是其他一套数。这可以说是“全村人民”一起总结出来的。现在大家一般都按这个样子做。

我问：你说像你妹妹那样到叔叔家里看，在这里不算什么事吗?

卢连德：我亲叔叔吗！谁都希望自己的亲戚也做得好，也赚钱。不去叔叔家看，去我朋友家看也一样的。

我：那你觉得到了哪一层亲戚或者朋友关系，这种看是无所谓的，是自己好也希望别人好的?

卢连德：这个不好说，到哪一层的说不出来。有的说起来关系很近，是舅舅啊，伯伯啊，但我们不一定想去他们那里，去了不舒服。平常来往多的，……好说话的朋友跟亲眷是一样的。

我：当时有几个人你觉得可以到他们那里去学的呢? 如果现在有一个新产品，你能去学的人家会多一些吗? ——请你仔细想想。

卢连德：当时有三四家、四五家的样子吧。现在会多一点。但也差不多。朋友会多一点。

我：对啊，你现在的朋友总会比那时候多吧。

卢连德：那是。……说老实话，真好的还是那几个。不过

> 现在真有什么特别新的样式，会好学。我们自己也懂一点了，而且朋友多，这个问几句，那个问几句，平常玩的时候也会知道很多东西。你像去年（1996—1997）开始流行做羊绒大衣的时候，就没有听说谁要去学的。

刘世明早期在皮夹克上的成功，也不是他自己一个人探索的结果，离不开他和周学明、周的岳父及李文虎几个人的合作。周学明是刘世明老婆的侄子，周学明的老婆又是刘世明的外甥女，所以周的岳父也就是刘世明的“一肩挑”。李文虎和他们不是亲戚，但和周学明一个村。李文虎在“浙江村”的邻居，曾带着李文虎去过辛集。李文虎又一起带着刘世明和周学明去辛集。开始他们几家都各做各的。刘世明两连襟都不懂做衣服，周学明的老婆则是做衣服出身。刘世明两连襟就向周学明提出，一起干。三家合在一起，这使刘世明和他连襟初谙服装之道。第三年大家又分开。对刘世明来说，等于是用合作的方式学习了一年！这就是核心系的作用。这以后，刘世明的生意走上了阳关道，一年一般能赚20多万。

每项创新怎样由一户扩张到全村，“全村人民”怎么心照不宣地发展他们“共同智慧的结晶”，其内在过程我没法完全搞清。但是有这样两点可以肯定。（一）不管是什么技术，什么新样式，总是先传给自己的亲戚朋友，然后到同村（指老家的村），最后则扩散到全“浙江村”。也就是说，人们最早是在自己的圈子里获得新的创新成果。（二）越到后来，信息和技术的传播越快。最重要的原因是“朋友多了”，不同的圈子之间出现重叠。原来姚信安对自己的发明还可以保留一阵子，而到1988、1989年，你的朋友是我的亲戚，你的自己人在我看来是能人。你做完了又让别人代销，什么好卖什么不好卖，不出两天全村就知道了。好朋友还是那几个，“系”和“系”之间的边界还存在着，但不透风的墙是确实没有了。

定 销

皮夹克把“浙江村”带入了国际市场。

20 世纪 80 年代末到 90 年代初，苏联和东欧诸国先后变色，一夜之间产生了大量的“国际倒爷”。以来自独联体为主，同时有来自波兰、罗马尼亚、蒙古和南非等国的，他们纷纷到中国购买轻工产品，以满足本国对生活消费品的需要。谁也不曾想到的是，“浙江村”竟由此成了他们采购皮夹克的基地。

“浙江村”和这批老外初识在西单。当时的西单商业区分为两部分。一部分是以西单商场为代表的正规商店，另一部分是百花市场、西单劝业场等自由市场。前者以零售为主，主要面对城市消费者，后者则批、零兼营。百花市场的中、低档厅[①]成了老外光临的主要场所。俄罗斯和东欧客商对衣服的要求是：号大，保暖，便宜。当时在百花摆摊的“浙江村人”还为数很少，但他们的东西立刻成了抢手货。百花市场的其他摊位也纷纷摆上“浙江村”的皮夹克。本来“浙江村”的皮夹克主要以黑色的马皮和羊皮为主，为迎合老外的需要，大家纷纷转向生产最廉价的棕色猪皮夹克。这时刚落成的育达商场（即后来的信特大厦）几乎清一色批发“浙江村”的皮夹克，一共有 200 多个温州人经营皮夹克的柜台，被称作“国际皮服批发部”。每天来这里零售批发的外宾和国际倒爷数以千计。

“浙江村”的加工户和经营户都经历了有史以来最忙碌的一段。大部分加工户在当时都有过一连三四天不睡觉的经历。周住权当时在包柜台，通过老乡的朋友请外国语学院的学生用俄文写了：“本柜

① 当时的百花市场又分两部分，一侧是高档厅，接近于正规商店的定位，另一侧是中、低档厅。“浙江村”的经营户主要在中、低档一侧。

台大量批发各种尺寸皮夹克”，又写了一个报价单，支在他所包的百花市场的柜台上，效果相当不错。每天摊位上的货不够，要跑回村拿，最多一天跑了 6 趟。蔡光元是“浙江村”当时规模最大的几个加工户之一。忙完一次生意去理发，躺在椅子上就睡着了，头一歪，被刮胡刀刮了一道深口子。我 1993 年碰见他的时候，还能依稀看得见下巴边上的刀疤。

外部市场的旺盛需求，导致了经营户和加工户之间的“定销”关系。周住权说：“90、91 年东西卖得特别好，就怕没衣服，(‘浙江村’里）有人开始搞定金。我先给你 20% 或者一半的钱，你的衣服给我。等下次再来拿的时候，把上次的账结清。我跟我的几个亲眷也是这样。只不过可以少一点，别人来要 50% 的，我给个 30% 差不多。”

我问周住权：“如果大家都找自己的亲眷，都是 20% 到 30% 的定金，为什么还会有人愿意给 50% 的定金呢？”——换言之，为什么在处处是亲友的社区内，会形成这样两种价格。

周回答道：“那是做好做坏不一样。比如说你家里只有一两个人做，一两台缝纫机，一天做死了只有四五件。你把衣服送到别人那里别人都不一定要，记账也嫌繁饰呢。你要是一气雇上个十几个工人，东西好，一天最少出个三四十件，老外买了下次还愿意要的，那我当然找这样的人啊。不是我的亲眷我也要找到户上去。给高点就高点。”

于是我又纳闷：这些生产大户怎么处理自己和亲友的关系呢？在当时，他们的生产能力显然不可能超出他包柜台的亲戚的需求量，那他为什么不全部以低价赊给亲戚朋友，还接受外人的定金？

蔡光元给了我一个说法：“……我们亲眷和亲眷之间没有包销的关系。从来不会说你的东西都由我卖，都靠自己心里有数。你亲眷上门来了，我给你便宜的，没货了我尽量赶。但你不来，我也不会给送过去，或者说我自己（主动）留起来给你。”

边 贸

“浙江村人”不仅把老外“引进来”，也果断地“走出去”，做起边贸的生意。这是“定销”制度能稳定下来的另一个重要原因。做边贸有两种方式。第一种是“走公司”。具体办法又有两个。（一）自己在边疆城市，比如满洲里、绥芬河、黑河等地设立公司，甚至把公司开到俄罗斯、匈牙利等国家去。然后到“浙江村”组织货源。这种办法有人曾经很积极地尝试过，最后终因手续过于麻烦而放弃。（二）和已经挂牌的正式公司合作，用它们的手续，做自己的业务。1990 年，“浙江村”一名经营户和牟其中的南德公司挂上钩，由南德公司[①]接下来自俄罗斯的业务，然后由他在“浙江村”组织货源。两笔生意赚了 15 万。

第二种做边贸的方式是自己直接拉车去边疆城市交易。连南清和我说：“……一个生意里的人越多，那你能赚到的肯定越少。能自己干为什么不自己干？很简单的嘛，那时候那么多老外，我就问他们的翻译，还有从东北来取货的人：哪几个地方老外多的，他们喜欢什么样的，跟着他们去做就行。他们不说我也能看出来啊。你的什么货是要发到哪里的，我一看就有数了。……我和俄罗斯人不定合同。货到钱到，很干脆。这一次我（在边贸市场上）看什么好卖，回来就到户上收什么货。”

包勇明说：

> 91 年我在北京看有不少人，拉一整车一整车的衣服往内蒙

---

① 南德集团牟其中是 20 世纪 90 年代中国家喻户晓的商人，曾被认为是中国的首富。他在 1995 年与俄罗斯国际卫星组织合作经营，成功发射电视直播卫星而名声大噪；1999 年因“信用证诈骗罪”被判终身监禁。

去。原来在做边贸，听说赚头很大，一做就十来万。我这个人心狠，下决心试一试。我和同村的一个朋友，第一次拉了4辆5吨的东风大卡车去，全是皮夹克。我们两个都是做衣服的，自己的衣服当然不够，就去别人那里收。要给预付款，有的付80%的预付款，有的付一半，也有先拿了再说，那很少。付一半的是大多数。我们走的时候一共欠别人20多万。自己投进去也有20来万（包括预付款、租车钱、路上的花销）。拉到二连浩特，卖了50多万，一共赚了10多万。

我过去从来没去过内蒙。第一次去的时候，还专门拉了一车的人，六七个。怕劫呀。那都是沙漠。有时候路上看不到一个人和车。叫的人都是亲眷朋友，年轻小伙子。不说给什么报酬了，但是一路上吃好喝好，回来每个人又给了一条烟，算起来一个人也要好几百块钱。

第二趟再拉，也赚了差不多的钱，可是第三次就亏了10多万。原因是时间太晚了，老外都走了，没赶上他们的季节。后来我又和另外两个朋友干脆住到二连浩特做生意。

顺着边贸也就出了国。1992年4月，乐舟服装厂徐恭安等人，就曾受白俄罗斯“爱国主义合作社”的邀请，经有关部门批准，前往白俄罗斯考察、洽谈在国外办企业和开辟新市场等事宜，在当地引起了小小的轰动[①]。1994年，刘泽波积极筹划到俄罗斯开一个代理点。不料堂侄不久染上吸毒，堂兄没了心思，此事便被搁置下来。

类似于边贸的另一种经营方式是“包饭店做生意”。1990年，刚30出头的赵永豹在国际倒爷出入的雅宝路日坛宾馆租了一个房间。房间里挂满他从“浙江村”按定销方式拿来的皮夹克，又在房门上贴

① 林宏伟，《乐清人，京城大“发”》，《温州晚报》，1994年3月3日。

上条：“本室出售各类皮夹克”。1990 年 8、9 月两个月，他一口气赚了上十万，从此开辟了做外贸的新途径。到 1992 年左右，整个日坛宾馆几乎全被“浙江村”的经营户给包下来了。日坛宾馆的边上则出现了一支专业的“打包队”，他们多来自河北、河南等地，在门口拿着工具等待，一旦宾馆里的生意谈成，皮夹克从“浙江村”运来，他们便纷纷上前，争相以低价格给皮夹克打包，甚至替货主直接送到托运站。“包饭店做生意”一直延续到现在。1996 年，付天郎租下雅宝路上一栋大楼，并准备把它改装成专做外贸生意的商业大厦。

老外进村和发包

老外很快就直接到“浙江村”进货。

至于这老外最早怎么进的村，周住权多少有些恨恨地说：“还不是那些包不到柜台的眼红，自己去西单这些地方拉人呗！”据说当时就有不少人在百花、育达门口等着，见老外跟着翻译出来，便上前拉客。我在 1993 年遇见的一幕，可能和当年的景象有几分相似。

1993 年 11 月 8 日上午 10 点左右，我正从马村往海慧寺走，迎面见刘阿由的老婆匆匆跑来。她自己在西单包柜台，今天早上到红桥市场买菜的时候，看见有两个俄罗斯人在那里买服装，便不由自主地跟着看。那两个人看上了摊上的一种皮夹克，价格谈下来了，要 50 件，可是摊里只有 10 多件。俄罗斯人才转身走出两步，她就把翻译拉过来：“我那里有！”“可是我们 11 点就要走。”“保证你们不会迟到！”她拉着三个人，打了两辆夏利，直奔村里，同时赶紧给丈夫打传呼，让他赶紧去找衣服。刚过 10 点多，丈夫和侄子就抱着衣服来了。一个上午赚了 2000 多。

老外进村导致“浙江村”里加工户和加工户之间又出现了新的关系。过去加工户是埋头加工，等着包柜台的来取货；现在他们自己出来拉生意。有时拉来的生意自己又吃不掉，于是便“发包”给别的加工户。卢贵发就是这么一位。下面是我们的对话：

最早是包柜台的一个老乡领着几个俄罗斯的到我这里拿衣服。拿了衣服有一个多礼拜后，那个翻译自己带了另外一个俄罗斯人过来。说要和我合作。他给我拉客人，每做成一件给他3块。……给（翻译）给得高一点好。多一块少一块对我们不算什么，他客带过来多，那是大账。

那“苏联人”一来就看中了我们正在做的，一口气要300件，后天就要。可我们那时一天最多才做80件。

（我：这样你就学别人，去收……）

不。我觉得去收不好，收来的东西不匀。大小、样式，都会不一样。我找了几家亲眷，让他们做。找了三家，都是平时关系很好的。我和俄罗斯人说好了是一件皮夹克90块钱，成本大概是50，我让亲眷做就说每件82.8块钱的差价，有3块是给翻译的。当时要是去收，一件70块钱算是最高的了。

我和那个翻译也没签什么合同。到了第三天，我这边衣服凑齐了，电话打过去，他们来，一手交钱一手交货。跟老外做就这点好，没有说拖欠的，真是比让别人代销好多了！

后来有的时候我就一分钱不加。如果他本来的价就不高，我就该多少就给亲眷多少。人要想在这里赚钱那今后还怎么做生意。我主要还是靠自己做来赚钱，分给亲眷做也就是为把生意拉住。

加工户之间的互相发包，一般都在亲友圈的范围进行。在发包中，中间的加价基本上都是卢贵发定的这个比例。另外一个加工户在发包的时候则收销售值的3%作为“回扣”。他们自己也认为，接收发包的人是发包关系中的主要受益者。发包人一般是做得比较大的（只有这样才能接到大的订货），他们从发包关系中获得的经济利润有限，但是由此提高了他们在亲友圈中的地位。

批发点

1992 年，万挺光在原来海慧寺旅馆的门前挂出了“星星服装公司”的牌子。这是“浙江村”第一个交易集散中心，各加工户可以把自己的服装送到这里来，由它再往外销。名字叫“公司”，事实上只是一个店堂加上仓库。店堂约有 20 平方米，挂满了各色皮夹克。既是交易的场所，也作展厅用。店堂后面，原来旅馆的客房则被当作仓库。

1993 年 4 月连着的两天，我在万挺光的公司里目睹了两桩生意。

第一桩的客户是来自蒙古共和国的兄弟俩。弟弟刚从大学毕业，就跟哥哥当起了“倒爷”。他用俄语味的英语勉强告诉我：现在像他这样的“蒙倒爷”在北京至少有 200 人。他每年来回 5 趟，一趟在北京待 10 天左右。货发往蒙古，但并不往蒙古卖，而都销往俄罗斯。走蒙古的关税要比走满洲里的低三分之一至二分之一，所以即使过两道边境（中—蒙，蒙—俄）仍然有利可图。

蒙商最早是由万的弟弟带过来的。万的弟弟的主要任务就是在西单等地“拉客”。这次“老蒙”带着翻译自找上门，要的是 2000 件黑色猪皮夹克。

我听了这个数不禁吓了一跳，万挺光则喜上眉梢。在店堂中间摆起一张大床板，从仓库里搬出存货，让蒙商坐在床板上逐件翻看，中意的作一堆，不要的作一堆，想要但又要求擦拭、修补的再作一堆。门口更是热闹，在两个蒙商到了不到 20 分钟，就不断有满载皮夹克的三轮车在门口停下，成抱成抱的衣服往店里送。柜台上又赶快把这些货清点、议价、开票。

我注意了一下，大概从中午2点开始，到下午4点多，一共来了有8辆三轮车；从柜台上开的票看，进来的衣服一共有1200多件。一个拉了不少货来的老太太问："能不能都先放在你这里？给我推出去吧，价格低一点就低一点吧。"原来是去年的积压货，成本大概一件是80块，现在只要求卖个60、70就行。和卢贵发的做法差不多，万挺光每件衣服给翻译的提成是4到5块，视最后谈定的价格高低而定。

忙了一下午，还是没能凑足2000件同一样式的皮夹克。蒙方反复问：能否在当晚11点以前凑齐？万从翻译那里得知他们已经在二连浩特订好了车皮，知道蒙商绝不会让未装满的车皮走，就一反开始的口径，说无法凑齐，只能用其他样式替代。蒙商果真同意。

蒙商很奇怪："你们的车间到底在哪里？怎么原来说有的又没有了？"万笑着解释说："我们的车间都在村子里，像星星一样，所以叫星星公司。衣服我们是有，但现在没办法，一个保管员出去了，后天才回来哩。"万挺光又转头告诉我，真要收，4000件也能给他收起来，但看得出来他着急，所以乘机把仓库里的一部分存货给推出去。

第二桩生意量更大，是和北京某外贸公司成交6000件皮夹克。来此督办的是北京公司的副董事长兼经理，50多岁，此行是首次入"浙江村"。他跟我说：

> 我们开始也不知道"浙江村"。我这一笔贸易是对匈牙利的，比较急，从签订合同到发货时间不到10天。我们找过一些厂家，不行，价格、时间都接受不了。一个朋友介绍我到这里。一接触，感觉很不错。今年我们还有两笔生意，去北非和匈牙利，我们打算还在这里做。
>
> 我们主要出口非洲。"浙江村"的服装很合我们的胃口。档次与质量只要能通过对方的检验就行了，廉价很重要。在这里

生意可以做得很大，我们说就像往沙漠里倒水，怎么也填不满。……我们刚跟万经理谈过，想联合搞个合资公司。我们负责出口，他们可以利用这里的生产实力。

万对这笔生意曾暗暗担心。衣服价值 50 万，对方给的是汇票。固然是汇票到手后再提货，但这汇票会不会假？会不会开出汇票后又把户头冻结上？万挺光恳切地让我充分表现出我是来做社会调查的，问这位经理的种种情况，最后又拉着热情合影，以留下这人的有关信息。

星星公司开张以来，平均每天都有 2000 件左右的皮夹克销出。最多一天接待了三批外商，成交量达到 1.8 万件。虽然万挺光不肯说出成交额到底有多少，但按最保守一件 60 元算，这一天的流水也是 108 万元！万挺光的每天纯利润也将达到 6 万到 10 万（他的批发价和进价相差 5% 到 10%，但最高能差出 30%）。

35 岁的万挺光和我讲起了这批发点的创办历史：

我初中毕业学做木工，十几岁就离家，在外地干了 8 年。1985 年跑业务，后来又搞废旧物资①。1991 年俄罗斯边贸开始兴起，我打算到黑龙江的绥芬河看看。过北京时来看表弟，表弟住在时村。一看到北京的市场和“浙江村”，我马上来了兴趣。边贸不边贸以后再说，这里一定能做大事！我一住 3 个月，考察、培养关系，为日后“入村”作准备。

“浙江村”最吸引我的地方就是搞代销。别的生意投下 10 块

① 当时乐清县的一个重要的行当，和垃圾回收不同。80 年代初一些供销员在和外地国有企业打交道时，发现浪费严重，大量机电等设备闲置，或当报废处理。有人从外地企业中将有关设备低价买回，在乐清拆修组装，重新卖出。在白象镇还形成了专门的旧货市场。这就是全国著名的柳市低压电器生产基地和市场的起源。

赚1块，而这里却能投入1块做10块的生意，净赚就是一两块！

当时俄罗斯的生意正做得厉害。每天来“浙江村”的“老俄”估计能有50到100。大包扛在肩上，手里提着啤酒，这家几件那家几件地拿皮夹克。语言不通，就用计算器表示。我想这么多俄罗斯人，需求量那么大，如果集中搞个批发点，他们还不直接上我的门？

我给时村大队写了好几份报告，请求批给我一块地，我自己盖楼，搞个能容纳1000辆缝纫机的加工厂，大家在我这里加工，直接批发。利益上我也讲得很“开”：地租由他们大队报价，几年后房子也归大队。但他们就没这脑子，不同意！我不死心。又看到村里有个老仓库，漏得厉害，屋顶都要坍了。我提出把这旧仓库给我。由我自己翻盖，风险由我自己承担；就是今天盖了明天被国家征走，我都没有怨言。村里这才答应。这样，大车间的设想没实现，只搞成了一个批发点。（后来搬到旅馆处——作者）

开始大家不信任我：衣服抱到你这里来，你要突然跑了呢？我搞30%的预付。现在我们的信用、名气都已经立起来，预付就取消了。你看（他指着门口那些抱着衣服来，等着衣服被批发出去的人），他们还只怕我不要他们的衣服，卖不出去呢。

我们内部是股份。一共6股：我自己、我弟弟和他丈人、一个表兄弟、一个小舅子，还有两个朋友。这两个朋友在“浙江村”都是特殊人物，是我特意拉他们入股的，能壮壮我的声势。我又叫了4个人帮忙，对外就说是10股。平常大家一同出力，年终平均分红。

还有两个后生，不算我们的人，但也是靠这里吃饭的。他们有两个大家族在这里，收起衣服来比我们行。谁家有什么衣服、有多少，我们只能临时跑、临时问，他们心中有定数。

> 我们在这里朋友也不少，但这种事情（指能及时地提供衣服）就不如亲眷。一个家族“透”出去多少人啊。不管熟不熟，打个招呼，先拿了再说。你看这两个后生，一天到晚别的事都不用干，有时候就在我这里站着，聊天，站累了出去玩，我们有事情就呼他过来。他收一件赚得不比我们少。不搞提成，他自己直接从里面收差价。人家有家族在这里，你眼红也没用。
>
> （我：那他们的亲戚都知道你这里是固定的点，为什么自己不送来呢？）
>
> 也有自己送来的，但很少。他不知道我这里什么时候需要什么东西啊。……是这两个后生家族中的，我们自己也不会去收，会有矛盾。他们（在）中间赚一点（就）赚一点。
>
> 我们跟北京的厂家也有联系。像去年几个俄罗斯人要一批皮手套，4000双，就是从北京厂里进的。但这种关系十分有限，培养一个不晓得得花多少力气。我们主要还是对村里的私人家庭。

万挺光靠两层网络关系来运作他的公司。第一层是他自己的亲戚朋友，都是股东。他所以要对外声称公司有10个股份，有好几层用心在里面。首先是为了使自己的声势更大，人众财多，容易赢得信誉。同时也是为了给这些帮忙的“面子”，出去说起来在公司也都有一股。第二层关系是外围，包括他所说的这两个后生，也包括他自己培养起来的提供货源的圈子。

和代销、定销的不一样，万挺光不是随拿随卖，而要做时间差和规模差的文章。低价收进，高价卖出；小批量买进，大规模卖出。万觉得这两个“差”还不够大。

> 现在我觉得库存还是太少。我苦的就是没有资金。有了资金，我就尽管把积压的“吃”进来，不愁卖不出去。这比现货

进现货出不知道要高多少利润。而且“浙江村”里对现金格外重视，只要您付现金，价格就好说。我能吃30%以上利润的，主要是靠这种办法。

万挺光又说起其他一些不如意之处——

我们现在没法立照（营业执照），不能有自己的银行保证金。一般比较大的生意（指与村外人的），尽管一两天就能交割，事先也要订个合同，否则有事说不清。但是没有保证金，别人对你不放心，条件就苛刻。像这次合同，（对方给万的）预付款才1万，而按合同法最低得10%，应该是四五万。

我们在这里掌握不了国际信息也是一个问题。1件皮夹克在俄罗斯市场上到底能卖多少？心里没数。据说这里150元1件衣服到蒙古能卖到350，差不多120%的毛利。但这利润只能眼看着让他们吞，我们只能根据自己的进价加成，有时候真是白白亏了！

他充分利用了村里的优势，又嫌对外的扩张不足了！

打通："全国性流动经营网络"的形成

周年滔跟我说生意为什么离不开亲戚：

（1996年）过年前，我有200多件皮夹克在北京不好卖。我给在重庆的表兄打电话。这衣服的流行像水涨潮一样，先是从香港、广东那边来，然后到上海北京，像重庆这样的城市又要学北京的，得在一两个月以后。我和我表兄弟一说衣服的样子，他说没问题。我放下电话就把衣服直接运到飞机场。——衣服在“浙江村”都是拿飞机运的[①]，外行人才觉得奇怪！时间就是钞票么。6个钟头后，我表兄的电话就来了，第一件衣服已经卖出去了！如果什么事都要自己跑出去办，那还有什么生意可做。

这种“扩散式流动”，即从一个流出地流向多个目的地，对温州人来说不是新鲜事，人们老早就全国满天飞。乐清市[②]政协办公室（1997：4）在《乐清市农村剩余劳动力转移调查报告》中称：

（关于本市外出人员）平时较为流行的看法，一日30万，或日在30万乐清人中，雇用外地人员10万。根据本次调查，外出时间在一年以上，外出地域以本市为界的外出人员数量达20万人。由于其外出是以经商为主，故其分布地域并不集中于发达地区，而是遍及全国除台湾省以外的各大、中、小城市，比较集中的是北京、深圳、广州、西安、南京、宁川（疑为银川）、成都、昆明、沈阳、大连、哈尔滨、天津、石家庄、太原、郑州、乌鲁木齐、上海及本省绍兴、海宁、义乌等地。

但是过去的漫天飞是各飞各的，现在则在相互之间形成紧密联系，建成了全国性的“流动经营网络”。北京“浙江村”身在首都，而手脚则遍及全国。据估计，全国温州人经营的皮夹克中大概80%来自北京，其跨区域的远距离交易效率极高。

异地之间有这样几种合作方式。

第一种合作关系是外地市场的经营者和北京的加工者长期联

---

① 周的话有些夸张。“浙江村”大部分运往东北、华北地区的货还是通过铁路或者汽运。
② 乐清县于1993年9月升级为乐清市（县级）。

系，随时根据外地市场情况决定加工。这种情况最为普遍。郭十金，33岁，乐清大荆镇人，在成都销售皮夹克。

我90年就来成都了，原来在家里做电器。有个做电器的朋友在成都，改做服装，说不错。通过他的介绍，我在草市街租了这个铺面。那时候不贵，不到20万。草市街是成都老城区，在这里就要卖精品。草市街一共有100来家小铺面。大荆人有十多家。

开始都是跟我那位做电器的朋友学。他去北京进货，我也去。我们大荆人在北京不是特别厉害，不可能全在这个圈子里做。现在我主要跟五六家永嘉人做。和谁合作主要看谁的规模大、皮好。虹桥人做衣服做得比较大，人看上去也热情，你要到他那里进货，你在北京的吃、住都不用操心，他全给你搞得好好的。到晚上就给你带到娱乐的地方去。但是虹桥人我摸不透，不太敢和他们来往。永嘉人实在。

我们一般是定做。我觉得什么衣服好卖，就拿样式去给他们，价由我报。比如我看到这件衣服在商场上是2000，我自己打算卖1800、1900，向他们报就在1200左右。一般不会讨价还价，我们不会出特别低的价，他们也不愿意把客户丢掉。如果是皮、毛涨了，他会早早地告诉你。

也有他们主动提供样式的。比如把样子寄两件给我，让我卖卖看。他们有时候做多了发现不好卖，就让我们在四川试试。也有他觉得很好卖，认为在成都也会卖得好，让我们试。这样他能用一个样板做好多，省了不少事。还有哪一段时间的客户少，工人闲着，他们也会主动去推销。他们提供样式由他们报价，我们可以还价。因为我们这头能卖多高不好说。一般都谈成。

我去一次平均拿100多件。不用等。一般他们一个晚上

（夜）能做个五六十件。今天到，分给不同的几家做，明天就可以走。所以做的人规模太小不行，着急的时候做不出来，生意就不好做了。

东西没有统一的利润，完全看情况。比如今天早上卖了一件，1580 进的，卖了 2330 元，赚了 750 元。算是不错的。（当时是在 4 月份——作者）

我隔壁的那家服装铺是成都人开的。他也是多年的个体户了，一直进的是广货。他生意不如我好做。他有什么好样子，我马上可以拿到北京让老乡给我做出来。他恨我们温州人呢。但是他不可能转过来和我们老乡做。没关系啊。

我请他讲述第一次两地做生意（即不来北京面对面地谈）的经历。问他：你为什么会信任对方呢？比如，为什么你相信他给你寄过来的货不是伪劣产品？

那我们会信任的。第一次是我先给他电汇过去大概 30% 的定金。其实不汇也行，汇去了做得快。我也不怕他不给我寄，人都是想做长久生意的，他要这次骗我，我这个顾客是肯定丢了。而且我还有那么多朋友呢？北京的有，成都的有，全国各地的都有。……我会叫北京的朋友去找他算账。即使我不叫，他们知道了也不会放过他。……现在如果有质量问题，随时可以退货。

如果异地交易的量很大，又比较经常，双方合作者往往会找一个中间人。1992 年我在刘世明家里看到一份协议书，是他和村里的一个加工户订的。刘虽然是中间人，在协议里却以甲方的身份出现。

甲方：刘世明

乙方：某某某

甲方请乙方做皮夹克3000件。男式，西装领，扎腰。用一级皮做。特大号1000件，大号1500件，中号500件。10月20日全部完成。一件衣480元。

乙方做完一批，甲方在北京付一半的钱（240元），剩下的等运到天津，验收合格后，由甲方付给。

刘世明自己从来没在天津做过，这份合同是他替他在天津的朋友订的。朋友所以要拿他的"牌头"和加工户签协议，一是安全，刘世明能在质量、时间上对加工户进行监督，二是省了一大笔定金的钱，有刘世明的面子在，比多少定金都要硬气。加工户这边也喜欢这样。如果天津不把钱汇来，他有人可找。刘世明为朋友省下这笔定金，在这里也有形无形地有点好处。正所谓关系广了，牌头硬了，坐在屋子里靠卖个面子都赚钱。

第二种合作关系更为紧密，是把核心系的关系扩散到了两地。1991年，吴金安的两个哥哥，一个从北京去哈尔滨包柜台，另一个从温州去了长春包柜台。他们去东北的目的正是要和吴金安联手做。由吴金安在北京加工，由两兄弟营销。他们之间就没有定金一说，也不会计较汇款是否及时。如果加工这边出点问题，比如东西的质量或样式出了差错，销售者会根据实际情况尽量去卖，不至于退货。

连定路哥俩也是一个在北京，一个在东北，联手做。1994年，"浙江村"有两户积压了不少棕色山羊皮皮夹克，主人正为资金周转不过来而发愁。连定路果断决定以低于成本价（"浙江村"里说成本价一般是不计工人工资和设备损耗及房租一类的付出，所谓成本就是皮的价格）30%到40%的价格全部买进，发到东北。他弟弟又动员在东北其他城市的朋友一起帮着卖，哥俩一下子赚了30来万！

我问连定路：当时怎么“想都没想”（他自己的原话）就买下来了？他明确地说：“这就是兄弟的好处。跟谁做你也不敢这样。那东西做得不错，到东北穷一点的地方会有人买，这一点我自己也常去东北，有数。你要是和别人做呢，就是明明看好的东西，别人也说不行，不给你认真卖，到最后全要你赔。”当然，这种亲密关系也充满冲突的可能。连定路哥俩合作的一个重要前提是他们当时都没成家，成了家的兄弟间合作就不那么容易了。

第三种关系介于第一种和第二种合作方式之间。既不是明确的经销或代销关系，也不是完全一体化的合作。周月强，1993 年开始做羊绒大衣，产品主要销往石家庄、重庆、成都等地，按经销的方式靠朋友卖，但周月强每个月要去石家庄一趟，重庆、成都两三个月去一次。“他怎么卖，我要管。比方说，他包的柜台的东西应该怎么摆，市场不好的时候要不要削价，削到多少，都由我决定。他卖得不好，我就直接受影响。我们互相都知道对方赚多少钱。如果从我这里出去是 300 块钱，他卖 580 比较合适。如果他卖的要比这个低了，我这边的价也要变，不能让朋友没钱赚。这样朋友也会替你尽心卖。”

这种关系已经类似于“代理”关系。这种做法的好处是明显的，它使加工者和销售者处于最充分的沟通状态，不仅保证了利润，而且保证了利润在加工者和销售者之间的公平分配。1997 年，周月强在成都卖了 1000 多万，有 10 000 多件大衣；在石家庄的销售额为 500 多万。

第四种合作关系是加工户之间的异地合作。他们利用各地之间的市场变化追求利润。1994 年，景朋给一个从兰州过来的朋友接风，那个小伙子告诉我：“我到处跑：北京、石家庄、兰州、西安。”我听了吓一跳，以为他是哪个帮派的（帮派的到处游转的特点，见下章）。后来才知道，他的哥哥和表兄弟分别在北京和石家庄做。“石家庄做的东西，季节和北京有点不一样。北京主要是皮夹克，石家庄是西装。石家庄的旺季比北京要早一点。我们三个人，夏天以西装为主，都到石家庄我哥哥那里一起做。秋天以后，我表兄弟这边忙起来了，我们来帮他的忙。……我哥哥的西装有一半左右是我给他在北京卖的。表兄弟的皮夹克呢，我又拿一部分到石家庄卖。”但这种合作方式很不多见，后来景朋自己也不再这么做。它封闭在自己的核心系内部，完全靠自己几个人来回倒，往往不能有效掌握市场动态。

除了产品市场的空前扩大以外，“流动经营网络”也直接促进了原材料市场和社区内分工体系的进一步形成。下面再说。

为什么扩散

我们一般认为，“人往高处走”是人们流动的主要动机。我们还常常认为所谓“阶梯式流动”——先到近的地方，再到远的、更大的城市——是流动中的普遍规律。[①]但我在“浙江村”发现，从 80 年代的后期开始，更多是在“往低处走”。先到北京、石家庄、成都等省会；然后转到万县、宜昌等地级市；再往下面的县级市和县城转，呈现出强烈的多向的“扩散流动”趋势。比如按温州市政府的统计，温州出去的人，原来去北京的最多，第二是上海。而按 1998 年春节的估计，当年的外出城市，武汉变成第二位。于是一年一次的温州产品交易会也决定在重庆召开。人们为什么要不断地从高到低地扩散呢?

---

① 我对这一受到普遍接受的理论表示怀疑，我认为这一理论忽略了网络的影响。我在对珠江三角洲的调查中就发现，“民工”往往是从家里直接到广州、深圳等大城市；然后又听说顺德、东莞能赚钱，再转而进入这些中小城市。他们在依循着自己的网络而流动，城市的距离、城市本身的大小对流动行为的影响不如想象的那么大。

“浙江村人”自己的解释是，认为做生意“就要这样”。即使对其他地方所知不多，也要“应该”去试试。刘泽波家就有这样的经历：

> 87 年我二儿子上来了。年轻人不愿意跟着我干，和别人合起来去天津包了西施商店。去别的地方也好，像我们这样做生意的，就要到处走。这东西有运道，这里生意不行，可能别的地方就行。要常常转。天津包了一年就不再包了。衣服在这里做了再往外运，运费加上人的来来去去，到头来没赚多少钱。

另一个人讲得更有意思：“你们读书人应该知道的，按我们拆字的办法说，运道运道，运动起来，才有这个道。”关于生意的“运道”的观点及对“运道”的这种解释，真可谓是一种独特的“流动文化”了。

如果我们从经济的角度看，又能得出另一种解释。当温州人在一地聚居到一定程度，由于他们从事的产业很雷同，竞争势必加剧，为降低竞争、保持利润率，就要开拓新的领地。1988 年前后，就有人从北京向四川、河北省各地区，以及西安、天津等地扩散的。1998 年人们向武汉、重庆的“大西南”进军，也是有感于北京、上海的市场竞争太激烈。我 1997 年和“浙江村”的朋友去成都，主要接待我们的温州朋友正准备把成都的所有摊位退掉，去涪陵做。我表示惊讶。他说：“你不晓得，越是小地方，生意越好做。在成都竞争很激烈。我去了涪陵，挂名牌专卖店的牌子，今天打个折，明天搞个买三送一，那县城里的人都还不太见过（这种形式）呢。我包的地方位置很好，是县政府的对面，20 多平方米，租金一年才 2 万。稍微装修一下，我就成了全县城第一的。”我算了一下他的账。他 1989 年到北京的时候带了 3 万，到 1992 年来成都的时候有 12 万多，到 1997 的时候至少有 20 多万。

“浙江村人”认为：越是小本的生意，越要在大地方做，因为那里老乡多，“就跟火车站人挤人一样，不用你自己用力，抬着你就走了”。而有了一定的资本，到小地方做，资本的利用率反而高。

扩散又是怎样发生的呢？我发现，扩散和合作关系的变动是紧密联系在一起的。

包勇明说他1992年到了二连浩特之后：

干了一年多，边贸有点不好做，我的亲戚（章元风）让我到成都来。我和他经常有联系。春节回家过年，到北京进货，都能见面。他想把成都的铺子扩大，但资金不够。因为成都和北京不一样，不做代销，你要么从北京这些外地发货，要么从成都的批发市场上发货。这样资金要求多一点。我这样来到成都。

今年（1997）我和老戴一起去彭州做。老戴不是亲戚，是朋友。去彭州是因为他的一个朋友得到消息，说彭州市中心的一个商场要往外租。我们两人合伙租下了第二层。300平方米，一年才20万，实在便宜。那里劳动力也不值钱。一个月220元，奖金也就30—50元。一层全卖服装。投入的流动资金是90多万——90多万的货。大（商场）的比小的好做，顾客不会讨价还价。一天卖了多少，清清楚楚，不怕服务员捣鬼。我们从成都的荷花池和青年路进。他们的货也是从北京进的。我们去北京进就太远了，不值。

老戴管里面的事情，我管和外面的来往，进货是我的事。又叫了两个亲戚，一个是他的，一个是我的。不算入股，也不能叫打工。亲戚么，应该说是帮忙。跑得多，就多给一点（工资），生意不好，大家都少拿一点。当然都是小年青，刚把他们从家里带出来的。肯定是临时的，今后他们还是要自己干。

在这里做多长不好说。长期做下去……好像不会。有好地方，还是要换。

赵旭强在北京干了10年之后想换个地方，他说：

> 我88年就来北京了，和亲戚一起做。觉得没意思，又回去，在家里玩了三年。92年春节碰见我妈一个好朋友的儿子。他有亲戚在沈阳做。我们讲得来，就一起去了沈阳。他管沈阳的柜台，我跑北京进货。钱对半出，赚了也对半分。
>
> 干了两年，我想做羊绒大衣。和另一个朋友去了盘锦。我的叔叔过去在盘锦做过。
>
> 我和前一个朋友仍然很好。没有什么矛盾。但是合作都不能太长的。一两年到头了。该换换地方，换换人了。做长了就容易有矛盾。

还真有因为合作中出现矛盾，而转到外地的。一次万佳友和我说起一个人，现在在西安，说，“他本来在北京，和几个搭档闹得都要动刀子了。后来还是我去说的，把他们给劝下来。这样两边都觉得没‘面子’啊。他就走了，去西安。……西安也有他的朋友亲眷，这个你不用替他愁。”

从这几个案例中我们看到，并不是人们先决定了要扩散流动，才去组织新的核心系。而是，大家几乎形成了这样的习惯意识：一个核心系不能维持太长的时间。人们随时都在准备组织新的合作关系。在有了新的合作意向之后，人们根据这个合作关系的优势，选择新的流入地以求发展。

那么为什么不把一个核心系长期维持下去呢？这是人们的经验总结，如果同一组亲友关系和生意关系长期重合，很容易“难为情”（尴尬）。亲友关系和生意关系的重合的最大好处，是省去了事先的关系界定和制度安排的麻烦。模糊化的关系使合作很容易启动。但是最大的问题是内部不能形成一定的结构，很容易出现两方面的摩擦。

（一）他们经常强调的“意见观点不一致”。其实观点不一致并不重要，人和人的合作中总是充满不一致的，重要的是，这种模糊的关系是不分你我，内部没有结构，没有办法解决这不一致。（二）没有彼此监督的能力和制度。只要有一方稍微不自觉，或者稍微多疑一点，合作马上陷入僵局。在这个时候，作为亲友的合作者又很难有动力把彼此的关系重新加以界定。最好的办法就是客气地分手。如果不终止，整个“系”的关系都要受到威胁。

促进扩散流动的这一原因，也是“浙江村”内成规模企业的姗姗来迟的原因之一。人们常常认为，中国的小企业难以迅速发展，是因为中国人只信任自己的人，而不欢迎专业的管理者。瑞丁（Redding，1990）认为中国人不愿意用外来人，是由于中国长期没有保护财产权利的法律制度，使得人们只用自己信得过的人，抵抗外来的对财产的掠夺。但是靠内部人的合作，为什么又不能发展出大的企业呢？从“浙江村”来看，关键不是信任谁不信任谁的问题，而是难以把信任落实为有效率的运作方式。基于亲友关系的生意关系要求“平等”，不允许产生明显的管理结构。

在“浙江村”和“流动经营网络”形成的中早期，资本的积累主要不用于生产和经营规模的扩大，而用于网络的不断扩展，通过提高流通效率来弥补生产规模偏小的不足。我们可以把扩散流动看作是对企业组织的一种替代。其后果是，单个的大企业为数甚少，但是全社区的整体发展得到促进。

布料市场

“浙江村”内的布料市场是“全国性的流动经营网络”的另一个重要体现。最早的布料市场于1993年出现在木樨园轻工批发市场的北区，是整个市场的二期开发项目。那时候刘世明的影响力已经不小，把这里搞成布料市场是他对市场管理部门的建议。由于他的介入，市场迅速兴起。“浙江村”用乔其纱等料做的裙子赚了大钱，优势就在于加工户能够及时进到畅销的料子。

布料市场的货源有三个。一是从江苏等地的厂家直接进。乐清一带的经营户和江苏企业的联系有一定渊源，做布料的经营户往往和一两个县的若干厂长期合作，通过给厂长个人“回扣”等办法，低价批到布料。近几年，人们也开始大量地从河北高阳、河南郑州等地进布。第二个来源地是广东汕头的流沙镇。从那里进夏装布料，多为从台湾香港走私过来的“水货”。第三个是绍兴柯桥镇。这是最重要的货源基地。柯桥现已成为全国最大的轻纺产品市场，挂牌“中国轻纺城”。据说 1994 年的营业额达到 80 个亿。如果你在“浙江村”待上几天，“柯桥”将是你听到次数最多的地名之一。柯桥的任何消息都会在“浙江村”得到迅速的传播，人们在聊天的时候也常常会援引柯桥的例子来说什么事情如何如何。在人们最关心的治安问题上，大家尤其爱把柯桥和“浙江村”相对比，认为柯桥的治安管理比北京要好得多，绍兴的政府也比北京地方政府要能干。它成了甚至比温州老家还重要的“浙江村”的“姊妹社区”。[①]

前面说的小姊夫，刚开始的一两年里一直把自己到外地厂家直接采购视为理想模式。但是他后来发现“浙江村”的布料虽然比外地要贵出不少，但是东西多，更重要的是“形势跟得牢”，加工户

---

① 柯桥的轻纺城也是乐清人折腾起来的。柯桥镇原来有印染工业的基础，从 1986 年开始，乐清虹桥等地的人陆续来此做布匹生意，所以柯桥和“浙江村”人员的来源地基本重合。但这并不是它们成为联系紧密的“姊妹社区”的首要原因。我 1992 年和 1993 年初到“浙江村”的时候，几乎没听说过他们提“柯桥”两个字。到 1993 年中期往后，也就是到“浙江村”内出现自己大规模的布料市场之后，柯桥才显得尤其重要起来。

需要什么布料在那里可以马上找到，于是也安下心从“浙江村”的市场里进货了。小姊夫个人和柯桥的直接联系是弱了，但“浙江村”在整体上和柯桥的联系却加强了。比如，小姊在柯桥的堂兄弟和他北京的朋友既是亲友，又是紧密的合作者，在两地之间出现了“核心系”的关系。小姊夫和北京的这位摊主又成了朋友加顾客的关系，他们三天两头见面，柯桥和北京自然就在时时沟通了。

布料生意的异地合作方式，要比服装的异地合作更为紧密。罗成酶，原来在云南贩药材，后来因为三兄弟和一个姐姐都在成都做服装，开始做布料生意。老婆家里的 6 个兄弟姐妹则全在成都。自己在绍兴发货，老婆在成都荷花池市场转批。和老婆自然是一本账。罗同时也和在北京的一个朋友合作，朋友根据市场行情决定要进什么布。罗发货的时候定下一个价，朋友卖什么价他不管。风险也由朋友自己承担。但他又一再强调他和“北京的朋友之间没有分得很清楚。”这个“不清楚”，主要是指他们彼此不是每做一笔就结一笔的款，而是到了双方比较方便的时候统一结。如果罗在资金上有困难，朋友可以预先付款；而朋友在钱上有问题，罗可以帮忙。这些关系在服装的异地合作中是不多见的。

但是“姊妹社区”的形成，固然带来交易的方便，同时也增加了生意的风险。绍兴的布料市场，和辛集、无极的皮料市场一样，价格波动在很大程度上受北京“浙江村”的影响。一个在“浙江村”做麻棉布长裙的加工户告诉我，裙子在 1996 年开始卖的时候，一条批发价就值 45 元，一条能赚 20 元。到换季的时候，加工户往外批的价只降到 30 多。（而一般的裙子，一个月之内就要降价 50% 以上。）所以 1997 年夏季开始的时候，一些加工户对这种布料做的裙子仍然看好。结果一等东西上市，情况非常不好，代销的价格只有 30 多。向我介绍情况的加工户 1997 年也亏了 1 万来块钱。以北京为首的各地“浙江村”的布料价格下降，引起了绍兴批发价格较大下跌。当然，因为前一年该布利润高，绍兴本地的厂家生产该种布料的增多，导致供给过旺，这也是价格下降的一个重要原因。限于我所能收集的资料，我无法给出这两个因素确定影响的权数，但是北京的“浙江村”无疑是和它的“姊妹社区”息息相关的。

随着 1996 年羊绒大衣在“浙江村”的兴起，做羊绒布料也是个赚钱的大买卖。陈元强据说是“浙江村”里最早做羊绒的。他讲了 1997 年的一段经历。

> 我一直从湖州和上海的厂进，一般是 200 块钱 1 米，1 卷 50 到 60 米，（10 卷）大概是 10 万块钱，一进就进一车，180 万到 200 万左右。
>
> 去年我一连买了两个大面子。4 月份的时候，“浙江村”的羊绒布最贵的时候一米卖到 230—240 元，大家抢着到湖州的纺织厂订，我是老客户，厂长就把合同让给我了。订的是 6 月份拉出 5 万米的羊绒。这算是一个面子了吧。结果刚要到拉货的时间，整个羊绒市场就倒了。为什么呢？山东滨州也有生产这羊绒的，和湖州做的一模一样。而且他们想改成做兔毛的，就想办法把羊绒的价格往下压，把兔毛往上拉。“浙江村”里的羊绒一下子就跌到 1 米 170 元到 165 元。我连忙跑到湖州，要把这合同取消。在湖州整整待了一个月，给了厂长 5 万块钱，才把这个事情给办了。他厂里要真和我打官司，我要损失 600 万呢！

辅料市场

所谓辅料是指纽扣、拉链、里衬、蓬松棉、各类线绳等服装所需的辅助材料。辅料市场的形成比布料市场早得多，“浙江村”1989年左右就出现了成形的辅料市场。吕道明，永嘉人，可能是“浙江村”最早做纽扣生意的。

我女儿87年来在一个乐清人家里代人（替人做事，受人雇佣），88年我也来北京看看。在女儿代人的乐清老板家里看到，他们所有的纽珠都一样，而且大纽珠是做大衣用的，钉在皮夹克上配不起来。当时纽珠要到北京的门市部批，也有到石家庄这些地方进的，很不方便。那乐清人会动脑筋，说，你们桥头那么多纽扣，你要贩一点过来卖卖，肯定要赚钱呢。

89年我开始做纽珠的生意。向桥头的亲眷赊了5000个纽扣。我在高庄租下房，就在自己的房子里卖。门口写一个大牌子：“内有各种纽扣出售。”我可能是这里第一家卖纽扣的吧。生意很好，5000个纽扣没几天就卖完了。那个乐清人挺好的，他介绍来不少他的亲眷买，这样传开去。

后来我进得就大了。和那个亲眷联系好，快没货了就让他给我发。89年下半年我租了四达边上市场里的摊位。

姚忠平做的是里衬：

我本来是在江苏做布料生意。从江苏的厂里进，在南京的市场上包摊位卖。过年回家到一个朋友家里玩。他哥哥在北京，问我江苏的格里布（指做西服或者皮夹克的里衬的布料）是什么价。他说他要在北京进可比这贵多了。那时候我才21岁，赚不赚钱那时不想，就想到处跑。当即就和朋友说好，两个人一起去北京搞布料。

　　我们两人凑了8000多块钱。他在北京做，我在江苏发货，也经常跑到北京去。

他们的友谊一直保持到现在。我又找到了他的朋友：

　　我们家的亲戚、朋友在北京很多。那天听阿平一说，我哥说这个生意做得。只要我们自己的这一大帮亲眷朋友来买，你就亏不了。真和我哥说的一样，布料才到，自己家的亲眷朋友就都来要，阿平回去又进了一大批，还是差不多都被他们给买走了。后来我们就在现在京温（市场）的边上摆地摊卖。

1988—1989年间，万佳友靠做膨松棉生意发了一笔。他和他的小舅子搭档，从浙江进货。由于膨松棉的体积太大，租赁摊位和摆地摊都不方便，也摆在家里卖。

由于辅料和布料是一项新买卖，刚刚进入这一新行当的人需要亲友圈的支持。圈内的人，以及由亲友圈延伸开去的加工户是他们初始的顾客。而不同的辅料经营者之间，则没什么联系，有点像一个亲友圈“派”出一个人来做这事情。到成形的辅料和布料市场出现之后，事情发生了变化。往往是同一个亲友圈的都在做辅料和布料生意。他的主要顾客（生意圈）是“外人”。

马温富说：

　　我觉得做辅料还是不错的，资本大一点小一点都可以。我三弟在老家比较困难，我把他带上来一起做。后来我兄弟的小舅子也上来了。从最早在木樨园摆摊到现在，三家一直在一起。刚到YXD（1993年落成的一个布料、辅料市场）的时候，我和我兄弟还合租一个摊，怕一个人租一个（摊位）开支太大，后来一看形式好，就分开了。

我们三家的东西一般都一起进。我兄弟出去得多。他和我是兄弟，他老婆姨丈也信得过他，他去最合适。主要去江苏，有时候也去福建。进纽扣一般是他小舅子去，就去到我们温州的桥头。他小舅子在那边有点关系。

合作没什么问题。……什么货什么价，大家都有数。做辅料货要进得好。你是老客户，每次进的量又比较大，别人不会骗你，好货也会先给你。所以一个人去，省了路费，门道又熟。

做辅料，跟上形势很要紧。村里做什么的多，缺什么，你越早进越好。我们现在这里是站住脚了。我们三家的亲眷加起来就有四五十家。有什么消息很快就知道。……现在社会这么乱，三家在一起，亲眷朋友多，也好得多。

辅料市场的变化，和“浙江村”总体的变化是一致的。一方面，生意圈和亲友圈在分离（马温富三个人的销售量里，亲友买的量不到十分之一）；另一方面，亲友圈仍然具有重要作用，核心系是沟通这两种关系的一个关键。

劳务市场

“浙江村”的劳动力市场发展经历了几个阶段。从1984年到1990年，人们主要从自己的亲友范围中招募劳动力。即前面所说的，流动链成为一个隐形的劳动力市场。虽然也存在雇佣关系，但没有独立的雇工群体。

从1990年前后开始，“浙江村”开始大规模地从湖北、江西、安徽等地招聘工人。乐清市虹桥镇为数众多的劳务介绍所在中间扮演了重要角色。

虹桥第一家搞劳务介绍的机构开办于1986年，但当时属于地下性质。工人起初以浙江省内的居多，像仙居、丽水、衢州、缙云等地区，后来扩散到江西、安徽等周边省区。开始针对虹桥本地乡镇企业的用工需要，后来则主要为外出经营户服务。1990年开始出现固定的劳务介绍所。到1994年春节，在这个人口仅3万多的小镇，劳务介绍所竟已有69家之多！

107国道边上的"浙赣"劳务介绍所，开办于1993年2月，工作人员5个：正、副"所长"，1名会计兼出纳，两名"联系员"。"联系员"的任务是到外地招募，保证劳动力的供应。介绍所的名字叫"浙赣"，就是因为它最早的几批劳动力来自江西。到1994、1995年，其劳务来源已经扩展到湘、鄂、皖、川、赣等几个省。介绍所是栋三层小楼，一楼当店堂，二楼、三楼摆了8张上下铺，所以介绍所也是小旅店。外来的工人投身于此，等待老板来招。据说生意最忙时一个铺位挤4个人。我问一个等待雇主的安徽小姑娘："你是想找当地的工作，还是到外头去工作？"小姑娘颇不以为然地看了我一眼："到这里来，当然是要到北京、石家庄去做衣服！"

在外经营的老板趁春节回家招工人，所以正月初五到元宵节是介绍所最忙的时期。老板来到店里，先通报要去哪里，做的是皮夹克还是西装，有意向的老司便出来接受老板的面试——一般要求当场做一条西装领子，店堂里的缝纫机与破布料即为此准备。接下来是对工资的讨价还价。我曾看见这样一幕。老板问："你一个月要多少钱？"女工低头不语。老板娘插话："最少也是1500了。"老板白了她一眼，"我问她！"老板娘赶快向门口招手，"快来！"一个穿着皱巴巴西服的中年男子快步走来，伸出三个指头来，"3000！"高一声，低一声，最后以1500签订。老板带着人回去。在离开温州之前，工人就吃住在老板家里，路费等等也由老板负担。

老板娘为工人争取工资，并不完全出于善心。老板付给介绍所的介绍费和工人工资挂钩。在1996年，工资一般分1000、1200、1500、2000几个档次。介绍费则对应在300到600之间，为一个月工资的三分之一左右。

接下来是签合同（参见附件2）。完全由介绍所老板填写，来雇工的老板与老司只在最后用手指蘸印泥画个押。合同一式4份，甲方、乙方、介绍所、当地工商所各一份。合同里最重要的规定是：工资年终付清，每月只预发10%的月工资作为生活费。对老司们来说，这种支付方式并不是完全不可以接受，他们吃、住由老板包，平常忙于劳作，基本没有消费机会。如果因事需要，也可以以“借”的方式提前领取一份工资。对老板，这种支付方式则意义重大。第一，可以借此防止雇工中途退走，影响生产；第二，对这种小规模、周转快的作坊，每月少支几千元的工资，能省下大笔流动资金。这和“浙江村”的代销方式是紧密相关的。因为代销，“浙江村”内的资金除非到年底结账，平时没有一个停息的时间。

这样的工资显然难以按件计，但“浙江村”的老板并不担心。老板和工人同在转身都困难的小屋里做工，谁勤谁懒，手艺如何，一目了然。

合同还规定，老司的工资要在“年终扣回50元”。原来介绍费全由老板付，老板反映太高，但介绍所又不愿意降价，于是让工人也负担一部分。但让工人在介绍的时候掏钱又不现实，于是就有了这先请老板为工人“代付”，在年终的时候再从工资里扣回的规定。

1994年，“浙赣”一家就介绍了五六百人，其中80%左右去北京。按估计，全虹桥镇的介绍所一年介绍出去的劳动力当有3万人左右。

那么，各省的工人又是怎么源源不断地跑到这小镇的介绍所来呢？其中的关键角色便是前面提到的那穿皱巴巴西服的中年男子这一类人物了。他本是安徽的一位裁缝，平常在阜阳办缝纫学习班，从附近的农村招收年轻人。广告里就说得明白，不仅能教会裁缝技术，还要帮助找工作。经过三个月或半年的培训，他把学生带到这边介绍所里来。我碰见他的时候，他已经是第三次为“浙赣”介绍所“送客”了。这类人在介绍所这一行里称为“带班人”。根据1997年春节虹桥镇工商局的统计，有100多个带班人经常在该地活动。他们一次少则带四五个，多则十多个。

从雇工的老板那里收来的介绍费在介绍所和带班人之间做三七开。带班人要带人，而且老司在介绍出去之前的费用由他承担，所以拿大头。带班人的利润很高，一年轻轻松松来回跑，赚个十几万没有大问题。一个温州泰顺县（远离乐清的山区县）人，1995年靠带人赚了24万。他最早从自己家里带人，现在主要搞“跨省贸易”。他的名片上竟赫然印着：乐清市职业介绍所驻温州办事处主任。这完全是个子虚乌有的单位。我碰见的另一个女带班人，来自金华武义，她自己曾通过虹桥的介绍所去北京做工。从1995年开始做起了带班人，1996年也赚了四五万。先在北京干两年，然后去当带班人，是不少工人的梦想。为使“带班人”在招工人（学生）时更可信，劳务介绍所还将给他们提供“委托书”（参见附件3）。显然，由带班人联系起来的这个劳务市场，也是一个独特的流动网络，也有强烈的自我维持和扩展的能力。

这里值得一提的是当地政府部门对这个特殊劳务市场的介入。虹桥镇劳务中心主任告诉我：

> 以前政府没什么管理。91年出了一件事，一个四川女工和家里失去联系，家里反映到公安部门。国家公安部发传真到（温州）市里，问乐清是不是存在人口拐卖的问题。搞得相当紧张。原来是老板带人去乌鲁木齐做去了。这下我们意识到不仅

有外地人到本镇打工，还有这样带到外地去的，不管不行。

93年开始给介绍所登记发证，由工商主管。94年又由劳动局就业处管。但是怎么管也管不过来，到处都站着人，最多的时候有5万人站着等工作。每年都有工人家里的信来，纠纷很多。不同政府部门的管理到不了下面，集体性质的（介绍所）归工商局的企业股，个体性质的（介绍所）归个体股。政府觉得必须要统一管理了。

1994年开始建立统一的劳务介绍中心，算是政府的投资联合体（由几个政府部门共同投资兴建，由工商主管）。各个介绍所都要并到这个地方去。在年检的时候强行搬迁。

集中起来，管这么几件事。一是统一合同。过去有的介绍所的合同是自己订的，跟“劳动法”差得太远。第二是解决纠纷。过去人到外地，出了事没地方解决。去年我们调解了200多件纠纷，主要是工资没按合同给的问题，我们让老板补齐。其他的经营各介绍所自己做自己的。

现在重点要管带班人。要在劳务中心统一造册登记，并且和工商、劳动、公安联合办经纪人学习班，学完了办证，没证不许来。而且我们规定，带班人要和老主顾联系，不能看哪个介绍所给的回扣高就去哪里。原来的三七开是蛮合理的。带班人带了人来，直接给事先联系好的。现在有的介绍所为了拉人，就提价给带班人。带班人来了要挑价格，不一定和老主顾做了。这样出了事介绍所不愿意承担责任，说我们就赚这点钱，还解决什么？想推给带班人。可是你到哪里找这些人？很多带班人是骗子。他们到江西、安徽，把温州说得怎么好怎么好，骗过来。有的还和女工发生关系。也有的到温州和义乌的劳务市场上骗。带来的工人也不一定会做衣服，拉到介绍所，一看不会做，介绍所不要，他又不管了。所以我们要介绍所一定要和固定的带班人联系。如果他带来的人出问题，你介绍所要么自己解决，要么找带班人。这几条办法介绍所拥护。他们也不想互相抬价，也想和固定的带班人联系。

过段时间我们也想和（用工）老板联系一下，看有没有办法和工人出来的地方联合起来管。

主任在讲话的时候，两次被打断，要求他去调解一桩江西工人年终没拿到工资的案子。介绍中心根据合同把当时的介绍所的人叫来，很快就把老板找来了。三方开始了面对面的谈判。

从我的调查看，虹桥建立劳务中心，特别是中心的一系列管理办法效果不错。成功的关键，在于抓住了这个劳务市场的“网络”特征。比如控制带班人，强化带班人和介绍所之间的稳定关系。这是值得重视的经验。

从1995、1996年以后，“浙江村”又出现了第三种劳务市场形态：在“浙江村”做熟了的工人在北京租房而居，等待加工户来招募，自己给自己开介绍所。和温州的劳务介绍所不一样的是，这里只提供短期的劳务服务，一般只订三四个月，甚至只在老板最忙的一两天里去打一下短工。

这一市场形态的源起是“浙江村”内加工户之间对劳动力的互相调剂。在一个亲友圈内，大家生意忙闲的时间不完全一样。你忙不过来的时候我可能正闲，我的几个“老司”就先借你用。反正是固定工资，到年终我还给那么多就行。这让老司们一方面认识了老板的亲友，多少进入了“浙江村”的网络；另一方面，老司意识到了这里对短工的需求。从前面对异地服装生意的描述中，我们已经看到“出活快不快”直接影响生意。但是服装的季节性又很强，始终养着一大帮工人的成本无疑是高的。短工正符合加工户的这一需要。

乐清的“劳务集市”：个体劳务介绍所在这里租门帘经营，工人从全国各地来这里找工作，而工作又分布在全国各地

在后村的一个院子里，住了9个湖北和江西来的老司，6女3男。领头的湖北妹子以前曾在“浙江村”干了三年。据她自己说她就是这种“工人之家”的创始人：

> 老板亲戚生意忙的时候，就让我们帮忙，我们觉得不公平哩。当初合同上的工资是和你签的，你有多少活，我当然要做。你把我到处借给别人，那我受不了。这里的生意有时候好有时候坏，忙的时候忙死，闲的时候一点事情没有。我们过去过了年就到北京，前半年基本上没事。没活吧，老板就天天对你凶，觉得白吃他的饭。……工资一年拿一次，我们也不大喜欢。这一年要做亏了，老板就不给你那么多了。
>
> 我在这里做了三年，三年换了三个老板。我的手艺也算是可以的，老板的亲戚朋友都知道。我认识的“老师”（“老司”）也有不少。像现在和我们在一起的江西“老师”，是原来和我在一个老板家做的。去年（指1995年）我和我的朋友（指在“浙江村”认识的其他老司，也包括她的老乡）商量，干脆我们不要在过年的时候去温州了，等到了国庆前，自己来北京，谁有活给谁干，干了就拿工资。算件，做一件算多少钱。
>
> 现在9个人，6个原来给温州人干过。另外3个是我老乡，我才把他们带上来的。当然不收（他们的）钱！
>
> 现在干得顺。我觉得比过去好。租房子，找活都没问题。原来就熟么。我来了先找老的几家，他们都帮忙。

我1995年在大姊夫家见的安徽女工便为此类劳动力市场的一例。

另外还有两种新的劳务市场形式。一是在“浙江村”做熟了的老司直接带自己的老乡来。不仅给做过的老板带，也给老板们的亲友们带。老板适当给这样的带班人一些钱。这也可视为是一个新的

“劳动力链”。

再一种是把劳务介绍所直接开到北京来。据我所知，在“浙江村”里前后一共开了三家。第一家是在1994年在木樨园开的，但是据说丰台当时不给批执照，它用的是通县的手续，1995年的风波（参见第八章）一来，它也就销声匿迹了。第二家在邓村，得到了丰台区劳动局的支持。但是它在拉带班人、扩展劳务来源上有一定困难。同时介绍所和老板家太近，不管是老板有意见还是工人有意见，三天两头就跑到介绍所要解决，调解纠纷倒成了介绍所的第一任务。而这个介绍所和社区内的“社会”（大人物）联系又不紧密，解决纠纷时常常力不从心。第三家在高庄，在我这本书快写完的时候刚刚开办。借了一家在北京已经注册的劳务介绍所的牌子，算是它的分部。刚开张生意不错。

我们看到，这几种新的劳务市场形式也带着很强的网络特征，但比起劳务介绍所，它们的链条更短，效率更高了。这给虹桥的介绍所带来了直接的冲击。当地的介绍所从1994年的60多家，降到1995年底的23家，1996年降为19家。1996年才介绍了16 000人。1994、1995年，一个介绍所一年能赚20万，但到1996年，好的才赚七八万,一般的赚个三四万。但这在当地社会没有引起任何波澜。办介绍所的多半是家庭妇女、退休人员等，四五个人合伙做，搞股份制，人员的内部关系要比一般的家庭企业松散得多。几乎没有两夫妻、两姊妹一起办的情况。这一则是因为很少有人把它当作家庭的主业，都是各户的零散的人聚在一起办。再则介绍所最少也要四五个人，如果其中有太亲密的关系，会影响其他人的进入。一旦生意清淡，不少介绍所就迅速合并，有些人则退出，有的干脆关闭，谁都不觉得有什么。我1997年去的时候，马路两边不见一家介绍所，停办了的人依然风风火火，正琢磨着别的营生。这让我深刻体会到，自发形成的经济网络是如此伸缩自如。

资金市场

在温州话中，有关货币的概念，除了“钞票”，“资金”“资本”（“本”），特别是“利息”（“息”），也都是挂在老百姓甚至家庭妇女口头的词。比如“放利息”（指把自己多余的钱放贷），“吃利息”（意思和放利息相似，但是不如“放利息”那样强调殖息）等等。这些用语，及80年代初温州闻名全国的“私人钱庄”，都说明了温州人强烈的金融意识。

“浙江村”的资金借贷和流通有两个层次。一是在北京的“浙江村”内进行的，以亲友之间的短期无息借款为主；再一个是和温州老家联系起来，通过民间金融组织融资。

在言及亲友的意义时，几乎无一例外，“浙江村人”首先要强调亲友间在借钱上的便利。判断两个人在不在一个亲友圈内，用一个标准就可以：他们之间能不能借钱。

能否随时借到钱，对人们的生意影响重大。在“浙江村”，几乎每天都可以听见这样的电话通话：某加工户过两天要去河北等地进货，请与他合作的经营者（给他做代销的）把前段时间的账结了。但经营者不可能手头一直存着钱等着，要是一时没有，就要先向亲友借。如果经常在这样的时候拿不出钱，将直接影响到在生意圈里的声誉和今后合作范围的扩大。加工者也一样，如果经常要求别人结账，也会被认为“麻烦”而使合作受影响。

对大户尤其如此。像后面要说到的柜台“大转租”（参见第七章），只要能借到钱，高利润的生意基本上是不用本的买卖。李文虎1997年想在新建的东安市场里包租柜台，等他找到关系搞了两个厅的时候，离交租金的时间已经很近。他向三个朋友分别借了20万，30万和50万。这么大的数，今天晚上和朋友们说，后天就全拿到手了。按村里的惯例，这些钱一般以借一两个月为宜。李文虎一点不怕："我自己还有好多钱散在别人那里呢。也是朋友做生意给借去的。这一两个月我先把自己的钱收回来。再有，我和我的客户（即委托他做代销的加工户——作者）说一声，这一两个月的账不想结那么勤了。平常我们从来不拖欠的，偶尔拖一次，都是老客户，面子还是有的。"

"浙江村"资金体系的特点在于，其功能完全在于帮助资金的流转，而不在于融资。那么我们不免奇怪：这里为什么没有成型的融资组织呢？我们一定要意识到"浙江村"内另一个潜在金融体系的存在。以代销为典型，它不仅是一种关于产品的合作方式，而且造成了错综复杂、互相借账的资金链。大家都不太见到钱，但经营却因此而高效地运转。拿李文虎的例子看："代销的时间先后（指卖出衣服和与加工户结账之间的时间差），也是一笔钱，我从这里就能匀出 40 万左右的钱来用。这等于是个小银行啊。它不是你的，但全归你用。"这个"债务链"，解决了人们生产和经营所需要的基本资金，而显现出来的临时借款关系，无非是为了使总体的资金体系能更好运转的辅助手段而已。

一明一暗的资金流转，直接对应于系内的亲友圈和生意圈。生意圈走的"暗流"，亲友圈走的"明流"。

但也不是说"浙江村"里的人就不需要融资了。生意做亏本了的时候，就不得不靠借钱重整河山。这涉及"浙江村"资金市场的第二个层次：回家借。

回家借款有三种方式。一是找自己留在家中的亲友借。回家借和在"浙江村"不一样，虽然是亲戚，利息也是决不含糊的。但这一方式现在在"浙江村"中用得越来越少。

二是找"中人"。"中人"又分为两种。一种是职业性的。她们往往是四五十岁的妇女，依靠自己的关系网络，一边借、一边贷，两头利息不同，渔其差价。从这个渠道借的钱量比较小，息比较高。它的好处是比较方便，任何人都可以利用这一渠道。

另一类中人是朋友，主要当“面子”用。我知道你有钱，但我直接向你借说不出口，没什么可作担保，于是就找一个中人。这个人往往要具备三个条件，一是跟未来的债主关系还可以，能说上话；二是中人自己有一定的资金，让债主觉得实在不行了还能向他要；三是这个人在社会上得有一定面子，出了事有解决的能力。但这三个条件一定得组合好。比如中人是靠近借债人的，同时在社会上又是有一帮人的，债主就往往会犹豫。因为他担心如果借债人还不了钱，他甚至不敢去中人那里要钱。债主希望的是一个有钱又老实的中人。相反，如果中人和债主关系靠得近，那么债主宁可中人没多少钱，但越“硬”越好，借债人还不了钱可以采取非常手段。这种方式的好处是债额可以比较大，利息反而低。生意做亏了的人，一般通过前一个渠道借款；而生意有一定基础，想扩大规模的，往往利用后一种办法。两种借贷，利息都是一年一付，但在不同的年度之间要利滚利。利息的浮动和国家银行的利率调整相关性不大，而和人们所意识到的“社会形势”直接相关：生意好做了，利息就高；或者社会比较乱的时候，利息也涨。

回家借钱的第三种办法是通过当地的“会”。

“会”是一个在全世界范围内都相当普遍的金融现象，但是据我现在所掌握的材料，温州的“呈会”可能是安排最复杂的之一。

这里以张某在1985年组织的10人“5万会”为例。

张在1985年的生意做亏了，他和老婆趁春节回家召会。由他老婆出面，叫了10个人，参与操作的全是妇女。正月初九，摆了一桌酒席，把人叫齐，开第一次“例会”。此前张的老婆挨户走访，争取别人同意入会，同时要征求各人想排在第几个的意愿。她据此确定了三个位置：1，2号和倒数第二或第三。要被安排在倒数第二或第三的是她的堂妹，这是为了照顾她家里困难。同时越往后排的，赚得多但是风险也越大。亲戚比外人要相对不在乎风险一些。吃酒前经过一阵推让，堂妹安排在倒数第二。

在酒席上，用小纸条编好3、4、5、6、7、8、10，开始抓阄。在此之前认了1号的，过两天要送7250元来，2号的送6750，其余的人按抓阄抓到的顺序送钱，钱数按500元的幅度递减。堂妹要交3250，第十名也就是最后一个人送2750元。总共加在一起是50 000元。这是组织者一次收入的钱数，所以叫“5万会”。

过了半年，七月初九的时候，大家就都来到1号的家里。1号照例摆好一桌酒席款待“会友”。大家带来该交的钱：张的老婆带了7250，其他带的钱和上次一样多。这次是1号收钱，既然大家交的一样，她所收的也是5万。

再过6个月，到了1986年的正月，他们则聚在2号人的家中。这次轮到2号收钱。张的老婆给2号的钱，是一年之前（第一次聚会）2号给她的钱，6750元。除了1号，其他人还是拿出和过去给的一样多的钱。而1号则不仅要“还”给2号在半年前给她的6750元，而且要给她这半年的利息。在温州的会里流行的差不多都是2分的月息。那么$6750\times(1+0.02\times6)=7560$，须给2号7560元。

接下来就按这样的规则走。各家都轮着收钱，谁收钱就在谁家吃酒。凡是还没拿进钱的人，每次往外拿的是常数，像最后一名，就一直给别人2750。而凡是已经拿进过钱的人，则在下一次“还”给别人的时候，就要连本带利给别人。在实质上，这就是轮流借和轮流还的关系。张的老婆概括得好：“当你是借给别人钱的时候（指在没轮到自己收钱之前的每次的拿出），你都借出一样的钱；当你要还钱的时候，是一次还一个人的钱，要连本带利还给别人。”

我们可以用下面的表来说明：

表中的加号表示收进钱，减号表示拿出。对角线是每个人每次拿进的钱数。对角线以下的，是每个人“还钱”的情况。在每一行（即在每次的聚会上），大家还钱的对象是一样的，即这次收钱的人。而每个人要拿出的数所以不一样，是因为不同的人拿到这笔钱的时间有早晚。编号越是靠前的，他越是早拿到这笔钱，要付的利息也就更多。对角线的上方，表示的是“往外借”的情况。“——”号表示的是和上一次聚会（在表中即为同列的上一行）相同。

我们可以用下面的公式来说明在某一次聚会上某一个人拿进的钱，这能集中地说明整个会的安排：

$$\{\chi\times[(n-1)+0.02\times6\times\sum_{i=1}^{n-1}i]\}+\{\chi\times(11-n)-500\times\sum_{i=1}^{n-1}i\}$$

整个式子分成两部分，前一个花括号里表示的是在每次收的时候，别人“还”的钱；后半个式子表示的是别人借给他的钱。其中，χ 表示这个人每次借给别人的钱，n 表示他的序号（但是要把组织者编为 0 号）。χ 和 n 有固定的关系。比如在“5 万会”中，$\chi=2750-(n-1)\times500$。所以会出现“0.02×6”这个常量，是因为每月按 2 分息算，每 6 个月算一次。

费孝通在《江村经济》里为我们描述了“摇会”的情况。摇会和呈会的根本思路是一样的，即大家轮流储蓄和还钱。组织者会得到特别的优惠，而其他人则尽量平均受益。在每个场合，所有会员也可以被分为两拨，一拨是过去已经拿了钱，要还钱的，即还债者；另一拨是还没拿钱，要往里面加钱的，即储蓄者。摇会和呈会最大的不同在于：（一）呈会每次是针对一个人的，还钱人的心里很明白，这次是要把某某人的钱连本带利给还了，储蓄的人心里也明了，这次把钱给了谁；而摇会则是针对“众里”的，相当于他们组

呈会的收支

时＼人	张	1	2	3	4	5	6	7	8	9	10
1985.1	+50 000	−7250	−6750	−6250	−5750	−5250	−4750	−4250	−3750	−3250	−2750
1985.7	−7250	+50 000	——	——	——	——	——	——	——	——	——
1986.1	−6750	−7560	+50 310	——	——	——	——	——	——	——	——
1986.7	−6250	−7750	−7000	+50 750	——	——	——	——	——	——	——
1987.1	−5750	−7820	−7130	−6440	+51 140	——	——	——	——	——	——
1987.7	−5250	−7770	−7140	−6510	−5880	+51 300	——	——	——	——	——
1988.1	−4750	−7600	−7030	−6460	−5890	−5320	+51 050	——	——	——	——
1988.7	−4250	−7310	−6800	−6290	−5780	−5270	−4760	+50 210	——	——	——
1989.1	−3750	−6900	−6450	−6000	−5550	−5100	−4650	−4200	+48 600	——	——
1989.7	−3250	−6500	−5980	−5590	−5200	−4810	−4420	−4030	−3640	+42 890	——
1990.1	−2750	−5720	−5390	−5060	−4730	−4400	−4070	−3740	−3410	−3080	+42 350

成一个共同基金，每次已经拿了钱的人把利息付给基金，每次要还多少也是固定的。（二）摇会的基金总数每次不变。这样，越往后，交利息的人越多，还没收到过钱的人要往基金里加的数也就越来越少。如果把摇会也做成像上面的表，那么对角线之下将是一样的，而对角线之上则按列变化，越往下，数越小。也就是说，每个人要交的钱随着时间推移越来越少，但是所有的还没拿到钱的人，交的数是一样的。

如果完全从经济的角度看，呈会比摇会有更多的优点。首先是它的思想方法简单明了。在费孝通所举的例子中，每个人每次都应该收 70 块钱，但到倒数第 4 次的时候，聚会中将收到多于 70 块钱的数，从而又要想办法解决这个问题。更重要的是，正如费孝通已经指出的，摇会没办法让人在事先明确地安排用钱的计划，而呈会只要在第一次聚会上一旦抓阄或者协商决定，每个人都能有个谱。比如能找到放贷的地方的，或者手头缺钱用的，就会要求拿头会，而像前面所说的家里比较困难，则正好“往后去”。

更让人深思的是，呈会的背后恐怕也表现人们对人际关系的另一种理解。它不强调多个人之间的“公共性”，而是要突出每一个人。每个人都清楚自己的利益在哪里，而且每个人所获利益之间的差别也都是可计算的，下次若再聚在一起，就可以以其他方式补偿。温州人很不愿意接受一个模糊的“公共”概念。既不接受模糊的“公共”概念，但又意识到大家必须聚在一起，这也启发我想到“关系丛”。

呈会还能被更加复杂地利用。组织呈会的人并不再是需要帮助的人，参加者也并不限于要来帮助他的亲戚朋友。组织会的目的是要组织到资金，再往外贷，成了一种“农村金融家俱乐部”。比如一个人手里有不到 3 万块钱，拿这点钱是做不出什么名堂的。要是她参加了一个“5 万会”，又拿的是头会，那么她在付出了 7250 之后，半年后就拿到 50 000 元。钱一到手，马上按 2 分半，或者是 3 分的年息转给别人。到第三次给会里交钱时，她从她的债主身上收到的钱已经足够她在会上交钱。在温州，人们以“盏”称会的个数。我常常听到人们互相问这样的问题：你搞了或者是参加了“几盏会”？一个人越是多参加“盏”会，也就意味着她越能调用大量的资金。这是上面所说的职业“中人”的一个资金来源。

在80年代中早期，从呈会和中人的形式中又曾演化出“抬会”，对入会的人诺以奇高的利息，高到1毛甚至月息都到几毛。“抬会”之“抬”，即言其利息不断被“抬高”之意。“抬会”发展出类似传销式的金字塔结构。高层的组织者掌握着多拨人（多个会），西墙补东墙，开始还能兑现所许诺的利息，到一定时候，塔尖上的人卷起资金逃跑，或者中间某一须付款的人逃走，整个系统崩溃，社会大乱。全国曾为之关注。刘泽波1983年的“会倒了”，就是这个会。

“家”还是“家乡”？

到90年代的后半期，“浙江村”的流动态势已经从“链式流动”发展到“集体流动”（mass migration）。“集体流动”这一概念最早大概由彼得森提出（Petersen，1958），意指当某地区少数人开了迁移的先河之后，这一迁移行为将在该地区半自动地持续下去。在集体流动中，决策并不来自个体对成本—收益的计算，而来自一种“社会惯性”（social momentum）。刘泽波说：“我们总觉得北京是块肥肉，开始不愿意让太多的人知道。但到87年，就再也瞒不住了，人们纷纷上来。”根据1996年虹桥镇的统计数字，该镇共24 581户，88 293人。劳动力33 567，外出10 429，出省的9720人。

钱建陆，91年出来的时候已经五十有六，他说得有意思：“91年的时候那么多人往外跑，他们连说话的口气都变了！过去问他们出去做怎么样，都只说过得去，生意难做。赚了钱也不愿意说真话。

好像怕你上去抢了他生意似的。现在不会了，有的还反过来，明明亏了钱，还说自己赚。因为你要说亏，大家都觉得你没本事！别人都赚，你怎么就亏了呢？”

集体流动把老家和北京的“浙江村”更直接地连成一体。上述资金市场、劳动力市场的形成，和两地间的这一联结是分不开的。

1994年春节我回乐清，先住在和我一起回温州的“浙江村”朋友的家里，朋友是虹桥镇钱家垟村人。这个村共有200多户，近千人。到1994年，全村共有600多人在外经营。其中80%去北京，其余的在石家庄、太原等城市从事服装与布料产业。但在这个朋友家里，我实在无法和他的生活接轨。他每天睡到中午12点多，吃了饭出去逛，搓麻、看录像，无所不玩，一口气撑到凌晨四五点。而我这个朋友在“浙江村”差不多也是个“工作狂”，他来之前就说“回家就是好好生活！”要以此补偿一年来的艰辛工作。

稍微年长一些的也差不多，不是到镇上和县城聚会，就是在村里串门，也是搓麻喝酒一套。聚的人都是年轻时候的朋友（同龄群），现在在全国各地做生意。之所以要到镇上或者县城，是图那里的娱乐设施好。1997年春节，一位因为连着吃了十几天的酒，最后胃病发作以致吐血，住进医院。

不得已，我只能搬到一户“留守人家”住了两天。这户人家5口人，大儿子上了大学，小儿子正读高中，也是一心奔着大学。主人解释说：“我们家有点特殊。年轻的都在上学，我们两个先得把孩子培养出来。”儿子说：“我们要不上学，肯定也就跟他们（指出去的同龄青少年）一样了。”

这家人一天的生活倒使我对“浙江村”与源发社区之间的关系有了更自然的理解。

早6点，女主人做好早饭，到镇上的工厂里做工。她并不是那里的工人，但经常进厂打工或从厂里接活儿。如果一个月的活儿都能接得上，可以拿 500 元左右。男主人在村里开水泥船，昨天他刚从西头的柳市镇买了一船的砂石运到虹桥，卖给一户盖房子的。今天没活儿。

上午，邻村的一个堂妹过来托男主人借 3 万块钱，为的是让自己的儿子与人合股去绍兴柯桥做布匹生意。进柯桥做生意，资本一般都要上百万。堂妹的儿子打算与另外 5 个人合伙，一股 50 万，共 200 万。光是钱怎么个带法就商量了半天。

男主人跑到女主人的弟弟家去借。利息是每月 2.5 分。因为去年柯桥的生意十分红火，家家大赚，所以说要去柯桥，借钱还是不难。中午，女主人的弟弟主动把钱送了过来。

下午，男主人的一个侄子来玩。他 1991 年初中毕业，试着考了一把高中，没考上。要跟邻居去北京站柜台，但他父亲认为他年纪还小，不同意。“现在别人十几二十的赚大钱的多的是，我都干了两年了，还说我不行！”他抱怨其父的保守。

晚饭后，邻近的一对夫妇过来聊天，讲起昨夜里村东桥头打架的事，原来两家在北京因经济纠纷结怨，回家便各招一班人马，拼一胜负。

9 点多，一位在拉萨做服装的远亲来聊天，——他也是来托男主人借钱的。这么多人想通过几户留守人家借钱，一则是因为留守人家自己没有太大的投资，在他的关系网络里能动员出更多的资金，二则留守人家比流动户稳定，出了事不怕找不着。

有意思的是，这个村的村委会主任（村长）和村党支部书记也在北京。

村长钱阿木的流动经历我们在前面已经提到过（第五章）。他 1984 年刚刚上任不久，表弟就劝他能出去还是出去，村长觉得可以试试，问乡里，乡里说只要任务完成得了，出了事能交代，就没问题。11 月，晚稻收割完毕，布置好冬种，这位村长就去了北京。过年时回家，过了年就备耕、春耕，又出不去了。“那几年就是这样，自己一个人，趁着两个月的农闲到北京跑一趟。”

他同时让家里的孩子学裁缝，1987 年举家来到北京，从那时起他基本上每年回家两次：一次是 3 月，要抓村里的早稻征购任务，一次是 11 月的党员民主评议。

钱阿木出去以后，他几次提出辞掉村长职务，村委会的其他人都不同意。他们说，大家选你，就说明你干得好，当不当村长和出去不出去是两码事。到 1995 年，村委会的 7 个人中有 4 个长年在外面。全村十几名党员，只有三四个在家里。

一个乡土社区，多少代人生于斯、长于斯又埋葬于斯。就如同在一个篓子里，装满螃蟹，它们相互纠缠，形成自己的一套牢固关系。如今，这篓螃蟹大多到外面去了，是不是这个社区也便成了一只空篓？是不是“村”只是作为地域的概念而失却社会学的意义？

要回答这个问题，最简单的办法是观察这里的“公共事业”。

首先，村的行政组织没有瘫痪。在北京，村干部一年要开一次到两次会，由村长召集，商量计划生育、村里做“三面光”水渠、做路、水田做丘引，和在家里没什么两样。平时，村里总要留一个副村长，遇到什么重大事情就往北京打电话。

钱家垟原先的小泥路连拖拉机也开不进来，很不方便。1992 年，人们就提出应该修路。1992 年底，村委会开会决定在 1993 年农历 11 月动工，而且规定：村支部成员、村委委员与全村党员在动工期间无论身在何处一律回家。

后来，村长和书记在北京商量：农历 11 月天气寒冷，不利水泥浇盖，修路应该提前到阳历 10 月。一入秋，他们便通知在京的几个干部一起回村。在石家庄包柜台的房屋规划员也被叫回来了。阳历 10 月刚好是服装销售的旺季，而村里的工程要持续两个月，经济损失将会很大，村里人过意不去，打电话让在内蒙古包柜台的民兵连长回来接替规划员的工作。村里本想支付他们两人的来回机票、误时费用及工程期间的劳务费，但他们分文不取，说这是村里公共事业，作这点贡献心里也高兴。整个工程期间，村干部没有拿一分钱报酬。这条路长约 5 公里，投资 20 万元。

1993 年，村里又翻建了小学，共集资 5.7 万元，其中在北京募集了 2.1 万，而当时北京的资金相当紧张。其实村里募到的那 3.5 万元也是在北京的人以往寄回来的。现在还有不少孩子留在村中老人身边，钱家垟人知道，把家里的孩子培养好，是一件要紧的事情。

我去的头一天，正值村委会清账。去年，"上头"一度说要取消房基费，后来又要，村里便只好先用公积金支付。公积金的构成与各户应付的房基费比例有出入，这笔账要清。上午算好账，下午选派了 3 个群众代表，由会计拿着账本挨户收费，群众代表付费，村长说："村里的账每年要结一次，这必须清楚，要对大家负责。"

钱家垟现有水田 625 亩，大部分都已出租给从江西、四川和里侧山区来的农民耕种。几年前，除农业税、征购等外，承租者还要向出租方交纳两三百斤谷以作口粮。从 1992 年开始，出租方不再要口粮，而且每亩地每年倒贴给承租者一两百元作津贴。1993 年底，村里决定动用修路留下的部分公积金，加上村土地出租的费用，让外出的村民不再为土地付出，也不从土地获取什么了。对本村依然务农的人家，村委会的态度是能转产的尽量让他们转产，并免去他们的各项集资费。

在公路边，我看见一幢很豪华的住宅楼正在施工。它占地 400 多平方米，共有 4 层，4 扇铁门彼此独立。人们告诉我，这是村里 4 户人家联建的，其中 3 户在北京"浙江村"，另一户在家做贩猪生意。他们每户投资达十几万元。一户主人对我说："我们赚了钱当然要把房子盖在家里。我们出去，别人在家贩猪，跑运输，这是各有各的道。我们总还是一个村的人。"

全村最早到北京，现在生意做得最大的钱荣光，近年倒未在家里盖房，但也捐出 3 万多元为村里修了一条水泥路。

1997年在永嘉县的一个村，我应邀到村庙里看了一出戏，是一个在北京的加工户请的戏班子。他1995年被帮派抢了一次，春节期间天天到村庙里求佛保佑。1996年时来运转，赚了一大笔，特意以这种方式谢佛，也请大家的客。不管是在外面碰上坏事还是交了好运，都要在老家做总结，企求改变命运。

1994年，我问3个村民相同的问题：“你以后还打算回来吗？”回答都是斩钉截铁的肯定。进一步问“回家干什么呢？”对方却都无一例外地陷入了茫然。一个说：“那是老了的事。”一个说：“在外面要真混不下去了，回来的事回来再说吧……现在当然是不回来的。”第三个虽有些文不对题却是言颇及义：“我总是觉得家里好。虽然前几年春节都没回来，但平常进料什么的，我也都绕过来看看。我的父母和孩子还都在这里。”

这3位被访者的茫然神情提出了一个实实在在的问题：如果真要返回，在村里能找到现成的经济机会吗？

钱家垟村现在仅有10来户人家还在经营家业，其余的土地均已外包，剩下的，有十多户做母猪生意（从上海养猪场贩到虹桥，等于开设一个小型的母猪市场）；3户购置了拖拉机，搞运输，服务对象多是本村及邻村的厂家和翻修住宅的居民。村里有3家杂货店，全都开在104国道边上，不但满足本村村民生活需要，很大程度上也面对过往客人。其中两家杂货店的主人有轻度残疾。

村里有4家企业。一家在名义上是村办的，其实为6个村民合股，开办于1982年。现在，这6名股东的家属全在外地，股东几个轮流在家“值班”、管理企业。前面提到留在家里的副村长，即由他们轮任。另3家企业为私营，厂主都是从县城或镇上工厂里辞职或停薪留职的本地人，工人基本上是外村与本村“出不去”的村民。由于厂子效益并不太好，所以做工并不是个好行当。现在不少从外省或本县山区来的农民，“男耕女工”，男的包田种，女的做工。

村里现有的经济格局中，除了维持生活基本需要的小商业外，并没有真正的社区所有、社区经营的二、三产业，整个村的经济中心已大部分外移。

乐清的一位干部曾在北京“浙江村”对我明确说：“这批人可不能回去！不说别的，他们回去了乐清的街上挤不下这么多人，就业解决不了，他们没事可干，还不把你闹个天翻地覆？治安就成问题。我们那里本来就人多地少，交通不便，出来一些人是应该的！”

从事实上看，人们很难再返故土，但大家在观念上还是念念不忘“要回来”。房子盖在家里，积极发展家里的公共事业，只有在这里才感到在真正地生活。流出地对他们既不是“家”，又不是“家乡”。是意识中的“家”，但在事实中又更像“家乡”。这一事实与观念的脱节，怕也是当今中国人口流动中的一个特色吧。

改造家族

前面说的是流动对流出地社区的影响。那么，集体流动对中国农村社会的另一个构成要素：家族，又有什么影响呢？

首先，和我们想象一致的是，家族在链式流动和集体流动中发挥的作用不小。钱家垟以钱姓为主，分三房；其次为贾姓，贾家不只一房，但由于各房的人都不多，婚丧嫁娶各种仪式都在一起做；第三姓杨，是单房。村里人告诉我：

> 杨这一族是近年来在村里发展得最好的，在村里没出什么不好的事。人旺，他们年轻人多。生意做得大，“经济好”。
>
> 他们家族下面的子女比较平衡。年龄、能力差不多，没有特别困难的。这样他们带出来的人就多。钱家只带些自己的兄弟姊妹、小舅子、姊妹夫这样的。因为你自己对外面也吃不透，

没把握。杨就敢往外走。在家里的人问亲戚外面怎么样，亲戚说话的气也足。

小姓的人出来是困难一点，借钱就不容易。二三十岁的才说朋友朋友的，四十多、快五十的主要还是靠亲眷。真好的朋友能有几个？亲眷多啊。找同村的借钱，也会给，但大数就难了，自己说不出口。

他所说的“平衡”给我留下深刻印象。家族对流动的影响，不仅在于其大，也在于其结构。

人们常常问我这么一个问题：来“浙江村”的人到底是在老家有能耐的，还是原来的平庸之辈呢？北京人往往认为，这些能来首都，而且赚了不少钱的农民肯定是当地的精英。而温州当地的一个干部则认为，“都是在家里干得不好的才走的！”

虹桥河深桥村比钱家垟出去的人少一些，可能更接近于一般的流出地社区的状况。新选的村长告诉我：

我们全村527户，1957人，耕地1005亩，是虹桥最多的。50%多在外面做生意。除了去北京的，大部分人在柯桥，有三四户在西安做蜡烛。还有几户在西藏。他们效益不错。出去和不出去的哪个厉害，很难说。像最早出去的，我觉得是比较厉害的，他们有这个胆量。现在他们也都做得比较大。但是最早在自己家里办厂，或者到镇上生意做得好的，也很厉害。出去不出去看家族和亲眷。你亲眷出去多的，你也就出去了。……每个族里都有厉害不厉害的，不好比。还有在外面做了几年又回来，和别人一起办厂的，干得也不错。但是有一点，出去的发展得快。现在在虹桥做生意越来越难。要技术，资金也要特别大。穷苦的，能力一般的，还是出去得好。

可见，由于家族网络在经济发展中的作用，流动和分层没有直接的关系。但温州那位干部的观点也不是一点没有根据。在家里生意做亏了的人，往往把外出看作一条退路，因为外出所需要的资本量明显要小。河深桥村的前一任书记“犯了事”（在批宅基地的时候收受贿赂，被镇组织部免职），也放弃了在家里的产业，跑到西安做服装生意。跨越边界的社区的形成，增加了人们的生存和发展的机会。

按过去的“流动促进现代化”的观点和我们的直觉，外出应该削弱家族关系和观念；但家族又在流动的过程中实际上发挥了重要作用。那么，究竟该怎么看待彼此的关系呢？

首先应该指出的是，对流动发生影响的家族，和严格意义上的家族已经有很大不同。我们原来说的“家族”，不仅指同族的人，而且包括家族内部的等级结构，它的一套规则。但是现在的家族，主要是指它的网络关系。用一个“浙江村人”的生动的说法，是在用它的“印”。“印”是“明显的痕迹”的意思。比如一个盛热水的水杯子在塑料布上烫了一个圈，这个痕迹叫“印”。在用“印”这个字的时候，人们并不强调痕迹本身，而是要强调“曾有一个水杯在这里出现过”——“你看，印还在这里呢！”对人们的流动有直接影响的乃是这个家族之印，精确地说，是“家族关系”，而不是家族本身。

再有，家族关系也不是唯一影响流动的因素。社区关系（“一个村的”）、姻亲关系，对流动的作用同样很重要。尤其是姻亲，它往往是合作关系形成的基础。

但是最有意思的是，近年来农村中家族观念重新抬头的趋势和流动行为结合在一起，导致了“改造家族”的行为。

永嘉西洋村的周家，本来是三房，70 来户。大房最多，28 户；二房 25 户；三房最小，15 户，而且人马不“崭”（能力不够，不整齐）。族中的大部分人都出去了。1992 年建周氏祠堂的时候，一些老人提出来，把周家三房的人重新打乱，分成三“班”。把能力好的和不行的搭配，把出去的人多的家庭和在留守的搭配。族里的老人向我解释：“不搭配，事情干不成。活动要组织，要去凑钱，没能力你钱都讨不来。有些房大部分都在外面，对村里的事情知道得很少，没法组织。不同房之间容易有矛盾，这一房说那一房笨，那一房又说出去的人自私。”一年中家族的主要活动有三起。一是十月十九本地佛的寿诞；然后是清明，周家的坟都在一个山上，大家一起祭完太公，下来吃酒；再一个是正月十五划龙船[①]。划龙船时，各家族要做好准备，凑钱买好各类食品、礼物放在祠堂里，等“龙船”划过来分给他们。所有的活动，都由三个班轮换“做头家”（主持）。如果今年是这个班中的这个家庭主持，那么三年以后就是该班中的另一户做头家。对家族的改造也带来“竞争意识”。原来是第二房，现在被归入第一班的一位老人和我说：“现在大家都‘硬气’起来，比如去年清明，65岁以上的老人，酒白吃，不用掏钱。今年做头家的这班肯定也得这样，否则让人笑话。”

他又带我去看村里供本地佛的庙。小小的庙宇，人却很多。老人告诉我，原来每个月的初一和十五，妇女们都要来庙里拜佛。现在外出户多了，平常来拜的人少；正月回家，庙里就显得分外热闹。我问老人对这“平常不烧香，正月抱佛脚”有什么想法。老人很开通：“这没什么，本来也是搞搞热闹。你在外面不能来拜，这是没办法，佛还会保佑你的。现在也好啊，你看他们回家来的，送的供品比平常的要好多了。”

和西洋村改造家族相似的是前三房村的划龙船仪式。他们把全村的户分组，12户一组。谁和谁归为一组由抓阄决定。所以每组也

---

① 划龙船不是端午节的赛龙舟，在形式上和“舞龙”差不多，也称“滚龙”，是一项社区性（而非家族）的活动。

既有外出的，又有留守的。各组轮流主持。在庙上准备好各类仪式所需的道具，向全体村民凑钱，并负责把龙船划好。谁划龙船在原则是全村人自愿的，广泛参与，但是主持的人要负责秩序。主持了今年划龙船仪式的，在平时还要负责对庙的管理。这一办法，保证了在人口大量外出的情况下，社区的传统仪式能顺利进行，并且防止了外出户和留守户出现彼此的文化隔阂。

该村的书记告诉我，家族势力现在对村里工作的影响很小。现在村里的公共事务和私人事务分得很清楚。村里只需负责修水渠、修路、小学建设等公共设施建设。这些事情家族没有兴趣插手。其余的事各户负责。调地是其他地区农村的大问题，但在这里已经有四五年没调了——根本就没人提起这回事！该村委会的几个委员也都在北京做，感到村里的工作很轻松。

去北京十多年的周年滔的父亲于1996年10月去世。周年滔兄弟，除了一个在美国的，其余的从各地回家操办丧事。他一定让我看他父亲殡葬仪式的录像。整整长达两个小时。来了500多人，远远超出了家族的范围，其中还包括现任的镇长和村里的主要干部。一会儿痛哭流涕，一会儿吹吹打打，一会儿又在酒桌上喜笑颜开，既热闹又复杂。这并不是周在摆阔，他也有他的难处："你原来一个族的是不是要请？你到外面做生意有的关系搞得很好的，要不要请？回来有什么事经常求镇里的领导的，你要不要请？不请都不行！"事实中并不是家族成员的，也都被编入了家族的仪式中。

人口外流和家族的关系，与它和社区的关系相似。家族为流动提供了关系网络；同时，他们毕竟需要操作一些文化仪式来强化他们流动中的关系，毕竟需要一些仪式来表现他们对生活的理解，于是家族的"印"又成了他们的依托。我们固然不能说流动使家族消失了，但是我们也不能说流动使家族强化了，最重要的，还是他们"再造关系"的实践过程。

生活体系

1988年前后，“浙江村”形成了自己的生活服务体系：自己的菜市场、自己的饭馆、自己的幼儿园、自己的诊所、自己的理发店……这在各类移民聚居区中，是个普遍现象。有意思的是，“浙江村”里这一套系统是怎么产生的，又是怎样维持的。

菜市场

1988年，马村形成了第一个温州人自办的综合菜市场。它的所在地本是马村的打场，农业日益萎缩，打场一直闲置。

早在1988年以前，就有人在打场附近摆摊卖菜，到1988年的时候已颇具规模，有近百个摊位。马村村委会从农民房屋出租中受到启发，也开始对这些自发聚集的菜摊收“摊位费”，但是效果不好。一是温州人也不认这个理，不愿意交；再一个马村开始的时候自己没经验，要一月一收，可是摊主不是天天来，人们更不愿意交这冤枉钱。这时时村（马村所在的行政村）提出应该对这片市场进行管理。马村采取了一些措施，但也不得法。1988年下半年，一个乐清大荆人找到马村村委会，提出要把这片空地统一包下来，统一管理，得到认可。他自己出资搭起了一圈简易摊棚，无非是用一些木棍、木板一搭一绑，再用塑料布铺在上头，分出各摊的界线来，总共有四五十个摊位。然后他又把这些摊位分个租给原来的经营户。他为什么能“搬”得动这批卖菜的，让他们愿意进他的铺子里经营，把租金交给他，一个后来在这里卖菜的这么解释：

> 老板是大荆人，这里卖菜的多半是大荆的山区里来的。他最早收的租金和马村要的差不多，大家当然乐意，怎么说有个

盖子，下雨天总不用挨淋了。他一年一收，每年不一样。到 91、92 年，很多人想进来（经营），租金越来越高。反正靠外一点的（摊棚）现在一个月合着八九十。

到了我进入"浙江村"的时候，菜市场早已溢出了原来空地的范围。有的菜摊子甚至一半摆在北京农民的房门内，一半摆在街上。菜市场成为整个"浙江村"最繁华的地段。倒火车票、飞机票的也都在这里交易。

1992 年，后村和苏家坡的交界带上出现了"浙江村"内的第二个菜市场——后村菜市场。不管是在外观上还是经营方式上和马村的都很相似，只不过不如马村的大，菜也没有马村多。两个菜市场不仅在地域上有不同的针对性，在档次上也形成区别。

1993 年，我连续三次跟乐清在丰台区联络处的一个办事人员去后村菜市场买菜。他总看似不经意地在一个卖皮皮虾的摊前停下来，随便地问："怎么样，还好做吧？——好的搞两斤。"卖主回答："还过得去。"然后从盆里挑皮皮虾。用秤称完了，"12 块，算 10 块吧。"办事员倒说："那不行，12 就是 12。"

那时候还刚是农历 8 月，并不是吃皮皮虾的好季节。他说："那是我亲眷。家里不好搞（困难），都到他摊前了，当然要买一点。他也不会把太坏的给你。"这话不假，我们买来的皮皮虾在这个季节无论如何该算是很不错的了。

因为这层关系，我开始了解到这卖菜的营生是怎么个做法。这位卖皮皮虾的亲戚和我说：

我是大荆的，家里一直是种田。我族里有一支[①]搬到清江

---

① 支，房或者房内的分支。

自发形成的菜市场

去，他们好几年前就到北京来做衣服了。91年春节我们家族里搞祭太公，碰在一起。说从我们5辈前的3个太公传到现在，人丁是很兴旺了，就是经济上还差一点。清江这一支的经济比我们要好。他们中有两三个人都跟我们说，去北京不错，这里卖菜都蛮赚钱。

我和我这一支的两个亲眷一起来，来的时候这里的菜市场刚开，我们三家的摊租在一起。开始我们带的本都很小，不能去外地，每天早上骑车去红桥买，快到晚上的时候再去买一次。晚上想买点便宜货，比如一些小黄鱼掉了头的，虾有点不新鲜了的，拿回来就在村口上再卖一会儿，也能卖几个钱。也是三个人并排站着卖。但我们的账是分开的。

到了去年，“浙江村”里的人也有钱起来，不好的菜越来越难卖。而且从红桥进东西再到这里卖，怎么也只能赚个吃饭钱。我们三家商量要合起来包车，到天津进。算了一下，觉得三户人不够，本也不够，就把我在家里的堂兄也叫来。他又带了一个朋友，现在是这样5个人一起弄。

我们差不多每天都要去天津。一般是堂兄和他朋友押车。他们的文化比我们好，比较活。每天摊在每个人身上的钱最少要个五六百，多的时候要上千。和过去比起来，赚头是要大多了。过去每天早上要自己垫的钱有两三百，赚几十块钱，现在不止。

这里所谓“每天早上要自己垫的钱”其实指的就是流动资金。从两三百到五六百，这流动资金的量的增加幅度并不是很大，但是利润率的增加幅度却很不小。可见，几家人绑在一起合作，这条路是走对了。

每天押车是个累活，我问他们对堂兄弟给不给一点补贴。他说：

要给。本来挑不出去押车的人来。如果老叫一个人去押，给多少钱？让谁去？我们都是亲眷，都不想自己去。有人说每天轮。这也麻烦，路上的事情，天津的事情，我们一时搞不清楚的。刚好我堂兄弟的朋友来了，我们都让他去。他拿这点钱也没有太不好意思的，就答应了。如果没有这朋友来，我估计也就只好每个人轮了。我们这里（指菜市场上）就有这样的。我堂兄弟和他朋友去一次给100多块钱。这不是很清楚的。有一次他们有事都没去，我去了两次，可一分钱没拿。我们不会计较这个。

我又问他现在在“浙江村”和清江那一支的族亲的关系如何。

他们一般都到我这里买菜。我们5家人卖的东西不是都一样的，我卖皮皮虾、虾多一点，有的是卖鱼，有的卖乌贼。家里吃饭，一天一般买一两样海鲜，今天到我这里买点虾，明天比方说到我堂兄弟那里买带鱼。反正每天都能碰面。

平时来往多不到哪里去。他们做衣服，我们卖菜，没什么关系。我们生意上有困难也不会麻烦他们，我们自己几个人能商量。

某某（指联络处的办事人员）是我老婆的表兄弟，他这个人挺好，但也没有别的来往，主要是买菜。……当然是不太认识的人来买的多。不可能都靠亲眷来买，那可真要亏透了。

他所说的这种情况，基本代表了海鲜类的经营方式。以亲友关系组成共同的“进货小组”，成为他们在北京的核心系。亲友是他们的固定顾客，但主要的主顾还是陌生人。

除了海鲜，菜市场里还有两类温州特产。一是温州的咸菜和米粉制品（如米粉丝、米糕等）；二是各种干货，从各种中药材到龙眼、荔枝干到各种鱼鲞等等。这两类东西又分别有它们的进货方式。咸菜和米粉丝等开始是由一些温州本地的食品经营者用大卡车运来。我早晨起来散步的时候，经常看见这样的热闹景象：在马村菜市场和后村之间的一片空地上停着挂着温州车牌的大卡车，人们纷纷推着自行车、三轮车，或者拿着塑料桶和大篮子到车前买货。在温州腌好的咸菜都装在黑色的大塑料桶内，要买就买一桶。温州人所惯用的各种调料，像黄酒、酱油、醋（温州人认为温州之外的酱油、醋都是骗人的）等也是通过这个办法源源不断地从温州运来。后来，人们开始就地加工这些东西。1993 到 1995 年，在马村和后村菜市场的后面，就住了几家专门腌咸菜的。我所知道的最早自己做粉干和水蒸糕的是后村的一家。到 1997 年，我则经常能在村里遇见骑着三轮车，来回叫卖粉干、水蒸糕的小贩。他们多住在南顶村一带，那里至少有六七户人家加工这两样东西。由于他们的产品一部分是拉出去叫卖，另一部分是通过和村内的小饭馆的固定联系而销售，所以彼此也不形成明显的竞争，而且还互相帮助。

和大部分的南方人一样，温州人“补”的概念也非常之强，凡是在稍成规模的卖吃的地方，必有各类补药、补食出售。从各种人参、三七到一般的金银花、胖大海，应有尽有。温州人对干货也感兴趣，比如干的荔枝、桂圆、香菇等等。干鲞的价值甚至要高于鲜鱼。这些食品就由经营户自己从温州带来。比如让家里的亲戚帮个忙托运，或者让北京的亲戚回去办事的时候顺便捎来。我们常常在飞机场或者火车站奇怪于为什么温州人带的行李会如此之多，很大一部分是为不同的亲友捎带的货物。

1992 年以后，在“浙江村”的菜市场上经营的并不全是温州人。绝大部分卖蔬菜的和大部分卖肉蛋类的是河北和北京近郊的人。其实在“浙江村”未成规模之前，就有河北人在木樨园一带卖菜，为当地农民和居民服务。“浙江村”的菜市场出来之后，他们只不过顺势迁入其中。菜、肉的进货渠道，他们比温州人更为熟悉，而且所需资金不大，温州人并没什么优势。这批人，大概是最早和温州人同居一处的非温州移民。

“浙江村”的菜价比北京市面上普遍要高。北京人很少到温州人的菜市场上买菜，他们也坦言，并不是“吃不惯”的原因，实在是太贵。有意思的是，“浙江村”内的总体消费水平都要高于外部市场上的价格。这是不是和他们高效率的资金流通方式有关，我无力解答，但这个现象却也分明显示出“浙江村”在经济上自成一体的格局。

“浙江村”的菜市场不仅为本社区的温州人服务，很多住在“浙江村”之外的温州人也到这里购买海鲜，尤其是住在沙子口及崇文一带的温州人。他们所以不嫌贵，是这里的东西集中，温州人喜欢的各色东西可以一篮拎，像腌香螺、蛏、红酱鸭等，在别的海鲜市场上就见不到。菜市场成了“浙江村”和社区外的温州人联系最频繁的一个环节。

1995 年，大红门路边上出现了“浙江村”内第一个封闭式菜市场：江南菜市场。环境比两个半露天的市场大为改观，菜的档次也高。待 1996 年被驱赶的人们返回之后，又出现了橡胶厂菜市场（原来的国营橡胶厂亏损，停业整顿，将原来的一个大车间改成温州人的菜场）、果园菜市场、赛八龙等三个封闭式菜市场，规模一个比一个大。最后开张的赛八龙菜市场面临了竞争过度的问题，目前正在考虑如何转向。

饭馆

最早的饭馆基本上和菜市场是同时出现的。1988 年，马村菜市场的边上就出现了简易的饭铺，主要供应粉干、水蒸糕和面条一类，人称“米面摊儿”（米面是温州人喜欢吃的一种以米粉做的宽面条），还叫不上“饭馆”。

我才去“浙江村”的时候，除了联络处和温州人家里，主要吃饭的地方还有两个。一个是马村菜市场边上的米面摊。这是当时“浙江村”里最高档的饭铺，摆在北京人临时搭建的小屋内，有三张桌子，除了供应米面一类，还有汤圆、腊肉、腊鸭等，也卖啤酒、二锅头。这个饭铺的地理位置极好，正处在菜市场的进出口上。

我第一次去那里是刘世明带我去的。他和饭铺主人是亲戚，进门先问“姨公的身体怎么样了？”女主人回答：“不见好，中药还在吃……”“试试气功！我知道一个人，哪天介绍他过来看看。”说话之间，凡是铺子里有的东西全都已经摆上来了。身边的其他客人进进出出，刘世明一边吃一边忙着打招呼，跟其中两个还稍稍互相取闹了一下。吃完了，彼此之间也没什么推让，刘世明照样付钱。

此后女主人一见我就冲我打招呼，开始我还有些“冷不丁”的感觉。渐渐的，我竟也有了这种感觉：如果我要吃饭，在对我差不多方便的情况下，我“应该”到这家来。女主人50多岁了，是刘世明的上一辈。在饭铺同时做的还有她的女儿。女儿和她妈是一样的性格，快人快语，天生做小买卖的料。她告诉我：

> 整个“浙江村”也数我们在马村的亲眷多。最早来的是世明。也说不清是谁把谁带出来，回家说北京好做，（我们）都来了。我妈原来就在家里搞饮食业。他们都说在北京搞饮食业比家里赚得多。搞的人少啊。
>
> 我们大前年，90年来，来了就租这个地方。这里本来没有房子，是别人的家门口，我们不知道自己能不能搭个棚子做。去问世明，他替我们找到房东。这样搞下来，一个月租金180，是算便宜的了。
>
> 世明这人挺好。我们在这里做生意，多少靠他的面子。我们

这地段这么好，见了眼红的人不少。“浙江村”里又乱，搞饮食业的最怕就是这个。别人知道我们是他的亲戚，就不敢怎么样。

生意还可以，现在还有不少人想让我们把东西送到他们家里去的。我们想过段时间再叫个江西人，送菜送面。以后还想叫个炒菜老司，搞炒菜。

一年以后，他们果然多叫了两个人，并搬到附近一间大房子里去。生意一直很红火。

另一家我常去的是大红门路边上的一个小摊。那时候当地的街道办事处已经动起了赚温州人的钱的主意，在大红门路的 343 车站附近搭了一些三角铁的摊棚。小吃摊就摆在其中的一个摊棚里。

这一家也是母女俩一起干，卖的东西只有两三个品种。摊主对客人十分热情，见客人总爱问，原来家在哪里啊，现在住在哪个村啊，做什么的啊等等。这并不完全出于这位摊主的性格，我在别的摊上吃饭的时候，摊主们也差不多。但在温州本地，几乎没有摊主会跟顾客唠这些话。

这母女俩也是 1990 年来的“浙江村”。女主人的儿子和另一个女儿一起在村里做服装。男主人管全家的后勤，比如给小吃摊买菜买料，帮儿子做些服装上的杂活儿等等。女主人告诉我：“我们在这里的亲眷最少也有十几户。他们有来吃的，也不多。还是不认识的人来得多。北京人也有来吃的。……那几家（指附近的几家小摊）我不认识，各做各的。”

1994 年，刘世明请客的主要场所从马村的那家饭铺改到了新开的阿星酒家。阿星酒家在邓村，无论从规模上还是装饰上看，都已经和北京街面上的餐厅差不多。店的名字就是老板的名字。阿星是芙蓉人，和刘世明并没有亲戚关系，只是在他想开这家餐厅的时候，才算和刘世明成了朋友。至于如何成的朋友，从前面马村饭馆两年前的叙述里就可以断定，当然是阿星主动前去拜访，“听取刘世明的有关意见”了。

刘世明每次到这里吃饭，总会受到分外热情的接待。吃完饭付钱，又要和老板或者老板娘有一番热烈的推让——这是在他亲戚那里吃的时候所未曾发生的。不要因此认为刘世明冷落了他的亲戚或者他们之间出现了什么隔阂。刘对所有的亲戚都十分重视，路过马村饭馆的时候，他总上前问一两句，女主人对刘世明也依然是满嘴赞扬。他转移到阿星这里来吃饭，原因只有一个，这里比他亲戚的饭馆要高档。在“浙江村人”看来，如果以是不是经常去吃饭，来衡量照不照顾一个开饭馆的亲戚，是很荒唐的。阿星和刘世明之间搞得这么热闹，正是因为他们之间还没有形成比较稳固的亲友关系。

在阿星酒家，我还发现了赊账、打折以及送菜上门等服务方式。老板娘说：

> 有的住在附近的，一时来了客人，打个电话来让我们把菜送过去，这很多。赊账、打折，对回头客、自己的朋友，才搞这一套。打折是我们看大饭店里都这么搞，我们也学。赊账不多。赊账的其实都是挺有钱的，是我们让他们赊，比如好几次放在一起算。这么搞就是搞个亲热。干我们这一行，就是全靠朋友的。朋友带朋友来，吃出名气，生意好做。

1995 年的大清理中，阿星酒家也被拆除。1996 年，“浙江村”出现了至今仍是最高档的温州酒家。1998 年春节前夕，我正和刘世明在温州酒家的包厢里吃饭（刘世明这时已很少请客，主要是在别人请他的时候才出现，这次是我作陪），酒店的老板和老板娘一起进来，一副焦急的样子：“世明！就定在明天！明天中午还是晚上由你定。定下来我到时候去接。”刘世明笑笑：“算了吧，大家都这么忙。”老板娘：“哎哟！你怎么这样。老戴和你说了多少遍，我和你说了多少遍。这样聚一下怎么会没时间。”老板：“主要是伯伯！搞也就是想为伯伯搞。然后借这个机会，大家聚一聚。”刘世明有点勉强，笑着点点头：“好，明天中午吧。”老板和老板娘都似乎松了一口气。老板娘在临出门前又低声冲着刘世明说：“那个事情你先替我们打个招呼，说句话，到时候我们再去。”两人离去。

这里所谓的“伯伯”，指的是刘世明的父亲。酒家老板的美意是请刘世明一家，和陈存圣、高建平、付家天这几个“头面人物”吃一桌，表示春节的祝贺。至于老板娘的最后一个招呼，指的是和当地基层政府有关的事。

比温州酒家稍晚，又开了一家福明酒楼，其经营比温州酒家要逊色得多。知情人告诉我，主要问题还是出在老板身上，他不但拉不住人，还经常和别人闹矛盾。“经常来你酒店里吃饭的，都是朋友多的人，你和一个闹不好了，一批客人就都没了。”

开饭馆的在亲友圈和生意圈的构造上和卖菜的不一样。（一）卖菜的更多在同业之间构造核心系，几个亲眷一起卖菜，一起进货，而饭馆则很少这样。特别是到后来，饭馆和饭馆之间还有明显竞争。（二）但从另一方面来说，饭馆对亲友圈的依赖更大。我们从上面看到了三类饭馆：早期的小饭铺，早期的小饭馆，和后来的大饭馆。它们的共同特点是在这里有一帮亲戚朋友。在“浙江村”没有任何基础的人是干不了这一行的。但是不同类型的饭馆之间又有不同。越是早期小规模的饭馆，它的亲友和生意关系分得越清楚。越是大的，它的顾客范围越广，却越要把这些顾客都搞成“朋友”的关系。当然，它们的亲友关系的含义有不一样的地方。早期饮食业的亲友圈大部分还是以“自然”的亲友为主，而后来的则有更强的“拉关系”的性质。不管怎么说，人们并没有因为生意范围的扩大，而像我们所想象的那样，都变得“普遍主义”，把亲友关系从业务关系中分离出来。

理发店

温州人管理发叫“剃头”，我自己也一直这么叫。可是到了“浙江村”里，年轻人却不叫“剃头”，而叫“做头发”了。“浙江村”的理发店上也很少写“理发”二字，打的全是“美发美容厅”“发型设计行”一类的牌子。

如果仔细看看进出理发店的年轻人，实在难以把他们和“流动人口聚居区”这样的概念联系在一起。如果说前两年的打扮还在富贵之余有点土气的话，现在的“身体包装”直和港澳接轨。“北京人太土气”是他们经常说的话。曾有一位温州的女记者到“浙江村”采访，一个小老板见了她就说：“你这打扮不能代表我们温州姑娘的水平！”一个“浙江村”的年轻人一年的生活开支平均大概要 7 万到 10 万元左右。明白了他们的消费，也就自然理解了这“美发美容厅”的兴旺。

第一家理发店是什么时候开的，现在已经无从稽查，但早来的“浙江村人”肯定，到 1989 年左右，理发就不用到北京人那里去了。

我在马村路口上的一家理发店理过一次发。虽然我觉得太贵（简单的“剃头”要了我 10 块钱）而不再在“浙江村”理发，但有了这一次性顾客的身份，我却可以经常到那里坐坐。这里的理发店本来就是年轻人短暂聚集的场所，来的人不一定要理发。特别是在城里包柜台的年轻人，在早上或中午“出村”之前，或者是晚上从商场回来，路过时进来聊两句。和“浙江村”的别的公共场合稍微不同的是，生意上的事在这里不是聊天的主题，人们多讲点生活上的趣事。从彼此的互相调笑，到北京大街上新所见所闻，再到电视、画报上刚见的新事物，比如外国的滑板、攀岩一类等等。从这些聊天中，我既感受到“浙江村”里的年轻人和北京城市中的年轻人没什么两样，比如都爱时髦、刺激等等；但又明显感到他们对事物的主观评价又别具一格。比如，我从来没听说过他们对“北京人”的赞扬，相反，北京人在他们的聊天中往往是以不太聪明以至可笑的形象出现。

开这理发店的是一对兄妹，哥哥是“大老司”，做头发，妹妹帮着洗头、烧水、结账等。哥哥告诉我：

> 咱们老家这两年不是挺流行学剃头[①]的吗，我也跟同村的一个老司学。在家里开剃头店的太多了，我想来北京试试看。
>
> 我这个地方也是朋友让给我的。他们一家原来在这里做衣服，他说租这地方做衣服也浪费，就让给我开店。他们在北京亲眷多，房子好找，就搬到马村里面去了。我就替他多交了一个月的租金，什么钱也没给他。朋友么！
>
> 来这里做头发的大概有一半算是认识的吧。都是来了北京之后认识的。我这个人就是爱交朋友，都是年轻人，很快就熟了。……但真正好的朋友不多，像那把房子让给我的朋友那样的不多。要说出了问题能帮忙的，那要看是什么问题了，像资金啊，生活上的问题啊，叫亲眷和朋友都行。你说要有人来把店砸了，这种事情应该叫我朋友。这样的朋友有两三个，他们会去找他们自己的朋友。他们一帮人我都认识，来这里做头发一律白做。白做的有个七八个，十几个吧。没法说，有时候他们带新的人来，我也不收钱。有时候他们做了，一定塞给我钱的也有。

王春光（1995：164）在他的调查中也讲述了后村一家理发店成

① 做头发毕竟还是一个新词，当它和其他动词或者名词结合在一起的时候，还叫“剃头”。比如“剃头老司”。

功的原因在于朋友圈。店主的哥哥在后村做衣服，有一大帮小哥们，这都成了这家理发店的常客。虽然每次她不好意思收他们的钱，但他们绝不会让朋友的妹妹无偿劳动，反而往往多给钱，所以不但没损害她的收入，反而使她的收入比其他理发店高。

“浙江村”现在最高档的理发店叫“东方发型城”，老板卢连德才30出头。

> 我1986年来这里，十几年了，朋友相当多。我在王府井包柜台的时候，经常去那边的“丽波”理发店做头发。那是全北京市最好的。我的朋友卢建东，经常到西单的美发厅理发，觉得不错，还经常带朋友去。我想，如果在“浙江村”开这么一个真正高档的理发店应该会赚钱的，只要名声做出去了。
>
> 这里的地皮是大红门街道的，从1995年6月份开始租，一年6万，前3年不变，以后每年递增，到2000年加到8万。一开始投资有30多万，我和卢建东各投一半。

当卢连德刚租下来的时候，一半做理发店，一半做台球厅，后来理发店的生意蓬勃发展，干脆把台球厅也改成了理发厅。在二楼又加盖了一层，当作员工的宿舍。所有员工的吃、住理发店全包。

卢连德确实适合干这一行。在我看来，他的成功在于两点。首先是在内部管理上积极了解其他高档理发店的做法，并积极探索了新办法。他说：“干了这行以后，我常常到西单、新街口这些地方的理发店看看。北京的大小理发馆、美容店我都跑遍了。和他们聊，向他们学习。有的人觉得自己是经理了，你也干这行，我也干这行，同行三分仇，为什么要向你学习呢？不虚心。有人觉得这不好意思。我不这么想。能聊的，和你老板聊几句；你不愿意聊，我就在你这里洗个头，也挺好。反正你怎么弄的，我都看在眼里。现在北京搞美发、美容的，我认识不少，成了朋友的也有好几个。”

东方发型城现在有 8 个男理发师，按照理发业的行话，叫作“主理”；又有 15 个洗发、按摩的雇工，叫作“助理”；另外还有管理的、做美容的，一共有 30 多个员工。主理和美容师大部分从广州聘请。助理以安徽人为主，但也都是有一定经验，从别的理发店招过来的。每做一个客人，理发师（主理）和理发店按四六分成。店里收六，理发师收四。好的理发师一个月能拿到 1 万，一般的能拿到 7000 到 8000 元。助理每做一个，则给 10 元。这种办法固然是有效地调动了员工的积极性，但也碰到一个新的问题：怎么合理地给理发师分配顾客呢？开始的时候是顾客自己看，看谁有空或者哪个快做完了就在谁后头等。后来又叫小姐（其实正是卢连德的爱人）在门口迎客，把客人按顺序安排给不同的理发师。结果都不行，理发师觉得分配不均匀，店堂里也很混乱，直接影响生意。卢连德采取了“轮牌”的做法。给每个主理和助理编上号。每天开张的时候，在挂牌上挂上 1、2、3……的号，在 1 号接了客人之后，就把 1 号挪到最后。每一位客人来，都安排给挂在最前面的那个主理做。助理的安排同样。如果今天开张的时候 1 号放在最前头，第二天就把 2 号放在最前面。每个顾客进门，小姐都将送上一杯菊花茶。难为他学得和摸索出这一套办法来。

其次，或者说是他成功的更重要的经验，在于他广交朋友。按卢连德自己的说法，朋友有四个重要意义。一是要通过朋友去打广告，为理发店树立形象。二是朋友带朋友来，扩展客源。三是信息，哪里又开什么新理发店，有什么新招，尽快知道。四是保平安。

东方发型城从 1995 年开业到现在，几乎天天客满，最简单的理发要 20 元，最复杂的要 200 多元，可是卢连德却没存什么钱下来。和马村那位做头发的小伙子说的差不多，“店里赚的，全都花在和朋友玩、吃上面了。”他的一个朋友倒颇理解他花这钱的功能：“开那么大一个店，没有一帮朋友你平安都保不住，不要说赚大钱。”

一次有一位年轻的服装加工户和一个开理发店的闹了矛盾，加工户跟我说那个人不够意思，最后还是要害了他自己：“你在这里搞这个生意还不就是靠我们这帮朋友的啊？什么生意不是人旺人[①]啊，没有这帮朋友抬你，你手艺再好也别想有这么多人来！你就看，他都这样不知情[②]，这个店肯定倒！”不管是饭馆、理发店，还是后面我们要说的“大人物”的行动，只要所经营的事情有一定的公共性，他们都有很强的“要有一帮人去抬你”的意识。要在具有公共性的事业上做得成功，他们的主要精力也都放在和大家的关系经营上。

诊所

“浙江村”里随处可见的诊所，让我第一次强烈地意识到人类社会对医药的需求。按我自己粗略的估算，“浙江村”大概每 200 户人家就拥有一个诊所，而且现在人均拥有诊所的个数还在提高。

“浙江村”对自己诊所的需求首先来自到城市正规医院就医的不便。

有一次周住权的孙子病了，开始是咳嗽、发烧，抱到“浙江村”里的诊所看了一次，吃了两天不见好，又抱去看时，医生建议抱到大医院看。于是我和周住权、周住权的老婆一起抱着孩子往离“浙

---

① “人旺人”，温州话里关于零售或者服务行业的重要词语。意思是当有较多的人愿意到你这里购买商品或者服务，将会带来更多的人。所指的有点类似于社会学里所讲的“从众心理”。这位讲述者认为朋友对于理发店等行业的最重要的作用，就是给业主制造气氛，使新的客源到来。

② 明白事理。

江村”最近的天坛医院去。

先是排队挂号。周一半出于对孩子病情的着急，一半则是出于不习惯排队——在“浙江村”里任何事情都是不需要排队的，凡是有要排队的趋势，马上出现第二家的服务者——竟想趁着混乱直接挤到窗口上挂号。刚上去一举手中的钞票，就被旁边的人拽下来了。一个妇女大声斥骂：“你们这些外地人懂不懂规矩！排队去！就你们家要死人啊，急成这样啊！真是讨厌！太可恶了！”旁边一个中年男的也应和，“操鸡巴这帮外地人！”虽则来此处挂号者多是贵体欠安，但见了外地人要不守规矩，激怒之下精力还是相当旺盛。

这一阵训斥把我都搞得有点无地自容。想当时周住权也大小算是“浙江村”里的人物了，那天上午抱着孙子去诊所看病的时候，先他而来的一个患者还主动让给他先看，又对孙子的病情问长问短。

等把孩子抱到小儿科，又是漫长的等待。最麻烦的是对症状的叙述。对孩子情况最了解的是周的老婆，可老太太的普通话连我也听不太懂。于是干脆说清江话，由周来翻译成普通话。周在生意场面上的普通话毫无问题，但到这些要详细描述的时候就时时卡壳。医生看我们这帮人需要来回翻译，讲半天讲不清楚，早就没了耐心，拿起笔就开处方。周的老婆还想说什么，医生已经在和下一个病人说话了。我们只好讪讪地收了药方走。等着看病的人都看着我们，我分明听见一个人同情地说：“这些外地人，也挺可怜的。”

找了半天才找到划价和拿药的地方，结果药房说其中开的一种药没有，让医生重新开。周犹豫了片刻，把方子递给我说：“要不你去跟医生说？”

包括来回的打车费，看这一趟病总共花了200来块钱。在回来的路上，周的老婆看着怀里的孩子，向我感叹：“到现在还不知道孩子到底是什么毛病！北京的医生就这么糙！”

去正规医院就诊，不仅路途较远、收费高，而且在那里人们分外鲜明地感受到自己的“外地人”的角色。又因为语言的原因，“浙江村人”普遍反映北京的医生太不耐心，而且时有误诊的情况出现。“有时候到医院花了好几十块钱，吃了半天没用，倒是到‘浙江村’的诊所里，吃两服药就行了。”

“浙江村”内的诊所十分简单，只有三个大件：一个药柜、一张桌，再在诊所里侧摆一张床。床是供需要打吊针的人躺着用的。在早期，药主要从温州的医药公司批来。现在仍然有一部分从温州批，但更多的是从北京王府井等地的医药公司批发。“浙江村”里假药倒不多见。人们对这个问题比较重视，一说有某地有假酒案，连白酒都不敢喝。这在温州本地的农村倒不如“浙江村”明显。

“浙江村”的医生有两种。一部分是出身于体制外或者说半体制外的医药系统的，如游医、农村赤脚医生等；另一部分原来是乡镇卫生所和乡镇甚至县城医院的正规医务工作者。前一部分来得早，后一部分从1992年以后才逐渐增多。

1992年，我第一个碰上的医生就属于第一种，他告诉我：

> 看病主要是经验。什么文凭不文凭，我不信那一套。我从小就跟我老师学，跟着老师到别的地方看病。改革以后，我在家里办了一个诊所，也很不错。89年我看不少人都到北京来，我就想来。如果北京不行，我还可以从北京转到石家庄什么地方去。到了北京我一看，和我想象的差得太远了！过去总觉得首都怎么好，来了才知道是这样。“浙江村”旁边一个诊所也没有。刚好，他们需要我们这一行，我就为他们服务。

1993年春节我在乐清的时候，碰上虹桥医院的一个年轻医生，姓朱，大学毕业，也要来“浙江村”。我多少奇怪他一个正规医生为什么要停薪留职跑到这个地方来。后来在北京再次碰见的时候他告诉我：

> 在家里不行，那几个工资你靠不住。我刚进医院的时候还可以，现在老家的人都跑出去了，病人都没了！像我们这样比较年轻的，家庭的经济总要建设好。本来想跳出来在家里自己办个诊所的，老马（指联络处主任——他是主任的亲戚）说还是到北京好。他说北京现在还没有一个正牌的医生，我来了也算个顶尖了。又有这么多亲戚在这里，宣传一下，一个礼拜就出名。
>
> 我先让一个做衣服的亲眷替我租下铺面，我自己办完手续才过来。我自己是虹桥的医院出来的，我这牌子就叫“虹桥诊所”。真跟老马说的一样，我开张没几天，远远近近的人都知道我来了，说有个虹桥医院的医生，大学生。我有时候一天要看20多个。我把我老婆也叫上来，到这里帮我忙。

朱医生的亲戚确实为他卖力地宣传。就在和他说完话不久，我碰见一个加工户，他特意和我说：“你知道有个朱某某吗？和你一样，也是正牌的大学生呢……”

1994年，我在邓村发现一家诊所，门口挂着牌子：乐清县人民医院主治医师谢某某。在他诊所的墙上贴着几张他的先进工作者奖状，桌子上的玻璃板下面还压着他的毕业文凭。见着我，他就掏出自己的名片：“我一直在人民医院工作。这一带只有我这一个……”

谢医生的架势也是“浙江村”里最大的。不但有带玻璃板的桌子，而且有三张床铺，两个大药柜。他所用的各种医药工具看上去也比其他人的要好。

当我问他怎么会想到来北京开诊所，他只是含含糊糊地说“这里也需要医生”。谢医生也有一些亲戚在北京，但他似乎并不愿意说他的亲戚事，而且认为亲戚并不重要，“别人看的还是你的技术”。我碰巧认识了谢的表兄弟。他们对他显然很尊重，但是又说：“他是读书人么……”言下之意，彼此并没有打成一片。

日期	谢	林
1994年11月8日	18	5±
1994年11月9日	17	8±
1994年11月10日	20	9±

我将一另家在“浙江村”亲戚较多，而且认为亲戚重要的医生——林医师和谢医生作了对比。连着三天去问他们的就诊人数，发现谢医生的病人比前一位医生高得多。

林医生的就诊病人数后头都要加上“±”号，是因为林医生没有做记录的习惯，看完了就完了，等我晚上去问，他只能凭印象给个数。看来诊所还是以技术为本。而且诊所是个平安的行当，很少有人到诊所里惹是生非。所以这一行当和饭馆等有点不一样，对亲友圈的依赖不是那么强。

谢医生还不是“浙江村”里最有名的医生。最有名的姓梅，他的文凭可能没有谢高，但是他在老家时就以妇科诊治出名。在1990年或者1991年随着当时的计划生育检查队来北京检查，发现这里“大有可为”，于是次年到这里开起“专科门诊”，做结扎手术。来他这里做节育手术和流产手术的很多，经常一天要做好几个。梅医生说：“其实这里想做节育的人，怀了孩子不想要的人很多。有的只是嫌做手术太麻烦，才把孩子生下来。”一个住他附近的“浙江村人”告诉我：“他钱可赚得厉害了。那些媛子儿[①]来流产，钱就由你医生自己讲的。”不管是什么原因到梅医生那里接受

① 未婚少女。

手术，他的生意兴旺倒让我意识到这里人们的节育的意愿，这和官方和社会上的一般认识不同。可惜我限于条件，未能就这个问题做出数量化的调查。

在1995年以前，几乎所有的诊所都是地下的。一方面，北京市对外来行医向来管得很严，以“浙江村”里现在诊所的医生文凭，特别是诊所的硬件条件，根本不可能被批准。更重要的是，这里的诊所也从来没有想到过去办执照和许可证。1994年乐清市卫生局的有关人员曾和梅医生一起，到丰台的有关卫生管理部门商讨办证一事，对方表示为难。但卫生部门的态度比较务实，虽然没有直接地给诊所颁发许可证，也没有大举地进行清查和驱逐。北京公安部门的态度则大为不同，“无照行医”正是一位官员认为应该对“浙江村”进行驱逐的重要理由。1995年以后，经再次协商，由乐清方面开出行医证，北京工商部门发执照，大部分诊所开始合法化。

至于“浙江村”内的人均诊所数为什么连年上升，大致有两个原因。一和社区内的公共卫生状况及人们的生活方式有关。诊所里除了平常的感冒、痢疾等日常疾病，诊治较多的就是性病。而且有关性病的医药奇贵，一针治梅毒、淋病的注射剂，即要上百元钱。由于“浙江村”内有完整的家庭，嫖娼或者性混乱并不严重，但男性业主在村外的性生活则往往不检点。二是“浙江村人”对健康的重视程度在提高。这里很少有有病挺着不看的情况。年轻的小伙子怀里揣着含片，有事没事放嘴里含一片，是常见的现象。——这在温州的农村也是很少见的。对此他们自己的解释是：“生意那么忙，病不起。”

幼儿园

“浙江村”第一个幼儿园出现于1988年。当时马村的菜市场还没有像后来那么挤，幼儿园就办在边上。主人的二儿子告诉我：

在老家我们也做生意，我哥哥做赔了一笔，赔得连渣都没剩。没有办法，全家89年来北京碰运气，借了一万多块钱出来。来北京做别的都不敢。只能做别人都不做，又没有风险的生意。看来看去，觉得办个幼儿班不错。我们是“浙江村”里的第一家，生意不错。孩子最多有40多个。那时候收得也少，孩子吃一顿饭的才收100多一个月。干了一年，后村又办起一个，——温州人总是学得快！我们干了快两年就不干了，赚了有4万多，开始做衣服了。幼儿班还是累，赚得少。

到1995年11月大清理之前，根据我的不完全统计，“浙江村”里一共有5家幼儿园。分别是乐乐、和义、金瓯、小鹿和后村学前班。乐乐幼儿园办在邓村，“园长”蔡顺华和章才娥是夫妇俩，妻子章是乐清城关人，60年代作为知青“支边”到同一县的清江区当赤脚医生，80年代自行跑回了城关，但一直没有工作。蔡曾在一家工艺美术厂做木刻。两个人没有什么来钱的路数，这在乐清是一件令人尴尬的事情。蔡说：“活不下去么！到北京还算是条新路，可以试试。我们做皮夹克又不行，看别人办了幼儿班，我们也办吧。”

幼儿园的设备非常简单。一间30多平方米的小屋，三排小桌椅，3组上下铺，是孩子们午休的地方。一张废旧的长沙发，不用来坐人，而是孩子们嬉闹的场所和工具之一。还有一块小黑板。没有玩具。好在他们租的房子有一个狭小的院子，院墙上画了五彩缤纷的小动物，在院门口的柱子上用红漆刷写着“乐乐幼儿园”的大字，自然是出自有一定美术修养的老蔡之手。

章老师向我诉说办班的艰难：

越来越难办。两间房子的房租就要1100，还不容易租。房东不愿意你在这里办幼儿班，说吵。我自己教孩子，老蔡做饭、买菜。这里人最多有40来人，忙不过来时，我叫了一个安徽的姑娘帮忙。她本来是我这里亲戚的“老司”，上过高中，教孩子还行。吃、住以外，一个月给她300块钱。

孩子每天早上7点就来的有，10点来的也有。走的时间也不定，家长没事下午三四点可能就接走了，要有事的，没准晚上九十点还不见人来。他们做生意的没规律，我们也要理解。孩子也不一定每天都来，但钱是按月收的，一个月一个孩子120元。孩子主要是住得近的，就是邓村、后村这一带。

现在不行，有时孩子连10个都不到。房租、水电、饭菜，没什么可赚的。主要是这里幼儿班太多，他们又说什么“学前班”，又有什么电脑教育，谁知道真假呢！还有人喜欢把孩子送到北京的幼儿园。我现在把那个安徽姑娘辞掉了。我自己有三个孩子，大的我们让他跟亲眷学做衣服，干现在这一行不行。两个小的还在上学，第二个儿子的初中上的是借读，但现在马上要上高中，不晓得该怎么办。

和义幼儿园和后村学前班可能是章老师感觉到竞争压力最大的对手。和义幼儿园的主人是一位来自浙江湖州的女士，丈夫是乐清人，开始也做衣服，后来觉得办幼儿园更能发挥他们的特长，从1993年“六一”节开办了这个幼儿园。“和义”本是“浙江村”附近一个农场的名字。她向我解释说：

讨这个名字，让人看了觉得有点北京味。我本来就喜欢孩子，我看温州人搞的都不像样，决定搞一个正规的。温州人不怕你贵，只要搞得好。赶在“六一”节开，也是想搞得有意思一些。

我这里的孩子可能是最多的，有时能到80个左右。和北京的幼儿园一样，分大、中、小三个班，大班有20个孩子左右，主要教他们认字、识数；小班最多，30多个人。我们这里有全托的。大班的一个月交150元，其他交140元，全托的交350元。

除了我，还有三个阿姨，两个是乐清的，一个是江苏的。但是我们在这里都讲普通话。阿姨的工资不都一样，反正在三四百元吧。

我们来这里的时间也多年了，我爱人和房东的关系不错。这个院子蛮好的，一个月1700元。他（指其夫）在“浙江村”的朋友不少，他们帮我们，办得还挺顺的。

和义的院子里摆上了彩色的滑梯，院子门口装有铁门，里外院还用铁栅栏分开。院里共有五间房子：大班教室、中班教室和一间宽敞的休息室，同时也兼作小班孩子的活动室，另外两个小间分别是厨房和阿姨的宿舍。在休息室里摆满各种玩具。这些都是吸引家长的地方。

后村“学前班”的广告策略是突出“电脑教育”。所谓“电脑”，其实是两台简单的学习机。“浙江村人”在很多方面精明过人，但对电脑却是盲目崇拜。凡是屏幕加键盘，就相信能给自己的孩子带来非凡的智慧。学前班的收费倒和前两家差不多。

这两家幼儿园的竞争能力已说明了“浙江村人”对“北京化”教育方式的认同。一位3岁小孩的母亲在和义幼儿园里告诉我：

孩子读书的事，我们最放在心上的。我自己的文化要稍微再高一些，也不会像现在这样吃力。孩子留在北京还是回去，就看他们自己的了。但现在到哪里不要文化呢？这个幼儿园办得还行。只把孩子看住不行，总要让小孩学点东西。

我现在不把孩子送到北京的幼儿园主要是太远，一大早怎么接送？再说花钱也多。孩子现在还不太会说普通话，拉屎撒尿也不方便。这里早晚一点老师都在，晚点来也放心。不过等孩子再大两岁，我也想把他送到北京的学前班去。虽然我自己不懂，这老师教得过不过硬，我不放心。

相当一部分家长把孩子送到离“浙江村”几公里甚至几十公里之外的幼儿园全托，包括像蓝天、北海等一般北京市民都进不了的幼儿园。进一个北京的幼儿园比进北京的小学的代价要高得多，“入门费”就要近万元，这里包括因没有北京户口而要求的“赞助费”、一个月300—500的全托费，特别是，没底的“关系费”。

看来幼儿园和诊所相似，对于业主来说，社区内的关系并不是最重要的。

需要指出的是，把孩子送到北京的学校和认同北京的市民文化是两码事。我们在下面还要提到，接受了北京初、中级教育的青少年，最后还要回到村里来！

“打金店”、交通队和宗教信仰

“浙江村”里的首饰加工点之多，也让人意外。尤其在马村到邓村的路上，隔三差五就有“打金店”。门口挂着各式戒指、耳环的图片。设备相当简单，一个酒精炉，一个铁吹管，加上垫子、大小不一的锤子就行了。顾客一来，先用银秤称好两数，打完之后再核对。顾客既有拿碎金、碎银来的，也有拿着旧首饰来的。首饰店的安全倒不太成问题，因为大多数的首饰当天就能打完。

“浙江村”内首饰店之多，首先当然是说明了社区的经济状况，同时也是“浙江村”内拿首饰当礼物的新风俗的结果。在“浙江村”，不管是奖赏雇工，拉房东，乡、村大小干部的关系，特别是要

乐清的私营运输公司：线路通往全国各地

动商场经理的脑筋，金首饰都成为人们首选的礼物。他们认为这又轻巧，又贵重，很方便就能换成现金，最实惠。在温州也有拿首饰当礼物的，但远不如在“浙江村”这么普遍。

打金店的主人往往是20岁左右的小年青，他们中的大多数的父母也在“浙江村”，从事服装等其他行业。打首饰、开小饭铺、卖小吃等这些行当有一个共同之处，即从业者家中往往从事多样行业。主干劳动力从事服装生意，个别人搞辅助行业。

此外，交通服务业也是“浙江村”中的一个重要行当。它包括托运站、长途汽车服务公司，和火车、飞机票的代理业务。“浙江村”的托运站有五六家，大多为温州人和北京人合开。比如贝尔托运站，由两个温州人和两个北京人合伙，两个温州人负责村内的事，一个北京人管执照、工商、税务等事宜，另一个北京人则是火车站职工的亲戚，解决托运的后顾之忧。

1992年小年，乐清人按私营股份制组成的盛金汽车服务有限公司以95万元的单价购进了6辆豪华客车，乐清至北京的直达长途汽车开通，全路程为1953公里。这个公司的货运比别人都贵，每公斤要4.5元，但是速度快，隔天就到。托运站一公斤要8毛，但要走5天。托运站由于复杂的合作关系，内部成本高，到1995年以后，在与长途汽车公司的竞争中，有几家托运站不得不关门大吉。除了盛金公司，还有很多不挂牌的汽车服务队。不管是在“浙江村”的街头，还是在春节期间乐清和永嘉的村口，随处都可看见温州—北京的长途汽车广告。

在“浙江村”做代购火车、飞机票的也有不一般的本事。可能由于在北京的温州人太多，每年春节期间北京至温州的航班即使每日增至4班，在正式售票处提前一个月的票都已订完。而如果你到“浙江村”，只要多交50或者100块钱，几乎随时可以拿到你所要的机票。1998年春节，陈存圣和其他两个人包了一架从天津到温州的飞机，然后从“浙江村”组织乘客，不但自己白坐，三个合作者每人还分了 6000 块钱红利。

“浙江村人”的宗教体系既简单又复杂。他们所信的宗教体系相当多样。但信教方式相当简单。信佛教的，多在家里摆一尊观音像（因为住房简陋，没有佛龛，人们便用红布把观音遮好，避免人气冲了佛气——这是“浙江村”里的新创造）。正月初一去佛寺许愿、捐款。如果在北京过年，多去北京的广济寺、广元寺和潭柘寺等地（“浙江村人”认为这几个地方香火旺）。信道教的，平常去白云观进香，在家中的显著位置要贴上从观里买来的纸符。信“耶稣”的组织性最强。据丰台区某部门称，“从 1993 年 1—11 月，丰台区统战、宗教部门与乡政府配合，对“浙江村”基督教非法活动进行了调查和清理，“浙江村”共有非法宗教聚会点 4 处，受过洗礼的教徒 200 多人，经常参加宗教活动的还有 300 多人，从浙江共来过 9 名传教士，一些传教士鼓动说：‘我们浙江人都是兄弟，应团结一致，我们不欺负别人，但别人欺负我们时也决不饶恕他们。’”这些聚点多在大院比较集中的地方。当聚点被取缔后，人们又集中到信徒家中活动。不管信哪一派，他们很少关心教义的内容，信教只为了获得保佑，“有事相求”。没有哪种宗教对他们的经济和社会行为产生明显的影响。

居住格局

到 1992 年左右，“浙江村”形成了较明显的居住格局。马村、邓村和后村则多为虹桥和芙蓉镇人，石榴庄多为乐清蒲岐、城关一带人，西罗园以大荆区人为主，加工羽绒服，大红门东后街则几乎全是虹桥镇港沿乡人，马家堡[①]又以永嘉县人为主，主要加工皮夹克。

这一格局的形成过程，并不难理解。在“链式流动”中，人

---

① 马家堡的“堡”本应念 pù，音瀑。但温州人的到来，使当地居民现在也以 bǎo 称之。

“浙江村”中心位置的街道

们决定流动、租赁房屋，都离不开先来者的帮忙；在经营中，这样的链条依然是人们的信息获取的主要途径。永嘉的陈正观来北京的时候，他堂哥住在海慧寺，于是他也便在海慧寺落足。半年以后，他堂哥搬到石榴庄，他在三个月后也随之搬到石榴庄。他说："浙江村里的事情比较复杂，他们知道的事情多，和他们住在一起会好些。"又过了半年，陈正观的一个朋友在马家堡和别人一起盖大院，他便搬到马家堡。在他搬的时候，他堂哥就和他说好，自己"随后就到"。刘世明更是格外强调"自己一帮人住在一起"。这成为他日后盖大院的主要动机之一。这种意识也是他发财和树立权威的基础。

但是不同地方的人的聚居集中程度，和聚居面的大小是不一样的。这跟不同"地方群"的经营活动有直接关系。比如虹桥人的聚居面就是"浙江村"里最大的，集中在一两个地方。乐清的白溪（镇）人开始集中住在东罗园，后来却分散到别的地方去了。"浙江村"里普遍地把他们的分散归因于他们"经济上不行"。一个和白溪人交往较多的大荆人分析说：

白溪人横。做生意厉害，但是不好处。

1984、86年白溪做黄金生意是出名的。我17岁去内蒙古卖走私布，也跟白溪人搞过这事情。内蒙每家都放个小瓶子，里面是金沙。我们买回家自己提炼，不需要什么技术。炼了在家里就能卖。

这个生意是国家不让做的，要是发现了，公安局来不但把东西没收，人也要被抓进去。白溪人那时候就开始斗，看见你在炼金就去报，回头我卖金被你看见了你当然也不放过我。现在也是这样，心狠。

他们来北京开始还是挺团结的，但外面的人（指"浙江村"

里的非白溪人）都怕他们，不太和他们来往。他们一直没做上去，没有做得大的，带不起来。这样他们慢慢散开了，住到别的地方去。

一个相反的例子是，在高庄、海慧寺住的乐清岭底乡人聚居越来越明显。岭底乡在乐清是一个经济落后的乡，岭底的张庄村尤其一般。可是在“浙江村”，这班人却风头很健。一个虹桥人告诉我：“像芙蓉、虹桥的，有钱的上千万、几百万的有，亏的亏个几十万的也多的是。岭底人做得不小，而且匀，每个人家里都有个几十万的，势头就上来了。哪个出来别人都敢和他做，路数就广了。”

还值得注意的是，不同乡镇的人住不同的地方的这一格局是不断变化的。当永嘉人做皮夹克、乐清人包柜台的格局形成以后，就有一些乐清人为了生意的方便，通过“生意圈”的关系即永嘉籍的合作者，在马家堡打听到空闲房子，渗透到永嘉人的“领地”中去。乐清人进住到马家堡的，也不会是自己一两个人，往往是四五户一起来。同样的，永嘉人也积极地往海慧寺、高庄一带渗入。高庄原来以永嘉人为主，到 1995 年左右，这里的乐清人已经占一小半左右。

这样出现了杂居和聚居相交错的格局。比如永嘉乌牛人在“浙江村”有四五个聚居点。久敬庄一个，海慧寺 341 车站旁边一个，京温市场向北有一个，再就是马家堡有一个。

虽然不同地方的人住在不同的地方，但这丝毫不意味着他们的生意关系局限于居住范围，特别是包柜台的经营户，他们的活动半径往往是大半个“浙江村”。人住在马村，去高庄拿货，再到海慧寺、苏家坡转一圈，看看别人做的货，这是他们的日常活动。

人们在彼此的互动中甚至出现了一些语言上的创新。永嘉乌牛镇的方言和乐清虹桥，特别是大荆镇的方言差别很大，几乎不能交流。但一个大荆人和我说：“跟我合作的是永嘉的，我们的话差得大，两边都往中间凑一凑，‘压压扁’。”可惜我缺乏语言学和语言人类学的知识，不能分析他们怎么来“压”各自的方言。于阳强是永嘉岩头人，可我跟他认识一年多来一直认为他是乐清的，因为他一直在跟乐清人合作。

所以，“浙江村”里一方面由于亲友圈的关系，而使居住分布和各自的流出地形成直接对应的格局，另一方面由于生意圈的关系，又使各部分连在一起。这种分离居住的格局和生意上的交叉，是协同发展的。

和居住的格局相似的是不同县、镇的人对彼此的想象。乐清人可以分成三大派：虹桥的、芙蓉的和大荆的。其他的镇，如清江、城关、天成等，都可以算是虹桥一带。在这些镇中，芙蓉被想象为最坏的，“赖皮”。比如在代销中出现的拖欠款，以及有意的诈骗，往往是芙蓉人作案较多。大荆人被想象为最老实，但经济上比较差，赚大钱的少。这种互相想象也有一个微妙的层级结构。大荆人认为芙蓉人和虹桥人差不多，可归为一类；芙蓉人认为虹桥和清江的差不多；但一个虹桥人自己则说：“很明显，过了龙泽岭人就不一样了。龙泽岭的这边是虹桥，那边是清江。清江人比较善良，团结；虹桥人就比较活，会要小花招，但是很有分寸。”

同来自永嘉的乌牛镇和枫林镇的人区别也不小。乌牛人比较“活”，初期本钱多。一个枫林人告诉我：“我们本来比他们就穷，出来主要是收皮头卖，卖给皮革厂做手套。过去是挨户收，现在也有在家里收的。这个生意没什么大赚头，但用不了什么本。……我们也不喜欢乌牛人。太凶了。有乌牛帮，我们没有枫林帮。人都穷得刚够吃，不搞那个东西。……（乐清）大荆人也是经济上差一点的，他们好像主要是骑三轮。……骑三轮也简单，我们为什么没去骑三轮……这个可怎么说！一开始就没想到骑。一个地方一个地方的事，同乡人干什么我们也就干什么，干别的事你也插不上手。”

这些互相的想象，有这么两点值得注意的地方。（一）它不是人们互相区隔的产物，而正是生意和生活的交往中形成的，所以，一方面，这些想象加固了人们核心系内部的团结，另一方面，它也不影响不同地方人之间的交往。（二）所从事的行业越简单、经济上和别人交往越少的人，这种想象越强烈，而且对他的行为有更大的影响。小人物正是因为这种想象，更稳固地居于大人物的“系”中。大人物在观念中并不摈弃这重想象，但这并不影响到他和其他地方来的人的交往。把总体上的想象和具体的行为分开，这是大人物维持地位的重要一招。

到这一时期，“浙江村”社区的基本型貌已经形成（见图 6）。

纠纷的解决

不管是边贸的兴起、生产要素市场体系的形成，还是社区内服务业体系的形成，一个共同的特点是：人们生意圈和亲友圈的分离程度越来越高，人们要和越来越多的陌生人做生意，这势必使社区内的纠纷增多。我们且看他们是怎么解决自己的经济和生活纠纷的。

办法 1：自我化解

这一办法主要限于亲友圈内的矛盾调解。这类纠纷最难了解，一则它发生的概率低，同在一个亲友圈内，人们能敏感觉察对方的不快，随时调整自己的行为，以避免直接的冲突，就像大姊夫和小姊夫那样；二是既然平和地自我化解，就构不成突出的事件，很难被注意到；三是一个亲友圈的人，不乐意把这些事情往外讲，只好靠观察和聊天来了解。

1997 年的一天，刘文朝在家里“摆酒”请几个从哈尔滨过来的温州朋友吃饭。开饭的时候，刘文朝老婆找不着开啤酒的起子。刘文朝想起来："前两天文林拿去还没拿过来。"文林是刘文朝的二哥。刘家三兄弟全在"浙江村"，大哥文化、老二文林、老三文朝。老婆一听这话竟冲着刘文朝就喊："你就把东西借给他！你借你管，我不管了！"说完了甩手进了里屋，刘文朝大为尴尬。我连忙跑出去买了个起子回来。一路上我心里纳闷，刘文朝的老婆怎么会在这样的场合为这种事情生气。

吃到一半，刘文化来了，大家又拉他坐下。他问："翠娥呢？"我悄悄告诉了他原委。文化笑："为这事还生气！"他就起身到里屋。过了一会儿，翠娥出来，继续做菜。饭桌上的气氛主要由文化来调节。

事后我从文化那儿知道了缘由：

翠娥和文林老婆这两妯娌的关系一直不好。大哥、二哥分家出来以后，父母跟着文朝。1996年，父亲生病，刘文朝不得不赶回去看。其间翠娥让文林帮着从柯桥进点布料（文林的小舅子在柯桥做布料），文林说量太小，让她到"浙江村"的布料市场上直接买。翠娥大怒，吵了一番。布料只是个起因，矛盾最后落实到对父母的处理上。

文林老婆认为，房子给文朝了，父母理所当然要跟着你们过。平常什么不管，生了病回去看看还说这说那。翠娥则说我们一年到头在外面，两间破房有什么用！爹妈是大家的爹妈，生了病凭什么只让刘文朝回去？越说越多，把过去合作中的大小不愉快，以及搞不清的账目全拎出来了。最后文化来，才把两边压下去。

文化感慨道："我们三兄弟在一起，本来在这里很能做一点事情的，就可惜这老二和老三不团结……"

我："但他们都还听你的。你在他们那里还是有权威的。"

"那是。我做大哥有什么办法？大家都在外面，也只有我担这个责任。清官难断家务事，有的事情你说不清的，只能靠大哥的身份

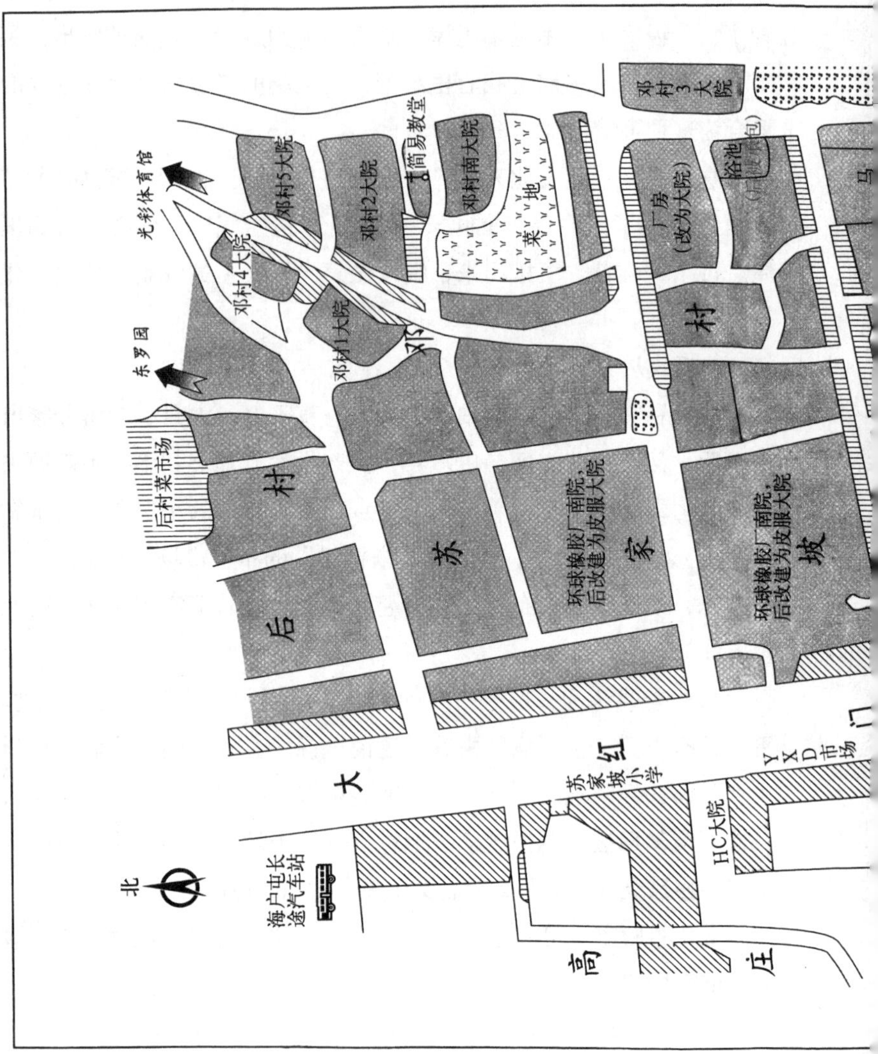
北
光彩体育馆
东罗园
后村菜市场
后村
邓村5大院
邓村2大院
简易教堂
邓村南大院
邓村4大院
邓村1大院
菜地
邓村3大院
厂房（改为大院）
浴池
邓村
苏家坡
环球橡胶厂南院，后改建为皮服大院
环球橡胶厂南院，后改建为皮服大院
马
大红门
苏家坡小学
YXD市场
HC大院
海户屯长途汽车站
高庄

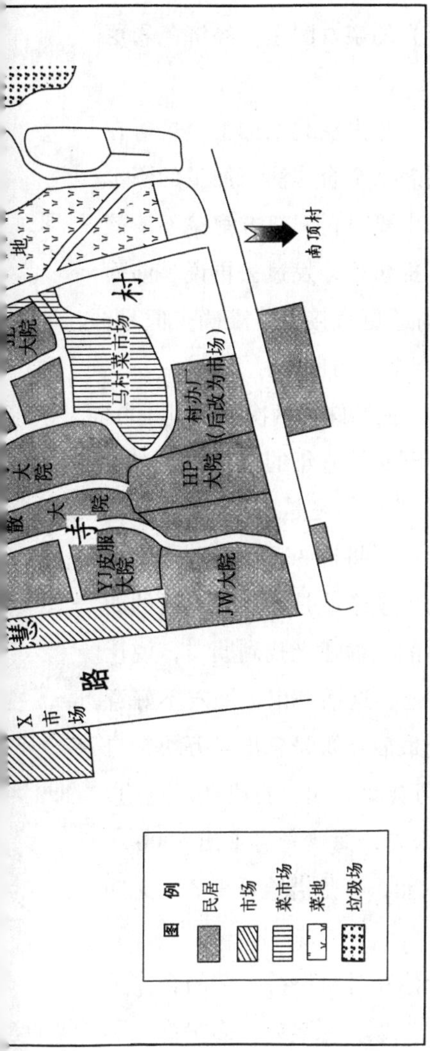

图 6“浙江村”的社区型貌

图中的左斜线，是指对外的大型市场（即以外来客户为对象）；右斜线，是指对外的小型店铺；竖线，指对内的服务业和商业（以社区内的住户为对象）的集中区域。

对内的服务业和商业的分布说明了社区的人口分布情况。从图中可以看到，“浙江村”形成了两个生活中心。一是以马村菜市场为中心的，由 JL 大院、橡胶厂宿舍围成的一片。到 1995 年之前，这里一直是“浙江村”的“王府井”。另一个中心由后村菜市场和邓村的几个大院围成。形成第二个中心的原因是，一方面这里距马村较远，另一方面是为了几个集中的大院的生活需要。1995 年之前这里出现了“浙江村”内最大的基督教堂（一间 20 多平方米的简易平房，有讲坛和座椅，能容纳几十人）。

大红门路的东北段，在图中被标为竖线，这指的是 1992 年左右的情况。当时主要出售菜蔬及一些日用杂品。到 1995 年，特别是 1995 年以后，这一路段也成为对外的小型店铺段，与南段连成一体。北侧以卖窗帘布为主，南段以卖内衣裤为主。但其中卖拉链、衬布的部分仍以针对社区内的需要为主。

1994 年京温服装批发中心建成后，“浙江村”的商业中心向西转移。在南苑路（基本与大红门路平行，本图未表示）的两侧形成了若干个大型市场。至此，“浙江村”形成明确的区域分化：大红门路的东侧为生活区；西侧连同南苑路，是其市场区。高庄胡同成为连带市场区和生活区的重要通道，因而在 HC 大院的背后，又形成了第三个对内的商业服务中心。

把他们压下去。很多时候自己受委屈，回家被老婆说。后来我爹妈身体又有些不好，我主动回家去照顾。正是生意最忙的时候，一趟回去损失也上万。”

另一则自我化解的纠纷发生在梅建光的亲友圈里，经济色彩更浓一点。

梅建光的妹夫和梅建光的哥哥合作。妹夫在北京加工，哥哥在东北沈阳包柜台卖。一开始并没有说明怎么个合作法，加工的资本完全由妹夫投资，沈阳包柜台的钱全部由哥哥付，双方都搞不清楚对方到底投了多少。妹夫发货的时候不提价格，发过去再说。前面说过，这种合作方式能使彼此的信息沟通更直接、更准确。但是，这种合作能够顺利进行的前提在于双方当事人的自觉。

梅建光的哥哥有些不自觉，一年里才汇给妹夫两次款。到 1994 年底，共欠妹夫 4 万多块钱，直接影响到妹妹来年的生意。妹夫找梅建光商量。梅建光虽然不是家里最大的，但是是事实上的权威。梅建光了解到，哥哥在沈阳和老乡打赌输了将近 3 万块钱。哥哥正要拿这 4 万块钱去抵债。碰巧这赌友的一个亲戚是梅建光不错的朋友，而且在那个亲戚圈里也是说得响话的。梅建光找到朋友，说让那赌友再等两天，3 万块钱由梅自己来还。这话一出，朋友不好意思，说赌债不算债，以后再说。梅建光最后让哥哥拿出 1 万块，自己出 1 万给了对方（赌友），剩下的 1 万让哥哥明年自己还。这边，梅建光让哥哥把剩下的所有的钱给了妹夫，梅建光再拿出 6000 块钱，把 4 万块钱补齐。梅建光的 16 000 元，算是借给哥哥的，无期无息。

梅建光回过头又做妹夫的工作，让他和哥哥保持一定的合作关系。我 1996 年碰见妹夫，他表示一年来亲戚关系良好，多少都赚了一点。

流动使亲友关系内的矛盾增多（这当然是和他们合作的增多是

同步的）。如果刘文朝三兄弟都在老家，至少房子、父母赡养的问题就能界定得清楚一点。矛盾的增多，促进了圈内权威（裁决者）的产生。刘家兄弟中，不管是老二还是老三，有什么事情不好处理，都会来找老大。梅建光的地位更突出。而且他在处理亲友关系矛盾时的举动，也赢得亲友圈之外的人的尊重，说他既有能力又讲义气。这为他们跨出亲友圈，进一步成为社区内的大人物奠定了基础。

办法 2：“倒他的楣”

“浙江村”里大量的纠纷还是发生在亲友圈之外。亲友圈之外的纠纷解决的最和平的办法是“认了”或者说“忍了”。但往往会有一个附带的做法：利用舆论工具，“广而告之”。所谓“倒他的楣”，温州话的意思就是“丢他的脸”，或者说“把他搞臭”。

景友和我说：“生意难做就难在人上。像阿三，我把衣服放在他那里我就放心，他说要什么样的，我总先给他。第一次钱没结，第二次先把衣服拿走都没有关系。越是这样，别人也越客气。每次付钱我还推。也有不一样的。那个叫阿林的，一共欠我 12 000。第一次付了我 5000，过五天又付了 4000，剩下的到现在没给我，都快一年了！我本来想在廿九夜（除夕夜或除夕前一夜）叫几个朋友到他家里去抄。你不给我行，我就把你楣倒掉。他的亲眷朋友里好多我都是认识的，我碰见人就说，你这个阿林穷得北斗朝南，钞票没了脸也不要了。我阿爸[①]不要你的钱了，你老实点给我回家算了。”

这“廿九夜叫几个朋友到家里去抄（闹，讨债）”就是一招，目的并不是把钱拿回来，而是造出声势，至少使对方在邻居和亲眷中丧失信誉，丢掉面子。不过这个办法一般只在回家过年的时候才用。人们在北京过年时，强调的是娱乐，比方去住宾馆、玩通宵，没有

① 相当于北方话的“老子”。

像在老家那样的对春节的文化上的定义，“闹”的效果不明显。

“倒他的楣”是一种和平的惩罚，但它效力不小。被“倒了楣”的人还常常认为自己受了更大的侵犯，要反过来报复的。

1993 年我刚到乐清联络处“行走”的时候，就碰上一起打架的案子。乙给甲代销皮夹克，代销了两批货以后，乙不想马上结账，甲追着要，最后乙付了比原来商定的稍微少一点的钱，甲也认了。但在另一个场合下，乙和别人说：“千万别和甲做生意。这个人抠门得要死，才把衣服给你就追在屁股后面要。”结果这话传到甲那里了，甲家的儿子（20 多岁），带了一帮人跑到乙家要算账，打了人。乙“告”到联络处。最后刘世明去处理此事，让甲象征性赔了一点医药费了事。刘世明还是同情甲的：“你某某（指乙）怎么能这么说别人，谁碰见这样的人都会有气。”开始我还不了解这里的人们为什么要把“名誉”看得这么重，了解了村里生意的做法（一个“系”叠着一个“系”），也就知道了这名声传播之快，对一个人生意的影响之大。

1995 年又有一桩类似的案子。甲是芙蓉的，乙是虹桥的，两个人本来关系不错。甲向乙临时借了 15 000 块钱，说过两天马上还。结果过了快一年也没信。一次乙和几个朋友喝酒，把这事兜出来。酒桌上的话总是传得快，甲要找乙算账。他拉来两个朋友去助阵，我也在场，他一付是可忍孰不可忍的样子。在他看来，不管怎么样，朋友之间都不应该“倒别人的楣”。幸好那两个受劝的朋友反过来劝他，没有引起直接的“武斗”。

1992 年以后，“浙江村”帮派的敲诈勒索的一个重要的名目是“名誉损失费”。不管你是说了他们什么，或者压根儿没说他们，帮派上门来就说你“倒了他的楣”，催账可以，但是怎么能丢别人的脸面。他们振振有辞地说：“年轻人被你倒了楣就像被破了相，以后没法弄了”，于是，“拿钱来”。

办法 3：自己打

如果矛盾是临时引发的，人们的直接反应是“自己打”。“浙江村”内过于拥挤，三轮车和三轮车在胡同里一时转不开撞在一起了，在小饭馆两伙人为了抢桌子，如此等等，所引发的冲突也不在少数。

1993 年底的一个早晨，一个永嘉人抱了十几件皮夹克往轻工市场送，路上一个乐清大荆人把两件皮夹克碰到地上去了，永嘉人说了他一句“走路不生眼！”这大荆人居然把永嘉人刚从地上捡起来的皮夹克又重新扯到地上，还踩了两脚。皮夹克不怕脏，最怕踩，一踩擦了皮，就没法卖了。永嘉人气不过，抡起拳头打了两拳。刚好又有另一个永嘉人路过，前来助战，大荆人一时没敢还手。可到了中午，大荆人竟领着一大帮亲戚找到永嘉人的门上来，进屋就打，把玻璃窗、缝纫机全给砸了。最后此事不了了之。

另一起也发生在 1993 年。轻工市场里面的两个摊位为模特儿该怎么摆争起来。其中一家说旁边一家的模特儿占了他摊铺的位置，挡了视线。两个人越说越急，开始发难的一家竟把邻家的模特儿给砸了。两家都赶紧回去叫人。幸好等两拨人到达的时候，摊位开在不远处的董柱发也来了，一声呵斥，才把双方劝住：“都是温州人，在这里打起来给北京人看笑话啊！”

又一次，在马村，两个妇女上厕所时为争坑位而吵起嘴来，其中一个推搡了对方几下。被推的感到吃了大亏，哭喊着叫了家里一帮兄弟、小叔就冲到对方家里，把 4 扇玻璃门窗、3 台缝纫机全砸了个稀巴烂。这下又惹怒了被砸的这一边，夫妇两人刚好碰上我，咬牙切齿，哭喊着非“彻底解决”不行。更叫人发怵的是，1991 年 10 月，几个小青年在后村玩台球，其中一个不小心踩了另一个的脚，争吵几句，对方居然掏出刀来把他捅死了！

“自己打”虽然不是经济纠纷中的首要策略，但是在解决过程中，随着矛盾激化而大打出手，还是比比皆是。即使在用其他办法解决的时候，人们也不放弃“自己打”的念头。一则别的办法不行，就要打；二则，越做好打的准备，其他的解决办法也显得越有力。显然，“自己打”是绝对离不开亲友的。

办法 4：叫人打

1993 年，分别住在马村和邓村的甲、乙两家大打一战。现场我没去看，听说乙这一边是有准备的，等甲叫来人，早已被打得一塌糊涂了。

甲、乙双方矛盾的起因很小。1992 年 12 月份，甲的一个朋友从马村搬走，甲想续租他的房子开电脑绣花店。和房东都谈得差不多了，乙找到房东，说自己愿意出更高的价，而且说甲不安全。最后房子被乙租走。甲大怒，和一起筹划开绣花店的伙伴找乙来算账。去了两次没找着，铲了半米多高的垃圾堆在乙的门口，让他开不了门。马村的胡同窄得可怜，垃圾引起过往行人的怨言。乙认为这是个压倒甲的机会，去找了刘文化。刘和乙有一点亲戚关系，但远得很，彼此基本按一般的“熟人”对待。乙想让刘文化去甲家训话，让他老实，但刘文化觉得去甲家显得自己太冲动。于是乙改变主意，请刘文化到自己家里坐着，自己和弟弟到甲的门口铲了两铲垃圾，想激得甲过来。可惜当时甲不在家，等回来看见，叫了三个朋友跑到乙家里的时候，刘文化已经等得不耐烦回去了。再等乙重新把刘文化叫来，甲这边已经开战，乙的弟弟被打了好几下，家具也被砸得差不多。刘文化的到来倒是把甲这边给镇住了。刘文化不想太深地卷到这些事情里去，当时粗线条地解决了一下，让甲给乙赔偿 4000 块钱。

甲对这一“裁决”很不服气。但面对刘文化，他又不能说什么。既没说不肯，也没表示接受。乙自以为已经得胜，甚至以那 4000 元赔偿的名义请了两大桌朋友去宾馆吃饭。但甲一直没把钱给他，乙催了甲两次，而且威胁要怎么样。最后甲提出，回家（虹桥）马上给钱。

其实甲已经盘算好了，如果乙对这事也不了了之，那就算了，如果乙还真上门讨债，那就不让他好死。乙则想回家闹更好，能把他的“楣”倒得更彻底。结果真和弟弟两个人去甲家。人才到，甲的左邻右舍，同时也是甲的堂兄弟、族亲，呼啦啦全上来了。乙两兄弟被打得半死。等乙“爬”回家，才知道家里也已经被砸得稀巴烂！乙这才知道甲在老家的底细，有一大帮20岁左右、打架不怕死的亲戚！

事情发生后，据说当时在“浙江村”已经成型的某些帮派到医院和乙的家里“探望”，主动提出要给乙报仇。不知道是乙怕和他们卷得太深，还是嫌他们的要价太高，没有直接答应。但乙痛定思痛，觉得只靠刘文化这样的朋友，在“浙江村”是搞不下去了。必须要有自己的一帮人。于是以他堂弟（我见过，十八九岁）为首，拉了有五六个人，让他们第二年随乙到北京来。

甲也没有放松警惕，带了3个族亲来北京。只不过乙发起进攻的时候，甲一时来不及叫人，这才出现了这个故事开头时说的一幕。到这个时候，“叫人打”这个策略算是在甲、乙两人那里都形成了。甲、乙双方带来的“保镖”，后来都演变成“浙江村”里的帮派。

吴金安一度也是“浙江村”里的人物。他的发家源于1989年的一次受骗。

一个乐清人到吴金安家定做15件皮夹克，并付了一部分订金，做完了就给钱。第二次又来定做40来件，付钱也很痛快。第三次要定做200来件，拿货时说一时现金转不开，问能不能先取货，过两天就把款汇过来。吴金安答应了。哪知道那人就跑了！亏了20多万。吴金安这才明白，原来前两次对方的豪爽，全是鱼饵呢。

吴金安跟他一个同村的小青年，阿宝，挺讲得来。吴金安1993

年跟我毫无保留地说：“阿宝人很讲义气。‘浙江村’里的童子痨[①]，他讲话有人听。对社会上的事情他们比我看得要早，早就劝我要有自己的势力。我们农村里出来的，胆子都小的，哪里敢往这里想？开始我还跟他说人不犯我，我不犯人。89年这个事情一出来，我跟阿宝说：只要你能把这小子找到，你们的费用我全包了！后来他们找是没找到，但也很尽心，我看得出来。现在我有什么事情，他们随叫随到。”

办法5：叫人讲案

叫人打，直接导致了帮派的产生，而“叫人讲案”则促进了大人物的形成。

刘文化曾经插手的那起事件闹成这样，双方都在想究竟怎么体面地结束它。参与了这起纠纷的乙的一个密友和我说：“冤冤相报何时休。你还要做生意吧，你不做生意（你的）亲眷朋友还要做生意呢。”

于是，乙又找刘文化，说：你当初“判定”了的4000块钱，对方根本就没听你的。不但不给钱，还要闹成这样。潜台词便是：他没买你的面子呢！无奈刘文化此时被生意搞得焦头烂额，但是又不能就此罢手不管，坏了自己的名声，于是把这个案子“转”给了刘世明。刘世明先让甲交出4000元来，这算维护刘文化的权威。同时，衡量两次殴打情况，乙再给甲1000块钱。算是结案。

1993年的一个下午，我正在刘世明的家里聊天，突然一个50多岁的妇女跌跌撞撞跑进来，边跑边喊：“老刘老刘！没救了！一帮人到我家里来，打我儿子。求求你来看一看！”刘世明跟着妇女跑到她家中。七八个人正打得热闹。刘世明一声大叫：“都别打了！”大家居然都停了手。他很简单地问了一下那妇女哪个是他儿子，哪

---

① 小年青。

个是外面来的，外面来的叫什么名字，是哪里人，住在哪里。当他听完对方的姓名之后，想了一想，然后问："你是不是某某人的亲眷？"对方犹豫了一下，说不是。然后刘世明让两帮人马各自把自己的伤员送到医院里去，让晚上两边都来人到他那里去。

这纠纷的引起，是所谓"扳"的问题。先是第一家和跟两个俄罗斯人谈好，卖200件左右猪皮夹克，每件380元。可那几个老外还没进门，被老妇女的那家拦住了，说370块一件卖给他。温州人管这样抢生意叫"扳"，是不允许的。第二家和客户正在胡同里说，偏巧被第一家的外甥看见了，立马就叫了一帮亲戚去打。

最后刘世明的裁决如下：

打人者付给被打者医药费，按医院所开收据为准，而被打者要同时给前者5000块钱。我们前面说过加工户和加工户之间的"转发包"关系，这5000块钱就是根据这发包所收取的"介绍费"来确定的（在这个案例中，比正常的要高）。刘把它解释为：就算你们是朋友，你把生意介绍给他嘛！

我没有完全参与刘世明的整个调解过程。到最后，等被打的一方伤好得差不多了，名义上由刘世明出面，请双方吃了一次饭，我也"出席"。在酒桌上刘世明说得明白，"本来双方我都不太认识（其实他和被打的一方还是比较熟的——作者），这次一交往，你们两个都是爽快的人！过去的事情就算了。谁要觉得自己又赔多了，自己吃亏了，还要打，我可再也不管了！"这个"和好酒"也是刘世明调解中的一道仪式。

我最早知道董柱发，是通过他的邻居。当时住在邓村，两个邻居做一样的衣服，为拉前来进货的客户，互相压价，爆发了"热战"。一方的老婆让董柱发出来调解。董处理得非常得体：按已经压下来的价算，问先和客户接触上的邻居，看他愿意卖多少件；然后把剩下的几件让给另一个邻居卖。最后还把那个客户带到自己家里，“也顺便看看我的衣服”。后来两位邻居又有点剑拔弩张，董柱发劝其中一个搬到别的地方去，跟他说的是：“你好说话。我们毕竟还是要做生意的，成天跟别人为这些事情闹也不值得。”那位搬走以后，跟这位又说：“还是我们两个讲得来，他搬走了，我们都好安心做生意。”两边都成了拥护他的人。董柱发的兄弟盖大院的时候，两家都过来住，当然被安排到了大院的不同位置上。告诉我这事的是他的另一位邻居，也是位“世事洞明”之人。这件事情发生在 1987 或者 1988 年。他也是通过这件事第一次认识到董柱发的厉害。

在“讲案”的过程中，出现频率最高的一句话是“吃某某人一个面子”。调解人会对当事人说：你就吃我一个面子，这事就这么解决。当事人最后也总是对调解人说：你某某人都这么说了，你的面子我不能不吃。当一个人“面子”的影响力越大，他的权威也就越高。值得琢磨的是，一个纠纷能得以调解，并不只在于其解决方案本身是“公平”的，当事人在调解过程中也不完全就事论事。第三者即调解人的出现，他对自己“面子”的运用，及对处理方案的“解释”是更为重要的。一个案子并不是在当事人双方之间解决的，而是大家在第三个“面子”的作用下才达成一致。

这里还值得注意的是，“浙江村人”讲出了“冤冤相报何时休”的话。“浙江村”内的纠纷虽多，却没有发展出像家族械斗那样的长期僵持的矛盾，最重要的原因在于“系”的结构。在传统家族内部，各种关系高度重合，对外封闭，和其他圈子一旦摩擦，很难化解。而“浙江村”内则亲友关系和生意关系相交叉，各种关系又将辐射到其他更多的关系，是开放的。即使在发生了较强烈的冲突后，人们能够寻求多种方法来解决它。在农村的传统社区，维护家族关系本身可能是人们的目标；而在“浙江村”，关系是不断变化和建构的，发展才是目标。

“打天下”

芝加哥学派在对城市社区，特别是对移民聚居区的研究中，提出著名的“侵入—替代”的概念。即当新的群体侵入一个社区的时候，原来的居民会逐渐离开这一社区，它从而成为新来者的天下。这被视为城市地带移民聚居区形成的基本过程之一。

但是“浙江村”和其他移民聚居区不同，它是一个外来者和本地人杂居的社区。于是，“客籍”和“土籍”居民之间的关系就成了一个新的而且饶有趣味的问题。

土籍欺负客籍，是彼此间最早的关系。

“刚来的头几年，真是吃了不少北京人的苦水！”朱龙德向我感叹。“我们温州人，就想着自己怎么赚钱，不懂法律。北京人也知道你这样，抓住就打。1987 年，一个乐清的小伙子，还没结婚呢，在老 2 路车站被北京人拿气筒砸死了。七八年以前，也是乐清人，在万寿路喝酒被人捅死了。北京人都没被判死刑。当初就是气，不知道往哪里告！”

瞿安巧来北京来得早，说起来也有不少故事：

> 86 年，那一天已经是十二月廿九（农历）了，我骑自行车在街上走，骑得很慢。突然有个北京人从后面撞了一下。马上就叫被撞着了，要我陪他到医院打针，说一针 300 块钱。我当然不答应。哪知道他从地上捡起一块石头就猛砸到我脑袋上。血哗哗往外流，我根本不敢还手。我就住在旁边，他随便哪一天叫一帮赖伦（地痞）就能把你抄个底朝天。我自己到医院缝了四针。那条路后来就不敢再走。到春节，是戴着帽子悄悄回家的。不是怕头上的伤，是怕被他们认出来！

还有一种流行的把戏，酒瓶里装点自来水，蹭到你身边故意摔了，说是你碰了他的茅台或是什么名贵药水，要多少多少，不行就打。那时这儿是他们的地盘呀！

还有明抢的。跟现在浙江人抢浙江人不一样，北京人就站在巷子口，直接伸手从你口袋里拿钱！

这倒不只是“浙江村人”自己的说法。一位在邓村开小铺的北京大妈告诉我：

浙江人刚来那几年，真是老被本地人欺负。打、骂、编笑话损人家，瞧不起呀！有时候我真看不下去。可现在不了，浙江人倒常有欺负北京人的了。这毕竟是两伙人，好好相处就是难！

到80年代中后期，这一局势开始扭转。在“浙江村人”眼里，万佳友算是这方面的一个“英雄”。

1987年冬天的一个清晨，万佳友到海户屯长途汽车站雇车进料，跟司机谈价不成，转身准备另寻车辆，那司机却“噌”地跳将起来，“妈的，我睡觉你叫醒我，赔20！”

还没等万佳友反应过来，司机伸手从万的口袋里夺去了一把钞票。二人打作一团。旁边还有别的司机也一齐上阵，万佳友势单力薄，不一会儿就被打翻在地，脑袋被砖头砸出了血。

据说这在当时是“理所当然”的事。但万佳友是个“人物”，一回村就召集了当时还为数有限的几个朋友商量，大家动用各种关系，最后竟让当时丰台区的刑警队长把那司机逮起来，关了一天，还赔了700元的医药费。

万佳友说：“那次算是我们浙江人把北京人‘治’了一回，在这里是史无前例的！我也出了名。但我也明白，在当时这样‘硬拼硬’，小亏吃不了，怕有一天要吃大亏。”

“大亏”吃在 1989 年 8 月。

据说北京当时（或者更早）的流氓圈里有“九龙一凤”之说，指十位名震京城的流氓头目。万佳友刚好“与凤为邻”。“九龙一凤”是否为真我无从考证，但我去过当年的“凤巢”，气派非凡，总之是个来头不小的人家。

那天万佳友在屋里打扑克，忽然听得外面有人喊：“有人抢衣服！”原来，两位“凤子”开车回家，车子和一个浙江人送衣服的三轮车蹭到一起。几个人下车索赔，浙江人不从。他们抱起三轮车上的皮夹克就往轿车里塞。

万佳友出门一看来了气：“看谁敢拿衣服！”

对方一看还真有管闲事的，其中一个人从地上抓起下水道口的铁地漏就砸到万佳友的脸上，打掉两颗门牙。万佳友回屋抡起铁棍冲出去就打，对方逃退。不过 5 分钟，却见从小巷的两头跑来十几个人，有的拿铁棍，有的握砖头，全冲万佳友包抄过来。有几个居然还爬上屋顶，占领“制高点”，从上往下扔砖头、瓦片。

万佳友孤身应战，也不得不爬上屋顶。没坚持几分钟就摔到地上，昏厥过去。

对方竟搬了个大石花盆砸到万佳友的脑袋上！当时就致使万脑壳破裂，脑浆外溢。

那时候，附近已住了不少浙江人，其中不乏万佳友的“佳友”。但这事前前后后，一直没人敢出来帮忙。直到北京一伙散去，才有两位朋友叫了辆车把万佳友送入医院。而这两位朋友一回来，竟又被对方抓到家里，关了 3 个小时。

万在医院抢救了 18 天，等他清醒过来，已是 40 多天之后了。由于大脑严重受伤，医生说他被救活的可能性只有千分之一，他因此得了个外号，就叫“千分之一”。

万横下心来要干一场。他所能运用的资源只能是老乡关系。先是求助于一个朋友的姨父——某军队干部，后又通过自己在乐清的表姊夫，和北京某区委一个干部接上茬，再由这人联系丰台区一连串的“有关部门”，敦促受理此案。最后对方有两人被判刑，赔款 17 500 元。

“凤翼”折戟，此事在“浙江村”内外影响不小。当地居民意识到了温州人利用关系解决问题的能力。

万佳友用的办法是“文卫”，而更多的人则用“武攻”对付当地地痞的欺负，这是后来帮派形成的根源之一。像前面提到的“清江帮”，最早的缘起是付天郎的一个亲戚遭北京人痛打。“对付北京人”是早期帮派组织的口号之一。

到了 90 年代，温州人就反客为主，整个社区的生活绕着温州人转了。先是彻底改变了当地的景观。北京农民见缝插针，纷纷盖房出租，把海慧寺路上的两个厕所都填了，闹得当地无法出租房屋的“居民”意见极大。

我在邓村、后村两处发现了一种奇特的景观，原先路边的电线杆竟被搭建房子“吃”进去了。问怎么回事，主人倒坦然得很：“我们是农民，谁管。现在浙江人那么多，能租谁不租，能再建谁不再建点儿呀！”

1994 年 6 月，原在邓村的松花江市驻京办事处终于被逼走了。办事处主任指着门前一排新搭的小平房说：“这里本来有 5 米宽的路，现在剩得都不到两米宽，我们的车进不来出不去。卫生搞成这个样子，简直在垃圾堆里过日子！我们反映了多少次也不管用。惹不起躲得起，我们走。”

温州人成为当地服务业的主要服务对象。“浙江村”里的小卖铺全部为北京人所开，但进的东西都针对温州人的口味来。比如方便面进“康师傅”，咸菜进“老板菜”等等。“为温州人服务吗！”一个小铺老板愤愤地说。很多当地年轻人当起了温州老板的司机。

1994 年，我跟刘世明一起回他家，半路上看见一个温州小伙子和一个北京的在扭打，刘世明上前把他们一把拽开。两边一看是刘世明，倒都镇住了。北京人的嘴皮子毕竟比温州人利索多了，马上向刘世明反映情况，说温州人骑车碰着了他，不但不道歉，还骂人。刘世明见双方打得并不严重，就训斥温州的小伙子道："骑车碰上别人应该道歉的！"然后又用温州话对小伙子说："算了，何必跟北京人过不去呢？是他怕你又不是你怕他，还跟他弄这个。"刘世明不仅是温州人的大人物，而且成了北京人里的大人物！

1992 年以后，"浙江村"里兴起"大院热"，温州老板们向北京的村级组织租地，盖起简易平房，再出租给温州人住。1995 年 1 月，JW 大院因手续不全，被规划局拆掉一部分（参见第八章），院主向村委会顺利地要回了所拆部分的地租。1995 年 4 月，另一个大院被拆，院主竟向村里索赔 20 万，其中地租 10 万，其他损失 10 万。最后退回地租的全额。在 1995 年的大清理中，大院全部被拆除，人被赶。人们在"回潮"之后的第一件事情就是向村委会索赔。刘世明盖的 JO 大院是全村最大的一个，村里退回已经交过的全部地租；大院购买的水泵、变电器等设备，也统一折价卖给村里。由于赔偿数目较大，共分三期退回。刘世明说："你国家说我的大院是非法的，但合同对我和村里还是有用的。"一个北京人趁人不备到 JO 大院的废墟里拿木梁，被大院的股东抓住，一问还是村干部的亲戚。这位村干部得知后，以他的名义请刘世明等人吃饭，算是赔礼。拿料的人见了刘世明等人走进饭店，竟当场跪在地上认错。

在经历了大清理和大回潮之后，刘世明借一个在当地关系过硬的北京人的名义，注册了新公司，办起了 JD 轻纺城（布料和辅料市场）。但是他明确说，北京人当法人代表只是过渡：

> 市场开业的时候没有我们浙江的领导人，来了一个退休了

的北京的副市长，丰台区的副区长。浙江的、温州的、乐清的办事处主任都来了，但都是坐在后排的，名字都报不上。这还不是我们浙江人的公司，还是北京人的。北京人比我们在外面会说话，就先让她当。她现在要做广告，我不想。要打广告，也等到我们把公司变更了，法人换成我们自己的人以后再说。迟早要变的。她自己也知道。

房东和房客

不管温州人在社区内的地位是高还是低，他们和当地北京居民始终没能融成一体。彼此间主要还是简单的房东和房客的关系。

李桂芝 1975 年嫁到马村时，丈夫家还是座蛮宽的小四合院，三间北房、两间西厢房、一间东厢房，南侧是院墙和院门。坐北朝南，自成体系。20 年来，公公婆婆相继去世，小叔子分到了单位里的宿舍。人少了，可院子里只剩了一条不足一米宽的通道。8 户温州人在这里安营扎寨，3 个人的家愣是挤进了 40 来人。他们家和房客的关系在“浙江村”算是相当融洽的。

我们家第一次出租房子是 1988 年。后来来问的人越来越多。已经住下的，也总想介绍自己的老乡来。我们也觉得合适。自己挤点儿吧。南方人能大老远地跑来赚钱，咱为什么就一点苦都吃不得？那时我们最多只能接 4 户。

亚运会那阵政府轰他们走。还是我们那口子有眼光，说这浙江人轰是轰不走的，到头还得回来。我们就趁着那空，花了两千多块钱，自己在院里搭起了三间小房。才建好，他们真就回来了！

现在 8 间房子的租金一个月可达 2000 多元，而李桂芝夫妇的工资加起来还不到1000元。“要只靠这几个工资，还真够呛！要不怎么说浙江人来这儿扶贫来了呢？”

李桂芝把不足20平方米的小屋一隔为三，卧室、厨房，这就成了一家三口所有的生活空间。

为出租，李桂芝还担过惊，受过吓。

那年没经验，把这前屋租给了一帮不务正业的小青年。他们不是一大帮人在屋里打麻将闹到天亮，就是半夜里才叫叫嚷嚷地回来。一次他们跟另一帮打架，就在我们家门口，一个还被对方砍了指头。不要说不敢跟他们来往，到月初我们房租都不敢要！打那以后，我们也多了个心眼儿：凡是搞不清对方干嘛的，一律不租！

90年那阵，政府不许我们出租房屋。浙江人不想走，我们心里也不愿他们走。耗一天算一天，队里时不时夜里来查，最后还是被发现了，当夜就把他们连人带东西押上车，也不知送哪儿去了！我好几夜睡不踏实，咱害怕，咱也为他们难受呀！

李的小叔子在王府井附近有宿舍，那里也成了温州人存放服装的临时仓库。“钱就看着给，三十五十的咱不计较，相互就当朋友一样来往！”

1993年春节过后，我和刘世明一起从温州回到北京，才推院门一说话，里屋就笑盈盈快步走出一位老年妇女：“回来啦，好好好！”原来是房东大娘。刘世明每次从家里回来，都要给房东带些礼品，这次是一枚金戒指。老太太绕院子跑着推脱了一阵，还是笑眯眯地接受了。平时老太太对刘一家也不薄，刘的女儿上学，还是老太太托亲戚走的门子。

1994年，“浙江村”里发生了一起因为借用银行户头引起的奇特案子。“浙江村”的生意网辐射全国，但并不是每户都在银行有户头，所以老乡之间“借户头”成了普遍现象。林元胜把自己的户头借给同村的黄金豹用。

5月底，黄金豹与百货大楼结完账，拿来汇票让林马上提钱给他。林好生气愤：“是你借我的户头用，难道还怕我把你的钱吃了不成？”把黄骂走。

黄金豹担心加恼怒，当晚叫了几个朋友直奔林家而来。林听见敲门声，跟房东商量，房东说：“先到我屋里来，你把自己屋的灯灭了，门锁上！”

几个人闯进院来，不相信林不在，“刚才还明明看见这儿亮着灯呢！”上来就要撬锁。

房东大怒：“谁要碰老子家的东西，就是抢劫罪，哪一个都得逮起来进局子！”一帮人掉头而去。

一会儿，黄带了两个人来，说是大红门办事处的，要找林。房东要工作证、身份证，对方都没有。房东操起院里的锄头把他们给赶跑了。

这两个冒充办事处人员的北京人，乃是黄金豹家的房东的儿子。

第二天，林元胜主动找到黄金豹，理论了几句，两人就一块取款去了。林对我说：“阿豹就是这么个愣后生，跟他们要认真起来就没个完。”

哪知林的房东又想出新主意，悄悄儿把自己的窗玻璃打碎，又找到了双耐克鞋（黄金豹一直都穿这种鞋）沾上泥水从院门口“印”到屋门前。然后向派出所报案：家里被盗！

派出所里的一个干警是房东小舅子的表兄，知得底细后，先去黄金豹那儿把黄的房东斥责了一通。回过头来就把黄金豹、林元胜给“带”进去了。理由是：反正你们都是浙江人。就是一伙的！这事足足折腾了一个多月才算了结。那个乱抓人的干警最后在上级的过问下受了处分。

林元胜对我叹气道："这北京房东真是没法说。给他一点小利对你也挺亲热。但他们很难把你真正当朋友看。只要损着他的利益了，我们统统都是'浙江人'，没有什么朋友不朋友的。"这也是关系之一种。动辄利用自己和本地基层政府的"关系"来对付温州人，也是相当一部分房东的行为方式。所以会有这样的奇怪案子，就是因为房东和房客一方面可能关系不浅，纠缠在一起，但另一方面双方所行的又是两套规则，还是两张皮。

大部分房东和房客是"客主两不知"的关系。

大红门后街的董帅前，算是道出了"浙江村"里多数房东的心声。

> 我们最早接纳浙江人是在1991年，那一户原先住在我小舅子家里，在木樨园。亚运会时他们就全被赶到这边来了。有了第一家，跟过来的就是一大帮。我们现在接了4户，每月收入能有500多。
>
> 手续？我们从来不办手续。办了又有什么用？谁知道他们的身份证是真是假？我可见到一个人抓着好几张的。再说了，他们满天飞，全国跑，又能上哪儿找去？
>
> 我们从来不交流。几年里人换了有六七拨，但每次有多少人，姓什么叫什么，我根本不知道。那么多人来来往往，脸都记不清。平常他们干他们的，我们干我们的。
>
> 这浙江人一来，是活跃了经济，也提高了我们的收入，但这社会也太乱了，前几年还好一些，现在我们都不敢跟他们说话。房租说不给就不给，多说两句就上来打，他们人多呀！还有这卫生。大红门都快成尿盆街了，你看厕所脏的，都踩不下脚！

我住在后村一个朋友家里的时候，看得出他的房东老太太平常寂寞得很，可偏不愿意和这帮温州人说话。见我去了，觉得也是个知识分子，和我聊个没完。说起做衣服很辛苦，我问她：“如果您儿子干这个，您会怎么想啊？”老太太觉得这简直不是一个问题：“我儿子干这个？我儿子怎么会干这个呢？我们一家都是有工作的。像我现在退休，国家每月也给退休金呢。怎么会干这事呢？”在一旁的我的朋友露出羡慕的眼神。“那您一个月拿多少呢？”“180！”我朋友没反应。回来跟我说：“180？吃一顿饭都不够啊。你看这些北京人！”房东和房客之间的隔阂，恐怕并不是所谓“地域文化”之间的差异。在各自关于社会的想象中，国家和体制有着不同的含义。

我参与了1994年11月10日的北京市流动人口调查，发现这里有近8%的“空挂户”：房东把所有的房子都租出去，自己则另去别处居住，仅每月来收一次房租，互相之间就更隔膜了。

最后要强调的是，“浙江村人”和房东的这一关系，并不意味着他们和整个北京城市社会的关系就是隔膜的。北京的“水”“深得很”，不仅有居民，更有众多商业机构和政府部门；温州人和房东的两张皮关系，只表明了他们和普通市民的交往有限，而温州人与对他们的利益有更大影响的那些部门和群体，其交往热情是很高的。

逃　跑

到1992年，“浙江村”的温州人已经远远超出了本地人。

有了这么多的人口，有了日渐成熟的经济和生活体系，“浙江村”告别80年代初的“游击战”，进入了“阵地战”阶段。但是，它马上面临这样一个问题：“阵地战”比“游击战”的目标要大多了。从1986年开始，几乎每年的8—9月份，当地政府都要组织专门力量进行“清理”。用“浙江村人”的话来说，是年年要刮“政治台风”。那么，人们又怎么面对这一压力呢？

对策很简单：逃。被赶的工商户五六家结伴搬往郊区或与北京接壤的河北省（像香河、涿州、廊坊等地）“躲风头”。但决不停止生产，继续往市里商场送货，也继续与其他的“逃避网”保持联系，沟通信息。而且走之前就与房东说好：风头过了还来住你的房子，往往还要把一些带动不便的东西托付他们。一俟气候稍有宽松，人们又成群结队迅速返回。外来人口“越轰越多”。

1992年“浙江村”内温州人和本地人户数比 ①

（自然）村名	本地（户）	温州（户）
石榴庄	282	782
邓村	230	500多
海户屯	125	280

资料来源：丰台区公安局大红门派出所。

而且有意思的是，每次轰赶，人们先往南撤，如果轰赶工作继续深入，则继续往南。每次清理结束，总有一部分人留在新阵地而懒得北回。刘泽波就是在1990年轰赶的时候，从海慧寺搬到黄桥（仍属大红门街道）的。他海慧寺的房子则被从温州新来的人租居。老住户关系多，住得稍远一点，对生产没有影响，而新住户刚来，越在人口和市场集中的地方越方便。于是，轰赶成了“浙江村”在面积上不断扩大的动力。

一个当地的基层政府官员曾总结说：“‘浙江村’是在游击战和拉锯战中壮大的。”“拉锯战”真是对这一态势的生动概括。

逃跑，是“浙江村”发展中的一个重要策略。这一策略的第一

① 温州人的户里既包括家庭成员，又包括“老司”，所以本地人和温州人在人数上的差距比户数上的差距更为悬殊。

个特征，是它不放弃对权威者在意识形态上的认同。

章客雷和我说最近几年来清理的经历：

> 每年警察一般查两三次。9月份，国庆节前会来一次，3月份人上来了，再查一次。查着没证的，把人抓走，要罚款。罚款没个准，300、500到1000到2000，一直到遣送回家。看你的态度。不能讲硬气话，只能讲软话，求他们。
>
> 人被抓进去了，吓都吓死了，哪里还敢去评理。只想到怎么去找人花钱把人保出来。

在前面关于史前史和游击战的记述中我们也看到了这样的例子。这一态度看似是典型的“弱者”的心态，事实上却把国家摆在了一个尴尬的位置上：由于对方并不采取对抗姿态，国家不能直接惩戒甚至粉碎它，只能继续驱逐。而“驱逐”需要很高的成本。用刘世明的话说，这是看“谁挺得长就算谁赢”的马拉松赛跑。驱逐者和逃跑者在拉锯战中的成本显然是不对等的。政府要下很大决心才能来轰赶一次，其行为只能是“战斗式”的，“挺”不住。逃跑者难免一肚子怨气，但“挺”多长都没问题，你赶我逃，你撤我回。

逃跑也不完全是一种消极的策略，它直接促进了内部合作关系的发展。

陈金道和我说：

> 我是87年来的北京。才一来，9月份，派出所就来赶人。我找先来的堂兄商量。他说不用怕，那么多人，别人不走，你也不用走。（当时）有一些胆小的、家当少的，已经开始搬了。我看我堂兄的。就这样，你看我，我看你，还真“粘”

住没搬！

到89、90年就不行了。派出所、工作队、大队里来人，限你几天内搬走。要是第二次来还没搬，就搬你东西，抓你走。用卡车运给清河收容站去。我一看势头“顶”不过去，又找堂兄几个商量。最后先让我侄子去大兴一带探路，找好闲房，一共4家亲戚搬了过去。也有人往城里搬的。

一起“逃难”了，我们之间的关系当然比平常要近些。平常大家（生意上）都有自己的渠道，现在就混着来，进料、送货让族里的年轻人统一跑。

正因为有这个网络（即他们说的“渠道”）的存在，所以逃跑对大家的生意影响不大。周年滔和我说：“1995年逃的时候我去留史包宾馆。留史我比较熟，反正进皮也要去，没什么损失。第一天到，当天就做了36件皮夹克！第二天开始大批量生产。客户都联系着。有的远一点的，要么我给他送过去，要么他自己跑一趟。这个大家能互相理解，都这时候了，过去比这更难的不也照样做生意吗。……亲眷朋友谁跑到哪里都知道，有电话嘛。人不在北京，市场上的形势我们一点没落。后来形势一松，一回来全回来。”

面对小范围的危机，在逃跑过程中，人们还能利用网络关系转移危机。1994年，在西直门包柜台的一经营户卖的衣服有质量问题，工商部门要来查。他闻得消息，当即把剩的衣服和BP机“受”（温州话，低价转让）给一个朋友。工商所来了什么也查不着。而就在把柜台“受”来的几天内，新的经营者每天的经营额达到好几千元。不仅逃走的人钻了空子，接手的人也因此白白捞了好。

当人们的内部网络发展得越大越强，他们的逃避能力也就越强。

对于中国现阶段的流动人口来说，以户籍制度为中心的一系列体制安排，以及城市政府隔三差五的清理，都是非常不利的环境。“浙江村”的拉锯战让我们想起一个带有普遍性的问题：当人们面对不利于自己的制度安排，而这种制度的合法修改权只掌握在国家手中时，他会怎么办呢？

我们曾关注到的策略是三种：表达、变通和退出。表达被认为是西方社会中的典型策略。包括辩论、游行、呼吁，乃至激烈的对抗，处于不利地位的群体团结成“压力集团”，使国家改变政策。显然，表达发生的前提是：国家与社会有明确的分野。变通则被认为是中国社会的特产。人们对某一政策心存不满，却并不叫喊，而是私下里找领导或政策执行者“商量”，使制度在实际运行中朝有利于自己的方向改变。Hirschman（1970）提出了“退出”的概念，指当一个人对某种物品供给、组织或制度安排感到不满时，他就离开它。大量的退出使原有的制度安排不再能维持，从而导致资源分配及制度安排的调整。如果有关的制度、组织等涉及国家，那么退出也就可以成为改变行动者和国家的关系的策略。这种策略的先决条件是“有处可退”，得事先存在替代性的物品、组织与制度。

如果把Hirschman的概念拓展到社会学研究领域，那么以上三种策略就可以大致被分为两类：一类是在所谓“民主国家”中发生的，像表达与退出；另一类则是在所谓极权社会中发生的，如变通。事实上，变通也正是被视为极权体制下的“非正式政治行为”。那么就有两个问题：第一，除了这两种较极端的类型之外，还有没有中间类型的行为策略？第二，除了这些与其背景性的结构相统一、相整合的行为方式（比如表达行为与国家—社会的结构性分化是同一事实的两面）之外，还有没有与现行结构并不完全统一，可能导致结构性变迁的行为策略？

“浙江村”的“逃跑”提醒我们在事实中还存在另一个策略：逃避。它与表达、变通不同。它既不叫喊也不商量，对现行制度既不寻求连名带实的改变，也不期望暗度陈仓、偷梁换柱，而是采取漠然的态度。如果说表达和变通都是要通过与国家的不同部分（政策的制定者和执行者）的积极互动来达到自己的目的的话，逃避则尽量不与国家发生正面的关系。它要通过对一些具体政策的“架空”来保证自己的利益。逃避与退出的区别在于，退出的实质是一种制度安排，“退出权”的获得比退出行为本身远要重要；而逃避是不为制度所认可的，它就是行为本身。[①]

这样，逃避策略具有了三个重要的特征。一是难以监督。因为它是不出声的，随时可以发生的。二是难以惩罚。不管怎么说，总还属于“人民内部矛盾”。三是有形成集体行动的需要和可能。（项飚，1998）这是为什么这项“不起眼”的策略能推进制度变革的原因。

面对轰赶的逃跑是“逃避”策略的一种。我们后面要看到盖大院、盖市场，很多东西都是在合法与非法之间，“糊里糊涂”成为既定事实。我在前面已经强调过，“浙江村”是在对原有体制的逃避中，来建造自己新的社会空间的。我想其他的流动人口群体及其他一些社会群体，多少也带有这样的特征。

---

① 比如周其仁（1995）认为，获得自留地使农民获得了部分的退出权，从而加强了他们与国家的谈判地位，引发了进一步的改革。而我1996年夏天在鲁西平原听农民说，前两年上头下达棉花种植计划，他们就在地头插上几株棉花，以应付上头的检查，底下埋的全是花生。等到作物长高了，差不多也就生米煮成熟饭，乡、县这些基层政府只好睁只眼闭只眼。等到国家要收购棉花，农民就躲、凑，或者到别的地方买，实在不行也就认罚。这就是逃避。因为农民本不具备退出棉花种植计划的权利。（有意思的是，这种逃避的积累，最后竟为农民争取到了“退出权的购买权”。从1995年开始，当地规定可以“以罚代交”，即棉花计划还是下达到户，但可以不种，交足罚金即可）。像20世纪70年代安徽省凤阳农民的私自分田，恐怕也不能被称为退出。

第七章　1992—1995：乱里挣钱

进入大商场：关系的艺术

北京市宣武区服装公司志（1995）里有这样一段直截了当的话：

> 1991年，服装市场进一步开放，外地人员进京形成“浙江村”，大量加工制售各种新款式时装，加剧了服装市场的竞争。服装公司系统各服装厂生产的服装，因款式变化慢，生产周期长，不适应服装生产多变的新形势，因而出现产品积压，生产、销售下降，资金沉淀的局面。美都等四个批活厂（与“零活厂”相对——作者）1991年全年生产各式服装90.37万件，比前一年下降了30%，1992年全年生产各式服装52.69万件，比1990年下降59.2%，1993年生产各式服装19.72万件，1994年生产各式服装25万件，比1990年分别下降80.6%和77%。
>
> 此外，工业企业销售、工业利润和门市零活加工都从1992年以来大幅度下降。

北京市的服装行业之所以在1992年以后尤其感受到“浙江村”的冲击，是因为到这个时候，“浙江村”不仅进入了国有小型商业企业和少数在繁华地区的个体户门脸（80年代后半期的“登堂入室”），而且进入了国有大型商场。

北京 XD 商场的部门经理告诉我：

我们从 1984 年开始和生产厂家横向联合，尝试了多种方式，像开辟经营专柜、我们提供原材料让他们加工。最成功的还是“引厂进店”，86、87 年算是形成了制度，好处是效益有保证。搞引厂进店的主要是季节性强、变化快、批量小、容易积压的产品，服装是最重要的项目。我们的原则是引工不引商。如果再把商家引进来，流通上又多了一道手续，必然抬高市场价格，搞乱市场。1990 年 5 月，我们就特意整顿，清退了一些商业性质的单位。

1988 年 1 到 11 月份一共有 108 家厂家在我们这里联营。11 月底有 89 家，出售 2218 个花色。其中国营的 18 家，集体的 69 家，中外合资的 4 家。1993 年，引厂进店的达到 270 多家，其中国营 43 家，集体 172 家，合资 61 家。由厂方派来的人员达到 1360 人，品种达到 11 031 种，营销额达到总营销额的 22.5%。在时装中，出自温州的有 30%—40%。他们的效益高。有一家，一个 8 平方米的小厅，一个月就做出了 15 万的营业额。

我们的手续是严格的。需要先在当地的工商部门核准，对厂家的价格、质量进行审查；然后执企业执照、法人委托书到商场的业务科审批；审批合格，要经总经理审批；然后两方签协议。引厂进店的柜台、人员和货架，不能超过所在商品部的 15%—20%，而且只能占边角柜台。平时在经营中是层层承包。他们的信息员对厂家承包，厂家对我们的部门经理承包，部门经理对商场承包。对外地来的信息员我们要填表登记、注册、发进出门出入证、给他们办统一的胸卡，由保卫科、劳资科和业务科同时对他们进行管理。信息员要脱产到我们商场的干部培训中心培训半个月。

但“引工不引商”的原则并没有框住“浙江村”的专业包柜台者。这里真正关键的是层层承包的做法。基层经理人员把创造效益放在首位，谁的效益好谁就受欢迎，手续在一定程度上无非是“过场”问题。“浙江村人”也一致认为，XD商场的内部管理几乎是北京市商场中最严格有序的，他们愿意接受并配合这样的管理。因为管理严格，商场的形象好，销售量才能上得去。拉关系、钻漏洞和“规范化”并不是必然矛盾的。

我1993年认识周红球的时候，他刚刚在XD商场租下柜台。比起当初进入小型商场，这时的“进攻”可要难多了：

> 我直接去找他们的楼层经理。对方一听我们是外地的个体户，马上就说“根本不可能”。我隔了一天又去，拉下脸皮和他们磨。到了办公室给他们倒水递烟。他们坐着我也坐着，他们闲谈我看有什么机会就搭腔。经理烦我，我就跟打扫卫生的、办事的说。这样磨了7次。我自己也烦了。我想最后再试一次，想办法到经理家里去。我不知道地址，怎么去呢？我在商场门口等着，他下班出来我跟着他走。经理扭头问我究竟去哪儿，我只往前指，说前面前面。到了他们家楼下了，我说能不能上去坐一会儿？他说算了！我回来又觉得不死心。没准今天经理不让上楼，他回去想想觉得失礼，明天我去了办公室他还答应了呢。最后是第8次去办公室。总算感动了办公室的老会计，跟经理说，你看他也挺不容易的，就考虑一下吧。那天经理的态度比平时好些，也没说别的，让我把呼机（号码）留下，然后赶快走。我刚走到六部口这儿，听见有人呼。我到电话局回电话问是谁啊？对方恶狠狠地说：“是我！明天来商场验证

吧！”就是他妈的那经理！我当时大叫起来：“太谢谢您了！”把旁边打电话的人都吓了一大跳。后来经理对我说，你真是块橡皮泥，粘在手上甩都甩不掉！

去验证的时候我就把我的衣服拿过去了——看衣服是最重要的。然后要办的手续是：给他（商场）厂家执照副本、营业执照、税务登记证正本或复印件、商标注册证、产品的价格表（出厂价和零售价）。这些都简单，主要还是人。

刘东在XD商场也有类似的经历。

我的柜台是一个河北人转给我的，他办手续的时候用的是（河北）雄县和乌鲁木齐的商标，我转过来卖我们自己的皮夹克。商标对不上，被查出来了，要我退。我只能使劲认错，说今后一定怎么为商场争光等等。事情你可以编一点，可态度绝对是真的。我就拿真心说话，谁也挡不住一个人的真正的真心话，要真不行我就跪下来。你能帮我为什么不帮我？最后还是行了。

我1993年在“浙江村”的时候，在大商店包柜台是村里声望最高的行当。是什么样的人在干这个？褒之者云是“有能力的”，贬之者说是“会粘会钻的”，中立的则说是“有关系的”。其实三者意思差不多，都落实在“关系”上。

卢建发和我谈他和北京经理的交往哲学：“这东西和谈恋爱一样，没有说两三句话就说定的。靠磨。北京人跟我们那里的人不一样，不喜欢你讲得太直了，太直了说你看不起他。第一次见面，我不送东西，就吃顿饭，送点小东西。北京人爱说，就让他说，我们听。把他的底摸透，到底是怎么样一个人，什么脾气，在商场里说了算不算。……到第二次就要送大宗的。看准了一送就要送‘到’（到位、够量）、送‘倒’（发挥作用）。接下来细水长流，过年啊、五一啊、八月十五啊，四季八节关照好。”

王某的一段经历也说明了在进入大商场的过程中，对关系的“经营”并不简单。王1991年来北京，通过叔叔的关系在TS商场包了柜台。叔叔的关系“硬得很”，去了当场就替王签了协议，定的是四楼的营业厅。后来王想换到三楼去，把经理约出来吃饭。在饭桌上，送给经理两个金戒指。过了一个月便换到了三楼。王卖的是“浙江村”的货，可打的是上海雪豹皮服的牌子。到新柜台才三天，就被真雪豹的检查组给查出来了。经理大骇。TS商场才被评为“信得过商店”，门口还高高挂着“本店不出售伪劣产品”的标牌呢！经理马上给叔叔打电话，让王别到店里来了，但是王的柜台里还放着2万多块钱的现金。王很为难，不知道经理知不知道柜台里的钱。如果没发现有这2万，被营业员或者其他人偷走，划不来；但是如果经理发现了钱又没有充公，那去提醒他真是“哪壶不开提哪壶”了。最后叔叔让王给经理打电话，主动说这钱给商场做罚款，具体怎么办完全由经理定夺。这样既提醒了经理，又给他留下空间。虽然自己损失2万，但没让别人为难。王事后觉得叔叔的决策很英明。过了半年多，叔叔通过自己公司的“副总经理”、北京某区领导的亲戚，在某商业大楼又为侄子包了一个柜台。但王和TS商场的经理一直有联系，春节照样拜年。“关系这东西，不能有用就去找，没用了就不来往了。”

在和商场经理“拉关系”中，具体方法是有变化的。早期以“送东西”为主，而且所送礼物的价值越来越高。1992年一个经营户以一年76万的价格包租某营业厅不成，两天后却被另一个人以58万包了去，据说其差额大致相当于送礼数额的差别。送礼成为公开的经济制度。而1992年以后，送礼的重要性呈下降趋势。原来商场受贿的基础是它出租行为的“地下性”。在租金上形不成公开的比较和竞争，谁“塞”得多就把柜台给谁。1992 年以后，商场基本获得经营自主权，承租人之间形成了公开的竞争，商场内部则层层承包。如果一个承租人以明显低于一般的提成比例租到柜台，马上能被察觉。而经理如果因为受贿接受销售业绩差的承租人，最后完不成承包任务，自己也只能“兜着走”。现在人们越来越强调拉关系要“两手硬”，不但要在物质上过硬，在感情上也要充分重视，要搞成“朋友”的关系。卢建发的经验之谈也说明了这一点。这种对外关系建设的努力是人们在 80 年代时所未曾有的。①

1996 年春节前夕，我陪刘东给各商场的经理拜年。带一大沓的信封，一大沓的钞票。车开到哪家楼下了，再想一想，送多少合适。送分两种形式。如果刚认识，需要强化关系的，就送到家里去。一个人一盒洋酒，价值 586 元，两条烟，700 元，再是 5000 元，“给您小孩的压岁钱。”刘东提醒我：“送东西，最好是东西放下就走，要聊下次再说。”如果是关系处得比较长了，就送 5000 或 10 000 到办公室。我们一起到了某商场，来到楼层经理室嘻嘻哈哈开了一会玩笑，刘东说：“各位，过年了，本来应该请大家出去吃饭的，但是太忙，就只能让大家自己去吃了。”边说边把信封放到经理桌上。经理笑：“好，谢谢刘老板了！”马上把信封打开，飞快地一数，扔给办公桌对面的出纳，“这是刘老板给的，记好了。”为什么对老关系要这样处理，刘东解释说：“关系已经不错了，钱多少无所谓，主要搞热闹。平常打交道的也不只经理一个人，其他的人也要关照好啊。这样经理要把你开掉他也难为情，别人会替我们说话。你刚进

① 这个问题让人想起学术界的有关争论，即中国经济的市场化会在多大程度上使它的社会组织方式靠近于西方？看来这确实是一个复杂的问题。当市场化程度不高的时候，人们用明确的“地下市场”的行为来办事。而公开的市场化程度高了之后，人们反而强调感情、人情的因素了。

去（商场）的，要攻，那就要攻经理一两个人。”下午把经理这一圈打发之后，晚上是针对政府官员的。“工商、税务、派出所的。他们不能送钱。大家都是要面子的嘛。……平白无故收了钱，别人感到你这个人贪，别人不就看不起你了吗？面子、钱、感情、尊重，都需要。让他感到你有东西，不是瞎求，但又是在求他，把他看得重重的，才能办事。缺了哪个也不行。”最后，刘东自言自语说：“我现在已经是 90 度的变化了，过去那真是求别人啊，让别人可怜你才给你一个摊位啊。现在不是啊。以后我要搞成 180 度的变化，让他们给我拜年！”

最后附带讲一下 20 世纪 90 年代柜台出租中的两个新变化。在 80 年代，人们一般用的是“引厂进店”这个词，以此和“出租”形成区别。到 1992 年，大部分的商场不再做此区分，而统一称为“联营”。办法还是老办法：下设保底，上不封顶，按流水提成。只不过提成比例越涨越高。城乡贸易中心曾创下最高纪录：按流水提成 28%，一年的保底费要 17 万—18 万。一般商店的提成率稳定在 20% 到 15%。具体比例高低视商店地段和柜台的位置而定。“保底费”也一年高似一年。1986、1988 年商店以柜台经营为主，商店一般要求一个柜台的提成额达到 4000 元左右。到 90 年代，商店的开架销售成为时尚，一个十几、二十平方米的货架一个月要求做到 20 万—40 万的营业额。而到春节前的一个月，一般要求要做到 30 多万。如果做不到，下个月你就有被驱逐的危险。

1994 年 1 月，全国实行增值税制。过去，经营户通过单位代开，甚至购买假发票也能应付。但新税制要求货物进店的时候就有抵扣发票，即你要拿得出说明你的成本的发票来“冲”，否则不准上货。经营户的对策大致有三种。（一）找单位开税票。上海和广东成为主要的“票源”。原因是上海浦东与广东一些厂家享受免税优惠，开出税票仅需交 4% 的所得税。工商户按票面价值提

4.5% 到 6% 的“回扣”给开票企业。“浙江村”里也有不少人找老家的企业帮忙，这大大增加了乐清的税源。据说，乐清市 1994 年第一季度就完成了全年税收任务的 50%。(二) 更主要的，是在布料市场上买布料发票。布料市场上的生产者，纺织厂家，能开发票，但是布料市场上的主要经营者，特别是最终的购买者 (也即“浙江村”里的加工户)，则不需要这些发票做抵扣，所以布料市场上的发票有多余。多余的发票留在厂家里毫无用处，于是就按票面数的 1.2% 到 1.5% 出售。比方说一张标明卖出 10 万元布料的发票，售价为 1200 元到 1500 元。这一买卖并不影响国家税务政策的实施。(三) 仍然有人坚持用假发票，假发票的来源主要是河北白沟。不管怎么说，增值税制的实行又是强化了“浙江村”和全国其他地区的联系。

大转包

对北京的正规商业系统 (区别于像“浙江村”早年摆地摊的这一类非正规形式)，我们可以按规模 (大、中、小型) 和所有制 (国有、集体还是私营) 两个维度大致分为四类：国有大型、国有小型、非国有大型和非国有小型。在早期，“浙江村”突破的主要是国有小型商业企业和一部分非国有小型企业，上一节说的是它对国有大、中型商业企业的进入。

1992 年前后，北京出现了非国有大型商场，它对“浙江村”的影响更为重要。首先，由于规模、档次、装潢、策划及内部管理等多方面原因，非国有大型商场比国有商场更有竞争力；其次，非国有大型商场公开招租，明确可以“引商进店”，更合“浙江村”的胃口；三则它们探索了“大转租”的做法，使“浙江村”专业包柜台者的角色发生了进一步变化。

最早实行“转租”办法的可能是1991年元旦开业的HW大厦。商场在招商时明确规定，不直接向个体经营户租赁。大厦一位经理对此的解释是，“个体户你租一个货架，他租一个柜台，难以管理。这些个体户不少是外地的，尤其是浙江来的多，他们说走就走，你上哪儿也追不上他，结果乱得没法收场。我们现在只跟几家有把握的正式公司打交道。我们先把柜台租给他们，他们再往下租。商店把营业额打入公司的账户，公司再拿现金给下面的承租户。公司对个体户的管理我们不管，但我们对公司要严格管理。去年就因为有一个柜台出现了劣质产品，顾客向我们反映，我们马上就把这个公司开掉了。公司现在也比较认真，因为他们的利益不比我们小，他们也希望长期做。我们不和个体户直接交往，也是为了保护公司的利益，我们就是把差价让给他，用这块利益来驱动他们管理。”该大楼第三层营业厅从商店往外租的价格是每天每平方米5美元，按当时的国家调剂价算应该是40多元人民币，而二级公司往外租的时候则按一个货架多少钱算，一个1.5平方米的货架，最低却要收6000元人民币的租金。差价将近4倍！

这种做法为不少新建商场所效仿。尤其是北京的房地产热和商场热同时兴起之后，房地产公司纷纷投资商场建设，建完之后，他们自己不可能直接经营，同时为了更快地收回成本，一次性大块出租显然是最合适的安排。和此趋势相配合，“浙江村”里一批专门大面积承租商场、又分头转租的经营者应运而生。前面那位文具店的经理说的“去西单租整层的去了”，指的就是这种情况。至于HW大厦的那位经理说的“正式大公司”，只是文本上的制度规定。对这类规定，“浙江村人”没有跳不过去的坎。

商场希望能从中介公司那里一次性收得半年甚至一年的租金。保守地估算，一个柜台一个月算3000元的租金，如果要包下一个厅50个柜台，半年的租金就要90万。而将摊位租给个体经营者时，按规矩则按月收租金。但是千万不要以为这总包的要自己大量垫钱。姚信安得意地和我说："你看，就算拿出 90 万，我第一个月的租金就收来 30 万。这 30 万是月初收的。现在我们都要收押金，防止底下的人突然到别的地方去了，不租了。一个柜台的押金是 15 000，有的地方是 17 000。租金加上押金，和我们给商店的就平了。只不过这钱在时间上有先有后，要调剂得动就行。""总包头"和下面的工商户在名义上也签合同。景友的哥哥景朋在祥云商场从老乡那里分租了一个柜台，"这些'头毛儿'[①]钱赚得最'杀噶'[②]。押金拿过去，等于是我们替他搞。合同里说，没租满就走了押金是不退的，但这也看人，你平常要老实的，在村里没什么人的，他就'吃'你；你平常要是柴刀扛在肩上走的呢，他怎么也要退掉一半。合同，在'浙江村'你还怎么讲这一套？"

从中间人转租来的柜台，租金要比原来高好多，但小的经营户也省了不少事。景朋在感叹生意不好做之余说："转租，多少钱就是多少钱。拿了钱就能拿到摊位。你要自己去大商场里挖个柜台，给经理送礼就要 3 万，这还是有关系的，没关系的怎么也要一只手（指 5 万——作者）。他东西收了就收了，最后说柜台没了，你还去告他啊？租了摊位你也难弄，店里不高兴了让你走你就走。就算一个柜台一个月能赚一万，我这前半年等于是为他赚。"这也正是人们不得不依赖大转包的中间人的一个道理。它不仅在于中间人能"攻"得下有关的关系，而且"关系"是一种耐用消费品，一次购得，长期受益。零租柜台，经常变动，关系利用的效率自然不高。

中间人也必须处理好他和下面承租人之间的关系。只有在"浙

---

① 温州方言。意思近乎"家伙"，但带有骂人和发牢骚的色彩。

② 温州方言。厉害，有过分的意思。

江村”有比较广的社会基础，他往外转租时才能有较多的人响应；响应的人越多，转租的价格也就能抬得越高。在经营中如果出现什么事，中间人应该有足够的“面子”把事情调解开。曾经有两户经营者从一个中间人那里租了紧邻的两个柜台，发生矛盾，中间人调解不开；两个人越吵越热闹，动起手来，结果双方都被商店“开”走。那个中间人在“浙江村”就算“臭”了。他不仅解决不了内部的问题，而且在商场那里连这点“面子”都没有，说“开”就“开”走了。中间人还必须得有点“势力”，能随时解决矛盾。大转包也促进了“浙江村”里新的大人物的生成。

大转包的再一个重要后果，是促成了“浙江村”里加工户和销售户之间的比较彻底的分工。大部分原来加工兼销售的经营户，转向专业包租柜台。这里有两方面原因，一是进入大市场后，对加工户服装制作的要求高了；同时，在大商场里包柜台，经营者的压力也大了。随着分工的进一步明确化，各人的生意圈自然要扩大，同时在更多的生意圈之间发生重叠。

小转租

“小转租”发生在集贸市场上。和我们想象的不一样的是，直到80年代末、90年代初，在“浙江村人”进入了正规商场之后，他们才开始打起到这些集贸市场做生意的主意。

位于XD商场南口的XD劝业场形成于1986年，1992年管理部门解放思想，将它进一步规范。根据1993年的数据，市场中70%是南方人，其中温州人又占到一半左右。剩下的安徽、江苏的较多。摊位的最高租金达到一个月3000元，租赁期最短半年，最长的定一年。要交保证金3500元。每月的月初5—7日收租金。顾客主要是外地来的批发商。一个月一个摊位的平均利润约为1万—2万。

一个在劝业场做买卖的温州人告诉我："你说温州人厉害也厉害，'毛'也'毛'[①]。到现在我们在劝业场里没有说有自己租摊位的，都是从北京人和别的外地人那里倒手过来。（市场）刚开的时候我们不知道，等我们晓得了去看摊位早就租满了。现在他们哪里肯退出去！我们温州人把市场'旺'得火样红，他们什么事情不干一个月都好几千，只要和市场里的关系搞搞好就行了。"原来两三千元一个月的摊位到了温州人手里，就要交五六千。还有转租两手的。如第一次转来是五千块钱一个月，到第三个人手里就要六七千了。

在集贸市场包摊位的好处是关系不复杂。林存富说：

"（在集贸市场里包摊位）只要自己不乱花，一年要花多少都能算得清。我在劝业场开了这几年，到这里拿过西装的只有两个人。一个是交通厅的（他并不清楚究竟是哪个交通厅——作者），也是老乡带过来的；另外一个是在城乡贸易中心的楼顶上开保龄球厅的老板。在那地方能开保龄球厅的，没有真过硬的关系站不住脚。我佩服他。平常经理来，管事的来，成本价多少我还是算他多少。凭什么要白给呢？我们之间的钱都算得很清楚。你在商场里做，那关系就复杂多了。"

另一个经营户告诉我："要在（集贸）市场里找一个好摊位，找公安、工商的还行。要在大商场里找个好柜台，找这些外面的人就没什么用，但这些人你也得捧好了，也是一点怠慢不得。"

从规定上看，集贸市场的管理比大商场甚至更严。劝业场的管理人员告诉我："虽然我们要发展商品经济，但是管理还是不能放松的。没照的是绝对不能来，假冒伪劣的也不行。来这里一定要有临

---

① "毛"，温州方言。指人自以为不错，比较"横"，但在实际中又比较窝囊，不该低头的地方也低头。类似于北京话中的"怂"。

时户口、进京证明，就是有当地政府或者公安部门的介绍信。把本地的照压在这里，然后我们发给摊位照。要在派出所登记店铺户口。如果被查出来没有店铺户口，要到沙河、清河沙石厂劳动一礼拜，罚款50元。一个月的税是六七百元，管理费平均是1000元，看摊位的面积、地段而定。”

但是再严也不怕，因为这些全由北京个体户在转租中“代为解决”。在集贸市场里，我们常常看见摊位里坐着三个人，两个是认真卖货的，见了人使劲打招呼，这是真正的经营者和经营户雇的营业员，而另一个则心不在焉，时不时站起来遛一圈，他是这个摊位的名义上的摊主。他害怕管理部门发现他的转租行为，所以每天要来坐一阵，当是营业执照上的活照片。

小转租里也有发展出大转租的。关系硬的北京个体户，一口气从市场里多租下若干个（当然是要用若干个名字），然后再转手。这种做法的风险较大，需要和市场里有过硬的关系，所以不是很普遍。

转租让北京人让出经营地盘来，而转租能够发生，是由于“浙江村人”在承受了额外的租金后还是有利可图，这自然是归功于他们村内独特的生产经营网络了。

营业员

经营户认为，营业员是柜台赚不赚钱的重要环节。几个包柜台的碰在一起，往往就讨论营业员小姐的事情，说谁家的哪个小姐会做生意，哪个不行。

一次一个经营户得意地和我说：“昨天我柜台上来了两个东北的后生儿，一个是为女朋友买，另一个为妹妹买。我的服务员看出这心思，不让他们压价，反复给他们试，态度特别好。最后，一个人买了2套，一下子就出去4套！卖得高还卖得多。没有人说到你这里就一定想买的，也没有说到这里一点都不想买的。能不能抓住顾客的心理，(效果)差得多了。我就经常和我的几个小姐讲心理学。像昨天这样的，加她多少工资都不算多。"

"浙江村"在生意上差不多事事觉得是自己温州人好，唯独营业员不找温州小姐。工资高倒在其次，一口温州味的普通话就把柜台的出租性质全抖搂出来了！他们的劳动力主要来自北京、河北、江苏和安徽四个地区。

不是自家人做，就出现了两个问题，一个是怎么管理人，一个是怎么调剂货。

卢连德经历了一个摸索的过程：

> 1991年我包在王府井的晏春商店，服务员我们自己叫。开始给定的是300块钱一个月，后来一直涨，涨到1500。开始我们真是什么都不懂。商店本来搞收银台，每天的现金由它收，月底结账，开出转账支票。我们到城市信用社开户头，拿它的支票去取钱。那时候的信用社一天最多只能让你拿2000，而且要在开出支票三天以后才能拿。我们觉得太麻烦，就让自己的服务员收现金。
>
> 我只让服务员记总账。就记一天下来总共卖出去多少件，收了多少钱。卖了哪几件，每件多少钱是没账的。我们毕竟是从农村里出来，没有做账这套习惯，都用脑子记，结果自己一天给柜台上送了几件衣服自己都搞不清楚。那几年生意是最好了，可是赚的钱就不多，就是内部管理跟不上。有一个营业员给我干了两年多，自己买了一套20多万的房子，你说她钱从哪里来啊。

后来“浙江村”里有开始做细账的，我觉得合理，跟着学。

卢连德拿“细账”给我看：

日期：1991年7月21日						
卖出衣服	件数	售出单价	营业开始时柜台上的库存		新进	今日剩余
			男式黑色扎腰带短大衣	3	1	4
男式西装领皮夹克	1	458	男式西装领皮夹克	5		4
			男式松紧袖皮夹克	13		13
			女式胸口绣花长大衣	4	2	6
女式毛领大衣	1	897	女式毛领大衣	5	1	5
			男式猪皮大衣（大号）	23		23
			男式猪皮夹克（特大）	15		15
男式双排扣皮夹克	1	488	男式双排扣皮夹克	2	1	2
营业额		1843				

细账中衣服的名字都是所谓“土叫”叫出来的，但在整个村内，它们是共通的术语。当一个样子流行开来的时候，名字也就随之传开。

账中所谓“新进”是指这一天卢连德新送到店里的衣服。第二天家里做什么，要到其他加工户那里拿什么，基本上根据前一天的销售情况而定。7月21日只剩了1件男式双排扣皮夹克，22日就新送了2件男式双排扣皮夹克。所以这细账的功能还不仅在于控制柜台上的账目，而且使人们更清楚、详细地知道外部市场的信息。

卢连德接着说：

搞了细账，营业员不敢乱来。后来商店统一设收银台，才算基本解决问题。[1]顾客和营业员谈好价，营业员开出小票，顾客到收银台交钱。收银台收了钱之后在小票上盖章，顾客再回来拿东西，把票留在营业员那里。但也不是一点漏洞没有。就有这样的事情：营业员卖了500块钱的东西，钱装到自己的腰包里了。再以这个东西的名义开出一张300块钱的小票，见其他人路过，就说"同志，请你帮帮忙把这300块钱替我交一下。"有的顾客也糊里糊涂，就给交了。收银台和柜台上的账你都查不出来，这就贪走了200块。这事我没碰上，别人有碰上的，来告诉大家，让大伙小心。

到93、94年，我们一般跟营业员搞提成。先定一个基本工资，定一个最少的销售量。比如说一个月最低工资500块，最少卖2000块或者2500块的货。剩下的，你卖得多，就给得多，

---

① 由于出租中简单的交款方式（一月一次交钱，剩下的事情商店不管）目标较大，一查账面就能察觉，同时商店不能过问承租户的经营活动，一些出租柜台兜售假冒产品、雇"托"行骗甚是猖獗，社会反响很大。个别商店因此被挂了黄牌。1987年以后，北京市工商局要求各柜台的经营额统一走商店的账面。走商店的账面又有两种付款方式。一是商店把租金从柜台的营业额里扣下，剩下的退回给承租人；更普遍的做法则是走所谓"体内循环"，在扣除租金之后，把其余部分打到承租人的账户上，同时开给承租人现金支票。1983年国务院的《国务院关于城镇非农业个体经济的若干政策性规定的补充规定》就明确指出，允许个体户在银行开设账户。

尽管"浙江村人"从一开始就很有金融运作的概念，但对国家正式的资金流程的了解，也是从这里才开始。一次我陪黄林三（在东四包柜台）的老婆去东四工商银行营业所取钱。她一个人去不放心，老黄又要去店里，刚好拉我当保镖。在路上她和我说："我第一次听他们说什么'户头'，我还当是说番薯、芋的芋头（在温州话中，'户'和'芋'是同音）呢！我肚子里纳闷，这芋头和柜台有什么关系！后来才知道是这个户头，钱要先汇到这里。……开始我们两个真不放心，总觉得自己没看见钱，有没有给你汇你也不知道，汇了银行会不会让你拿也不晓得。现在放心了！"

再后来，社区内的金融运作和正式的金融体系发生密切的关系。由于"浙江村人"多借温州乡镇企业的执照用，商店往往按规定把钱汇回温州。包柜台的再要温州的厂家把钱汇到北京。这里就有时间差。社区内非正式金融系统的一个功能就是弥补这个时间差。

比方说卖出1000块钱给你50块。也有人不定最低工资的，全搞提成。这样提成的比例要高一点。还有的搞得复杂的，提成不从总的营业额里提，而看你卖出的价比进价高多少。到国庆、春节的时候，商店要每个柜台多卖货，这多卖全靠营业员，我们再给她们额外多发奖金。

营业员工资每个地方不一样。劝业场是一个月500块，XD商场是900块，HW大厦1200块。哪里租金高、要做的营业额高，工资也高。这都有说法。如果你通过一个老乡从XD商场招一个营业员到HW里，那你就得给她加工资。

现在一般的工资是1500到2000元。卖皮的如果卖得好，一个月能拿到3000块。几个大商场里谁（营业员）卖得好我们都互相传的，也是名人。

比起“浙江村”内的“老司”，服务员的劳动力配置有更强的网络特征。在包柜台的圈子里，形成了一个隐形的营业员的劳动力市场。

金丽芬，35岁，原北京地毯厂工人。下岗后老同学介绍她到王府井的一家“浙江村”经营户的商店里干。她觉得离家太远，向老板提出来后，就被调剂到长安商场。在长安包柜台的是那位老板的朋友，也是“浙江村”的，而原来的老板再通过网络找新的营业员。刘姐，46岁，原北京电视配件厂工人，现在金伦大厦当服务员。“工厂效益不行，我搞提前退休[①]。街坊介绍了一个浙江人，给他的‘皮料行’站柜台。后来皮料行撤了，问我还愿不愿意干，我说愿意，

① 在严峻的“下岗”形势下，退休的政策也大为灵活。按该厂的规定，40岁以下离厂的，算下岗，拿150元的工资；40岁以上的，就算退休，拿210元，（后来涨到400元）。鼓励退休是因为，退休之后，企业在名义上就没有安排“再就业”的责任了。

把我介绍到这里来。其他几个一起干的，都找到新地方了。大部分都介绍给老板的朋友了。”

外地来的服务员内部也形成了网络。在金伦大厦包柜台的潘某告诉我，他在三个大商场包有柜台，所有的营业员都是由最早的两个服务员发展出来的。“两个小姑娘是安徽来的，不错。我要包新的柜台的时候，就让她们介绍自己的老乡过来。有时候我不提，她们也会主动问我有没有别的老板要服务员，也想给自己的朋友找工作。”

由于服务员内部的网络，老板面临了类似“工会”的威胁。一个包柜台的和我说：“服务员的工资为什么年年涨？就是因为有一家涨，大家都要涨。她们的消息灵通得很，哪里一动她就来说，你要不涨，灵活一点的很快就跳走。”后来形成这样一个制度：老板不准自己的服务员对外公开自己的工资，也不许去打听别人的工资。当服务员拿别人的工资做理由要提价时，不做理会。但是这一规矩的效果并不十分明显。

现在越来越多的营业员正在成为新一代的小老板。1992 年“浙江村”内部出现大批市场之后，“浙江村人”的经营户逐渐向村内转移，并把更多精力放在大商场上。王府井、前门等地的小门脸，多为安徽的营业员接手承包，她们也从“浙江村”里进货。吴文垠一家现在就跟安徽人合作。

> 我们浙江人原来的柜台都被安徽人占去了。如果安徽人的柜台摆在我们浙江人边上，我们干不过他们。她们自己包自己卖，算得更精。……现在和我们固定联系的有那么 20 多户安徽的，也是我们的朋友老乡介绍的，也有是自己找上门的。平常主要是他们打电话过来，说清楚衣服的样子和件数，给他们加工。我们搞的都是经销。和她们搞代销，过年的时候退回来的衣服太多。和自己老乡就好一点，经常能商量，不行就便宜一

点先卖掉。

卢连德的老婆是安徽人，在王府井包柜台的时候正是给他当营业员的。

> 我们四个姑娘88年一起来北京，在建国门劳务市场[1]上碰见一个河北人，替他在北京（火车）站卖童装。在北京站就开始认识温州人了。有个在旁边摆摊的温州人说，你在这里卖童装有什么意思啊，赚得又少，让我跟他的一个朋友去卖时装去。
>
> 这样转到西单卖。后来西单那个人不干了，把我介绍给他（指卢连德），我们就好了。我在王府井也认识了不少站柜台的，都和我年纪差不多大，现在自己包柜台的有六七个。她们都到“浙江村”拿衣服，大多数嫁给北京人了，可惜嫁的都不是好的北京人，都是没工作的，成天在街上逛的，要么是厂子不行的。有好几对现在又离婚了。他们男的靠着女的，女的能力比他们强啊，男的又脾气不好，干脆离婚。
>
> 我们安徽的当了小老板的，赚钱都不是太多，不如温州人多！一年也就赚个两三万吧。

“京温”故事

“浙江村”1992年以来最引人注目的变化是京温服装批发中心的兴建。它由北京、温州两地政府部门投资，和“浙江村”经营户合作兴建，简称京温市场、京温中心或者干脆就叫“京温”。

这市场的建立，经历了政府和“浙江村”之间一波三折的互动。

---

① 即著名的崇文门劳务市场。

一个曾经参与市场筹建，后来又在京温中心工作的工商干部告诉我：

按“八五”计划，这块地本来就是集贸市场。82年陈希同就批了，但是后来一直没发展起来。89年兴过一段服装市场，“六四”的时候又给驱散了。

“浙江村”没法赶，是我们这些基层干部这些年的一个重要经验。我们有这样的想法：能不能干脆把这里发展为正规的服装市场？这是有根据的。一是交通位置好，从外地来购买也很方便；二是有基础，就是我们说得过去兴过服装市场；三是外围条件好，有这么个“浙江村”在这儿。

可是上面对“浙江村”的事儿一直态度不明朗。90年陈希同提出“买全国卖全国”。特别是1992年小平同志的南巡讲话（南方谈话）以后，从中央到底下都在讲要解放思想，步子要大一点。我们局提出要在这里建一个像西单百花那样的市场。百花市场是市里肯定的，上面就批了。

但是像我们这样一个行政单位，去投资盖这个大楼是不可能的。借鉴全国其他地方的经验，我们决定搞集资。但集资我们从来没搞过，跟这里的温州工商户还不知道怎么说话呢！我们跟温州的驻京办事处联系，通过他们，和温州的市工商局取得联系，请他们协助我们。这个事从1992年三四月份开始议。我们局领导和其他的同志，也包括我，去了好几次温州。温州工商局的同志也来了几次北京。到八九月份，基本谈下来了。市场的名字就叫京温，表示是北京和温州的合作。

市场准备盖5层，一共有1600个摊位。集资的办法是，只要你交13 000块钱，就能得到一个摊位，一定4年。在这4年里，除了每个月的工商管理费，其他的费用都不用交。后来我

“浙江村”里最早的服装批发市场：桃源市场

们又让摊主补交了500元，作为广告费，所以一共是13 500元。4年以后，摊位重新分配，但是原来的摊主优先。

我们专门组成了集资工作小组，由我们局的一个副局长和温州局的一个副局长负责。小组里主要是温州工商局的同志，特别是从乐清、永嘉分局来的同志，一共有将近20个。他们每个人都有一大帮亲戚朋友在“浙江村”。

但工作还是比我们想象的要难得多。你们老乡这个精明确实是厉害，他们“不见兔子不撒鹰”。先集资，再动工，他们不信任。对北京的形势，他们心里也嘀咕，你还会不会轰啊？钱你拿走了，这市场到底什么时候能起来啊？你集了资跑了我们怎么办？在这种情况下，我们决定，先盖一个过渡市场。什么叫过渡市场呢？就是能在两三个月内盖完的简易市场，凡是交了集资费的，马上就能在过渡市场里得到一个摊位。等正式的京温大楼盖起来之后，再从这边转移到那里去。这个过渡市场就是木樨园轻工批发市场。

这里需要说明的是，这位干部知道我是因为“浙江村”才关心京温中心，所以言谈里颇多涉及“浙江村”三个字，而在一般场合，管理部门会有意避开这个话题，淡化“浙江村”和这个市场的关系。

这可以说是彼此互动的第一个阶段：政府主动改变思路，但是“浙江村人”不敢领情。

工商局建过渡市场的策略获得了巨大的成功。到1992年11月份，过渡市场生意火爆，工商户纷纷认购。在京温中心的摊位仅剩300多个的时候，前来认购的经营户竟多达五六千人。工商局只好靠摇号解决，平均20个人才得到一个摊号。当时甚至出现了这样的场面：号一摇出来，谁拿到了一个摊位条，转身就可以以好几万的价格转让给别人，一个号最高卖到8万元，成为“浙江村”内“摊位热”的滥觞。

工商所掌握的摊位立刻成了紧缺资源，工商所又重新把握了主动权，互动进入第二个回合。1994年，前面这位干部告诉我：

> 我们并没有把所有的摊位都摇出去，手头还留了些。我们大楼原先设计得比较宽松，开业后又匀出些新的摊位来。现在我们还有190多个摊，主要在一层和二层，位置是相当不错的。经过局里反复研究，我们局的关系单位比较多，公、检、法、司，以及劳动、规划、消防、供电等，经过平衡，一层的主要都给了关系单位。二层的通过抓阄，再给经营户分出一部分。
>
> 一、二层的还有20个给当初帮助我们买国库券的经营户。当年（指1992年）我们局里有十来万买国库券的指标，完成不了，请工商户帮忙。谁要买5000元的国库券，今后在工作中就给照顾。结果一下子又来了好多人，看样子十万块钱全叫他们买没问题。我们只限20个。
>
> 送给关系单位的摊位最后还是落到浙江人头上，各单位他们自己是不可能经营的。他们介绍过来的温州人，我们给予支持。像公安局这些单位，他们工作有他们的特点，咱们也不能管太多。反正摊位怎么给也是出去，这对我们工作有好处。他们怎么给有他们的道理。
>
> 现在这些摊位的价格就不是13 500元了，我们也根据市场情况调整价格。现在分层卖，一层是82 000，二层67 000，三层35 000，四层20 000，也都还是一交4年。但和外面炒的价格比，还是低太多了。

当京温中心于1994年10月开业以后，工商局又考虑用同样的办法再建一个市场。另一位市场管理干部告诉我：

> 现在和当时京温招商的情况不一样了。新市场的招商办法是"先内后外"。"内"是指我们工商系统内部。工商系统的某个同志找我们来，让我们给安排一个，他作为担保人，写一份推荐信，把你们老乡介绍过来。我们大部分都靠这种办法走。
>
> 为什么要搞这种"先内后外"呢？工商局办的市场，一般是吸引力比较大的，个体户喜欢进工商局办的市场。社会上办的那些（指经营户私人投资的市场，参见本章"市场热和摊位热"——作者）有的很野蛮，如果你不按时交费，或者出现什么纠纷，就叫人来打、来抄，一些原来许诺的条件最后也没办法兑现。所以这些年慢慢也就形成了这个路子，要租工商局的摊位，你就要找工商局的人做担保。如果我们要完全公开招，秩序就容易很乱。
>
> 对于做担保人，我们是有规定的。首先是摊位在价格上内外没有差别。新市场里的摊位位置不一样，收的钱也不一样。最高的一个月收1200元，税、管理费、卫生费全在里头了。一个干部不能一下子介绍5个以上的人。并且我们对本系统的干部有要求，任何人不能收钱、拿财物。

显然，第二个回合中的主动权在管理部门一边。

第二个回合的互动方式，它似乎为这样一种有关中国社会的观点提供了典型例证：由于政府管理部门对稀缺资源的掌握，人们将不得不和管理部门发展各种关系。人们在继续依赖政府管理部门。

但还有第三个回合。在第三个回合中，工商户和管理部门形成了"对话"的关系。

1993年3月发生在过渡市场里的"罢市风波"是这种关系的第

一个典型表现。

风波的导火索是摊位的收费标准。在过渡市场刚开办时，摊位管理费分文不取。几个月后，市场初见红火，收30，后又增至60。至1993年2月份则来了个大飞跃，市场北区的摊位管理费调至每月300至400元，其他区位也均在200元以上。

工商户无法接受这种标准。虽然事先并没有关于过渡市场中收费标准的明确规定，但当时合同里写明，建成后的京温大厦每摊每月只收60元。既然现在的批发市场是京温大厦的过渡形式，收费标准应该是只低不高。

“这市场是我们温州人和这里政府共同办的，是温州人把它‘兴’起来的，怎么个搞法，哪能全由你一家说了算?！”

至2月底，全市场仅100来户按新标准交了费，700多户拒交。

3月1日上午，市场管理人员采取强硬手段，封闭市场大门，只留一个小侧门进出。管理人员手持电棍在门口把守，要求工商户挨个进市，不缴费者不许进入！

此举激怒了大部分摊主。“正好！我们干脆不卖了，罢市喽！”

群情激昂之中，瞿想奇、陈松姆等摊主显得尤其激动。他们来回穿梭，讲演宣传，站在高处鼓动人们不要进市经营。稍后，他们又贴出纸条：“坚决抵制乱收费！”他们成了自然产生的组织者。

市管人员见状不妙，忙把大门打开，但此时除个别人员外，大多数经营户拒绝进市。紧急关头，两方面都加紧做工作。管理人员招呼大家开业，并持电棍警告市场中的鼓动者。瞿、陈等人则分别在十来个经营户的簇拥下，在市场里来回走动，见谁开张就上前制止：“先别开！要开一起开，要关一起关。还嫌吃亏不够?！”有时“劝说团”和“管理团”迎面遭遇，矛盾激化。九个经营者被带走（当时可能以身边没有暂住证为由），并关押了一天。

此后，双方陷入僵持状态。工商户代表将有关情况向当时来京参加人大、政协两会的浙江代表作了反映。

罢市的工商户中也有一部分人提出："顶不住。"一是经济损失太大；二是"凭我们几个跟北京的政府顶怎么顶得过？"另有一些工商户则采取折中办法，在市场门口沿大红门南路摆摊卖衣，罢市赚钱两不误。

到3月7日，由于沿街设摊的人太多，大红门路口出现严重的交通阻塞。这里离天安门广场不足6公里，而第二天，全国八届人大一次会议就要召开，当地政府颇为紧张。

到了这个时刻，丰台区工商局通过刚刚成立的乐清市驻丰台联络处，终于与5名工商户代表见了面，局长亲自接见。协商结果可概括成三点：（一）认定市场管理人员的一些做法是不正确的；（二）收费可以考虑降低；（三）马上复市。

7日夜，两名组织者在市场门口贴出了"明日开张，希望大家恢复"的布告。罢市就此结束。后来收费标准重新下调了50元左右。没几天，市场工商所换了所长。此事至今没有任何余波。

另一个典型事例是发生在1994年7、8月（农历六月）间的"六月革命"。

起因仍离不开这个"费"字。工商方面突然要求每个摊主一次性增交4000元的"摊位（指建成后的京温市场中的摊位）装饰费"。但集资时合同上写得明白：除13 500元的集资费外，"不另收其他任何费用"。

摊主们准备"公诉"——集体打官司。打官司要钱，此时又有几名组织者出来募捐，没几天就凑了两万多。几位代表便以此为经费，专程跑到杭州，希望浙江省法院出面来给自己撑腰。"浙江村人"诙谐地称此为"六月革命"，亦称"第二次革命"（相对罢市而言）。

这时，工商部门突然改变了主意，不再增收这4000块钱。而这边募集到的2万元经费只剩了6000，现在还保留在当时“打官司委员会”的财务主管人那里，那14 000是怎么个花法却一直没有交代。“浙江村人”对自己的这次“革命”褒贬不一，多数人觉得办得“不地道”。一笔糊涂官司只能不了了之。

但不管怎么说，“浙江村”还是维护了自己的利益。在如今的“浙江村人”的脑子里，这市场有浙江人的股，甚至这片地也有浙江人的份。

1997年10月，京温中心首期4年租期到期，要对摊位价格和安排重新作调整。闻听市场要大幅度提高租金，张安南组织人打官司。他宣称，“我自己是一点好处不要。把这个事情办成了，到儿孙手里都留点名气。当年京温里的事情是我办成的。”每个摊位出1000块钱，律师的房间都已经包好了。最后再次以工商户得胜结束。原来市场想把二楼最好的摊位的租金升到一年6万，现在则降到4万，位置靠后的，从28 000降为不到1万。

第二个回合的互动关系和第三个回合的互动关系，是同时展开的。怎么把这两种看似矛盾的互动方式统一起来呢？

一个和丰台政府部门关系不错的个体户向我抱怨工商里头的问题。在细数了种种弊端之后，他说：“我在某某局的朋友也说，这帮人黑得很！他还知道某某某，这个家伙都贪得出了名。”万佳友和工商部门的关系应该说是最好的了（在工商局资金困难的时候，他曾借给20万。他也因此得到了市场里位置最好的摊位之一）。但他非常痛恨曾在市场担任主要领导的一个官员。他关于这位官员的很多信息则来自别的干部。

经营户和政府官员之间的关系，不等于他们和政府部门的关系。和“浙江村人”打交道，官员不仅不用维护他们内部的“思想统一”，有时甚至相反，更加明显地显示出政府部门之间，或者官员和官员之间的矛盾。和某一官员个人有较好的关系，并不妨碍经营户反对一个部门的不合理的管理办法。

其次，“浙江村人”和具体政府官员的交往，主要是以就事论事的态度进行的。“浙江村”的拉关系，是“以我为主”的。其“交换”或者说“利用”的成分大于“依附”。

但是和政府基层官员有紧密关系的商户，在行为上确实偏向于保守。用京温市场里的一些工商户的话说，“革命性不强”。原因大概有两点，一是他们解决问题的渠道比别的人多。二是多和官员打交道的人，似乎更意识到“和政府打官司是不可能打赢”的道理。但是到后来，特别是在1997年的事例中，几乎没有一个经营户认为他们要和政府“打官司”是“瞎忙”，只不过有人积极一些，有人安于跟从。

工商所和工商户之间的互动到此可算是告一段落，可又引出了北京的和温州的政府管理部门之间的不愉快。在京温的建设中，丰台方面出资1000万，温州方面出资1200万，“浙江村”的工商户集资1500万。大楼奠基的时候，当时温州的一位副市长还专门来北京参加，温州和北京的报纸都同时发了消息。可我第一次见到北京的有关干部时，他们就纠正我的说法：“我们这个市场不是和温州联建，只是他们协助我们。我们每年按当时的投资比例给他们回报，一年三四百万，连续给了四年。”

一个当时参加了集资的温州工商干部说：“现在整个京温的产权、经营权全归丰台了。我们在头四年把本收回来，剩下的就什么也没我们的了。这事我们都很生气的。所以有时候他们市场里出了什么问题，让我们去帮助他们解决，我们根本去都不去。”

有时候不同政府部门之间的隔阂，并不小于政府和体制外成员之间的隔阂。

政府也许并没有意识到，京温服装批发中心的兴建把“浙江村”的发展又带入了一个新阶段。（一）它给了“浙江村人”这样的暗示：你们可以在这里长做！京温市场的摊位刚招满，“市场热”“大院热”迅速兴起。“浙江村”在资产上迅速“扎根化”。（二）它使市场内移入社区。于是，“浙江村”不仅是生活和生产的社区，而真正成为一个辐射全国的强劲的生产和销售基地。

市场热和摊位热

1993年5月份，我的一个“浙江村”朋友兴冲冲告诉我：“今天不错，我买了个京温的摊位号，6万块钱。”等到京温开业，一楼靠近门边的摊位很快就炒到一年将近20万一个，是原来价格的好多倍！我这才意识到那位朋友的投资眼光。

摊位成为可流通、交换，并有巨大的增值可能的商品，人们纷纷来“炒”它。买摊位不是为了经营，而为了能以高价倒手。此即所谓“摊位热”。“摊位热”是由京温市场直接引发的。“摊位热”又引发了“市场热”。1993年我在联络处帮忙的时候，老板们天天在谈怎么开发市场和怎么盖大院。从1993年初到1994年底，“浙江村”接二连三盖起了16个大型市场。

“盖市场”是“浙江村”里最早出现的“大项目”。“浙江村人”把它和下面我们要说的盖大院叫作“房地产”。做“房地产”，最关键的不是资金，也不仅仅是关系，而是内部有效的“合作圈”。单进嘉的案例在“浙江村”里颇有代表性。

> 我1986年来北京，才18岁，给我姐夫和表哥帮忙。88年回家养了一年的病。89年再来，北京正流行韩国面料的短打棉衣。我和另外两个“浙江村”的朋友，一个和我有一点亲戚关系，另外一个就是朋友，一起到广东进，在北京卖，赚的钱还不少。89年动乱一来，我生意不敢做了。90年以后，北京又特

别开放，生意很好做。我重新在“浙江村”叫老司做衣服，在王府井也包了柜台。92年我通过北京朋友的关系，承包了沙河（北京昌平县的一个镇）的一家乡镇企业。开始是想在那里做的，结果不行，太远了，我们对工厂的管理也不内行。厂没办起来，但借了它的执照反正也有用。

94年我认识了温州工商局在这里搞京温的陈忠林。京温完了他也刚好退休了，不愿意再回去，想在北京给自己再干几年。他找到我，说小单，现在办市场看来很有前途，鼓励我办。我说我也正想办呢。我们就这样合作上了。我拿沙河的执照，办了现在的公司。北京的关系主要由陈忠林去跑。

我们这个市场面积2000多平方米，原来是国家某某部的地皮，现在一年给他们48万的租金。……消防、工商的事情上部里也帮了不少忙。我们这市场搞不好，它的租金也收不上来，拍板的人不好看。我们对他们是客气的，三天两头请他们吃饭，出来玩玩，该把他们套住的时候还是要套住。

后来由于一些内部原因，我又找了陶军，我们温州的老工商，帮助我管理市场。为了把他叫上来，我专门回了两次温州，总算把他感动了。我给了他一部分股，同时每个月也给工资。现在我算董事长，陶军是市场的经理。

市场一共投资200万多一点，对外说是300万。7个股，但股东只有3个。我一个人认了4股，另外一个认1股，还有一个认2股。我们3个人都是朋友，北京人说的铁哥们儿。有一个是89年和我一起搞韩国面料的那个，另一个也是“浙江村”里的。我开始和陈忠林联系的时候，就和他们两个商量这事。他们在“浙江村”都蛮吃劲的，管理上靠他们没问题。

我4股要120多万。我没有到社会上借利息，搭股投资（按股份投资）没有去借利息的。主要靠亲眷朋友，把自己的

> 股再“散”下去。他们成为我下面的小股东。亲眷中间我们不说多少钱一股，你愿意拿多少都行，我们拿总（投资）数给你除。我们下面发展了四五个人吧。多少不一样，一般是5万，少一点的2万的都有。我一律不让他们来管（市场经营）。这么多人，又都是亲眷，这个有这个的想法，那个有那个的想法。
>
> 我们三个大股东有分工。总的事情由我管，管账。有一个管外面的事情，你办这么大的市场，比如和边上的市场有什么矛盾，市场门口有什么事情，他出面。另外一个管里面的事情，他是最累的。陶军给我们出出点子，比方说一些政策上的事情。市场里雇的人有十几个，保安就有6个。其他的是在办公室里接待客人的，搞卫生的。工商和派出所的办公室我们提供，但他们不固定在这里上班，工资他们自己（单位）给。

“盖市场”的合作圈有这样几个特点：

一是核心的人数不多，一般是三四个人。原因是为了容易协调。付天郎挑头盖的LQ市场曾经召集了6个股东，后来因为意见实在难以统一，最后减成4个。4个中的2个只参股，不参与管理。如果在开始的时候因为资金不够，而不得不多招股的，随着工程的发展，人们几乎无一例外用种种办法“裁股”。裁股的办法之一是去投资新的项目。少数人留在原来的项目里，大多数人转移到新项目中去。

二是合作圈往往由两部分人组成。一部分是直接的股东，另一部分是聘请的经理。单进嘉有超前意识，一开始就请了经理。多数市场往往是经历了教训之后，才意识到所有权和经营权分离的必要性。

TS市场聘请了原在乐清机关工作的老方来管理。TS的总负责人告诉我：“我们4个股东，一个人管账。我们一年的摊位费本来应该收到1100多万，结果1995年底一结账，才900多万。平常我们从来不定期结账，每个股东碰见什么事，都可以到市场里提款。谁在什么时候，为什么提了钱，有时候管账的都记得不清。个别股东的责任心也不强，收摊位费的时候，碰见老乡、亲戚，说过两天再收，可过两天他又忘了。有些事情是无所谓的事情，但一商量，反而搞得很复杂。老方我认识多年了，我们给他一年工资10万，他搞得很好。现在市场摊位的价格还能往上走。”

1997年落成的XSJ市场，最早是由“浙江村”的谢某和果园大队谈下地皮，但是谢某资金不足，拉了温州的XSJ集团投资。等楼盖起来之后，谢提出把当初的资金还给XSJ，由他独自经营。XSJ不肯，一度搞得很僵。最后的解决办法是，聘了一个原来在丰台区公安局工作，后来又下了海的北京人当经理，一年给8万。两个投资方不再管理。LQ市场感到北京“地面上”的事情太多，请了原大红门街道工委书记，同时也是丰台区党委委员、第七和第八届北京市人大代表，给他们管理市场。老人家一点架子没有，上对股东，下对好几百个温州摊主，事情处理得也很妥帖。

合作圈的第三个有意思的特点，是它的“二层股”结构。几个股东之间按股份分配，同时，每个股东又可以拿自己的股到亲友圈里分成小股，即所谓“散”股。一般“散”出去的股每股股值都不大，亲友们投资太多，势必要过问内部管理。能和自己的朋友形成合作圈来做“大事情”，是有能力的表现，这使他在亲友圈中赢得更多的威信；而在亲友中有威信，能利用关系网络解决资金问题，又使他们的“大事情”进展顺利。

新招数

人们盖市场是受到“摊位热”的启发，在盖市场的时候，也有商家利用“摊位热”，发展出赚钱的新招数来。

1994年，某市场在破土之际即开始招商。市场一共有240多个摊位，分为1、2、3三个区。其中2区位置最好，直对正门。3区位置最差。他们可以有两种招商办法。第一种是不分区位，价格划一，等开业之前抓阄确定摊位位置。第二种是不同位置不同价格。3个股东商量以后，觉得第二种办法好。这并不是因为他们觉得第一个方案不公平，而是觉得这样不容易“造势”，没有运作的余地。

招商开始刚半天，他们就对外宣称2区摊位已满。到第二天下午，贴出通告：招商顺利结束。其实头个半天他们才招了2区一半左右的摊位。但是一说没了，市面上形成“摊位饥渴”，剩下的一天半里，1区80%的摊位和3区的60%全有人要了。

在招商完毕的第二天，一个“浙江村人”见我就说：“你听说没有，某某市场的摊位都说好得很呢。”我问他：“为什么呢？位置好？”他说：“位置好也不见得。大家都在炒么，大家都说好么。”当天我又碰见另一个人，也跟我说起这件事，说这个市场的摊位价最高的已经炒到原来价格的两倍多了。原来2区的一个摊位对外是三年5万，现在一倒手，10万轻轻松松就能卖掉。而且，原来的5万是分三期交的，现在10万则一次全落腰包。

但这还不是他们新招数的全部。大概过了一个礼拜，我碰见他们3个股东中的2个，正满面春风地和别人讨论着买车，而且强调“要买就买最好的”。市场刚刚破土，正是需要资金的时候，他们哪里来的钱去买车呢？原来，招商刚告结束，3个股东就串通自己的亲眷朋友，互相倒卖摊位。比如股东1的亲戚把摊位证转给股东2的朋友，售价8万；拿了摊位证的人又赶快把摊位再转给第三个人（当然也是内部的），这下售价就到了12万。外面人一看，按8万的高价买进还能有赚头，于是就开始炒。3个股东一看形势不错，“热”已升温，就开始把手里剩余的摊位通过亲友，按炒热了的价格在

“二级市场”上出售。这次出去的摊位将近100个，一个摊位如果多收了3万，这里的收益就是300万！怪不得他们如此喜形于色。[1]这一招数的关键在于不能“出标”，即露马脚。帮助他们表演的人必然是要最信得过的。一般都是各自核心系里的成员。不仅是亲友，而且有利益关系，最可放心。

1995年年初，另一家市场招商的时候碰见了大问题：市场热和摊位热开始消退，招商出现困难。这个市场有近500个摊位，但是三天招商下来，只招了一半。按“浙江村”过去的经验，摊位招商总是在一两天内解决。三天还“红”不起来，就是大势已去。5个股东果断地停止了招商，也对外宣告：摊位全部招满。但这个时候不能再走炒作的老路，一是剩的摊位数太多，二是已经不再是半年前的气候。5个股东搞起了内部“承包”。每个股东按自己的情况认领一部分摊位，动员各自的亲戚朋友购买。5个人达成一致，定一个最低的线，即每个人至少要推销出去多少个摊位；在此基础上，每多推销一个，今后将按一定的比例提成（具体数不详）。在我知道这件事的时候，他们已经卖了80%多的摊位。

承包摊位和前面说的“散股”类似。股东向各自的亲友明确许诺，推出去一个摊位，将给多少提成。一般将形成三层的结构，股东一层，股东的亲友一层，最后的购买者一层。

从这里，我们看到了“系”的层次上的特征。“系”不仅是一个平面，对大人物来讲，“系”主要在纵向上发散。

---

① 他们这样张扬自己“有款”，在“浙江村”不会受到多大怀疑，没有人问“他们的钱从哪里来？”即使人们事后知道了他们的炒作行为，也不会认为这是什么不光彩的事情。“浙江村人”认为：“做生意就是要刁，对自己要算得紧，对别人要夹得紧。”只要不给别人造成伤害，为自己赚钱造假，被认为是可以接受，甚至必不可少的。温州本地虽然也有这样的风气，但“浙江村”明显比流出地要浓烈多了。

办手续

很多人感到奇怪，外地人盖那么大的市场，手续究竟是怎么办下来的呢？这个问题在“浙江村人”自己看起来却不成问题。

1993年的一段时间，我住在“浙江村”村口的TY旅店里。我亲眼目睹了旅馆前面的空地，怎样在短短两个月之间，迅速成为一个热闹非凡的市场。市场的名字就叫“TY市场”，是一个乐清的老板和一个北京人联手搞的。说起和这个北京人的合作，乐清老板还有些后悔的意思：“我本来是怕一些手续批不下来，我们自己的关系毕竟不硬，所以拉上他，由他去跑北京这边的事情。但我看看别的温州人，他们自己跟北京的这些部门关系也都搞得很好。政府没什么干涉。”

大红门路上几个市场所在的场地，原先分别都是国家司法部、北京市粮食局、北京市水产公司、海慧寺旅馆、果园大队、海户屯长途客运站等单位的地皮。城南偏僻，土地的利用效率很低，大多处于闲置或半闲置状态。温州人要租，只要稍微找点关系，对方都热情接待。我们常常觉得外来人口对土地等不动产只能租，不能买，限制了他们在大城市的发展。但是我们也要看到事情的另一面。能租不能卖，这其实给土地的拥有者——国家单位提供了更大的自由。反正能给单位创造效益，反正是短期的，单位往往抱着一种能租就租的态度，反而对价格不计较。比起完全开放的土地市场，这对“浙江村”来说是未必不是一件好事。同时，我们也不能认为租赁关系就比买卖双方的关系要浅、要不稳定。市场的老板们固然没能在法律意义上获得城市里的土地所有权，而在事实上，租赁关系逼迫他们要结识更多的城里人，和更多的部门形成稳定关系。1993年，LQ市场盖到一半的时候，被丰台区有关部门中止，一方面是由于手续不到位，另一方面该市场刚好在木樨园转盘的拐角处，地理位置十分优越，据说丰台的有关部门也想要这块地皮。但这扳不动温州人，市场照样盖。出租方就帮了乐清老板的不少忙。当时刚来北京不久的联络处的负责人向我感慨："北京的区，相当于我们温州的市。温州市政府让你停了的事，你很少说能翻身的，除非真的是搞错了。但在北京我们这帮老乡就有这样的本事！他乡里不行找区里，区里不行找市里，市里不行找中央。总能找到什么人。"

工商税务也不难解决。按规定，税务收税和工商发照，都应该直接针对每个在市场里经营的工商户，而不针对市场[①]。在市场开业前后的一两个礼拜，工商所到市场"现场办公"，花上大半天工夫给各摊主办工商照。一个不成文的规定是，办照都不办满，办到三分之一到三分之二之间即适可而止。这里有两层奥妙。一是市场向工商报的时候就少报，为的是以后少交管理费（一般由市场代各摊位交管理费）；二是工商办照的时候再卖个面子，又少了一部分。一次我和3个工商所的干部到某市场办照，要做的就是在办公室里填表、盖章，根本不和经营户见面，出进门都从"清净"的办公用门走。办到中午，市场老板当然请客。吃得差不多了，老板问："下午先休息一下？"主管的干部看了看表，"不休息了，回去再干到2点半就差不多了。"当时是2点差10分。那一天他们总共办了156个照，而那个市场的总摊位数是280个。这里倒不见得有什么腐败。只是在那样的场景下，大家也就觉得没必要那么认真。在温州老板的热情招待和侃侃而谈中，大家都十分愉快。

盖市场的另一个限制是投资主体必须是正式注册的经济法人。这

---

① "市场"，或者精确地说"集贸市场"的经济主体有两个，一个是办市场的公司或者政府机构，它们是法人；再一个是在市场里经营的摊主，他们是独立的经济主体。但是市场本身却不是一个经济主体，它只是一个场所。

兴建中的京温市场

促使了“浙江村”内第一批正规公司的出现。第一个真正由温州人自己申请注册的公司（在此之前多借用北京人公司的名义）是 1993 年到 1994 年由乐清市驻北京联络处牵头成立的“TPY 服装发展有限公司”，由联络处操办，刘世明为董事长。但是该公司不在丰台注册，而选择了与丰台临近的一个区。这是基于两点考虑，第一是有一位老乡在那个区颇有些势力，在那里手续办得很顺；第二，更重要的是，人在丰台，公司再在丰台，担心有些事情不好办，不如“两张皮”行事，有些事情就可以来回套。办公司具体手续十分简单，北京有一批专门代批手续的公司，花上 1000 元到 5000 元钱，把所有的手续都替你办齐。对一般人来讲，唯一困难的是注册资金的问题，而“浙江村”的经营户偏偏不怕这个。几个亲友一凑，把钱汇到银行里走一圈，等过了一两个月验资完毕，再提出来还给大家。

但是盖市场毕竟是件大事，当时老板纷纷找关系储备的劲头给我留下了极深的印象。我和单进嘉有比较多的接触是开始于他的市场的开业典礼。他想请我当主持人（理由是我的普通话讲得比他们好）。而让我诧异的是，他的简单的开业仪式中居然来了几位同时有“公开身份”和“真实身份”的人物。其中的一位“老江”，据说是某领导人的大公子。一个年纪只比我大一岁，但在“浙江村”倒颇有势力的小伙子据说成了陈希同的干儿子。一时间我也大长见识，知道中央和北京市的这个领导那个领导的各种事情，如老家哪里、有什么爱好、和谁是亲戚等等。

不过“浙江村”的老板很快在这方面成熟起来。拉“老江”等神秘人物过来的几个人（一个温州人，两个北京人）大约在半年之后被发现是骗子，灰溜溜退出了“浙江村”。老板们也没了早期的兴奋，后来提起一个什么名人，老板先问：“（他）有什么用？”

在“浙江村”，你很容易看到领导人所题写的招牌字。老板们的办公室里也常常挂着这个部长、那个局长写的条幅。“浙江村人”觉得这些都很正常。有点门路的就让人带着去领导人府上看看，请题个字；性子急的就通过领导人秘书、警卫及司机等“身边的同志”买了来便是。

保护人

市场“场主”和摊主基本上是出租人和承租人的关系，但也形成一定意义上的“保护人”关系。谢济高在沙子口开的童装市场是一个典型例子。他的市场1994年开业。1997年，另一家紧挨着他的童装市场开业。但他稳坐钓鱼台：

> 我不怕别人竞争。它在我门口建，会对我有一些影响，但不会那么大。它什么都比我好，从大街上进来先要过他那里。但他手下面没人，大户在我这里呢。我前年市场的营业额是8个亿，去年是10个亿，靠的就是大户。他们有的摊位一年能做到上千万，很多小摊是跟着他们走的。怎么拉住大户呢？我给他们提供各种条件。我和工商、税务就打好招呼，这市场里的一切事情找我小谢是问就是，一概不要找其他人。如果发现工商、税务、派出所去找我下面的麻烦的，我一定要搞清楚。否则今天有一个人来找，明天又来一个，人心惶惶，他们没心思做生意了。
>
> 前年，一个浙江湖州的，到市场里批童装。开头几次拿了东西就付钱，后来拿着支票来，这个摊位上要一点，那个摊位要一点，一共搞了7万。人走了，摊主才发现支票不对。我没说别的，马上跑到湖州，找他们检察院，要起诉。湖州说不行，起诉不了。我又找公安局，也说不管。好，你不是赖皮吗，我小谢也会玩赖皮的，我叫了几个我们老家的童子痨，先把人

绑架起来再说。共产党的天下，这搞诈骗的还让他这么舒服？那边一看害怕了，认输。这种人，骗这点钱，也肯定是“糟”（花）光了，最后拿来3万。3万块钱全给了几个做生意的。

前几个月，几个人到我市场里闹，要敲（诈）。白天人多，他们不敢动，到晚上把我下面的一个人的钱抢了。下面的人给我打电话，我到公安局，说一定要把这几个抓住。人跑了，不是都有样子吗，哪里有抓不住的？可是北京的就说抓不着。你抓不着我自己抓。他会不会来报复我不管，我就要把事情搞清楚。我通过“浙江村”的几个朋友，用他们的线索抓。后来又让他们作调解，抢了的钱当然退回，把我们的人打伤了医药费也赔过来。后来我看事情搞得差不多了，我又把这几个人叫在一起，我请客，请他们吃饭。毕竟都是老乡吗，能搞成什么样？差不多，让他们知道以后不要在我的市场上乱来，就行了。

还有一次调解不成功的。那次是敲诈，要我下面的人给对方5万块钱。我出面先让几个朋友说，说不通。我说那行，这5万我来出。我叫了几个刑警队的，穿成便衣，按他们约的地方去送钱，把对方6个全抓起来！审了之后抓了4个。好几个托人来说，把他们放了，我说不能放。拘留所的政委给我打电话，说关系都托到他那儿了，是放不放，我回答说这敲诈的罪可是能判四五年的啊。最后和我一个关系相当不错的朋友来说，让我吃他的面子，放了再说。我给拘留所政委打电话，说别往上判了。那政委还说我呢，这公安局是你们家开的啊，要立案的是你，现在要放人的也是你。我说算了，反正也受过你们教育了，给别人一个机会。

我手下几个大的，今年谁做了多少，是怎么做的，我都一清二楚。他们是不会走的。到哪里我都是这样说，不是我小谢一个人生意做得大，全是靠底下的人托起来的。这是真话，我靠他们，他们也靠我，就这关系。

市场老板请市场里的大户吃吃饭，一起玩玩，是经常的事情。市场也常常特意帮助大户做生意。有什么信息、关系，都给积极地介绍。因为市场里的大户的营业额做高了，外面想进入的人就多，于是市场老板就可以不断提高摊位的管理费。一来二去，市场老板和大户也确实成了朋友。尤其是近年来市场间的竞争加剧后，老板们构造这种“合作圈”的努力更为明显。这种“合作圈”，对大户和市场老板在社区内权威的树立显然都有好处。

生意圈的扩大和竞争的加剧

社区内有了自己大规模的批发市场，外来的客户自然大大增加。1992 年过渡市场刚一开张，北京的个体户就纷纷往这里跑，甚至北京其他批发市场上的摊主，也都跑到这里进货。“浙江村”市场和北京其他批发市场的价格差别令人咋舌。一个北京个体户告诉我：“明确的差价可没法说。反正 10% 的差价（指从“浙江村”的进价和他们在北京其他市场上的售价之间的差额）我们不会做。一条裤子，如果进的是 40，我到那里怎么也不能只卖 44 块，怎么也得到六七十。”他即使不进货，也几乎每天都去京温看货，为的是“心里有数”。

一个兼开出租车的北京服装个体户告诉我，在生意旺的时候，他两三天就要来“浙江村”进一次货，进货对象“有固定的人。互相并不知道名字，不是朋友，知道脸儿，生意做长了，互相也能给点好处。一般我们一次进 1000—2000 件。如果当时能给货，立马拉走；如果不行，把单子给他，写上咱都要些什么，第二天来拿。这得交押金。比方说，是 50 000 元的生意，先押 10 000 元。第二天去，准给你准备好。特有数。”到了春节之前生意最旺的时候，他有时候一天就得跑好几趟。一个保定的个体户认为“浙江村”市场最大的好处是可以调换。

> 衣服换季的时候，如果上次批来的衣服太多，积压了，你是在哪个摊儿买的，就能到那个摊上换，你现在想要什么换什么。当然要折一点价。如果不换，也可以放在他那里“代批”。把东西搁那儿，商量个价，看多少能批出去。反正我们个把礼拜就能见一次面，如果批不出去，他就会说这价太高，再往下调调。一般是你从谁家买的，你到谁那里换。但是也有生意做了很长时间，关系特别好的，不在他那儿买的，他也会愿意帮你的忙。衣服到他们那儿就能中转了。我这儿过了时的，到别的地儿别人还正喜欢呢。他有这个调剂能力。……在京温只要你做过两三次买卖，一般都能这样。我现在有五六个关系户吧，知道两三个人的名字，一次进的货是三四千块钱的样子。

从内部关系上看，“市场热”促使了“浙江村”经营户生意圈的扩大。我们从大姊夫和小姊夫 1992 年找卖主的经历中已经看到，他们主要是看谁的东西和他对路，位置好，就决定让他代销。但在市场建立之前，人们的生意圈多少还带有亲友关系的底子。如果完全不认识，人们不敢轻易把东西给对方代销。道理很简单，在市场上有了固定摊位，就不怕你跑了。

但是也有人对市场的建立持保留态度。连定路跟我说：“要我说，这几个市场起来后，浙江人的生意反而难做起来。原来你做你的，我做我的，只要东西做得好，卖都没问题。现在不行了！三天两头变样子。今天哪个好卖，明天几个市场上全是了。等你把料进来，做出来，价格连本都保不住！我在‘浙江村’做这么多年，过去没听说有什么积压的，现在就怕积压。好多人不都是这样赔了啊。”连定路的话不是故作惊人语。按大部分“浙江村人”的回忆，1986年到1992年的生意是最好做的。从1993年开始，亏损户明显增多。后来大家一致对外称：“浙江村”是三分之一赚、三分之一平、三分之一亏。由赚到亏的转变，是离不开大量的市场所引发的内部竞争的。

我1994年到1995年，由于做“京温爱心小组”的社会工作，经常在京温市场里一待就是几小时，每次出来都是头疼眼花。并不是工作本身太累，也不仅仅是人多，而是摊主们一声高似一声的叫喊，他们那全力以赴的紧张劲儿，令我也不得不始终处于紧张状态。各种商业信息已经无法保密，加工户和经营户之间的联系也成为彻底开放的网络，谁都可以随时进入。人们竞争的新办法只能是“抢”，睁大眼睛看顾客有什么新动向，一发现什么销得好，马上突击生产；在卖的时候，则互相压价。赚的难以有暴利，赔的则大量积压。正如Granovetter所指出的那样，关系的紧密既能提高效率，也会增加风险。大量市场的出现既刺激了“浙江村”整体上的生产效益，但也使每一户觉得赚钱比以前明显“费劲”。

但不管怎么说，市场的兴建使“浙江村”的资产开始在本地“生根”，也确立了它在全国服装市场上的地位。我们完全可以做这样一个假设：如果1995年的大清理是在这些大规模的市场建立之前，那么“浙江村”真有可能被彻底铲除。

大　院

“浙江村”的房租在不到10年的时间里翻了十多倍。1997年在马村一带的房租大约每平方米每月37元，是1985年的12倍多。当地村委会看在眼里想在心里。1991年，东罗园村清理了一片久弃不用的垃圾地，集资盖起240间简易住房，专门租给温州人。每间每月280元，小小一个村，凭此每月便坐收7万，由此开了村委会统一盖房出租的先河。1992年海慧寺村统一建成4排住房，每排大概15间，一间10平方米，月租270元。

1993年，马村在与邓村交界的空地上搭建了36间房屋，每间月租金350元。围起围墙，雇了保安维持秩序。门口挂起铁牌子："马村东大院"。马村村委会的办公室也搬到了住着清一色温州人的院子里。"浙江村"第一个正式的"大院"由此而生。

丰台区要修建京温市场的消息传出后，马上就有温州人动起了自己盖大院的脑筋。11月，东罗园村在温州人的要求下划出一块地供他们盖房，共盖了40来间，每间地基每月给村里收150元的地皮费。

第一个大手笔在"浙江村"做房地产投资的温州人是万献介。1993年春节以后他开始在木樨园一带"侦察"，最后看中海慧寺村的2亩闲地。与村里谈妥：租金每亩每年1万，合同一订6年。6年内若因国家征地拆迁，村里将按一定比例赔偿。6年后房产归村里所有，大院的具体经营方式另定。

到1995年11月，"浙江村"已共有46个大院（另一说为48个），其中绝大部分为温州人开发。据"浙江村人"自己的统计，仅马村有近200亩地出租给温州人盖大院，一年的租金收入近200多万。

陈胜江是"浙江村"里大院盖得最多的老板，一口气盖了5个。1995年他告诉我：

> 我92年还在做皮夹克，结果被别人骗了两次。一次是东北的一个公司，我和他签了合同，他要我60万元的货，到最后这公司倒闭了！我现在还在跟他们打官司。还有一个是乐清人，

在我这里定做20万的皮夹克，拿过去了，他反过来说我没给他东西！

干三年，赔三年，连本带息，背了220万的债。这都是借来的钱。我现在没别的路，什么生意都没法做，只有盖大院没准儿还能翻过来。它投资不算很大，一般赔不了。

为什么说投资不大呢？像我最早搞的是邓村二大院，连地皮带材料、工钱，盖一间10多平方米的屋也就1000多块钱。93年3月开始建，9月份就开始住人了。盖完了二大院，我看要住的人还不少，94年正月开始盖邓村三大院。94年7月盖五大院。今年2月开始盖邓村东大院，5月份人差不多住满了。5月份我开始搞南大院。

盖大院主要要敢干，“恃”得住，也要有关系。我八几年就住在时村的老李（时村的一个干部）家里，关系相当好，批地、签合同一点问题没有。

邓村二大院的合同是这么订的：一年交给村里地租4.5万，一定6年。由于陈胜江和村里的关系，第一年的租金缓付；两年一起，并加上第一年的年息付给村里。合同上同时规定，陈胜江只负责大院的建造、内部管理；北京方面的交道，比如拉电线、装水管，以及应付“上面”等，由村里负责。但一切费用都由陈胜江承担。陈胜江倒从来不去村里查水、电一类的账，“钱上多少出入一点无所谓，我们省心，别出事要紧”。

邓村二大院一共有32间房子，投资不到10万。但因为陈过去的旧债还不了，这10万只能借高利贷，月息2.8分。陈胜江有两种收房租的选择。一是把房租定得高一点，一月一收；另一个办法是房租定得低，但一次性收得多。陈胜江选择了后一种。他按大院里的不同位置，把房租价格划为三等，平均的月租金是320元，一次收半年。但对在“浙江村”里影响大、特别是亲戚多的房客给予优惠，搞三个月一收。这种优惠是“浙江村”里盖大院的一贯的做法。人们很明白，抓住几个“头”，不仅房子出租不成问题，日后的管理也大为方便。陈胜江一次性收入将近5万元。

我问他：“如果你当时不借10万，先借一半，其他的费用省一省，在房子没盖完的时候就招租，房租可以稍微比盖成的时候便宜一点儿。可这点让出去的便宜也比你要付（那另外5万）的利息好。”陈胜江却不以为然，“像我债都是有200多万的人，多几万少几万，没办法算得那么细。……我的名声已经不好了，‘浙江村’里谁都知道你陈胜江亏成这样。所以一定要先盖成再说，别人才会信你。盖起来了，房子在那里了，什么事都好说了。”

在二大院快盖完的时候，陈的一个亲戚表示愿意和他合作，帮助他管理院子，并且投了4万元钱。他们的账这么算：陈胜江10万的本金，加上到7月份（即那位亲戚加入时）的利息，一共108 400元，算是他的总投资；亲戚的投资即为4万。今后的收入，就按这个比例分成，但亲戚的管理是不计酬的。两方都清楚，陈胜江把这块地皮争取下来，也是要费用的，而亲戚是看最后形势不错才决定加入，一点风险没有。所以亲戚以自己日后的管理工作来顶陈胜江的前期工作，彼此平衡。

二大院一盖完，陈胜江马上着手盖三大院。从表面上看，二大院没有给陈胜江带来直接利润，但给他的新工程提供了良好的社会基础。盖二大院时候拉的村里的关系，在盖三大院时都能用得上。

盖三大院仍然靠借钱，但是是在亲戚中按2分息借的。和二大院一样，早期工作陈胜江自己一个人做，在开始盖的时候，他找了个虹桥人和他合作（陈胜江是芙蓉镇人）。对方投一部分钱，在盖成以后主抓院里的管理。这个虹桥人和陈胜江没什么亲戚关系，在“浙江村”曾是邻居，他和别人开了个公司，用公司的名义在城里租柜台。陈胜江悄悄和我说：“他其实也赔钱，别人都不知道。这个人牌头[1]不错。在村里的亲眷也多，跟他合作就这点好。”大院里的住客，大约有三分之一是他的亲戚，或者通过他的亲戚拉过来的。虹桥人和我得意地说：“我开始做这个事的时候，工程队都已经过来了。我一看他们的设计，太低档。我和胜江说，我这边的亲戚，我有数，宁可租金收得高一点，房子不能太差。其实房子搞得好一点，赚得更多。原来造价一间是 1000 出头，准备收 400 多；现在造价提高到 1300，一个月我们收他 600。我出去宣传，亲戚、朋友都要来。房子才盖到一半，我们这里的 50 多间就全部订出去了！”

第三个大院，五大院，也盖在马村和邓村之间的过渡地带。盖五大院的主意是另一个芙蓉人提出来的。他和陈胜江关系一般，“牌头”也一般。他是见陈胜江连连成功，想反过来借陈胜江的牌头了，投资是两个人对半开，合同当然还是靠陈胜江的老关系。

陈胜江马不停蹄，1995 年春节还没完（到正月十五，人们才觉得春节结束了），他又和其他三个人开始了邓村东大院的建设。由陈胜江的一个亲戚（远房的堂兄）牵头搞，也是他找了另外两朋友，但是堂兄的钱也不是很多，就和陈胜江合算作一个股。所以四个人，算三个股。东大院面积最大，一个股 6 万，陈胜江和他堂兄各投 3 万。陈胜江跟我说：“他们两个本来可能想自己干，到老李那里搞地皮搞不下来——这是老李后来告诉我的——才想到我。不过这也没什么，生意上的事。我觉得他们两个人还相当不错。某某（指其中）的一个在‘浙江村’也是蛮有点名气。某某（另一个）是和我堂兄一直在一起做生意的。人信得过。”

陈胜江随后又和他堂兄、一个亲戚和两个朋友，5 个人，盖了南大院。到此为止，他不但积累了一大批固定资产，而且开始产生

---

① 牌头，“形象”之意。但比形象更强调“实力”。

居住环境

利润。

陈胜江的经历说明了，盖大院与其说是在运作资金，不如说是运作关系和声望。到盖最后两个大院的时候，他应该说已经很成功。产生利润是小事，关键是他从一文不名发展到重新构造了自己的核心系，重新在自己的亲友圈里产生威望，并以亲友圈为基础，有了稳定的生意圈（房客源）。

靠关系不靠资金吃饭的还有两个有趣的营生。一是“开展销会”，大概从1993年开始出现。办法是到外省市，比如济南、哈尔滨等地租下一个地方，搭起摊位，然后把摊位租给“浙江村”的经营户，号称“浙江服装厂家名牌展销会”等。短则办个三四天，长则办一两个礼拜。它所需要的成本很低，唯一需要的是大家信任你，能在短时间内把大家动员起来。

还有一个赚钱的“歪门邪道”，是租临拆前的铺面。前两年在五道口、甘家口都试过。1997年年初，崇文门马路拆建，几个“浙江村”的到那里按低价包了几个商店，再把柜台高价转租给经营户。挂出牌子：本店拆迁大降价。顾客一看，商店外墙上果然写着“拆”字，便信以为真，其实这里的价格比正常还要高。这种承包都是短期的，几天或者一两个礼拜。关键也是能及时拉来租摊位的人。

多人合作和多向投资

在陈胜江的例子中，我们可能会对盖大院的每股股金之小感到奇怪。在当时，最好的大院的单间建造成本在2000多元，一个有100间的大院就算很大了，这才需投资20多万。不管租金是怎么收法，一般一年都能收回成本，完全可以一个人自己投资，自己受益。但盖大院和“浙江村”里其他的大生意一样，从来没有一个人投资的。普遍的情况是，一个项目多人合作，而一个人又往往去参与多项投资。比如陈存圣，1994年5月建了“南苑大院分院”，由某村的原有房屋改造而成，5个人合作。1995年5月，和北京市自来水公司签的合同，建“红门大院”，4股，共投资20万。1995年3月，又利用在马村附近的房管局的周转房，合了3股，再盖一个大院。后来把在邓村的一家医院也改造成了“大院”。

胡家富，某大院负责人，告诉我：

这院子最早不是我谈下来的。我和同村的一个朋友，一直在一起包柜台。他的表弟，当时住在大红门，认识大队里的人，把地租下来。

这样就三个人了。我觉得还要找几个人。不是投资投不起。这么大的院子，“浙江村”里那么乱，要没有厉害的人摆在这里，事情不好办。我找了红跑来。红跑也是我多年的朋友，他是在这里有名气的，那帮童子痨看见他害怕的。你像蔡海洲的院子，搞成这样，最后赔了4万对方还不肯呢。

胡家富所说的蔡海洲的院子建在高庄，三个人合作，但合作者中没有像红跑这样的人。1994年，院子盖好没多长时间，有人入院蒙面挨户抢劫，抢完一户就将该户反锁在屋里。抢到第三户的时候，被其他的住户发现，几个院主起身来抓，把其中一个打伤，但最后还是跑掉了。事情出来之后，好几个房客觉得不安全要退房。没办法，蔡海洲只能靠免收一个月房费，同时再增叫三名保安来平息退房风波。哪里知道那几个来抢劫的，怀恨在心，一天在路上追打蔡海洲，幸好蔡海洲后面跟了自己的人，反而把对方打伤了。当天晚上马上有几个人到蔡海洲的院子里来，提出要赔钱。蔡海洲白给4万，对方还不肯。蔡海洲不得已，出面请刘世明出面调停，给3万了事。此后请刘世明当大院的“名誉股东”，不用他投钱，但分红算一股，唯一的条件是有空或者是院子有什么重要的事情的时候，来坐坐。

胡家富接着说：

> 我又拉了两个永嘉人入股。为什么叫永嘉人呢？当时我看到，在马村几个院子里住的，都是乐清人。永嘉人觉得你乐清人太乱，不敢住。其实永嘉人相当多，他们做皮夹克，租的房子也大。这两个永嘉人都是我过去包柜台的时候有合作的。人很老实。手里也有钱，在永嘉人里蛮有威信，能带来人。
>
> 现在我们这样分工：红跑管社会上的事。有什么纠纷、院子外面的有什么人来闹，由他出面；我朋友的表弟，主要管村里的关系。我们大院完全算是临建，你这临建能“临”到什么时候，直接都是钱，村里的关系是重要的。
>
> 两个永嘉人管院子里面的管理，每个月收房租。这院子里也有一部分乐清人，像我们自己几个的亲眷，还有原来住这里附近的乐清人有到这里来的，这部分由某某（指曾与他一起包柜台的朋友）管，同时他也管保安、院子里的电线、房子的维修等。我呢，给他们当兵，哪里有事情我就跑哪里去。
>
> 内部矛盾……这个总是难免的。像红跑和两个永嘉人之间就有一些，他们比较为永嘉人着想；红跑、我朋友想院子的利益（指股东的收益）多一点。这个慢慢调解。……主要是盖，盖起来就好说。我们再看一段，如果问题真比较多，我们也可能把大院承包给某个股东。

所以，不管投资量的大小，盖大院必须要有这样几方面人的组合：一是要和北京的当地社会有关系的，能把地租下来；二是要有势力，能保一院之平安；三是在“浙江村”能拉得动一帮人的，不仅方便招租，而且便于管理。

大院的兴建改变了人们的居住格局。（一）不仅地域之间的居住分离的趋势更加明显，而且产业上的分离也进一步被突出出来。像永嘉人住的大院，就几乎完全以加工皮夹克为主，所以有好几个大院都直接打出“永嘉皮服大院”的招牌。这为的是更好地招徕生意，要进皮货的客户就愿意到这样的大院里来。（二）同亲友圈的人聚居的特征也更加明显。原来亲友们想住在一起而找不到地方的，这下可以从容安排。在一个大院，往往会有一两个比较大的亲友圈，其他的亲友圈又往往和这几个亲友圈有直接或者间接的关系。在大院内的亲友的聚合是为了更好地跟外面做生意，同时这也促进了大人物的出现。

我们以时村的“永嘉皮服大院”为例。这个院子住了 60 来户人家，其中潘忠清（住户之一）拉过来的亲戚朋友就有 40 多户。但这 40 多户不等于就是他的“亲友圈”。我用图 7 表示其内部的关系。最上面的两个同心圆，里面的圆圈表示他的亲友圈，即经常来往；几万块钱借个一两个月没问题的关系，有七八户的样子；外面的表示和他也有直接关系，但疏远一点的亲友，有 20 多户。下面的两个小圆圈，表示并不是和潘忠清有直接关系，但是和潘忠清的其他亲戚朋友有关系的人们。比如潘忠清来这个大院之后，他小舅子的朋友，也把自己的亲友圈带到这里来。再外围的，表示是更外围的关系，比如我在永嘉皮服大院里碰见的和潘忠清最远的一组关系，是他同学的朋友的亲戚。

但是我们也不要认为潘忠清的影响力如此之大，他一动，方圆多少里内和他有关系的人便纷纷随从。潘忠清和他的朋友，也是老板之一的陈存圣，刻意做了些工作，才造成这么大影响。在大院里，陈存圣处处给潘忠清面子。一次改拉电线，他也特意叫人去问潘忠

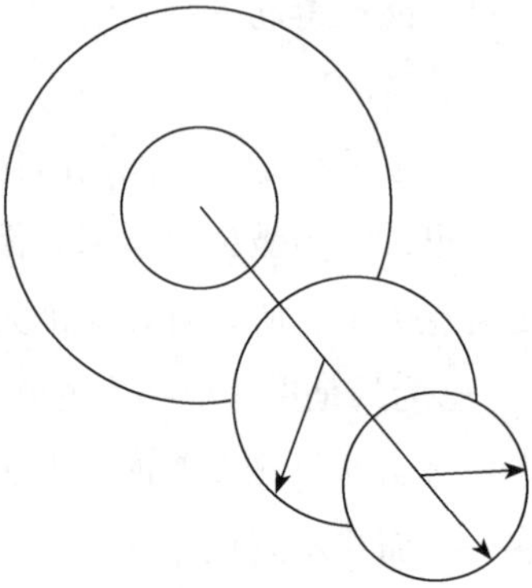

图 7　大人物的影响所及

清的意见。陈存圣经常拉些区里或者乡里的什么干部吃饭，或者出去玩，他都愿意叫上潘忠清。而永嘉老乡的事情，只要潘忠清和陈存圣说一声，陈存圣还真就当回事。

圆圈中的几个箭头，表示了在这样的复合的亲友关系中的不同位置的影响力。像潘忠清，他的影响可以到达最远处，几乎可以覆盖整个大院，而越是边缘的小亲友圈，他们的所及范围越小。

在“浙江村”，大家并不觉得这些盖大院的是“最有钱”的，但都认为他们“最有势力”，不能轻易惹。一天我在后村的一个温州小吃店里吃饭，听见两个年轻人说村里的新闻：“昨天某某把一个人给打得很惨，那个人是在时村开某某大院的！”另外一个人马上问：“是 A 吗？”“不是，是 B。”“哦，是他。这可有好戏看了。”我知道这两个年轻人是住在石榴庄的，离他们所提到的大院距离不近。但他们显然都知道这大院里不只一个老板，“有好戏看”的意思就更加明显了。

1994 年下半年，“浙江村”出现了一个重要动向：自发南迁。人们纷纷迁往久敬庄一带（地处大红门至东高地航天总公司分部的路中，离老“浙江村”约 3 公里）。“南迁”中人们能在比较短的时间内，又以比较大的规模形成集体行为，就是因为有一批大院老板起到带头作用。当刘世明在久敬庄的大院才一动工，“浙江村”里的一个老板甚至对我说：“今后‘浙江村’的中心要往南边去！”

盖大院和盖市场中的多人投资（合作）与个人的多向投资的格局，是“浙江村”内“大人物”产生的重要机制之一。这些人原来由于参与纠纷调解、经济能力强等各种原因在各自的亲友圈内都有一定的声望，这是他们的基础。在盖大院和盖市场中所形成的合作圈，其实是不同的亲友圈的“头”的组合。这个组合就带来了不同的亲友圈之间的交叉和重叠。大人物的影响便据此而波及他原来的“系”之外。在大院或市场盖成之后，对公共产品的掌握当然也强化了他们的地位。

从这里我们也看到大人物在成为大人物之后，他们的关系网络和普通人的“系”有所不同。普通人的“系”是平面上的亲友关系和生意关系的重叠，而大人物的圈子的纵向结构更为明显，有一个类似“核心系”的合作圈，下面是不断发散出去，又互相有交叉的亲友关系。当然，大人物的网络是以普通人的系为基础的。

乱极了

从1990年开始，“浙江村”内的治安状况明显恶化，到1992至1995年间达到极致。据一份现在已能公开的材料：“浙江村”1991年头10个月温州人作案达69起。1至3月份“浙江村”基本是空村，这69起案件其实就是5月份以后三四个月内的事，而且反映到治安部门的仅是总量中极有限的一部分。

“浙江村”这乱真是没法说。过去蒙面抢劫已经算了不得了，可现在有的就大摇大摆进来，甚至还报上姓名，照样连劫带打！装备也是一年比一年厉害。最早是棍棒，后来就拿刀。刀先是菜刀、藏刀，现在又出现一种大铁刀，够吓人的。眼下最流行的武器是在藏刀把上套自来水管。还有火药枪、猎枪。半自动的枪这里也不是没有，用的是一种小型子弹。还有铜帽、防弹衣哩！东西好像主要是从白沟进来的，厉害的家伙则去东北搞。“浙江村”里现在还有卖俄罗斯枪支的，价格并不贵。

——方某，30岁，制衣老板，1994年

我们家住在后村。特别是两三年前，简直乱得不成样子，一条街上就住了五伙闹事的。晚上他们就站在街口，过来一个人就劫，也不管你是浙江的还是北京的。谁都敢惹！有一次是我亲眼看见的：一个老头爆爆米花儿，一伙小青年围着吃，老头问，“你们怎么光吃不给钱呀？”那帮人呼啦啦上来就打！拳打脚踢，直到老头没气儿了才走。1992年底，他们把住在附近的一个警察给捅死了，这回公安局动了真格的，他们才散了。

——刘某，27岁，北京人，“面的”司机，1995年

如果再看看一些案例，更是叫人毛骨悚然。搜集这些案例并不困难。1992年到1994年间，“浙江村”里的日常聊天中充满了这类内容。

案例1

1992年10月初，凌晨3至4点，后村。一名孕妇听见敲门声以为是丈夫回来，一开门却见三个蒙面戴帽的汉子，顿时惊得大叫。还未及后退，高隆的腹部就被刺了一刀。罪犯进屋拽走了金项链，取走500元现金。

案例 2

1992 年 11 月的一个夜晚，邓村的一户老板娘正领着几个女工轧皮夹克。忽然闯进一伙面罩黑色卡布隆袜子的家伙，张口就要一万。得知老板不在家，几个人竟干脆将面具一揭，大大方方坐下看起电视来了。男主人回来后，生怕自报没钱他们不信，便“请”歹徒自己搜。翻箱倒柜不见钱迹，这帮人最后把院中的一辆三轮平板车拉了过来，25 寸的彩电及刚做好的皮夹克满满装了一车，权算补偿。

案例 3

1992 年底，一帮歹徒打听到后村某号是百万大户，准备下手，幸亏该个体户获得消息，便忙用两辆大卡车搬走所有的东西。此时河北的一对温州夫妇来到北京做生意，就转租了这套房子。第三天夜间歹徒就上了门。他们怎么也不相信由内线打听到的消息竟会失真，恼羞成怒之下竟一刀割下了男主人的耳朵。

频繁的抢劫与残忍的凶杀造成了村里风声鹤唳、草木皆兵的势态，这又为另一类犯罪提供了有利的氛围：威胁敲诈。

案例 4

1992 年 4 月家住大红门的王某刚刚为资金回转愁云稍消，忽然闯进两个陌生人，“昨天乐清阿三打电话过来了，你借了他的钱，两天之内把 30 000 元还了！”“可我不就借了 12 000 元！”“你借别人的钱还由你说了算？还要不要命啊？我们后天上午来取！”两天后王老板凑了 22 000 元，好说歹说才算了结。后来知道，乐清阿三不过是无意间走漏了风声，原本并无讨债的意思。阿三 5 个月后收到了 9000 元钱，剩余 13 000 元便全落敲诈者腰包。

案例 5

1992 年 7 月中旬，后村的邓某在路上碰见一个有点面熟的人突然对他说：“那天沈阳的款汇过来了吧？明天到你家吃夜宵。”第二天邓正欲出去一避，不想吃晚饭时就来了一帮人，张口要 10 000 元。邓某答：“现在实在支不出。”“好！”对方四人操起剪裁铺上的剪刀嚓嚓铰断了缝纫机的条带，又点起火柴烧了一个服装样板。“明天再来！”邓百般无奈，第二日老实交了 10 000 元。

案例 6

万挺光批发点也惨遭抢劫。他说：

“损”我的是个虹桥帮。这个帮有 50 来人。他们信息灵得很。去年我花大本钱做了三笔经销，利润很高。天晓得他们怎么马上就知道了。

11 月一个傍晚，3 个陌生的小青年上门说，有个芙蓉人姓陈的，欠着他们 10 万块钱，让我在 3 天之内把人交出来。这个姓陈的不过是跟我做过一次生意，现在还欠我一万呢。我上哪儿找人！说了几句，把他们赶走了。当时没在意。

3 天后，这 3 个人又来了！还是让我交人。这回没说两句就打开了。我店里人多，有六七个，把他们打了出去。对方有个人脸上被我表弟划了道口子。这回我有些害怕，整整一个礼拜不敢开门。我去找刘世明商量，他说这没什么。我又去找派出所——我跟派出所的几个关系都相当不错——他们也说没事。

我一时大意，批发点重新开张。没等三四天，也是傍晚，一帮人举着刀、棍闯进来就打！东西砸了不说，我表弟两条腿被打断，头被打破，当时生命十分危险。最后命算保住了，出院后我叫他直接回家，保一人算一个吧！

事情经过固然惊险，事后周旋更耐寻味：

我让表弟回家把家里人保住，再到虹桥打听一下对方底细，找个合适的讲案人。后来找到一个，在乐清一带蛮有一帮人，在“浙江村”开赌庄。可他一听这事情，说自己“讲”不了，自己的势力怕还压不住对方。最后刘世明出面调解，还是我们赔了钱——算是我们打了他们的人！前前后后的损失总共得有十来万。

钱也赔了，酒也吃了（即上面提到的“和好酒”——作者），那个“头儿”这回拍着胸脯说，“你老万今后有什么事尽管找我，都是朋友！”经过这番闹腾，现在安全一些了。就是暂时不敢再搞大笔的经销业务了。

案例 7

赌博在“浙江村”一直比较盛行。赌注一次上百元的只属于“消磨时间”，大手笔则要到宾馆，按一夜三四百元或一小时 60 元的租金包房，彻夜长赌，数量以万甚至十万计。1991 年前后，赌博也成为敲诈勒索的手段，一些大户经常被软硬兼施“邀请”上赌席，设赌局者则坐收赌注的提成。

1992、1993 年后的最新发明是“倒款”。

王某近来手头有些紧，老病新药，打起了“倒款”的主意。一圈大哥大、BP 机下来，通知各路朋友：“今天晚上上我这儿‘倒’一下！”

是晚，王某老婆早早准备好夜宵（一般为成箱的啤酒和八宝粥）。一帮人马到齐，玩开了“十三张”。“十三张”是“浙江村”的通行玩法，据说其特点是金额高，刺激足。到凌晨3点收盘，累计赌额已达两万。“倒款”的奇妙就出现在这里：赢家赢了两万，却只能拿走一万；拿走的一万不是由输家给，而是庄主，即“倒款人”出。当然倒款人不能亏了自己：限定了3天或5天内，输家必须将两万现金送上门，一万抵输，一万由倒款人留下。

“浙江村”内在其他事上常悔约、违约，唯这“倒款”却很少出毛病。原因是倒款人一般都有后盾，在村内没有一点势力或关系的人做不了这生意。

自卫组织和公安系统

“浙江村人”曾自发试行过这么几种自卫组织形式：第一种是某些经营大户自己或者几个大户联合雇用保镖。保镖一般也是村里的年轻人，月薪数千；白天跟着主人鞍前马后保驾，晚上与老板家人一起轮流站岗放哨。这种方式并不普及，也不是常年雇佣，主要在春节前后结账的时候采用。

第二种是建立“联防自卫基金”。划定一定范围，圈内各户每月缴100元入基金会，聘用青壮年充当“报警员”，把守路口，一有情况便倾巢出动，由此引起的各家损失由基金赔偿。该方法在1991、1992年试用一阵后便不再流行。人们还没有同心协力、视彼此为真正一体的意识。同时，帮派力量无所不在，竟出现了“报警员”与歹徒里应外合相勾结的事情。

第三种是1993、1994年实行较广的民间联防队。也划定一定的保护范围，由一人牵头，保护范围内每户按月缴保护费，通常一月一户300元至500元不等，以此雇用村里的青年小伙子，组成“联防队”，皮衣皮帽皮靴，五六个人一组，每天在保护区巡逻。武器以长约一米半、擀面杖粗的铁棍为主，故亦称“铁棍队”。“浙江村”

的这种自卫队，最多时达21支，每支20至40人不等。有的自卫队在当地派出所注册，成员经派出所审查，发给印有“安全员”字样的袖标。自卫队虽积极活动，对村内的治安确有促进作用，但它在村民中间被认同的程度却不如想象的那么高。人们认为一是其收费过高，有硬性摊派的味道，二是自卫队账目不清，大额款项没有下落。

第四种，几户人家联合组成“巡逻队”。刘泽波组织的巡逻队可算是一个代表，一共有100个人左右，由住在附近的几十户人家中的年轻人组成。共分10组，一组10人，每组一个月值3天班，在夜间巡逻。

刘泽波跟我说起组队的经过：

> 1993年正月，住附近的几户虹桥人遭了劫，搞得大家很紧张，有人找我商量，是不是组织联防队。
>
> 我在这件事上很慎重。拿我自己家来讲，并不是非要搞联防队不可。我们人多，我和儿子几家都有电话，真出事一按钮就行了。我出面搞联防队，难免有人说我想利用别人保护自己的财产——这一带就数我的资产多，但后来好几家邻居都来提，我又走访了远近一些老乡征求意见，都表示同意。这才下决心搞。
>
> “浙江村”里联防队搞了不少，但搞好的没几家，我们得有些新办法。不专门雇人，而是要每户自己出人，轮流值班，除了电筒等东西大家凑钱买以外——这是有明账的——不再收钱。大家保护自己也保护别人，全部义务出工。这样就避免了乱收费、联防队搞成变相帮派这些事。

还有一种办法，像海慧寺的后街，十几户一起凑钱，用碗口粗的空心铁管焊成铁栅门，入夜，便用铁门把几个胡同口都堵死，仅留一口进出。这办法是靠物质手段求取安全，其前提是各户要刚好住在地形狭长的地带，一两扇铁门要堵得住。

但结果是，除了海慧寺的铁门，其他各种规模稍大的自发治安队伍，都维持不了多长时间。其道理就在于，虽然社区内有一些“大人物”，但这些大人物都是“嵌入”具体的关系之中的，他们很少享有相对独立和超脱的“权力”，很难去真正有效地建立并领导一个组织。

不得已，“浙江村”里的很多人家备有自卫器具。你经常会在他们的门后或者床头发现一米长左右的自来水管和干粉灭火器。自来水管当棍子打，而灭火器也不是为了防火安全。村里人告诉我：“灭火器要冲着对方的眼睛喷。这东西是不是有害眼睛我们不知道，反正当时就叫人睁不开眼。”同时，这两样东西不算凶器，查夜的警察不会因此找麻烦。

在另一方面，不得已下的“自卫过度”又为这里增加了新的恐怖。

1994 年 10 月上旬的一个夜晚，3 个来路不明的人到马村某户敲诈。不料这家主人正是一个“邻里自卫网”的组织者，未等对方掏出家伙，主人大喝一声，全院邻居纷纷出动。3 个人夺路而逃，跑了两个，剩下的一个被拳打脚踢，直到趴在地上不能动弹。

“打这几下就死了？”一个后生狠狠踢了几脚。不动。另一个掏出打火机来，就在那人鼻子底下烧，足足持续了两三分钟，鼻尖上已有了一块被灼伤的黄斑，还是不动！

“拿榔头来！”主人家操起大榔头就往那人手指上砸！一个、两个、三个……一直把 10 个手指骨砸碎！

那人还是不动。“看样子还真死了。”一帮人回院歇息，那人就被扔在小巷里。第二天早晨大家出来一看，人没了！

“没想到这家伙竟装得那么像。当时只要稍微动一下，他可就真没命了。”

我问主人："要真打死了可怎么办？"

"这有什么不好办的？他们来敲诈行凶，打死这些人，良心上没什么过不去。他得势，我们就得遭殃。再说，打死了也查不出来。20多个人一起动的手，你说是谁打死的？总不能把我们这几十个都抓进去吧？其实就算死了人，派出所都不一定知道，根本就没人去报案！"

那么，在正常社会的治安事务中起决定作用的公安系统发挥了什么样的功能呢？至少在1995年以前，不满和不信任，是"浙江村人"对这里公安系统的基本态度。我经常听到他们对派出所这样的议论：

> "派出所管什么用？他们只是北京人的派出所。被劫了去报案，干警居然说：要报不出对方的名字、地址，就没法抓。我要知道凶手是谁，还用得着你们？"
>
> "平常的一些小事，派出所根本不受理。要想把'浙江村'治理好，就得设立浙江人自己的法庭。别人管不好也管不了。"

1994年4月23日，后村颇有名气、以敲诈为业的蔡氏兄弟敲了章某6000元钱。蔡某以为对方不敢报案，即使报了案，6000块钱的事情，也不会有人认真管。所以敲诈的时候大大方方，敲完了也不转移阵地。没想到章某还真去报告了，二蔡被派出所逮个正着。但是第二天就放出来，来到章某家，张口要7万。理由有两点，一是自己给公安的贿赂所费，再一个是自己所谓的名誉损失费，要章某"赔偿"。章某为自己一时糊涂报了案而后悔莫及。没有别的办法，找亲戚商量，亲戚劝他千万不要再报案。亲戚们凑了6万块钱，又托人讲了面子（看这个面子，"优惠"1万）。最后整个亲友圈都被迫转移到石家庄去了。

1994年，一个住在邓村的温州人发现离他不远处有个贩毒点，每天都有些“吃乌烟”的在他门前过来过去，多少有些害怕，便向派出所的一个熟人报了。没想到第二天那个贩毒的竟找上门来，冲着他就问：“你还想活不想活？你知不知道某某某（当时派出所的一个干部），那就是我朋友！”吓得报案人第二天就匆忙逃离北京，生意上的损失也有四五万。

1995年8月，高庄一个帮派抢劫被报，关了两天，交了“保释费”就被放出来了。据说这叫“以罚代刑”。

“浙江村”里还出现半专业化的“托子”。在京温市场里经营的一个岭底乡的妇女，见谁碰上和政府有关的麻烦事，就来问：“这事你自己办得了办不了？办不了我办。”她“对口联系”工商和公安两个口。本来政府要罚1000元的，由她出面说了就罚500元，剩下的500元当事人和她对半分。

不能说“浙江村”里的治安问题是它自己的问题，它和当地治安系统的行为有直接的关系。我们在后面还要对此做简单的分析。当正式的机构实施其功能出现障碍时，人们就只能寻求“替代品”。“替代品”只有三个：一是自己挺身而出，但效果并不好；二是借助于帮派；三是请人“做大人”。后两种方式我们稍后再谈。但不管是哪种办法，都使得社区更不安定。以乱治乱，进入了“乱”的恶性循环。

帮派的形成

从“浙江村”的治安案件中我们可以看出，“浙江村”里的混乱是有某种组织基础的，至少是有某种群体性的。要抢劫的人事先有内线打听，坐庄邀赌的人要有后盾。这个组织基础就是帮派。

根据乐清县委组织部1992年的《关于乐清籍党员在京情况的调

查报告》称：

> 当前在京的乐清人聚居点社会治安问题非常突出，基本上处于无政府状态，群众反映非常强烈。特别是时村，从1992年10月中旬开始，一批来自县东片地区的罪犯流窜到北京，专门抢劫在京乐清人，据反映大约有6个团伙，他们白天摸情况，夜里蒙面抢劫，每夜都有四五户人被劫，金额少则几千元，多则十多万元，手段非常恶劣，气焰非常嚣张。据不完全统计，1992年10月中旬至12月中旬两个月时间里，被抢劫金额100多万元。当地派出所由于人手不够，情况不清，再加上都是乐清人抢乐清人，因此，他们基本无法控制，使犯罪分子的气焰更加嚣张。（1992：3）

1992年以后，帮派势力迅速扩张，有按地名相称的“清江帮”“虹桥帮”“芙蓉帮”，有以武器名相称的“斧头帮”，也有一般的所谓“兄弟帮”。每帮少则七八人，多则十几至二十不等。据称势力最大的是“虹桥帮”。1992年，某帮派提出不劫100万不回家过年，另一派指标更高：不完成400万不罢休，可见其猖獗。

那么，帮派到底是怎么来的？

下面是个“小芙蓉帮”的发生史：

1990年冬天，住在时村的李家拉了一个东北客户，出售300件皮夹克。不料这客户又到旁边的王家打听，王出的价更低，结果客户就要了王的货。李跑到王家理论，却被骂了出来，两家由此结下怨恨。后来又发生了其他一些什么事（在调查中未能详细了解到），两边矛盾越来越大。

李想起有个表弟在兰州，年轻气盛，写信让他前来“帮忙”。表弟收到信后招了一帮哥们儿赶到北京。王一见这架势慌了手脚，也赶紧给家里打电话让亲戚朋友上来。双方大打一场。结局固然是两败俱伤，李却觉得出了气，事情也算是“有了结果”。

这时李的一个远房亲戚因为合同上的事跟别人发生矛盾。“浙江村”里的合同只是双方自行设定的契约，事先不公证，事后也不去公堂，单方撕毁，对方没有别的办法，往往又只能“硬”着来。这回又是表弟带着那帮人马，打了一场大战，给亲戚争了脸面。

事情了结了，表弟却并不回师兰州，一帮哥们儿就在“浙江村”里租房住下了。这蛮合两位亲戚的心意：这下在“村”里可有武力后盾了！

1991 年下半年，李的一个朋友在“村”里被一帮“赖伦”（温州话，意为痞子）骚扰，得知表弟大名，便向李“借”人出气。李虽不太情愿，但碍于面子，将事告诉了表弟，表弟一听就来了劲，再度出征。

几番“征战”，表弟这帮人算在村里闯下了地盘闯出了名气，被人称作“小芙蓉帮”。

李某这时感到事情有些“变味”了。老见表弟一帮人东打西斗，晚上在小巷里窜来窜去。他们的屋子里，常能看见长长短短的铁刀。一天夜里，跟李某同村的一个老乡被劫了两万多元钱。李某害怕之余又感蹊跷：没多少人知道这老乡近几天能结账呀。再仔细一琢磨，表弟前些天正在打听那个人的经营情况！

两个亲戚有些慌了手脚。找表弟好言相劝。表弟头一扬：“你们又不给我们钱，我们后生儿要吃、要穿、要玩，到哪儿搞钱去？”李某特地叫舅舅——表弟的父亲来京规劝，儿子却正告道：“现在就是凶人当道，谁凶谁吃得开！你们那一套，早就过时了！”

李某的舅舅是一家乡镇企业的负责人，上面的事就是他在温州告诉我的。老人家伤心地跟我说：“这世上总得有个‘道’。耶稣有耶稣的道，孔子有孔子的道，他们这到底算哪一个道？但我又有什么办法？只能是生气加担心！”至于儿子那帮人马的新近情况，老人不知道也不想知道了。

我终于没能和这个芙蓉帮接触上，不清楚李某最早只是一般的好打的青年，还是有什么特殊经历的人物。我从两地的公安部门获知，“浙江村”里帮派的核心成员往往是从温州来的逃亡犯、通缉犯以至越狱犯，也有部分是家里办厂或做生意亏了无力偿债的人。“浙江村”云遮雾罩，成了他们的避风港；物资充足，又成为其下手的好对象。他们的外围是村内一些经营失败又无心创业的青年，见歹徒不劳而获，起而效尤。再就是村内随亲戚迁来的二十多岁的青年，游荡之中被拉下水。每个帮派一般都是三种力量的合流。

后来，一些帮派也巧立名目，提出要给大家提供保护，照此收钱。（参见附件 5）但据我所知，他们的新办法倒没能得逞。

帮派组织

内部的组织性对帮派的维持至关重要。在作案时，他们往往有分工，比如有人直接去“行动”，有人去预订宾馆（按照帮派的习惯，他们抢劫得逞之后，就去宾馆“享受”，同时也为隐藏自己），还有人事先买好飞机票、火车票，或者包下出租车的（万一情形不对，马上逃离）。这使他们的作案效率大为提高。组织性也使帮派具有罕见的威慑力。我问一个遭抢劫的妇女：“你为什么不马上报案呢？”她说：“我们不敢报啊！你要去报案，就算这个抓进去了，他们一起的那几个马上就来要你的命。”

帮派内部首先是“同龄群”的关系。我发现，不管是在温州本地的农村，还是在“浙江村”，同龄群的关系比我所生活的城市要重要得多，甚至超过了亲戚的作用。以同龄群而不以亲戚关系为基础，使得帮派能超出家庭和亲友圈的管辖。我曾以为帮派成员的父母都不在“浙江村”，其实并非如此，但父母在不在北京对他们没有影响。帮派成员几乎不从事经济活动，所以不和社区内的其他关系发生重叠。

在“浙江村”，人们用“吃乌烟（温州方言，鸦片）的”来称呼这些青年犯罪团伙。作为一种集体行动，吸毒对帮派的维持有重要功能。一个人成为帮派成员，也往往起源于他的吸毒行为。

我接触较多的是个小帮派，四个人：盛存，26 岁；丙勇，22 岁；阿龙，21 岁；建丰，18 岁。帮派内部是亲密无间的朋友关系。帮派没有名字。

盛存和丙勇在老家就认识，先后来到“浙江村”，在此成为“铁哥们儿”。丙勇和建丰在“浙江村”里住得不远，老打照面，混在了一起。三个人几乎是同时开始吸毒。建丰年纪最小，却在家里就开始吸毒（受其兄长影响）。1993 年下半年来到北京，偶然中碰得这几个，“毒”味相投，便搅在了一起。

我这一次跟这个“小组”见面是在晚上 7 点。他们也把我当半个朋友看待，“打的”到“村外”的一家餐馆里招待了一番。从一开始，我就能明显意识到盛存的头目地位。点菜主要由建丰来点，最后的钱是由丙勇来付，但中间决定是不是再加个菜，结账的时候跟服务员调侃几句，则是盛存的权利。

吃完饭，我们回到丙勇租住的一间大概仅 10 平方米的小屋里看电视、玩牌。

这间小屋是他们的根据地，里面的豪华双人床、彩电及丙勇的手提电话都是他们自己配备的，除此之外，几个人并无其他住所。我问他们经常在哪儿睡？“这还不好办，朋友家、宾馆里随便混一夜不就得了？”他们每天上午 9 至 11 点起床，夜晚是真正的活跃兴奋时间。之所以把丙勇的这间屋子作为根据地，是因为丙勇和刘世明有点亲戚关系，虽然刘世明一和我说起他这小亲戚，就气得直摇头，但丙勇拿着这块牌子，凭空也得了不少气势。

大概到了10点钟光景，几个人面显倦色，互相交换了一下眼神，披衣出门。

我们走进了一条我从未到过的偏僻小巷。月黑风高，寂无一人，从小巷边上的灰墙和小铁窗可以看出这里曾经是厂房。五个人只是快步往前走，谁都不说话。

到了一个拐角处，他们突然停住。丙勇让阿龙和建丰在这里陪我，他和盛存则继续往前走。我依然什么也不敢问。

一会儿，他们两个回来了，我们又一言不发往回走。在丙勇的小屋里，我终于看到了我们此行的结果，十个用旧报纸片包的小包，包里是一些米黄的粉末。一包重一钱左右，价值却值40元！这就是他们所说的“鸦片粉”，我猜即为海洛因，但不确定究竟是什么化学成分。

盛存娴熟地表演起了“毒道”：先从一包“红塔山”烟壳里掏出锡箔纸，在温水里泡一阵，撕下锡箔背面的白纸，用手指折一个来回，从中间裁成两段。各长约10厘米，宽3厘米。这便是他们的毒具。

他又掏出一支烟，甩了两下，从烟里掏出一支小铁管。原来那卷烟只是一道伪装。

盛存把一包“鸦片粉”倒在锡箔上，用手托住。打火机在锡箔下轻轻地燎，粉末立刻变成了黑亮的液体。

盛存口衔铁管，对着那团黑液吸。黑液顺着气流在锡箔上滚动。我眼前的盛存是满脸的痛苦，眉头紧皱、两眼无神、肌肉紧张。难道他的神经就因此而畅快？

小黑珠滚了一个来回，盛存便把一套东西交于下一位食者。如此相传，一包鸦片能够五个人吸食。但这几位都已是吸毒老手，一次得需四五包才够剂量，一天需三至四次，共12至20包，也即480

元至 800 元。

他们吸毒时的神态令我永远难忘：浑身瘫软，两眼惺忪，舌根发硬——说话都是呜呜作响，咳嗽、吐痰、呕吐。蜡黄、瘦削的脸上哪还有青春的神采！

他们的这一吸法，行话叫“吸大板”。也有人不用吸管，只用鼻子去闻的，但那样吸得不彻底。还有一种办法是把“鸦片粉”撒到卷烟的烟丝里，和着烟抽。这个办法是比较安全，什么时候毒瘾上来了什么时候抽，但也不如“吸大板”实惠。这些都是他们的经验总结。

盛存几个吸完了一包，喝了两瓶矿泉水，嚼了一会儿口香糖（这两样东西也是吸毒时必备之物），似乎又来了精神。四个人神神秘秘地商量了几句，商定晚上去 ×× 宾馆。然后丙勇和阿龙很庄重地走出了屋门。

我装作随意地问他们去哪儿，没人回答。其实我心里“也能猜出三两分”：又一起敲诈案就要发生了！我对盛存说：“你们还是想办法戒了吧！安心做生意。”①

> 戒？说说容易，我们开始也是吸着玩。……现在我们是不抽不行了。说老实话，现在要搞不到烟，我什么事都做得出来！
>
> 吸毒当然不好，我的一个朋友，25 岁，本也在“浙江村”高高帅帅，一副好品相。去年开始吸毒，现在离了婚，整个人

---

① 1995 年，我在一份杂志上读到一篇报道，说我“成功地打入了村内的犯罪组织”。我自己并没有“打入”这种神秘的感觉。在村子里生活久了，难免会和帮派打上交道。这很自然。他们也知道我的真实身份，但并不拒斥，所以我这么问并不怕“暴露身份”。相反，如果一项人类学的调查靠“打入”来进行，那是既危险又很难获得全面材料的。

就像被火熏了一样，“萎”掉了。现在在北京已经抽不起，跑到西安去了——那里的鸦片便宜。

可是像我有什么办法？谁不想往岸上爬，还自己往水里跳？可我的朋友、身边的朋友都是这个样子，你想爬还爬不上去！我也不知道自己该去干吗，眼前就是白茫茫一片。

过了11点，丙勇两个还没回来，盛存提醒我该回去了，我也不得不离开。我毕竟不能参与他们下面的行动。

在与“浙江村”开始接触的两年时间里，我并没听说这里有毒品。1992年，两个芙蓉镇人和一个岭底乡人，从西安来到北京“浙江村”。他们是村里最早的吸毒者，开始只是自己吸，并不兜售。但他们通过自己的亲友圈（主要是同龄朋友）发展了不少毒友，自己开始贩毒。1994年毒品迅速蔓延，于是帮派也急剧增多。至1995年初，估计村里已有4至6个贩毒点，2000来个吸毒者。一个干得不错的毒贩子两年挣了几十万，也成为社区里的一号神秘的名人。在早期，货从西安的“浙江村”及河北等地来，后来是从新疆方向来。至于在北京如何成交，暂不清楚。同为流动人口聚居区的北京“新疆村”里有毒品交易，但温州人没有去那里采购。

除了吸毒，帮派的其他活动也具有很强的集体性。强奸多是轮奸（但是发案率不高），嫖娼也居然是多人齐去，轮观轮淫。像盛存几个商定要去的宾馆就在“浙江村”附近，是这帮青年嫖娼的固定场所。这个小组的成员，平均19岁便有了第一次性经历。

我想强调的是，帮派本身的目的，并不是抢劫。他们聚在一起首先是为吸毒、共同享乐，抢劫、敲诈是为达到这一目的而采取的手段。所以抢劫不是不可克服的顽症。

帮派的组织性也离不开“头儿”的作用。一个头儿当得好不好，有这样几个标准：（一）自己是否勇猛，不怕死；（二）是否和成年人接触较多，特别是，和村里的大人物有直接的关系；（三）当本帮派的人被人打了，或者被公安部门抓进去了，能够保证有效地报复，或者把人及时地“保”出来。一个“浙江村人”告诉我：“那些帮派里的人真是能通天，今天进去，明天出来，回头就跟你算账！上次××不是扬言了吗：‘不管花多少万，也得把××保出来。’你要想把帮派的头儿当稳了，就得有这门本事。手下人进一个，就让出一个。否则谁给你卖命？”第一个指标算是当上头儿的最低要求，而在后面两点上的表现，将决定你这个头儿能当到多大（手下能招到多少人）。

但是帮派的头儿永远由年纪最大的帮派成员担任。如果一个人在帮内年纪最大，但在上述三方面又做得不如某个年纪小的好，他也不会被“造反”，而是下面的人逐渐离开他，在新的权威下另立山头。帮派的这一分裂机制，也是“浙江村”帮派数量多的原因之一。

帮派在“浙江村”得以长期存在，并不在于它对维持社区生活有什么“功能”（像我们过去常用的解释那样），而在于它走进了一个自我循环的道路，它自己创造了自己的市场。比如万挺光被劫之后，第一反应就是去找自己能把握得住的帮派势力。正如一个温州干部所概括的那样：以黑吃黑，越吃越黑。

与此相似的是帮派的“示范效应”。一个大帮派的“老大”对我直言道：“你也别问我们是怎么组织起来的。现在这个世道，我不组织一帮人，就要被别人吃掉！”“凶人得道”不仅成为很多青少年的社会信条，一些家长对自己的孩子涉足帮派并不坚决阻拦，也和这样的想法有关。我所认识的一个帮派小头目的父亲成天穿一身褪色的旧军装，他原来当过乡里的什么干部，也算曾经在“体制内”工作过的人。一次我正在他家里吃饭，他的一个亲戚来说自己和某人吵了架。这位父亲大声说：“你不用怕！不行就叫我们阿杰（他儿子）收拾了他！”

不同帮派之间为争夺势力范围的争斗[①]，也强化了帮派内部的组织性。1993 年 3 月，“芙蓉帮”与另外一个帮派就某村的占据权大战一场，双方损失可能多达 20 万。“我们这帮人哪里容人欺侮的！”这是各帮派相同的观念。1993 年 8 月，时村的某帮派被公安机关擒拿，时村里并不因此太平，相反混战不断。因为这里出现了“势力真空”，原来住在时村的帮派成员不断迁往马村，各帮派又为争这块地盘而加紧争斗！

但是各帮派之间也不是没有合作。吴金安托阿宝给他报仇，结果却万分惊讶地发现阿宝和对方坐在一个屋子里吸毒！到这时候吴金安才意识到他的一次被劫，有可能就是阿宝作的内线（参见第六章）。在“风声紧”、北京公安部门要有所行动时，各帮就暂时互相妥协，彼此合作，甚至共同“联防”。虽然这种联合不难以理解，但遗憾的是，我一直没能观察到不同帮派之间联合的详细过程。

帮派分子来去迅速，今晚在村里劫了几万，明天就去了石家庄。温州—兰州—西安—大同—太原—石家庄—北京是他们最常往来的路线。各帮在“浙江村”似乎都有“常驻机构”，但在一地常住的，通常是帮派中的小兵，其他的都在来回跑。真不愧是“浙江村”的帮派，他们的行为也是“跨越边界”的！这显然给对帮派的治理带来很大困难。

帮派和大人物

帮派是青少年组织，但如果不注意到它和社区内成年“大人物”

---

① “浙江村”里帮派的“领地”意识和唐人街等早期海外华人社区内的帮派不完全一样。他们认为，在一片地方（地方大小也没定数）只能有一伙人在，如果附近又住了一帮相似的，那么必须要分出个高低来。但这并不意味着胜利的一方对这片地方就有什么控制权。“浙江村”内的帮派还没有发展到向各户收“保护费”的程度。

的关系，我们对它的理解将是不全面的。除了前面提到的当上帮派头目的三个指标，后来还形成这样一个评价指标：看你能不能不用武力把钱“敲”来。这就需要和大人物有更紧密的联系，抬高自己在社区内的“知名度”和威慑力。

帮派和大人物的关系是个复杂的问题。它和大人物的形成、大人物和大人物之间的关系，直接联系在一起。我大致分了以下五种关系类型，它们分别对应于五种不同的大人物。

1.“师徒”

“浙江村”里1988年就有了“大人物”的概念，指的是刘世明、张昌洪、钱注林、周卓海等等，主要来自虹桥和芙蓉两个镇。他们之所以被认为大人物，一是亲眷多，二是来得早，认识的朋友多，经常出面调解纠纷。当时被称为大人物的人不多，但他们并没有构成一个群体，彼此间也分不出高低，各有各的领域，当碰到什么“跨领域”的事，几个人则互相通气。

1989年张昌洪在调解一起纠纷的时候，可能涉及了刘世明的亲友圈，让刘世明帮忙，但刘世明并没有按张昌洪的意思办，相反把张昌洪圈里的人给“折”了（断案时损害了他的利益）。

这下，大人物化为两大阵营。一是张昌洪一派，钱注林在他麾下；一是刘世明一派，当时比较孤立，但和周卓海、万佳友的关系不错。刘世明暂时忍气吞声。

这样，张昌洪成为村里第一个大家公认的大人物。张昌洪为人城府极深，极其奸滑。1993年以前，他曾在另一个大人物的组织下，和其他6名股东一起，办起了“浙江村”内第一家正规的生产企业。1993年，他为了把这个厂子承包下来，竟专门派人缠住他的竞争对手，也是当年一起创业的股东之一，天天请对方吃饭喝酒，使他没法办事。张昌洪的地位也离不开他弟弟的功劳。据说张昌洪的弟弟极能打架。张昌洪调解不动，又损害自己利益的，就让弟弟上；弟弟打架出了事，又由张昌洪出面讲案。文攻武卫。村里人说，张昌洪的天下有一半是他弟弟给他打出来的。

但是好景不长。1990年周卓海和万佳友给刘世明撑腰，“抬”他。刘世明重新拉了一批能打能闹的小年青，硬是把钱注林和另一个在张昌洪手下的人打出了“浙江村”。张昌洪此时也以企业为重，一见局势对他不利，搬出了“浙江村”。

但是刘世明并没有马上取代张昌洪的位置，周卓海成为第二代的首号大人物。周卓海的亲友圈和当时刘世明的差不多大，但在当时他有这样几个优势：一是不像刘世明那样在村里有宿怨，能更广泛地“团结”；二是有钱，他1986年就开始在东安市场包柜台，当时一年就能赚40万；三是他和张昌洪一样，有一个能打的弟弟。1992年，周卓海在“浙江村”和柯桥开了北京至绍兴的专线托运站，垄断“浙江村”和柯桥之间的布匹托运，但另外一个人紧随他又开了一家类似的托运站。周卓海分别在北京和绍兴和对方展开“大战”。周卓海的势力主要在北京，对方的关系主要在绍兴。二雄相争，一时成为温州人“流动经营网络”中的大事。最后，双方商定，周卓海主要管北京这一头，对方管绍兴那一头。

稍后，刘世明和周卓海又出现一些矛盾，虽然表面上没什么冲突，但不再互相捧场。

经历了这番你上我下的波折，刘世明学到了当首号大人物的技巧。一是广交朋友，凡是碰上的人都热情款待。我1993年春节在见到刘世明之前，就有人和我说：你认识他可好了，他们家的饭都是开着吃的，一顿饭来了几个人吃都没法算。这个说法有点夸张，但刘世明当时的心态也恨不得搞“食客制”。我陪他从马村往海慧寺走，一路上我们几乎没法说话，他所有的时间都在和迎面走来的人打招呼。后来他一出门就坐三轮车，否则被人拉住聊天说事，自己也不知道什么时候能到目的地。

刘世明的慷慨也是出了名的。1993 年，他听说一个虹桥的老乡得了白血病，其实这个人和他也没什么关系，他一下子就给了 3000 多块钱，算是对他的帮助。1995 年，JO 大院里的一个房客得了严重的肾病，刘世明带头出钱，并让所有股东都捐款，亲自把钱送到病人手上。这些事情都传为美谈。刘世明的妻子也非常注意树立他们的公共形象，对家里各种客人，处理既热情得体，又不失隐藏的威严。在塑造形象这一手上，张昌洪和周卓海都不及他。

刘世明权威的最后确立，离不开他和帮派的关系。他曾比较密切交往的“虹桥帮”，成为“浙江村”内最大的帮派。在一般的帮派中，头儿对其所有成员都是直接管理的，而这个虹桥帮内却分为两层。“大头儿”身边还有大概三个“副手”，村里传闻帮里人数也得上百。“大头儿”跟着刘世明进进出出，对“副手”进行协调。

刘世明和帮派之间的交往看不出丝毫的功利色彩。有意思的是，他们按中国传统社会中武术帮派的“师徒”来界定彼此的关系。小青年们称刘世明为“师傅”，刘世明称他们为“徒弟”。刘世明在村里已经形成的威望、热情的为人，以及魁梧的身材，都是小年青愿意认他做师傅的原因。在平时，徒弟跟着师傅转，帮着提着大哥大，上下（出租）车开门等。“师傅”的奖赏是“徒弟们”的经济来源之一。一次刘世明和东北的生意赚了大钱，掏出 5000 块钱给了虹桥帮的帮主，让他们今天出去乐一乐。另一次，我看见另一个帮派的小青年来向刘世明“借”2000 块钱，刘世明却掏了 3000 块钱给他。这钱刘世明今后也是不可能要他们还了。

但是刘世明从来不参与他们的犯罪行为。一个“浙江村人”曾风趣地和我说：“这些童子痨（指帮派）就像核武器一样，刘世明不会用他们去干什么事，但是没他们也不行，威信没基础。”帮派使刘世明获得了对自己的亲友圈和生意圈的保护能力。“浙江村”里各帮派有所行动之前，一定要打听清楚对方和几个大人物之间有没有关系，特别是和刘世明有什么关系。只要有关系，他们必不敢惹。这样，又反过来强化了刘世明在“系”里的地位。

在“浙江村”，和帮派形成这样“师徒关系”的只有刘世明一人。唯其作为村里的首号大人物，方能如此。

2. 跟随

“浙江村”早期的帮派头目在步入成年以后，一部分成为新的大人物。人们在盖大院的时候要找一个“到社会上能摆得平”的，找的往往就是这类人。新的帮派成员和这种大人物形成紧密的“跟随”关系。

1993 年，和刘世明关系密切的那个虹桥帮帮主被捕，可他身在狱中，影响却波及千里之外，常常“遥控”调解问题。1995 年，JW 大院的一个股东去西安做自己的生意，回来发现自己当月应得的红利却没得到，于是借探监之际把此事告诉帮主。帮主写信给当年和他一起闯天下的二豹，二豹马上拉了三个人来 JW 大院质问。去 JW 之前，按“惯例”先看望同时询问刘世明，算是打招呼。事情很快就解决了。据说现在有几个生意做得不小的，就等着他出狱合作。他的“老部下”也等着他出来。他和别人进行生意的“合作”，也必然给“老部下”带来新的经济保障。

我在第五章中提到过“清江帮”。清江帮帮主付天郎是个有点传奇色彩的人物。他话语不多，在北京拉了一大帮同龄群的朋友，曾统一把他们安排在马村一个仓库里住。每天三顿饭，他出钱雇人把盒饭拉到仓库门口，大家随便吃。后来年纪稍大后，他不再以打架为日课，转向市场开发，办得很有起色。在经营的过程中，和别人发生矛盾，他就让过去的手下去“要说法”。这类大人物可以算是“帮派成人化”的产物。

现在“浙江村”内势头最猛的一位是高建平。高建平曾在少林寺习武，80年代回家在乐清办习武班，带出了一批能打的学生。1991年来北京后，这批学生成了他的主力。据说在各地的“浙江村”都有他的学生，人数上千。他先是和付天郎一起干市场，后来两个人不和，转到刘世明门下，共创JDQF城（布料市场）大业，凡JDQF城的外部纠纷，全由他解决。

1997年11月，JDQF城和附近的TS市场因为争地皮产生矛盾，不知道高建平在这里做了什么手脚，TS居然要干掉他。不料这边消息快，高建平的学生们已经严阵以待，对方来的人没找到高建平，反而被枪打伤。TS扬言，不报仇不罢休。TS先走“官道”，可是敌不过这边的关系，没有结果。同时高建平派了个学生，混入TS市场的芙蓉帮里做眼线。TS芙蓉帮策划了好几次，准备干掉高建平，可是连扑了三次空。最后一次假装又筹划，终于查出眼线，当场掏枪毙掉。执枪人被警方逮捕，TS又拿出50万，把此人保出。过了几天的一个上午，高建平刚走到JDQF城门口，三个人向他开枪射击。对方把枪绑在胳膊上，用军大衣罩住，开了两枪，好在没打着致命的地方。有人说这是TS的报复，也有人说这和TS没直接关系，是高建平的“学生”和其他帮派发生矛盾，把气撒到他身上。但据知情人说，高建平自己是很明白对方到底是谁。最后究竟怎么解决，一般人就不得而知了。

这样的大人物还充分利用他们和帮派的紧密关系“做大人”。“做大人”和“讲案”的意思差不多。但是“讲案”多少还要顾及公平，“做大人”则基本上是从某一方的利益出发，来压对方，以获得自己的好处。

1993年10月，有两人到某家上门讨债时将债务人打死。人命关天，凶手后怕，请某大人物出来“做大人”。第一轮调解结果是：凶手甲一次性赔偿7万，凶手乙赔偿5万。凶手甲与被害家属表示同意，但凶手乙无力支付。第二轮调解便决定，凶手甲赔偿后，被害人家属不再对其起诉；乙不作赔偿，被害方将案情适当说轻，对乙起诉。三方同意，至此“终审”。乙最后被法庭判决有期徒刑 7 年。为了保全甲的性命，这位大人物要压两个人，一是被害者，一是乙方，甲则不可能不给他回报。

1994 年 6 月，大红门的邓某在玩台球时与人发生争执，将对方打成重伤。邓父连忙四处打听，乃知对方与某帮派有密切联系，就赶紧跑到马村黄某家报告，自报赔偿 8 千，只求和平解决。黄到受伤者家中与那父子商量，最后以 1 万协定。被打方心有不服，无奈自己的帮派远不如黄手下的厉害。第二日邓父又摆了一桌酒席，请对方与黄享用。邓家最后给黄的好处不可能只是 1 万。

最后，在“浙江村”形成规矩，出了什么事，双方赶快尽可能找厉害的大人物，调解干脆就让两个大人物坐下来商谈。如果两边叫的人物势力悬殊，那么商谈都没有必要，弱的一方直接认输了事。有理没理并不重要，和大人物有没有直接的关系才是决定胜负的关键。

比起“师徒”关系，在“跟随”关系里，大人物和帮派的联系更紧密。他们直接指示帮派的行为，依靠和帮派的关系获利，平常也给帮派更大的利益，什么东西“给小兄弟一份”，是他们平常不能忘记的一件事。

3. 掮客—委托人关系

在刘世明取代周卓海地位的过程中，陈存圣起了一定的作用。陈存圣也在 80 年代中期就来到北京，人很聪明，跟一帮大人物混得很熟。周卓海红火的时候他跟周卓海，和他一起筹划搞 DH 市场。陈存圣把一笔投资挪为私用，但他和别的股东说是周卓海花的。周卓海要查账，陈存圣要了一招，向周卓海老婆告发了周卓海在外面有“二奶”的事实。周卓海的老婆成天闹，不仅账没法查，周卓海的生意也只好告一段落，股东纷纷转向别的营生。这件事在“浙江村”里知道的人不少，颇反映了陈存圣的为人。

待刘世明的地位稳固后，陈存圣又投向刘世明。在他投资的几个项目中给刘干股。万佳友说陈存圣“是‘浙江村’里的徐世昌，他要是不抱住刘世明这样的人，早就被人给灭了。”

这样的人，帮派成员是很看不起的。但是陈存圣是“浙江村”内和当地政府部门关系最深的人之一，按照帮派成员被捕，头儿必须把该成员保出来的原则，帮派不得不经常找陈存圣当“掮客”，委托他“捞人”。

1993年的一天，我住在陈存圣家，隔壁彻夜的缝纫机声吵得我一夜不能入睡。大概在1点多钟，我听见陈存圣打电话：“是某某某吗？还值班呢。出来喝点？不行？哦，指导员在呢。……那个事情……是是是。我们这些老乡不懂，他觉得给了你钱，这事就能给他办。我现在也不知道怎么对他解释啊。……如果不够再说，反正人要让他出来……”他这是在给派出所打电话。

但是，陈存圣从来不和帮派成员有过多的联系，双方的交易近乎一手交钱一手交货的形式。一则他也不怕别人来惹他，二则真惹了他，他背后既有刘世明这样的靠山，又有管理部门的关系。怕什么呢！

4. 雇佣

雇佣和我们上面说的“叫人打”庶几似之。只不过，“叫人打”都是在事情出来之后，雇佣则也可以在平常，拉一帮人壮壮声势。“叫人打”通常叫的是一般的社区成员，而雇佣则必然要拉帮派了。

作为“雇佣”的大人物，多半是按“常规路径”，即依靠在亲友圈内的影响，及自己的能力等发展起来的，在影响上比不上刘世明，也不像高建平那样直接以帮派为基础，但他们又有些“野心”，想在社会上有更大的势力。这种大人物倾向于笼络一些“准帮派”的成员。

“准帮派”者，温州人谓之“赖伦”，近乎于北方人所谓的“街痞”，广东人所谓的“烂仔”。一位自称“识遍本地人，知尽‘村’内事”的年轻人告诉我：

> 这些小赖伦都是20岁左右的小家伙。他们也拉帮结派，认什么“老大”，但跟正式的帮派不一样。他们一般不敢搞敲诈勒索，也不敢行凶杀人。这些人有时也挺讨厌，脸皮厚，不懂事。时村口上就住了一帮，时不时向我借钱。我们说起来也算“朋友”，一次借个一二百的，能不给吗？不过要真有了事，叫这帮家伙去打打闹闹出点力也还是挺管用的。

笼络“准帮派”的具体办法，和刘世明的“师徒”关系有几分相似。平常以“朋友”“兄弟”相称，给些零花钱，到有事的时候再一事一议，给些“特殊津贴”。

笼络“准帮派”也是大人物的一种平衡策略：在通常情况下，这帮人已足以给自己助威保驾了；而他们又不敢越轨太过，不会惹出太多的麻烦，尤其不用怕哪天突然翻脸，搞你个家破人亡。

5. 结合和委托

更一般的大人物，比如前面说的潘忠清、陈胜江等人，对在全村呼风唤雨不太感兴趣，要的是生活太平，能赚钱。他们觉得和帮派结成稳定的关系，成本既高也危险，但是又不能对帮派完全置之不理。他们的策略就是找成年化的帮派头儿，与他们合作，有事委托。这种关系在关于“大院”的两节叙述中我们已经说明。

“浙江村”里青少年帮派和成人之间的关系和其他移民聚居区有所不同。比如Chin（1996）指出，在美国的唐人街，成人的非法行为，比如开赌场、妓院，以及成人的有关组织，如“堂”，提供给了帮派以滋生的土壤。在“浙江村”，帮派产生在前，大人物产生在后。或者说，他们是依循着各自不同的路径发展起来的，然后结合在一起。

在理解帮派和大人物的关系中，帮派和大人物各自的“多头分立”格局是一个关键。李文虎说：“和以前比起来，现在的势力大的人多起来，有点平衡起来，你老想压别人压不住了。你给别人面子，别人也会给你面子。过去是你不给人面子，别人还不能不给你面子。”①而大人物为了维护自己的利益和权威，也不得不去利用不同的帮派，给帮派提供了市场。同时，也由于大人物是多元的，彼此又是互相制衡的，有拿钱雇帮派的，有为帮派从法律的制裁中开脱的。帮派得到了一个群体生存所需要的各种资源。

在对帮派的整治中，“成人化的帮派头目”是关键。1995 年的轰赶对帮派势力的打击也不可谓不大，但是从 1997 年开始，帮派又在死灰复燃，吸毒现象重新抬头。政府应该对不同的大人物进行区分，大多数人对帮派的利用都是不得已而为之。成人化的帮派头

---

① “‘浙江村’里有黑社会”，是村内外普遍的传说。“×× 手下有上千人，他自己知道的不过四五百人，其他的都属于低一层的成员，有事招呼过来。×× 平时就出钱养着他们。像他这样的人，到区局、市局（公安局）里喊几个人是不成问题的。‘浙江村’就跟上海滩差不多。真正的头子从来不在‘村’里，只在大宾馆里包房间，坐镇指挥，喽啰们才到这里行凶。”

这些传说虽普遍，但一般都给不出明确的事实。从我所掌握的帮派和大人物之间的关系看，我不认为这里有所谓的“黑社会”。

首先可以看“浙江村”里的经营行为。真正的黑社会组织，必定要依托于一个稳固的经济基础，必定要“欺行霸市”，用恐怖手段在某些经营环节形成垄断。如当年黄金荣、杜月笙手下就有多少个“霸”（从当铺、钱庄到粪霸、菜霸等等），但“浙江村”内部的经营完全是自由竞争的。在日常的经济交往中，大户们还常常预先付款，代为垫支，以此显示信誉，增强自己的社会声望。

黑社会也是一个“社会”，为使它自己那套“规则”生效，也必然要有一个权威、一套组织乃至纪律。真正的黑社会，在表面应该是相安无事甚至井井有条的，而“浙江村”的帮派一片乱糟糟，说明它发育很不成形。“浙江村”可以说是一个“灰社会”。

儿一般没有多少资金，经营能力更是平平。经营大户和他们合作，给他们股份，纯属为保平安的一项开支。如果政府能利用大部分大人物的力量，同时秉公执法，不让“掮客”发挥作用，人们对帮派的需求将下降，成人化的帮派头目不再吃香，帮派的发展才能得到遏制。

联络处和联防队

鉴于“浙江村”内治安状况的恶化，也考虑到北京地方政府通过兴建京温中心等手段对“浙江村”的正面介入[①]，温州方面也开始考虑对“浙江村”的干预。

1992年12月，根据乐清县委的指派，由县委组织部副部长带队，组织了乐成、虹桥、蒲岐、芙蓉、天成、雁芙等6个乡镇和县委组织部有关人员共10人，赴京对“浙江村”的乐清籍党员进行为期一周的调查。

调查组当时登记调查的党员共有84人，曾担任党内外职务的26人（1992年仍担任职务的8人）。调查组认为“浙江村”存在三个问题：一是党员和组织联系很弱；二是卫生和治安环境不好；三是当地工商和税务部门乱收费和收费不合理，个别工作人员素质差。

调查组建议：

> 建立乐清县驻北京联络处，成立乐清在京党员临时党委，创办一个公司（三块牌子一套人马），直接归属县委领导。联络

① 丰台区于当年提出了“关于浙江村的治理方案”，3月份成立专门管理办公室，主任管公安，两名副主任分管工商与税务，但效果并不好。4月份又调整为分散办公，相互协调。等我1993年和当地干部座谈的时候，管理上基本恢复老样子，至于还要不要继续探索，对方回答：“等着看。”

处的主要职能：一是及时掌握和反馈北京的有关政治、经济、文化、科技等方面的信息和动态；二是加强对在京乐清籍人员的行政管理。公司主旨在解决驻京联络处的行政经费和作为该县内应外联的桥梁。临时党委将下设若干个支部，支部的组成以在京党员组织区域划分，并建立一个直属支部，把在京其他区域零星居住的党员都归到该支部。

调查组强调，联络处人员配备要选派素质好，廉洁奉公，能力和“斗争性强”的同志。建议临时党委（联络处）设在丰台。

当年，乐清县驻北京市丰台区联络处挂牌成立，这可算是流出地政府对“浙江村”的介入的最大力度的举措了。

但联络处的工作从一开始就困难重重。

首先，它进入不了北京地方政府的运行体系。1993 到 1994 年，联络处主任多次和我说他工作的难处：“到北京来，我们一家一家拜访他们。他们礼数上也是到的，也说多沟通、多联系，但到现在，除了轻工市场里罢市，其他事都是我找他们，从来没有他们找我的。按道理，你有些事情应该和我打招呼，至少和我通个气。我看北京的官僚主义很严重，看你地位，看你是什么级别，不从实际工作出发。他们眼里根本没有我们！”

北京大红门的一位工商所领导也和我说：“我们基本上不和他们（指联络处）联系。他们刚成立的时候来找过我，但提出的一些想法都是怎么赚钱，不是从管理上考虑。这个我们没兴趣。……我们是北京的工商所啊，我们直接服从我们局的领导，不可能和他们有太多关系。”他所提到的“赚钱”，指的是联络处提出的，由联络处注册公司，由工商协调，给个体经营户挂靠，联络处和工商所从中收取一定的管理费的办法。在温州的干部看来，这就是管理。我问工商所的领导：

“那您认为什么是比较合适的管理办法呢？”

“就要按国家的注册法规来嘛！”

“如果很难落实呢？”

“所以要清理。”

由于不能正式进入北京的政府运行体系，联络处在社区中的威望也受影响。联络处成立不久，就有经营户和我说：“这联络处能解决什么问题？北京的事情，我还是要找北京的朋友解决。”联络处主任倒经常和我感慨，“浙江村”里斗大的字不识一升的，和北京的关系要比他熟得多。要办点事，认识个人，联络处倒常常要请经营户帮忙。

联络处的另一难处在于它没有“腿”。主任说：“在乐清，我有我的下级。事情不好办了，我可以用行政命令来。在这里你能指挥谁？”

于是联络处的替代策略只能是和经营户一样，“靠这帮亲眷朋友”。乐清县政府曾任命原人大的一位领导担任联络处主任，但1992年底来到北京看了以后，就打了退堂鼓。而后来的两位主任之所以愿意到北京来，关键原因是他们一个是清江人，一个是虹桥人，在“浙江村”的亲戚不少，一来就能开展工作。

我刚到联络处帮忙的时候，这里的日常工作之一是不断召集经营户聊天。聚会散场临走的时候，联络处主任还会嘱咐经营户们：“你有什么亲眷朋友，也带来见见面。”这帮人就算是联络处在村内的工作基础，其中，刘世明一开始就是中心人物。当时的主任和刘世明是亲戚，刘世明是他开展工作的主要帮手。有一次，刘世明和几个新的合作者的账上有4万块钱算不清。刘世明建议让联络处裁决，说“联络处是最公正的了”。联络处裁定，这件事情几个人都有责任，共同承担损失，管账的人应该多负一点责任。在大家基本上都同意之后，刘世明却提出这4万的责任完全由他承担。他和联络处之间的默契无疑是精彩的。

但是，作为一个政府机构，联络处希望民间的关系网络能为它服务，又要避免自己陷到网络中去。这不好把握。1995年在兴建大院中，联络处和刘世明之间出现了明显的矛盾，最重要的分歧是刘世明坚持要对自己的那帮合作者和朋友负责，联络处则希望他把他自己的利益和联络处的利益摆在第一位。在好几件事上彼此发生争执后，刘世明在各种场合暗示，自己要和联络处脱离关系。

刘世明的离去，使联络处大伤元气。刘世明曾肯定地和我说：“这联络处干不长的，他在这里没有他自己的一帮人了。像昨天，高庄有一家被抢了，我今天早上就知道了，抢了多少，怎么被抢的，清清楚楚。中午的时候我就知道是谁抢的，现在人在哪里。他（指联络处）做得到吗？根本不行。”刘世明的预言基本被验证，异地设置联络处，上无“帽”（没有和现在的行政框架契合的名义，参与流入地政府管理的资格），下无“腿”，这一政府介入办法至今没有得到实质性效果。

1993年的联防队事件，是另一起政府介入结果失败的例子。

1993年马村出了件大案子。几个浙江人晚上来找另一个浙江人，房东不愿意开门，并说了来人几句。到了半夜，这几个来人居然带着凶器越墙而过，找房东算账，把正在熟睡的房东的儿子用乱棍打死。不想死者乃是北京市第一劳改所的干部，这下引起丰台公安部门的极大震动，派专案组赴乐清缉拿罪犯。[①]同时和乐清县公安部门

---

① 移民聚居区只有在威胁到城市社会的时候才引起关注，在这点上美国纽约唐人街也有相似的经历。六七十年代，唐人街内部的帮派势力和犯罪行为已经很严重，但是在“窝里乱”阶段，并不引起美国政府和社会的注意。到20世纪80年代初，出现了帮派在街头枪杀无辜者的案子，美国的媒介开始关注，唐人街被想象成是由执枪的帮派控制的地方。后来一位美国的女游客在唐人街被强奸并被杀害，这才引起了美国社会和官方的广泛关注，（Chin，1996：9–14）唐人街被想象成不可入之地。“浙江村”也是在治安最糟糕的时候，才引起城市社会的最普遍的关注，它是以“可怕”的面目进入市民和政府的认识中的，人们因此认为只能铲除之而后安。但是，如果我们的城市管理系统能够更为开放，及早地和社区形成沟通，那么种种令人不安的后果，其实是早就可以预料并且防范的，我们也将能更全面客观地看待社区的生活，提出合乎实际的办法。

商量，今后他们是不是可以组织一些公安人员到北京协助办案。温州公安局同意后，从乐清和永嘉两地抽调了两名公安人员赴京。

尽管“浙江村”的治安状况对温州本地社会也有一定的影响，但它毕竟远远超出了温州地方政府的行政边界。温州派出两名干警，并负责他们的工资，已经算是破格行为，温州不再配备其他人员和条件。对丰台来讲，这批人虽然是需要的，但也不在政府的管辖责任之内。丰台公安局对联防队组表示热烈欢迎，并给他们配发了警服（但衣服上标志的是“联防”二字），但也不能提供其他条件。联防队用的电棍等设备都要从丰台区公安局买。

联防队当时有十几个人，除了正、副队长是正式的干警之外，其余的全是从“浙江村”内招募的年轻人。平常的开支从“浙江村”各户上凑，一次要得很高。这激起了“浙江村人”的不满意，有人甚至说：“联防队是变相的帮派，他来收钱比他们（指帮派）还大胆！”

成立没多长时间，联防队和当地派出所又发生了摩擦。派出所认为这联防队不是“正牌”机构，不能参与重大案件的办理，更不能独立办案。而联防队则认为，我又没拿你们本地公安局一分钱，温州人的事情你们根本就不懂，这里的事情你们充什么牛。招募过来的联防队员本来都是些村里爱打闹之人，对“当了联防队员还要受派出所的气”多少怀恨在心。

1993 年 12 月的一个下午，联防队在马村抓了一户赌博的，参赌的三个是温州人，一个是北京房东。房东赶紧给派出所里的熟人打电话。这边刚刚没收了赌具，把人带到门口，派出所的两个人就来了。联防队说：“我们正要把人给你们送过去呢。”派出所的却说：“把他们都放了，这里没你们的事。”而且上前要夺联防队手上的赌具。几个联防队的气不打一处来，上去擒住两个派出所的，拉到联防队的队部——在海慧寺租的一间房子里，开始殴打，往他们身上浇冷水。“今天不出这口气是不肯罢休了！”派出所所长闻讯赶来，竟无法制止。联防队长说：“我没办法，我只能负责你的安全。我现在也管不了他们。”殴打维持了大约两个小时才罢休。

派出所火速向上级汇报。派出所干警表示，如果处理不妥，立即罢工。此事惊动了北京市政府和国家公安部，联防队立即宣告解散，参与打人的几个队员被捕并被判刑，队长侥幸经天津逃出北京，最后对他们如何处理不详。

丰台当地的一个公安人员和我说：“这样的事（指组建联防队）我们是再也不干了！你来北京，就得服我的管。”在此之后，再也没有哪个政府部门敢提“两地协调共管”。

1994年以后，刘世明和当地派出所等机构的关系大大密切起来。当时的派出所已经显示出一定的社区意识，经常召集“浙江村”内的一些头面人物开会，了解情况，商量有关事宜。刘世明是重点联系人。1994年10月，他给派出所出了一个点子，大红门派出所捉拿犯罪分子归案后，及时在人流量大的几个市场和大院门口张贴关于处理结果的通告。这个点子立刻被派出所采纳。这么做一方面是要提高公安机构的威严，另一方面，刘世明出这个点子也是基于他对派出所苦衷的理解。“浙江村”内犯罪者抓进去又被放出来，群众意见极大，往往把此事归咎于派出所，而据说真正有问题的环节是在其他部门。派出所抓了人之后把通告一贴，就说明自己已经尽到了职责，剩下的事不在其管辖范围之内。可见刘世明和派出所的交流也不完全是表面上的。到过年和中秋节，刘世明会给值班的干警送去成箱的香烟和水果，表示“慰问”。

可惜的是，刘世明和派出所这种关系，到1995年大清理的时候被彻底打断了。

第八章　1995：波折和回潮

建立爱心小组

1994年年底到1995年年初，“浙江村”出现了过去从未有过的新鲜事：

在京温服装批发中心经营的部分温州摊主自己购置涂料、刷子，利用闭市时间把市场内被破坏的墙面和厕所粉刷一新。

他们自己组织清扫从海慧寺通往市场的小路。这里是广大工商户的必经要道，但是垃圾堆积如山，灰尘飞扬。前后搞了好几次。平常西装笔挺的老板们干起这个活儿来却也十分投入。堵塞的下水道一时不能疏通，一位摊主竟跳到臭不可闻而且污水近腰的水沟里，用手掏下面的脏东西！

在每天上午的进货高潮期间，自觉到市场门口维护秩序。

自筹资金500余元，购置保温桶、提水桶、茶具等物品，向经营者、顾客免费供应开水。并专门雇一名看护人员看管（怕有人万一搞破坏，投毒等等）。

在市场内发出1000份倡议，提出经营者自我教育、自我管理、不抽烟、礼貌待客等十条建议。并鼓励设置“爱心摊位”，对现役军人、在校学生、残疾人、老人实行优惠价（按进价加管理费等基本成本）。

经常到工商所的办公室和管理人员讨论市场的管理问题，工商户有什么意见……

“浙江村”出现了社区内第一个正式组织：北京市京温服装批发中心爱心小组。我所说的“正式”，是指它和帮派等相对而言，指它有一定手续，合乎基本的法律程序。但就性质来讲，它是彻底的民间机构，或者说是“非政府组织”。

这个爱心小组，让我扮演了在“浙江村”调查中的第三个角色：社会工作者，或者说“准社会工作者”。一个人类学调查者搞这一套是不是合适，是有争议的。但我在这里只想强调：我承担起这个角色，并非我的设计，更非我的一厢情愿，我只是顺应社区内一部分人的要求去做这样的工作。与其说我在主动地干扰他们，实在不如说我被更深地卷入他们的生活中去。

1994 年 12 月 21 日下午，我在学校突然接到“浙江村”里万佳友的电话，说要找我。

万佳友和同来的瞿想奇走进宿舍，脱下鞋盘腿坐到我对面的床上，却开门见山地说起了“爱心社”：“好几次在电视上看到你们北大的‘爱心社’，我们也想搞个‘爱心社’！”

我当时颇感突兀。北大的爱心社是一个学生社团，是由当时的一批学生有感于社会上的冷漠现象，为了“呼唤爱心”而成立的组织。这个组织所提出的口号和所做的一些事，不仅得到了社会的反响，而且政府部门，特别是中央宣传部也表示赞同，于是一度成了当时新闻宣传报道的热点。但这显然是一个青年学生味儿很浓的组织，跟他们哪里挨得上边呢?

万佳友继续阐述：

这“浙江村”怎么个乱法，你可能比我更清楚。现在做了好事的不敢说话，干坏事、抽鸦片的倒拍着胸脯：“我是抽鸦片的！”有时候想想，真不是人待的地方。哪里还有什么善心?

全是恶心、恨心！

现在京温里也是够乱的。敲竹杠的、打架吵架的，有时一天好几起。前几天就有几个浙江人到二楼的一个摊上要3万块钱。一楼1332号摊位的摊主，还是个后生呢，那天被打得鼻青脸肿，在流眼泪。受不了，几天后只能把摊儿转租给别人。你说，老这样乱，谁还会到你这里买衣服？我们待在里面也不安心。

现在那边几个批发市场都起来了。竞争很激烈。我们也想通过这样的爱心活动，把市场的环境搞得好一点，提高知名度。整个市场红不起来，我们赚什么钱呢？在家里也是一样，修桥补路是我们常干的事，而像划龙船、正月十五扎灯，捐出个一二百也是没说的。

我：那你们具体想怎么个搞法？

两人却陷入了茫然："我们也不知道该怎么搞。就看能不能当作你们北大'爱心社'的一个分社。我们必须要依靠北大，我们自己去搞就要出洋相了。"

我立刻就此事与"北大爱心社"进行了联系。在一个碰巧的场合我又把此事向学校的主管领导做了汇报。实在难得，也算身居"体制内"的北大，对此事立刻有了超乎意料的积极反应。

12月27日，我同北大"爱心社"的几个同学一起前往"浙江村"，和万、瞿及京温中心工商所、乐清市驻京联络处的有关领导进行了接触，得到明确的赞同意见。28日上午，再与几位领导商谈爱心小组的归属问题。我们形成了明确的意见：一是爱心小组属民间自发组织；二是挂靠于京温服装批发中心工商所，由工商所对其工作开展"指导"。同时，为了把爱心小组和工商所的关系进一步明确，我又提议小组聘请工商所的书记为小组的名誉组长，得到了万佳友等人的一致赞同。大家都很明白，越是民间，越要挂靠。

28日下午，市场爱心小组在工商所书记办公室召开第一次社员大会。我还颇有些担心地问：“生意那么忙，大家能不能来？”

瞿想奇一昂头：“没问题，一说做好事，大家都愿意来！损失点钱不算什么。”

果然，2点刚过，8个人陆续到齐。在时间观念上倒真无一点“农民习气”。

一落座，大家先是聊天，讨论的是市场内工商管理的一些问题，有褒有贬，反正“市场”是大家的共同话题。这种无议程安排的“漫谈”让人想起农村中的“碰头会”。

我提醒万佳友：“你说个主题，明确一下今天要讲的内容。”

万佳友对大家说：“先不说别的了！大家反正都有做好事的意思，今天来就是把爱心小组搞起来。爱心就是爱自己、爱市场，要发扬正气，把邪气压下去。北大爱心社的知名度是很高的，我们也要提高知名度。服装这个东西是跟全国打交道，北京的‘浙江村’搞好了，对全国都有影响。”

说完了，就看我。

这时有人提议，“让小项说几句！”

面对他们，我真有些紧张。想起自己的经验：既要让他们明白，把话讲到他们心里去，又不要失自己的角色。大概只能如此。

“温州人在北京的形象很不好。‘浙江村’里讲的不是理，而是看谁的拳头硬。这个样子，谁还会跟你谈生意？形象不好，到最后还是要影响到生意。（现在）我们就是要通过自己的努力，至少在一个小范围内树立好的社会风气，使生活安定一些；再就是树立自己的形象。咱们温州人也是挺文明的嘛。

“……今天开会是不是该做三件事：一是统一一下思想，这个看来不成问题；二是确定一个圈子，把组织搭建起来；三是出几个点子，看看下步咱们做些什么。”

我的讲话还起了一点效果。“追求安定”和“改善形象”还是大家的共鸣。

在再次讨论了市场和“浙江村”内如何乱、温州人形象如何差之后，大家想出了两个点子。一个是免费供应开水，因为到市场里来的都是外地老远赶来的批发客，热开水正是他们所需。再一个是发倡议，给军人等四种顾客优惠。“当兵的、学生，没多少钱，我们干吗要赚他们身上的钱呢？而且他们人也不多，影响不了多少。当兵的辛苦，给点优惠也是应该的。”

我在当时的工作笔记中写道：

> 过去温州人身处异地，环境的猛然转变，新环境下社会控制和长远规划的缺失，使人们仿佛驶进了波涛汹涌又不见航标的海面，而在原社区形成的传统道德意识，只能如单薄的小木舟，分崩离析，化为木屑。所谓社会转型期间，容易出现道德“失范”，也是这个道理。现在温州人看到了航标，也驶进了平静的港湾，眼明则心亮，也就需要一种有序的生活。爱心成了他们新的追求。
>
> 要让温州人在这里认识到集体利益和个人利益是一致的，能自觉地为集体着想（尽管最后还有利于促进个人利益），这在过去也不可能。温州人现在所以愿意这么做，除了直接的利益考虑外，也是在追求一种“归属感”。人总是有自己的一个位置。当人发现自己什么群体都不属于时，他就成了所谓“边缘人”或称“边际人”，十分痛苦。人们在传统社区中积极地修桥补路、捐建庙宇，其前提是：我是这个地方的人，是这一大群人里的一分子；潜意识中的目的是：我要通过公共事业，与这个地方更紧密地联在一起，在这群人中得到更高的认同。有形

京温市场爱心小组负责人在给小组成员登记造册

依托（指京温市场）的生成和政府思路的变化，使“浙江村人”重新有了“归属感”！

但我这里还是没有充分注意到“我们”的形成是要面对着一个“你们”的。

“搭架子”和合同策略

爱心小组的几个发起人自然地转换为主要负责人。万佳友是爱心小组的第一发起人。瞿想奇是复员军人，讲话很有感召力，强调“斗争”，爱心小组的成员主要都是由他招募起来的。林学勤是个典型的“浙江村人”，讲实惠，但林很有点子，“优惠四种人”的主意就是他提出来的。在后来的一系列活动中，万佳友一直享有较高的权威。我原先认为这只是因为他是从发起人自然转化过来的，后来另一个小组成员补充了我的看法：“万佳友在‘浙江村’知名度高，里里外外的朋友亲眷也多，……他和工商所的关系也很好。上次京温还没盖好的时候缺钱，听说他一个人就借给了工商所20万。有什么事情他去和工商所说，工商所总得给他个面子。别人没有这样的关系。”

在京温爱心小组成立的同时，应万佳友的要求，也应北大爱心社同学们的热情，我张罗着组织了“北京大学‘浙江村’社会工作小组”。由北大社会学系、政治学和行政管理系、法律系等系所的学生组成，一共5人，每两周去“浙江村”一次。计划要做的工作是为万佳友他们服务，比如形成书面的材料，以及帮助他们规划工作等。

1995年3月4日上午，算是我们的“浙江村”社工小组第一次进“村”，我们一到市场工商所，就被告知最近“出了件事”。

原来，春节过后，市场里的一些通道、镜面（摊位的外侧被装修成镜面，以供顾客试装）被出租为经营场地。镜面上挂起衣服，通道上也堆起货物。其中一部分是工商户私下所为，也有一部分是工商所出租。这使得通道明显拥挤，影响了摊位靠里侧的大部分工商户的生意，大家心里很不平衡。

2月中下旬，有十来名工商户自发联合到丰台区工商局反映情况。爱心小组副组长、人称“瞿大炮”的瞿想奇向来敢说敢做，便随同而去。也许是瞿大炮和“爱心小组”的“可见度”太高，此事在后来就成了“爱心小组向局里反映情况”。局里意思虽然明确，不要随意出租市场内的空余地带，但问题本身没有解决多少。瞿这一去却直接得罪了两方：工商所的领导当然极为不悦，这一来他就有两重失职：一是擅自出租经营场地；二是不能控制、管理好个体户。“有事可以慢慢说嘛，这样跑到上级去告状，搞得所里很被动，我们觉得不合适。”（所领导对我说的话）此外又得罪了原来受益的那一部分个体户。林学勤出租镜面一年能得4万元，突然不让租了，跑到工商所问为什么，所长答复说：“这是爱心小组的意见。”林学勤心想自己还是爱心小组的副组长，不禁大为恼火，跑到一楼大厅里就大骂，所指当然就是老瞿了。老瞿和刚成立的爱心小组都陷入了僵局。

瞿和林的矛盾，在我们到来之前已经得到化解，功劳归于万佳友。林学勤才一骂，万就出来劝阻：“都是一个社里负责的，搞成这样，这不是叫人看笑话吗！”林学勤见到我时，还是怒气未平：“爱心爱心，也得爱自己吧！一年4万多，能赚为什么不赚?！”嘴上是这么说，但他对爱心小组的工作仍是热情如初，跑上跑下，张罗着开会。

我询问社员对那场风波的看法。王进龙拉着我的手认真地说：“任何个人都不应该代表整个爱心小组去说话。如果需要，必须经过正社长同意。当然最好是能征求大家的意见——问题是意见很难统一。”

“那如果在社里有个常委会，事情由那么八九个人共同商定，不是更好吗？”

王进龙点头，“可以试试吧”。

我提议的“常委会”也不完全是一厢情愿。那时候虽然还远没有形成“核心系”的概念，但我已经形成了印象，总要有几个人经常在一起碰头、“嘀咕”，才能办得起事，更广泛的关系才能长久维持。同时我当时也模模糊糊意识到，爱心小组的组成不完全和“浙江村”的结构样式相同。到 1995 年 3 月，爱心小组成员已发展到 32 名，基本是由老瞿通过个人关系招募起来的。这 32 个人之间没什么正式联系，甚至万佳友和林学勤还不认识其中的大部分人。但我在和他们一起开会的时候，他们的参与热情远远超出了我的想象。京温市场的建立，确实让他们有了新的自我意识。也正是这个原因，我觉得适当扩大领导层和决策层，而不完全靠个别组织者和“下面”人的关系，是必要的，也是可行的。

万佳友和老瞿对此起初不感兴趣，但后来还是接受了组建常委会的建议，接受并不是因为信服我们的理论，而是有这场风波摆在眼前。

万佳友们和我们心中的“组织”观念是不一样的。万佳友还是想着大家“自然”地凑在一起，有事一起干，分层、结构、有效运行这些概念是没有的。他不热衷于组建常委、建立有效的组织系统，并不是他觉得一人可以独担责任，而是感觉不好意思让别人共同赴难；并不是他有个人强权倾向，而恰恰是对自己的权威信心不足。他老笑着问我：“你说选别人当什么常委，这又不是人大、政协，别人会不会笑我们？还有，怎么选呢？选谁？”最后，他居然想出这么一个确定“常委会”人员的办法，凡是第一次（指去年年底）来开会的人，都算是常委。他把“常委会”理解成为“有什么事我先找他们商量，找他们说。”

这算是“搭架子”。

上面所说的这场风波，也让大部分组员形成了另一个共同疑问：爱心小组不要搞成“告状”的组织。一个组员对我说：“我们爱心小组还是小孩，刚生下来，还不会走路呢，你怎么能去摸老虎屁股？”这是大部分组员当时的心态。

3月4日下午2时，在工商所简陋的食堂里召开了爱心小组新一次社员会议。以爱心小组和社工小组联合的名义，我们邀请了工商所的有关领导。会议由老瞿主持，会前我提醒老瞿设定明确的议程，抓住几个议题。从前次开会的经验我意识到，提醒他们注意、熟悉一些仪式化的程序也十分必要。

可能因为我们算是客人吧，先讲了两句。接着是工商所的领导讲话。两位同志对爱心小组的成立给予了高度评价，表示支持。但又强调了一点：“爱心小组就是以做好事、献爱心、为顾客服务为主，不要参与行政管理。”

这时我听到底下有人用温州话议论：“就是，现在是不能跟工商斗的。”这也是上午几个负责人商定的原则。

不管怎么说，领导的讲话还是给大家极大的鼓励。接下来便是老瞿代表爱心小组宣布常委会的名单，共7人。但老瞿没怎么说明常委会的职责和功能，也没有按我们的建议，将社员分成若干小组，由各常委分片联系。

最后一项议程在会前已经有议论。工商所准备在京温市场里配备空调，但资金还缺口16万。所里领导与万佳友商量，能不能从经营户那里先借一些？万佳友认为毫无问题。果然，万在会上才一提这事，王进龙就慷慨陈词：“当然要借！所里的困难大家明白，空调是大家的事。我至少出5000元。”李康根（也是市场里的一个大户）

接着说："空调不装，市场环境不搞好，谁也发不了财，我借 10 000 元。""好"，万佳友一扬手，"我们 7 个常委，每人至少 5000 元或 10 000 元，其他人也越多越好。"

我注意到，面对个体户的热情，工商所领导也颇为动容。我们终于在硬件设施的建设这类最简单的管理事务中，看到了政府和经营户的"合作"。

最后，会上又讨论了爱心小组下一步要开展的工作：粉刷厕所、清扫马路、设立宣传栏……大家纷纷解囊，筹集这些活动的经费。短短几分钟，老瞿手里已堆起了两千多元人民币。

借用社会工作界的术语，这次会议体现的是典型的"合同"的策略，即社会和政府双方，先抛开潜在的冲突不谈，而是努力建立互相认同、合作的关系。和组织内部的"搭架子"一起，这合同策略的实施是爱心小组要生存和发展的前提。万佳友对这个道理的理解一点不比我们差。市场出了什么事，工商所的领导有了什么难处，他总是能敏感地觉察到领导的想法，主动地去积极协助。他个人和领导个人之间的"合同"，有时候甚至可以说比组织间的合同更为重要。

合同策略还包括以下几点内容：

"自律"。我们共同商定了京温爱心小组的基本宗旨，总结为"四爱"：爱己、爱人、爱市场、爱国家。每次谈话里，我们都强调"爱己"：看到自己的价值，自己是有水平有档次的，也应是有所为而有所不为的。瞿想奇说："凭我们和工商的关系，在市场里搞几个摊外摊、一年多赚它几万不成问题。但我们不搞，现在我老婆对我都有意见。有了利益得让三分，出了事情要出来打头阵。'浙江村'本来就是靠歪门邪道解决问题，你要搞正规的，那自己肯定吃亏。但我心甘，这样踏实、舒服！"长期生活在形式主义风气甚浓的社会中的人，往往对万佳友们搞的这类事表示怀疑乃至嗤之以鼻，但我还是要强调，我所看到的他们的热情和真诚是超出了我的想象的。

“感召”。爱心小组每月出资300多元免费供应开水，1995年6月又把旧式茶桶换成大矿泉壶，结果二、三、四楼层的个体户纷纷效仿，自发设立爱心供水站。爱心小组几次清扫市场前的一条小路，不少路过的不在爱心小组的个体户也拿起扫帚铁锹一起干得热火朝天。几个北京居民更是感慨：“这条路至少十年没人打扫了，倒是你们先干了起来！”高庄80多岁的侯老太太居然也颤巍巍拿着小扫帚跟在他们身后。果园村村长还专门派了一辆拖斗车帮着运垃圾，并叫了三个保安来维持路上秩序。爱心小组对温州个体户的感召增强了内在的凝聚力，也提高了自己在当地的知名度。

“学说话”。我们觉得光是埋头做事还不够，应该让有关的部门知道爱心小组这回事。我们印了爱心小组的集体名片，陪着万佳友等人到南苑乡和附近的几个村的村委会“拜访”，说明自己的宗旨，请对方今后“多多指导”。在打扫街道的同时，又上书南苑乡政府，表示愿意为创造环境优美、秩序良好的大红门地区而献力。谈话都无实际内容，意在打出“品牌”，这也是锻炼“社区领袖”的一个办法。万佳友戏称为“学说话”。

“宣传”。在社会工作小组的协调下，《光明日报》《北京晚报》《中国青年报》、中国国际广播电台先后报道了京温中心的爱心小组并给予好评。特别是1995年4月《光明日报》上的一篇报道被当天的中央人民广播电台的《全国新闻联播》节目转播，引起了较大反响。由于我国的媒介一直被视为政府喉舌，“上大报”无疑有利于稳固组织的地位，利于他们的下一步工作。

但在这个问题上，万佳友他们和我们的社会工作小组的看法不同。我们认为自己的主要工作是帮助他们组建组织，在活动中帮助解决技术性问题，以及提供各种信息，而帮助他们去争取外部资源，包括新闻界和社会的关注，并不是首要的工作。一切都以提高他们自身的工作意识和能力为主。但万佳友们则一再视我们为“靠山”，认为新闻上的宣传还要大大加强，反复要求我们找些“名人”给他们当顾问、题词，或者哪怕过来“看看”也好。万佳友总认为我还是不够理解他们的处境：“但是你干得再好，上面说要把你撤了就把你撤了，你说话的地方都没有！没有靠山怎么行？最好是能从哪里找个名人……”后来爱心小组的命运，说明了万佳友的合理预见。不过他要找“靠山”，倒也不是要“投靠”这靠山那边去，而是将之作为一个手段，“立足经营户本身”，在这点上我们还是一致的。

对弈策略的挫折

“对弈”相对于“合同”而言，指社会方不以与行政管理者达成“一致”为首要目标，而要达成“制衡”。（莫泰基，1995；李艳红，1995）在万佳友最早要搞爱心小组的时候，除了他当时和我说的那些理由，其实也已潜伏了要“对弈”的意愿。万佳友等人对当时的工商所所长很是不满。据说所长把多余的摊位按内部价批给经营户金某某，金某某再拿到村里的“二级市场”上倒手，一个摊位至少就能赚6万。爱心小组成立之后，老瞿发了点有关所长的评论，居然被人拉到市场的阳台上威胁，而且所长团结了几个经营户表示反对爱心小组，所幸书记和所长之间的不合使得爱心小组能维持下来。1995年初，原所长就被调离。万佳友认为是件大好事，并且认为爱心小组在“搬动”所长时也起了一定作用，因为他们曾把经营户所掌握的有关事情告诉上级。

然而，当真正地采取对弈策略时，却遭受了挫折。

1995年4月18日，我们得知京温市场内的个体户卢建东被治安人员打得一塌糊涂。卢的摊位在二楼，原先靠路边，客流量很大，可后来旁边又莫名其妙长出一个摊位，抢了路口。邻摊显然有些背景，卢建东虽然没什么办法，但总是看着不顺眼。4月11日上午，双方因模特儿是不是放错了地方而发生争执。邻摊跑到4楼向市场治安小组（隶属当地派出所）告状，憎爱分明的治安人员下得楼来，拉上卢建东就往楼上拽。从三楼拐口处开始殴打，据称到了4楼治安办公室，居然就关起门来、打开录音机作掩护来打！中午卢弟卢华东来询问情况，亦遭殴打。当晚，两兄弟就被送到派出所拘留一夜。

从二卢的叙述及病历证明看，当时打得相当严重，如电棍击身、用脚踢头部、拳头击胸等，致使身上大面积淤血与红肿。

13日，治安小组关闭了卢的摊位。卢的父亲前去要求恢复经营，治安小组说：“今后邻摊只要出什么事，全由你负责，这个保证书如果能写，就给你开摊。”卢父不从。最后拖到29号，卢家不得已，托熟人送了1000块钱，才使摊位重开。

这前前后后卢家损失据说至少在1.5万元以上。事后卢父向有关单位作了口头“申冤”，但始终没个“说法”。

同在二楼经营的王友生极为愤愤不平：“哪里就是这一件事哟！4月12号二楼的吴康根在平台上吸烟，治安员抓住了就掐喉咙，拉进办公室打了10分钟，最后罚了500块钱！昨天在一楼，也不知为啥，两个保安就追着一个温州人猛打。治安人员这个态度，我们接受不了。”

“社工小组”决定帮助爱心小组解决此事。我们先是动员爱心小组成员认识到此事的重要性和可行性，万佳友也觉得“该干”。5月3日，我们去市场取证，向卢建东摊位附近的4名摊主详细询问了事件经过，并得到了他们愿意作为目击者在“事实陈述”中鉴字的承诺。5月4日，我们重新了解当事人的基本想法和要求。5月5日，到卢家详细核实事情经过，澄清一切细节。回校后，由法律学系的同学主笔，为当事人拟写了“事实陈述”和“抗辩理由”，并为爱心小组写了“关于在京温服装市场内共建爱心活动并敦请市场治安小组改善作风的建议”（附件 6），希望爱心小组代表和当事人能一同去上级部门就此事进行“对话”。

5 月 12 日下午，我们冒着大雨兴冲冲来到“浙江村”，希望最后促成爱心小组出面解决矛盾。不料，到这时几个成员都推托起来，说自己“不会说话”或干脆说“不敢去”。一位 4 月 18 日也曾义愤填膺、慷慨激昂的摊主，一听说想请他去公安局，顿时摇头摆手：“我一辈子也不去这些地方！现在的世道就是这样啦，有气说说行，还真能怎么样？又不关我的事。”

“谁都不去，难道就认了这些打骂了？”

“可不就是这样！你去跟公安局能说什么？”

“如果就这样，哪一天也许就会要到你头上来呢！”

“那——再说。反正我不去。没用。”

我们最后找到了万佳友，一起讨论到晚上 10 点多。万佳友翻来覆去看我们写的建议书，最后表了态：“我本来也想去争取一下解决这件事情，但想来想去还是不好。你跟公安‘斗’，怎么‘斗’得过？你们说‘对话’，我们是怕越对话公安越反感，到最后账还不是全算到我们头上！谁去就是谁倒楣。这里的人都只保自己头上干净，没人跟你一起担责任的。”

我们的努力到此结束，因为我们必须尊重工作对象的价值观和选择。这让我重新思考他们的“我们感”。按道理，“对弈”策略要比“合同”策略更能激发人们的内部团结，而京温爱心小组的情况则相反。“合同”时，大家热情不低，而当要对话时，却形不成力量。这件事和 1994 年的罢市的不同在于，1994 年的罢市直接关系到每个人的利益，而且是一个突然的“事件”，大家可以一哄而起。而现在是要用一个组织的名义，和管理者进行理性协商，目的是要带来日后长期互动格局的变化。在后来的一个非正式场合，一直接管理“浙江村”有关事务的干部说：“搞什么爱心小组！这些人都是去公安局挂号。他们居然还要参与管理，想干什么？”万佳友的担心和他的看法是一致的。

1995年7月1日，根据国家工商局的要求，京温市场在名义上与丰台区工商局脱钩，归属“市场服务中心”管理。我在当时的笔记里写道：

> 这是一个方向。市场将不再是一个行政机构，而要变为经营实体，工商干部不再是公务员而要变为经营者，他们的行为重点将由“管好个体户”转向“与个体户协调好，共同追求更高效益”，“权力、指令、上下级”这些旧概念要转变为“合作、利润”这些新概念。这应该意味着行政部门直接控制的领域的进一步缩小，也应该意味着爱心小组的运作将有更广阔的空间。

然而我很快发现，“此言差矣”。“中心”的新任领导虽然已经不算公务员，但官气比工商所的领导更浓，而且几乎视爱心小组为胡闹。形式上的脱钩尚未带来实质上的变化。看来光靠政府的“自我改造”，很多问题仍然是得不到解决的。后来再加上其他的一些事情，爱心小组的工作转入“低潮”。在政府和非政府之间，只靠“合同”而无“对弈”是不能达成真正的整合的。

刘家大院

在帮助京温爱心小组工作的同时，我也想能不能把社会工作扩展到“浙江村”的居住区。在居住区，虽然不存在“对弈”、对话的问题，但在帮助他们自我组织、改善社区的生活质量方面，也能做些事情。我们的试验点准备选在刘世明新建的大院：JO大院。

这是“浙江村”曾经出现过的规模最大，也是档次最高的大院，占地60亩，建房1000多间，可容纳3000余人，实际投资800万元左右，对外宣称是1000万元。

这么大一项工程，却完全是“边看边干”干起来的。刘世明说：

我一直想：什么时候能从马村那片搬出来，让自己一帮人过得像样一点。去年（1993年）7月，管方名，我的表弟，从兰州来。他这个人很能钻，不知道怎么就认识了汪饶风。汪饶风是久敬庄[①]三小队的人吧。他们文件上不这么叫，叫大红门农工商联合总公司第三分公司。

汪饶风前年（1992年）从分公司手里包下这片地，一年上交18万，还要包村里35个人的工资。先是挖塘养鱼，赔得一塌糊涂，又把鱼塘填平养兔，也没赚多少。看到“浙江村”这么多人这么多大院，打起我们的主意。管方名这么一说，他报到大队（“总公司”），大队同意开发。他们那意思，浙江人富了时村，现在也该让久敬庄富起来！

开始我们也没想搞这么大，到了签合同的时候才定下来搞60亩。搞大点也好，势力大些。开始只是5个人在商量，资金不够了，就去发展新股东。需要多少，发展多少。拉的股东都是平常关系好的亲眷。我们开始5个人里面有亲眷有朋友，但后来来的差不多都是亲眷。[②]也会有股东自己找来。这样当然要欢迎，但就看给他多少股合适。

我们一边干一边看，投资、规划，都是一步步来的。这和大气候有关系。在“浙江村”搞这么个招眼的大院，不但我的

---

① 南苑乡的另一个行政村，在行政级别上和“时村”并行。

② 刘世明认为，以他的情况，朋友之间搞“平起平坐”的合作比较容易，如果合作中有个大小、高低之分的，最好找亲戚。

心里没底，汪饶风和他们大队也没底，摸不准上面会怎么想。我们要看别人脸色，看有什么动向。开始我们定下来60亩的时候，也没打算一下子盖完，后来一看那么多温州人要租这里的房子，才一口气都盖了。我跟你说老实话，我们这个院手续并不全。但也没办法，真按正规的走，这院子百分之百盖不起来。

以刘世明为中心，招募了25个股东，以“TPY服装总公司”的名义和汪饶风签协议（附件7），并以此名义经营。筹资、建造、管理均由温州人负责，水电等要和北京方直接打交道的由汪饶风包。第一年大院交给第三分公司地皮费30万，第二年35万，以后一年40万。这是“死钱”，同时还有“活”的，每年要在地皮费之余，另交当年大院经营利润的30%。

对外是“边干边看”，对内刘世明反复强调“要搞好，不是一般的好”：

现在我们要花全力把院子搞好。在我这里消灭治安混乱。谁要在我的院子里被偷被劫走一万的，我们院里赔他一万！要做到晚上睡觉不关门。卫生也要彻底改变。上个月我们才出钱买了一车药水，每家都发，灭苍蝇，要搞成无蝇大院。像公用的和私人的厕所、机井、垃圾场、排污道，都是我一定要加，才加上去。光加几个公共厕所，就要多投20多万。但这个值。越这样搞，来住的人多，你的大院也才能保得住（这个“保”是针对政府说的）。

刘世明的工程规划意识非常之强。他曾经和我多次说过，如果他能把马村中间的那条小路买下来或者租下来，搞成“步行商业一条街”该有多好多好。JO 大院分 6 个区，哪个区以皮夹克的加工户为主，哪个区以时装的加工者为主，分得清清楚楚。冲门的正路规划为“商业街”，邮电所、住户开的粮店、小卖部、美容美发店，一家挨一家。在大院的正中，是大院管委会的办公室和会议室。大院的大股东，全部集中到大院最南侧的一排房。我戏称为“高干区”。

我们社工小组参与了三方面的内部管理工作。这些事项都是他们自己提出来，最后也由他们自己落实，我们只不过加入他们的讨论，在他们起草的文件上做文字上的改动。

第一项是自我管理体系的建设。25 个股东组成大院管理委员会，管委会分 7 个小组：收费财务组、调解治安组、维修组、电工组、卫生组、计生管理组、防火组。其中 17 人为常务管理人员，每月付工资 1500 元，每夜轮流值班，负责院内安全。另雇有 17 名保安和清洁工，维护治安和卫生。

但人们还是习惯于“个人权威”，而非“部门权威”，刘世明家天天人满为患。1995 年我在他家里过中秋节，就见他处理了两起事端。一是院内一家老板和雇工发生纠纷，居然一起跑到刘家，雇工在门口大呼大叫，老板在屋里咬牙切齿，请大院董事长明断。两边做工作，最后两边异口同声：“你老板这么说，我还有什么可讲的？”此事本来已让专人代表管委会去调解，可是两边根本不听，还是要到刘世明家讨“说法”。

另一件事更离谱，一个后生听说某人在他女朋友面前说自己的坏话，来此告状，让刘世明正告对方“莫张狂”。

劳资纠纷、父子分家、夫妻打架等等，只要与“人”相关的事，都要到刘世明处解决。刘世明对此既觉得得意又感到疲劳。我向他提议，有没有可能在院内的 6 个区中，每区选出负责人，分片负责，和各“组”相对应，也搞出“条块交叉”。刘世明觉得是个好主意。同时据大院管委会初步统计，院内有十多个党员，其中一名正是当

建设中的 JO 大院

年五股东之一，刘世明还想让他组织一个党支部。我不知道他是真觉得这两招可行，还是觉得这样能使院子“显得正规”。但是不管怎么样，他是尝到了“把人组织起来”的甜头，很有这番积极性。

第二项管理工作是提供公共服务。

刘世明说：“‘浙江村’里最让人牵挂的，除了赚钱，就是孩子的上学问题。我今年3月就跟附近的小学联系，总算给了120个名额。”1995年7月份，我们帮着刘世明的爱人给前来为孩子上学报名的家长作登记。9月，刘的爱人亲自带着孩子、家长到学校报名。中秋节的前一天，我在刘世明家还碰上了该校校长，谈笑风生，大有大院—小学结成“友好单位”的势头。

大院自办的幼儿园也在1995年9月开学，有70多个孩子。6个阿姨和全套教材都是从丰台区少年宫和北京其他幼儿园“挖”来的，丰台区少年宫主任当园长。我10月份去的时候，孩子正在幼儿园里积极排练团体操，准备参加下一年的宋庆龄基金会的庆典活动。

出人意料的是大院还开了一条“公共专线”，租了4辆小巴，从大院到木樨园再走环线回院。早晨6点至晚上7点，每15分钟一班。大院居民可以买月票，也可以临时买散票。

8月，东高地邮电所主动来此要求开展业务，JO大院邮电所正式开办，从此结束了“浙江村”内无邮点的历史。

JO大院第三个引人注目的地方是它的“宣传栏”。宣传栏除了宣传有关的国家政策之外，更重要的功能是将管委会的决定公之于众，在加强交流中加强管理。

这里我列举几份有代表意义的告示。

3月29日：紧急通知：所有在院内居住者马上去派出所登暂住证；

4月3日：每家在院内栽树，“家长要教育小孩爱护树木，共同绿化大院”；

4月27日：注意卫生，“这么大的院子需要人人注意，一起动手”，并公布负责卫生工作的管理人员姓名；

5月4日：JO大院住房守则，共10条；

6月1日：“严厉处罚、狠狠打击”在院内无理取闹者。所谓“无理取闹”，即小青年借酒撒疯、在院内滋事；

7月15日：入幼儿园和小学的具体手续；

8月2日：JO大院计划生育实施细则（附件8）。

“浙江村人”对这些文字告示颇感新奇。他们往往很注意告示的内容，不少人还到办公室里询问或讨论。

最为典型的是6月份一张题为“事实就是事实”的告示。“班车”开通后，有住户来管委会反映票价太高（2元一张），可其实每月院里还要给这4辆车贴1万元以上。于是张榜征询讨论：“班车到底开还是不开、怎么开，希望广大住户提出建议，到办公室共商方案。”最后商量结果是车由各司机承包，院里代办月票手续。

在大院建立之后，刘世明和政府交往的愿望明显加强。他和我说了好几次：

“不靠政府，要搞正规很难。我心里也不安……我喜欢派出所给我压力！比方说，派出所就把话说出去：抓住吸鸦片的罚一万，那我就有话说了。比方说罚你8000元，面子再大一点，罚5000元，你也会吸取教训。现在不是，抓住没抓住，一样。你派出所都这样的态度，我对老乡怎么能太狠呢？”

JO大院还就禁毒问题发了专门的“通告”，挨户送到每一家。（附件10）

这个时候，刘世明和帮派的关系也发生了变化。他先是极力地退出和帮派有染的事务，把“调解组”的工作完全交给许龙水负责。所谓“调解组”，其实就是对付院外的黑道上的人。由于刘世明不参与管这摊事，许龙水在院里的“实权”不小。他在院里搞了个台球室，成为院里纠纷最多的地方。万佳友也住在JO，让他别再搞了。许龙水说："这个不搞了，我那帮人就养不住，谁还把你这调解组放在眼里！"他所说的帮人，指的便是帮派，或者至少有帮派性质的年轻人。台球室的事也引起刘世明的注意，但他就提醒许龙水管好，对背后的帮派问题则未置一词。

一个深夜，我睡在刘世明家，他从外面回来的时候我还在看书。他突然看着我说："我觉得再和那帮人搞下去不会有前途……"我觉得我是理解了他那双疑惑的眼睛所要问的话：那么，我的事业和权力的保障又在哪里呢？

风波乍起

刘世明正为自己所规划的蓝图所陶醉的时候，却来了著名的大清理。

大清理并不是从天而降，它经历了几个阶段。

1994 年底，久敬庄 38 个村民联合上告，说某大院侵占粮田。先告到区政府，没有回音，后又告到区人大。人大责成规划局来看，发现该大院及紧邻的 JW 大院都是压了"红线"的。

JW 大院的周庆朝赶紧叫分公司（生产队）的人去活动，总算没什么大损失，被推平了 14 亩，剩下的每平方米罚 60 元，一共罚了 3.9 万。在规划局的《违法建设行政处罚决定书》中，该工程被称为是"厂房"，指明：（一）违法建设可暂时保留使用；（二）国家建设需要时无条件自行拆除；（三）使用安全问题由该单位自行负责。这里所说的"单位"，指的是大红门第一生产队。处罚决定书的抬头写的也是生产队。前前后后，全以生产队的名义出面斡旋。3.9 万买一张正式的罚款意见书，周庆朝很满意。我一去他就让我看那罚款意见单，兴冲冲地说："他罚了么这事就算完了么！"

这算第一起风波。

1995年4月，据说当时的北京市常务副市长，在去南苑机场的路上看见了大红门铁路桥下面的两个院子，觉得奇怪，要求调查。丰台区政府于4月1日贴出《关于拆除大红门地区违章建筑的通告》。4月10日和20日拆除两个院子。两个大院的主要老板的个人损失达五六十万。

被拆的两个大院的院主扬言要上街游行。这个说法一传开，担心的不是当地政府，而是其他的大院院主。因为这两个院主的最大不满不是被拆了房子，而是要质问：为什么偏偏拆我们的不拆别人的？——要拆全拆！温州人把这一做法称为“顶”，直接威胁其他大院的生存。刘世明做了两项工作。一是让汪饶风的分公司赶快写信给区和乡里，主动“认错”，要求保护（参见附件11）；二是让和“上头”颇有关系的付天郎写信给某中央首长，说JO大院是付天郎的市场的“生产基地”，基本手续是合法的，其他的将尽快补齐。刘世明和付天郎的关系平常很一般，我不知道在这件事上是怎么叫付天郎帮的忙，只是有一次我听付天郎提起，说，“能帮就帮，说不定哪天又用到他呢”。这也是大人物之间交往的一个典型方式：考虑到“说不定哪天又用到他”而互相卖个面子。同时，乐清驻丰台联络处也向丰台区有关部门呈报了报告，呼吁“暂时保留”剩下的几个大院。

这是第二个回合。

到了5月，这事好像过去了，大院继续建设。1995年5月，乐清市委主要领导来京，和老板们座谈，所谈的是要“抓好内部管理”。到1995年6月，JO大院基本住满。

就在同一时期，流动人口问题再次引起国务院主要领导的重视。据说当时的国务院领导表示过“北京的流动人口问题要抓紧抓好”。北京市于1995年4月份以朝阳区辛庄村为试点，把流动人口的管理工作提上日程。工作有两个重点。一是清理“三无人员”。三无者，无必要证件、无正当职业、无固定住所者也。二是清理“五占房屋”。五占是指占过道、占绿地、占开发用地等。清理房屋的目的是清理人。具体工作方式是：由当地街道和乡政府为主，公安、工商等部门联合执法，下到村里，挨家检查。该办证的办证，该罚款补办的罚款补办，该清退的责成房东监督外来人口限期离开。拆除房屋遵照“治理院外、规范院内”的方针。如果接纳外来人口的违章建筑建在院外，则需清理，以亮出道路为准；但如果搭建在院内，则以规范屋内的租住人员为主，这样来避免和本地房东的过多矛盾。试点中一共拆了万把间房子，并没有引起不良后果。在这个基础上基本形成了北京市后来清理“浙江村”的初步思路。

1995 年 6 月 19 号，北京市政府召开市流动人口管理工作会议，市委市政府主要领导都到会参加。颁布了 11 个有关法规，决心把北京市流动人口控制在 300 万之内。这个会在全国流动人口管理工作会议（7 月份在厦门召开）之前召开，表示北京的工作要走在全国的前列。政府内部形成了一个说法，“北京的重点在丰台，丰台的重点在大红门”。“浙江村”成为重中之重。

1995 年 6 月，我和北京市公安局的几个领导系统地讨论了“浙江村”的问题。我提出要根据“浙江村”在经济上的运作方式，和它自己的社会格局加强管理。比方把加工区继续往南引，用规范的住宅区代替大院等。他们认为这是“概念多，底数少”。他们认为关键是“数”：大红门应该容纳多少人合适？应该把哪些人清理走？留下来什么样的人？清理的时候怎么清理比较好，清理完之后，留下的怎么管理比较好？分类、打击、清理是三个主题词。看来，当时就已经确定了“清理”的思路。

7 月 1 日，丰台区组织公安、工商、劳动等 8 个部门共 500 余人进驻时村，进行为时一周的调查，提交了关于“浙江村”的报告。报告的基调是否定的。为什么基层政府一边和“浙江村”存在事实上的合作，一边又要在报告上否定它呢？原因在于：（一）他们是各职能部门（即所谓“条块管理”中的“条”），特别是公安口（如综合治理办公室）的干部，和“块”上的基层政府或者基层管理机构（如村）不一样，他们得到的利益比“块”上的少得多。“浙江村”给当地老百姓带来的效益，“块”上的政府是看在眼里的，但“条”则不管。相反，该地的治安混乱、卫生条件差等等主要要由“条”来承担责任。地方基层管理机构（行政村或者“分公司”一类）和浙江人的合作，也使职能部门的很多管理职能无法落实。（二）就所得的利益而言，地方基层管理组织的利益往往是以介于非法和合法之间的手段得到的，比如出租地皮盖大院。但是“条”上的单位所得的利益具有更大的合法性。当时工商口也认为“浙江村”要严厉整顿，他们认为由大红门街道办事处所办的早市不接受工商的管理，“严重扰乱市场秩序”。但再赶“浙江村”，也不可能把京温中心给端掉。所以“条”上的单位否定“浙江村”，并不直接危及它的利益。（三）“条”上的个别人得了好处，他们更不会公开提出要保护“浙江村”。他们主要从集中的几个人身上受惠，不会把这少数几个人和整个“浙江村”等同。而且为显示清白，越是这样的人，越要在这个时候高喊清理。最后，任何受命起草报告的政府单位，首先就要揣摩上级的基本意图。那个时候北京市委和市政府处于相对特殊的状态，“整治”的思路占上风。可以说，在还没有进行调查的时候就可以确定，这份报告不可能是正面肯定的。

北京市的有关部门将此报告由浙江驻北京办事处转至浙江省。浙江省的主要领导批示认为，“浙江村”事关全体浙江人在全国的形象问题，要引起重视，未对报告的内容做任何评论。省政府将此件转给温州市委，再经温州市委、市政府批示，转到乐清。温州市委主要领导特意就此事找乐清市委主要领导谈了两次。从公文旅行的路线来看，浙江对此事是相当重视的。但是北京的文件并没有提出具体措施，也没有向浙江提出建议。浙江和温州方面也没有做明确反馈。

同时，浙江省委、省政府要求浙江驻北京办事处也提交一个对应的报告。该报告强调了“浙江村”在经济方面的贡献，提出要打击犯罪，同时用鼓励自我管理等办法治理“浙江村”。浙江省对浙江的报告批示认为“是实事求是的”，“办法是可行的”。在我的印象中，浙江方面并没有将此报告递交北京方。究竟是这样做不合乎行政惯例，还是出于别的原因，不详。

1995年8月，北京市公安局外来人口管理处正式挂牌成立。这个管理处，同时也是北京市外来人口管理工作领导小组的办公室所在地，它协调市政府下面和外来人口管理有关的几个委、局的工作。这意味着北京市政府要全面落实对外来人口的管理。

随着全国和北京市对流动人口管理工作的抓紧，政府对“浙江村”的行动也在酝酿之中。但村里几乎没有人知道这番事情。

突然的变化

1995年9月底，事情突然起了变化。中央某大报记者写了一份有关“浙江村”的内参，称“浙江村”的治安情况“骇人听闻”，属于“失控”状态。可能由于当时流动人口的管理问题是一个“热点”，此件被呈送给了国务院主要领导人。领导向北京市做了明确批示：失控状态不能任其发展。于是，对“浙江村”的清理就由北京市政府的一项日常管理工作，升格为“根据党中央、国务院的指示”（这是后来新闻报道中所用的词句）而进行的重大任务，一时间成了北京市工作的重点，“大清理”获得了最高程度的合法性。

清理分为三个阶段。第一个阶段，宣传动员，调查摸底；第二阶段，“动员自拆”；第三阶段，“强行拆除，全面结束”。清理工作的基调定为：以国务院领导同志的批示为指导，以 1995 年 7 月份的两办（中共中央办公厅、国务院办公厅）的文件精神为基准。行动将涉及 16 个政府部门，目标是把“浙江村”的外来人口和本地人口降到 1 比 1 的比例。按此目标，至少有 70% 左右的人将被清理出北京。

1995 年 10 月 25 日，大红门派出所的警察开始在马村、海慧寺一带口头通知各大院，他们的违章建筑将被拆除，让及早准备。我 10 月 27 日碰见 JW 大院的周庆朝的时候，他到了神色恍惚的地步。“我问派出所的朋友了，问了两个，都说上面是真的想动了……这两天反正天天和他们碰面，都在问，急死了。”

一系列迹象也让人紧张起来：本来每月下旬“浙江村”内温州人的三轮车要交管理费，这次把管理费送过去都不收；凡未办暂住证的，不再办理；劳动局刚刚办了五六天的务工证（根据上面所说的 11 个法规中的有关劳务管理的法规，外来人口需要务工证），就不再办理；除了在京温市场内经营的摊主，其余的工商局一律不换营业执照。大量警察出现在“浙江村”内，随时检查各类证件。一时人心惶惶。“浙江村”内“有需求就有供给”的规律依然发挥作用，马上出现了一批专门替办各类证件的掮客，办一个证要 80 到 200 元的“手续费”（他们一般是通过关系到附近的区县办理）。但又发现其中有假证件，警察在验证的时候当场撕毁，又闹得托人办证的和给别人办证的之间一场纠纷。最后派出所等部门宣布，“浙江村”里的只能在丰台区办证，任何其他地区的都不予承认，那帮掮客这才销声匿迹。

10 月 26—28 日，海慧寺、东罗园有人开始搬迁，而各院老板则众口一词，坚决地说：“绝对不可能拆。”

胡林山（也是一大院院主）劝自己的房客不要轻举妄动：“他

（政府）赶有什么用呢？人从这个院子里搬出来，也要到那个大院里去。就算都拆了，人还是在你丰台。这里你做衣服、送衣服，随要随送，随送随到。真要搬到大兴去，有什么用？……乐清在北京的流动资金有20亿左右，流到全国的应该有50个亿，他能说赶就赶我们走？这次清理，我去区里问了，主要是针对马村的。”

27日下午，七八个大院的老板聚在JO大院，讨论当前形势。这可能是有了清理的风声之后的第一次会议。

会上先做一般性的分析。老板们纷纷发言：“你们（指北京方）不允许我来我不会来，既然已经让我们来了，就应该一分为二。”

“我们是改革开放才到这里来的，如果你不分好坏都赶，那就说明你这里的改革开放是失败的，没按邓小平的路线走。”

接着分析当前形势。“反正赶是赶不走的。这么多人都是借高利贷出来的，回去怎么办？”

“听说某某某（指当时的北京市长）说了，北京人要保护北京人，说我们把他们搞得太惨了。”

“那就看某某和某某某了（指两位浙江籍中央领导），他们这点老乡观念总还是有的。”

“这两天我天天买报纸看，过去的旧报纸能找到的我也翻出来看。我看某某某（北京市市长）说这里要成为城南一景，某某某（常务副市长）又说，不要围死。做事情不可能做得那么绝吧。”

最后提出三点对策。一是继续观察；二是积极找记者、律师（找了来干什么没形成意见，反正先找）；三是时刻要让浙江方面的政府机构了解事态进展。

10月27日晚，汪饶风过来说市里开过会了，准备要拆一部分、留一部分，是不是真有这个会谁也不知道，但也算个不小的安慰。

10月29日，《北京晚报》报载海淀区东风乡清理流动人口有成果。一个老板拿着报纸找我，问这里能不能看出什么苗头。

10月31日，由温州市驻京办事处牵头，“浙江村”的院主进行了第一次正式的碰头会。大家先说昨天的电视节目。中央电视台二台播了一则新闻，天津市有关部门对和平区的一家投资1个多亿的商场罚款50万。两个副区长都讲了话，说要管好市场的秩序，里头还提到了外来人口的问题，“看来这是天津向北京吹风”。

召集人先向大家介绍了丰台报给市里的报告，说明“这一点我们要看得很清楚。现在对‘浙江村’是否定的”。

他强调，现在各大院首先要积极配合北京市的综合治理，最少在态度上要这样，大家出去不要乱说。“这北京的事情，我们不能跟它硬着来。”

周庆朝等人提出凑钱打官司的主意：“每个大院都出它个2万，花上个100来万去打官司。打赢打不赢再说，先把这钱花出去。”这个方案马上被召集人否定：“有钱能使鬼推磨这话可不对了。现在这是大规模的事情，国务院下了令，市政府动手，你要和谁打官司？”

碰头会上集中商量了这么几点：

一、尽快搞清楚北京市的清理方案。无非是三种可能：一是全拆，二是全不拆，三是拆一部分、留一部分。大家一致猜测；全不拆不可能，但北京市不可能一刀切。现在就是要看他究竟是要拆哪部分，留哪部分。能不能留得多一点，拆得少一点。大家一致认为这些天要尤其抓好各院的内部管理，千万不要出现重大案件，不能失火，大院内部出现的纠纷，一定要在内部解决。

二、看有没有可能向外疏散。有人提出丰台附近的几个区对温州人是欢迎的。比如房山区、西客站、通县等地，地理位置也不错。“不行的话咱们也混到北京人中间去。”主动转移和疏散策略应该说不失为上策，但只引起很少一部分人的兴趣。会后还有人对我抱怨提建议的人：“眼前急死的事情他不说，老讲没用的事情。”显然，有了这大院，和以往的逃跑策略就有所不同了。

三、自己动手，改被动受击为主动出击。这个提议是王运利先提出来的："我们自己先检查自己的院子，自己先动手拆。我的院子占了便道和厕所，我就先把这多出来的一块拆掉。我们大家都这样。然后我们自己起来写报告，提出哪些今年就应该拆，哪些两年以后拆，哪些五年以后再说。"

周庆朝对此还有些不放心："你动一动，别人（指房客）更要搬了。"王运利急了："现在都什么形势了！你不退，他肯定要来杀！最好马村那几个盖了四五年、钱早就赚回来的大院马上自己拆掉。——你看，他们几个今天来开会都没来！他们一点不着急。"

别人也纷纷表示赞同，"现在不是你顶着他们就会松的时候"。于是，碰头会上确定下来，主动向市政府提方案，提出拆一批，缓一批，保一批。

四、怎么在拆和留之间协调呢？拆谁留谁？这成了全会讨论最热闹的话题。陈存圣提出一个办法："47 个大院联合起来，大家都拿出钱，也别打官司，比方说放到（温州驻京）办事处或者放到银行里。谁先拆了，大家就用这个钱补助他。……不管怎么说，丰台来拆的那些人和我们温州人多少有点感情，我看他们拆个三四个也就差不多了。"

有人质疑："这东西不好办。你现在说得好，没拆的补给拆的。等拆了之后，那没拆的会给吗？他说拆不拆和他没关系。这样的事谁不只管自己的头光生……"

陈存圣继续论证他的思想："这就是说为什么我们温州人老吃自己不团结的亏！现在都到这个时候了还要只顾自己的脑袋，肯定都是死。谁要不愿意交也行，拆了谁也不管。这个事就要办事处出面，等于要搞个'会'的样子。"

于是又有人提出，院子大小、投资多少不一样，是不是交的钱、赔的钱也应该不一样。刘世明说话："那就跟保险公司一样，你自己看，你投得多，到时候拿得也多。按比例来。”

最后决定，过两天就凑。

碰头会形成八点意见。由召集人最后总结：

一、抓好大院内部管理，包括自己动手拆掉最碍眼的那部分。“北京人那么兴师动众地来，没一点成效他们是不肯，我们就认个输，自己动手，对他们也是个安慰。”

二、组织几个人搞个调查，究竟有几个大院，住在大院里的一共有多少人，投资了多少钱等等，作为向北京市有关部门报告的基本材料。

三、成立由各大院联合组成的“风险互助基金”，但行政机构（办事处和联络处）不参与此事的管理，由各院院主成立联合管理委员会。

四、发动新闻媒介的力量，动员温州籍的在京记者出面帮忙。

五、联合各市场老板。因为市场也是临建，也有危险。

六、办事处和联络处再与丰台的有关部门加强联系，了解北京方的动态。

七、做好各种思想准备，互相加强联系，有信息尽快通报，避免措手不及。

八、八仙过海，各显神通，大家都找自己的渠道，向上面“叫”。

但很快，第五点被证明行不通。虽然市场场主们也一直提心吊胆，但他们一开始就不愿意和大院联合。原因有二。其一是有“单位”给他们撑腰。尽管市场的手续也没几个是完备的，但它是和有关单位签订的，清理整顿小组可以断然否认外来人口和村里签的合同，要干涉和国家及北京市的有关部委局所的协议则是有困难。其二，也是由于和城市里单位的关系，市场的场主们避免和大院缠在一起。市场的这一态度，也是合作单位的意思。我也曾受某个大院非正式的委托去探问几个市场的态度，其他几个市场都含含糊糊，有一个老板则明确和我说："前两天我去某某局了，他们让我们别动。别动是最好的，让他们（指北京的合作方）去跑。……他们让我现在千万别加入'浙江村'的什么活动里去。"当几个大院老板得知这一反映，他们倒很平静，看来他们也很接受市场老板的这一态度，并不觉得他们做人不地道。

陈提出的"赔偿基金"也很难实行。当第一个大院被拆之后，怎么决定赔偿额呢？谁也没法预测一共有多少个院子会被拆掉。如果给得比较少，而且拆的也就是几个院子，基金的额度上没有问题，但被拆的人仍然很可能心里不平衡。如果被拆的较多，基金不够用，那问题就更大：越是后来被拆的越没人管它——不可能让已经被拆了院子的院主再拿钱去安慰后拆者。后来，这一办法果然未能被实行。

自拆阶段

11月初。北京市清理整顿工作领导小组成立，调集清理工作队。乐清联络处再次召集各院院主开会，强调内部安定和互相团结的重要，切不可互相拆台。同时向丰台区政府和公安部门提出：（一）分期分批拆；（二）希望在清理过程中有温州方面的参与。并给当地政府算经济账和"稳定账"，强调"浙江村"的经济贡献和拆除可能引起的负面效应。

11月3日。警察要求大红门路侧的服装摊摊主撤离，开始拆除摊铺。这些摊棚由大红门街道办事处搭建，以卖袜子、内衣内裤等为主，既针对社区内成员的生活需要，也有一定的批发量。摊主是山东和安徽人，大概有一半的摊位是从浙江人手里转过来的，一年租金低则1万多，高则近3万（高低不是按位置不同而不同，越早转租的越便宜。）摊主们是不指望退回租金了。“浙江人说自己都要赔死了，哪来的钱给我们！”清理中，一部分安徽和山东的客商转入了京温市场和新开的天海市场中去。到11月6日，大红门路上的临时摊棚计200余间，基本被拆除。

11月4日。风声一天紧似一天，各大院间的小型碰头会也多起来，互相沟通、互相打气。陈胜江在一次和几个老板碰头的时候讲的话颇有代表性：“如果说是国家要用地，把它拆了，我没话说，但那也要有个时间。盖楼搞工程总是有个时间的。但你拆了要没用，就把地放在那里，我就跟你拼！你拆了我还要盖！”周庆朝手下管理院内事务的是原来某村的党支部书记，老人家说话间竟潸然泪下：“真要把我们这样好好的大院无缘无故拆了，那真要拼倒几个，不出人命是不行的。……我现在就等着买农药、买炸弹，死也要做北京鬼。”

他们质问这清理的合法性的主要问题是：“拆了到底有什么用？”这务实的逻辑让他们尤感北京的行动匪夷所思。

于是又给丰台算账，看“浙江村”到底给丰台创造了多少利润。在一次大约有10个老板参加的小会上，大家统计出了下面这张清单：

1万多个摊位，税收加工商费一年有5000万；

房租，最早的时候才15块钱一间一个月，现在涨到500，一年的房租收入应该也有5000万左右；

卫生费，一年500万—600万；

暂住费，一年4000万—5000万；

又不知是从哪里获得的数据：1991、1992年丰台区上交的利税是2个亿，其中的1个亿就是“浙江村”提供的。

还有两块“隐形收入”。一是对当地发展的全面带动。一个老板讲，“不说别的，我们来的时候，整个‘浙江村’没有一间小卖店。现在马村十来米就有一个，东西比城里贵好多。……长途汽车站就不用说了，我们一走，长途汽车要减掉80%还不止！”另一块则是消费在当地的“关系费用”。“我们赚10块钱，自己能留下来2块钱就差不多了。剩下的起码有一小半是给这些北京的‘糖儿头’[①]给贪去了。我们碰见什么事情就要花钱。不管大事小事，一花就要几万。”

但是几乎所有的会议都没有形成行动上的方案。

11月5日左右。加工户普遍停止进皮。

11月6日。政府整顿的各项工作准备就绪，2000多名工作队成员组织完毕。6—7日进行分组培训、宣传，落实联络网，区财政拨出数百万资金作为整顿经费。据称，这只是整顿经费的小部分。

11月8日。“浙江村”清理整顿工作组进村。包括武警在内，从各局、各级政府调集的工作人员，共2000人左右，分成工作队，每支工作队有一二十人，配有公安、工商、劳动、街道办、区、乡、村干部，开始挨家挨户进行宣传，并有宣传队在街头巷口用喇叭反复广播，动员外来人员另找住处，强调一户北京人只能搭配住一户外地人。群众不时围住工作队人员询问各种不解的问题：“你们要查我们证件，那为什么又不给我们续办暂住证和办理就业证？”“现在正是生产季度，为什么非在这个时间叫我们离开？”“清走的只是老实人，那些犯罪作案分子能清走吗？”工作队员们把这里不同的反映记录下来，未做争辩。

根据工作队员的总结，当时“浙江村人”出现五种反映。一是无所谓，随大流。让干就干，不让干就走。二是认为应该清除不务正业的人，不应该好坏不分全赶走。三是觉得拆除会造成损失巨

---

① 对他人的蔑称。“浙江村人”经常用这个词指称北京人。

大，抵触较大。四是不理解，觉得不应该拆。五是不相信整治会成功。同时也有私下商议、串联的。工作队同时指出“群众欢迎治理整顿”。“群众”指本地居民，和“外来人口”的概念相对。

11月11日。政府召开清理工作誓师动员大会。2000名工作组成员、600多名公安武警参加大会。主会场设在光彩体育馆，同时设了6个分会场。

11月12日晚上6点。工作队通过保安公司命令马村里的6个大院的保安撤离，各大院老板直叫“没救”。一则这预示了政府拆除大院的决心，二则老板们怕保安撤走会出事。刘世明听说了这个消息，一下子就坐到了椅子上，跟我说：“现在社会正是最乱的时候。保安一撤，打劫的、敲诈的那帮人马上就来，出了事责任又全是我们的！”

11月12日。三轮车管理处发出通告，到20日，所有三轮车禁止通行。工作队开始到各院了解情况，宣传，明确要求在11月底之前拆除。

11月13日。在“浙江村”内广泛张贴北京市人民政府的《通告》。（参见附件12）

11月13日。开始强行拆除马村的菜市场。陈存圣连忙把原来的“存圣大院”的招牌用刀子刮掉。他还半开玩笑地和我说：“过去这两个字是驱邪的，现在再挂着要把鬼招来了。”

一些老板又找北京的村干部，给压力：“真要就这么拆了你们也不会好受。”

11月14日。我与北京市公安局一位干部谈话，他向我充分强调了清理的“光荣性”，同时指出：“根据我们了解，现在‘浙江村’里还没有什么动作。现在他们都在看，瞄着几个大的。按他们的话说，叫北看LQ，南看JO。”

这是我第一次听说“北看LQ，南看JO”的说法。在11月10

日到15日，工作队报告“浙江村”内没有自拆的迹象，人员搬动得也不积极，甚至反而不如在10月份刚下通知的时候。决策层决定，要“加大力度”。

11月15日傍晚。陈胜江被拘留。

11月15日晚上开始。久敬庄的路上设警察检查来往车辆。

11月16日。刘世明对我着急地说：“你听见没有，外面都说什么北看LQ，南看JO。我的压力太大了。”

11月17日开始，各院的墙上刷写“拆”字。工作组进各院要求各院院主在违章建筑拆除通知上签字。

11月17日下午。浙江省驻北京办事处与北京市有关领导协商。当时北京方面表示原则同意浙江省的几点意见，要求于11月20日递交一个书面报告。

和“浙江村”有关的外围人员被暗示或要求不要再去“浙江村”。

17日晚。我和刘世明说话，忽见受雇于大院的北京电工（北京人）神神秘秘地把刘世明招出去，说派出所所长被“抓走”（后被证实是被调离），让刘世明小心。

17日晚。小范围院主再次开小会。梅安光提出，“要给大队里一些压力。今天我给市里检察院的一个朋友打电话问了，他说打官司是没戏了。现在看来就要把大队拉进来。我们自己分成几组，轮番到市里反映，让他们知道，这样会出人命！”

这是最后一次小会，刘世明婉转地请大家不要再来。“我今天上午就接到派出所的电话，问我昨天晚上讲什么了。……工作队里也有人和我说，现在公安都说我在村里叫：要是我的院子被拆了，我就要怎么样怎么样。我什么时候说这样的话！这两天……”

刘世明的合作伙伴姚信安大骂：“别再跟他们商量了，商量有个屁用！两次开会，都说是我们组织的，压力全给我们。”

各院院主之间建立同盟的可能性彻底丧失。

当夜稍晚，JO 大院内部开会，商量下个月的房租要不要收，如果被拆，房客当初交的押金退不退回。刘世明几乎是毫不犹豫地对收房租的人说：“如果拆，我们账里还有多少钱，这些钱都拿出来当押金退给他们。押金一退，名气搞出来，今后做别的生意就好做了。房租……”他扭头问我：“你看是收还是不收呢？——最重要的是想办法把这批人稳住……还是收！跟他们说，房子拆不掉的。”

11 月 18 日上午。浙江省驻北京办事处来 JO 等大院，表示：办事处会尽力争取，但是各大院一定要加强自我管理。

11 月 18 日。海慧寺一带的温州住户，写信致北京市政府信访办，强调海慧寺一带是“没问题的”，和“浙江村”不是一个概念，不应该拆。

11 月 19 日。乐清市驻北京市联络处分别给省、市的有关部门提交报告，表示将在 20 日与北京方做最后的协调，如果还是无效，则希望省、市能明确地表示，温州方不再参与此事，一切责任由北京方面承担。

11 月 20 日。浙江方面提交报告，提出“三阶段论”，建议分三批拆除大院。第一批：元旦前，拆除脏、乱、差等社会问题较突出和严重影响交通的马村、邓村、时村、东罗园及海慧寺的违章建筑共 33 个大院，占总违章建筑的 68.7%。第二批：春节前，清理高庄、果园及四环以内的 10 个大院，占总违章建筑的 20.8%。第三批：春节后，最后拆除 JO、JW、AG、JX、JH 五座大院，占总违章建筑的 10.5%。但此方案未被采纳。

强行拆除

11 月 21 日。进入“强行拆除”阶段。从马村开始，工作队每天到未拆的大院里问情况。敦促未搬走房客必须尽快搬走。形势到了最严峻的时候。

11 月 21 日。由温州某集团公司出面，与刘世明开始正式商讨“第二条路”。由集团和刘世明另找地方开发，首选地点是河北与北京接壤的燕郊镇，但刘世明迟疑。集团公司认为应由少数几个人投资、牵头，参与的人不能太多，刘世明则认为不应该限股。“光宣传没有用的，别人不听你的。你只要让 20 个大户入了股，宣传也不用做，人自然会来。他们说的是公司制，我要搞就搞股份制。”刘世明所理解的公司制，是指有明确等级、权力集中的经济组织，他所说的股份制则强调“大家一起做”。这个差别典型反映了“浙江村”的特点。

11 月 22—25 日。我本人接受有关部门的调查，和“浙江村”的联系暂时中断。

11 月 24 日。大面积拆除大院。

工作队到 JO 大院要求签字同意拆除。这是最后一个未签字的大院。刘世明拉出汪饶风招架，表示困难极大，但表示在 11 月 30 日之前一定会有动作。

万佳友拿自己的录像机拍摄大院，说要留给自己的儿孙看：“看看在他们祖上的手里也起过这样的房子！”工作队的上前就要抢夺，险些厮打起来，被派出所的副所长劝开。

由于搬迁人员太多，“浙江村”往南去的道路堵塞。

个别驻村工作队员甚至警察浑水摸鱼，拿衣服，乱罚款等，但没有形成冲突。

11 月 26 日。北京市政府的通告发散到大兴等地。各地警察通知房东，浙江的外来人口一概不得接收。陈存圣和大兴的某食品厂前一两天已联系好，要从自己的大院里转去一部分房客，因此被迫取消计划。

有几户搬到朝阳区某乡，本已取得了该乡党委书记的同意。但刚一搬来，当地派出所发现上报，查是浙江人，即令搬走。

北京某单位通过人找刘世明，说该单位某处还有 20 多间的空房。刘世明让老婆去看，一再叮嘱要确保秘密：“（政府）要知道我们还有退路，就逼得更紧了。”

刘世明的思想出现转变。看到“顶”不住的可能，开始考虑去河北开发。

陈存圣和王运利开始在自己的院里贴出告示，动员房客搬走。院主们本来寄希望于院主和房客结成联盟。“只要人不搬走，他推土机就上不去。如果再拉几个老太太、老头坐在院门口哭，他也没办法！”这也是院主们当时一再对房客宣布“本院不可能被拆”的动机之一。现在房客不愿意搬，老板反而着急：“你们不搬，就是我们对抗政府。”

“浙江村”可以说已经乱作一团，但令人奇怪的是，京温中心内虽然客流量明显比平时少，但还在正常经营。

11 月 27 日上午。工作队又来到 JO 大院，要走税务票和大院的账目。12 点将刘世明召至设在“浙江村”内的“清理总指挥部”。2 点开始谈税务问题，指出大院“偷税漏税”。一直到 6 点。

刘世明决定放弃大院。贴出通告：“请各户配合政府清理整顿，尽快落实新住地。”

据工作队的总结，至此，“浙江村”内 909 间违章房屋被拆除，部分人员仍持观望态度。大红门地区已基本结束自行拆除阶段，进入强制拆除阶段。已拆除房屋达应该拆除总数的 89%。

11 月 28 日。北京新闻单位宣布了对大红门地区的整顿成果。新闻称：“根据党中央、国务院的指示，北京市、丰台区对大红门地区进行清理整顿”，到当天为止，已有 22 个大院被腾空。

北京市一位主要领导视察整治“浙江村”的阶段性成果，表示满意，并提出三点要求：（一）认真贯彻市政府《通告》精神，宣传动员不符合在京居住条件的外地人尽快离京；（二）抓紧大红门北路的建设；（三）抓紧大红门服装城的建设规划。同时要求环卫部门积极清理垃圾，交通部门加开长途。

11月29日。看了新闻，听了北京市领导的讲话，“浙江村人”的信心居然又回来了——“拆也拆掉一部分了，成绩有了，可能就不拆了。”

北京市上报“初战告捷”的报告。国务院主要领导批示：“说明北京的党和政府各级组织是有战斗力的。”北京市主要领导批示指出，国务院领导的批示是：对我们北京市的最大支持、最大爱护，迅速传达到火线全体同志。

北京赵公口长途汽车站开往温州乐清的车辆爆满。北京市有关领导特要求交通部门，“多设点车，搞好服务。”

12月1日。温州方面有关领导来京协调，毫无成果。

12月5日。浙江有关领导再次表示关注，仍无实际效果，被告知应遵照“属地管理”的原则。

12月6日。大红门北路拓宽工程全线铺开，取得阶段性成果。

JO大院股东再次开会，决定转移到河北。

12月7日。与河北燕郊镇签下租用230亩地的合同，算是共同开发，按二八分成。当时已有共300户温州人搬到河北该镇。

温州的集团公司感觉到摸不透“浙江村人”的情况，退出。河北的开发主要由刘世明操作。

12月8日。刘世明给我打电话称，北京市税务局、检察院连续传话，他因为在河北没能联系上。他很想和有关领导谈话，表示一定拆，但希望允许拖延几日，把住户周转开。我将他的意见转达后，反馈是谈话无益。

12月10日前后。北京市有关部门收到马村部分群众致国务院主要领导的信，希望彻底整治非法的外来人口，对政府清理“浙江村”

拍手称快。

12月13日。JO大院大部分人搬出。出现了抢劫。刘世明要求增加每夜巡逻的股东人数（JO大院本来就有制度，每夜由股东轮流值班巡逻）。说：“住户的东西要保护，今后我们还是想和他们在一起的。”

北京市公安局加紧收容工作，防止收破烂的流动人口转到大红门。

12月17日。推土机推掉半个JO大院。

12月18日。JO大院全部推倒。整个“浙江村”的清理整顿真正结束。

但“浙江村”也留下了三处大院：东罗园的三大院、马村东大院、汪饶风家自己的小院子（它和JO是一体的）。这三处均系北京的村委会或所谓“分公司”投资兴建的。

12月21日。马村。人去村空。十多个北京村民在村妇女主任的带领下，清扫被拆后的大院。村民见我便叫道：“你给反映反映啊。要么赶快把这儿划成市区，我们上班去；要么你还得让浙江人住回来。你说这地空着干吗使？我们上哪儿吃饭去啊！政府真要看着我们饿死啊！赶来赶去，折腾什么呀。”我问他们：“浙江人来了治安这么乱，你们不怕吗？”回答：“治安乱你得管啊。送点钱就放出来，能不乱吗？我们总得吃饭呀！”

3个月以后……

大清理中，“浙江村人”的去向基本有三个：一是去其他城市的“浙江村”，二是回家，三是去河北燕郊镇。我和刘世明等人一致觉得燕郊镇的条件非常不错，完全有发展成一个新的生产和批发基地的可能。我想，如果在这里能建成新的“浙江村”，那么对“浙江村人”来讲，不仅有了去处，而且可以借转移之机解决一系列内部社会问题。对北京来讲，也不用再担心这批人回来，给大城市造成人口压力。燕郊对“浙江村”要迁到河北表示热烈欢迎，把它看作振兴地方经济的一个机会。在燕郊入口处的路上，当时贴了不少的“燕郊民警欢迎温州经营户！”“燕郊人民欢迎温州朋友！”等标语。

11月10日，几个老板在王朝饭店开会，准备统一搬到燕郊。11月15日，刘世明第一次赴燕郊。作为应急措施，燕郊提供了两片地给“浙江村人”避难。一片是废弃的酒厂，另一片是小张各庄新盖的住宅楼。酒厂的大部分由一永嘉人包下，再往外转租。住的也以永嘉人为主。刘世明则成为住宅楼租赁中的中间人。他给燕郊方面出主意，定下租金：住宅一套54平方米。第六层一平方米10元钱，每低一层，每平方米租金加3元。一楼每平方米月租金为25元。然后他自己租下了三栋，共付70万元。在转租过程中，他不加一分钱。JO大院的班车也转移到河北继续使用，从燕郊到京温市场一趟一人10元。

到11月底，燕郊已颇有“浙江村”的气氛。在通向酒厂的路口上树起了“新浙江村”的大牌子。酒厂的门口居然形成了小菜市场，河北人卖米、卖菜，温州人卖少量的海鲜和温州特产。在小张各庄住宅楼的边上，开了两家温州小饭馆。

人们在生产上也没受到太大的影响，每日的产值仍然能达到在北京时候的75%到90%。人虽然搬了，关系网络还在。差别只是生活上稍不方便，生产的成本稍高。比方说米价，北京一斤1.85元，在燕郊要2.05元。膨松棉（做冬装所需的一种辅料），在北京是24元一卷，到燕郊是26元一卷。我当时认为市场体系很快就会产生，对此处能成为第二个“浙江村”的预言更有把握了。

谁料1996年的新年刚过，事情却马上发生变化。个别人回北京找老房东租房，住了两天没见任何动静。燕郊立刻就传开：“北京又松了！”大家又分析：“回去肯定不会赶了。赶过了这事情就算完了。”“他们要盖（大红门）服装城，没我们去他们靠什么赚钱？”人们接二连三往回搬。马村、高庄等地的路口出现了一大批房屋出租广告，说某地某单位还有空余房屋多少间，水电全部配齐，欢迎洽谈云云。刘世明倒不像大院被拆的时候那样的生气，只是无奈地摇头：“没办法的。只要能回北京，他们肯定是要回的。本来我想北京再严一阵，我这里把地做热了，大家钱也投进去了，事情可能能起来。怎么会想到北京松得那么快！”

我问他：“能不能再让他们留一段时间再看？否则你的损失太大了！”刘世明苦笑着说：“这哪里能留得住，你留别人你就丢脸了，别人要住到哪里是他们的自由。我的亲眷朋友来问我，是不是应该回去，我都说让他们回去。……钱的损失我也不在乎。”他只留了两个亲友给他做善后工作。

到 1996 年 3 月，离轰轰烈烈的清理不足 4 个月，大红门“浙江村”又一番热闹景象。到 9 月左右，“该回来的人都回来了”。基本恢复了清理前的规模。而且令我十分惊奇的是，办暂住证比以前还要容易，“1 比 1”的硬指标也不再提。

我的预测完全失败，在于两个“估计不到”。一是估计不到投入了巨大财力、人力的政府行为会是这样“一阵风”。尽管万佳友等人早就告诉我：风来得越猛的，退得也越快，没有例外。但我还总觉得他们心存侥幸，对形势估计不足。事实证明，错的是我。二是我多少过高估计了大人物们的力量。大人物的威望主要体现在“影响力”上，人们把大人物的行动当作自己的重要参考；但是，大人物并没有形成对一般人的直接控制。你可以“顺势推进”却很难“逆流而动”。毕竟，大人物的基础是各系之间的重叠，而非一个严密的行政化的等级体系，大人物也把充分尊重各人的自主选择当作自己办事情的前提。

刘世明打燕郊搬回来之后，情绪极其低落。“心里受不了。经济上的损失以后还可能扳回来，威信上是倒透了！别人说要拆你就拆你，说要赶你走你就要走。住你院里的人你一个都不能保护，你自己找个落脚的地方都没有，今后还有谁会跟你！有时候想想，真是要被逼到黑道上去。”所幸的是，他的亲友们还是愿意团结在他周围，并没把他逼到“黑道”上去。

大院卷土重来

刘世明刚回北京，就有人来拉他重新一起盖大院，而且就要在JO的废墟上盖。刘世明没敢。到1996年4月，至少有两帮人马开始跑关系，张罗重建大院。1996年5月，由丰台区南苑乡的鑫福海公司投资的“大红门服装城”举行隆重的奠基仪式，北京市的主要领导也到场祝贺。6、7月间，南顶村出现第一个新大院。

和过去的大院相比，新一轮“大院制”来自温州人和本地村、乡干部更紧密的合作。

第一个办法是，村里盖大院，请温州人帮忙。LY大院坐落在南苑路北头的胡同里。1996年，几个乐清人和一个永嘉人联合向当地某行政村租下地皮，1年租金15万。待几个温州人把房子盖起来以后，村里在后面加盖了几栋简易楼房。1997年8月，不知以何理由，村里给了温州人一定的金钱赔偿，将地连同房屋收归己有。然后，大队将它“承包”给了3个乐清人，他们之间的合作条件不详。这3个乐清人又从自己的亲友圈里拉了1个永嘉人和1个乐清人来管理大院。他们两个人的任务是管理内部的治安和收取房租。永嘉人收永嘉人的，乐清人收乐清人的。我问他们要不要看租房者的证件。“我们又不是当官的，老乡过来，你还要看他什么证件？暂住证他自己办，如果关系比较好的，我们也替他办，不另外收钱。”他们两个人的待遇是：白住一间大房，一个月折合租金 600 块钱；月工资 1500 元。全院一共有 50 多户，房租是一个月 400 元到 700 元，根据房间的大小而定。

和 LY 大院相似的是 DLJ 大院。取这个古怪的名字是因为它和乐清一家著名企业谐音，想借此提高大院在老乡心目中的档次。它的运作方式和 1995 年以前的基本一样，温州人自己租地、自己盖、自己管、自己收钱。但它在名义上算当地村的房产，5 个老板算是大队的“雇工”。这是 1996 年以后处理大院合法性问题的最常见的办法，显然是受了政府只拆温州人盖的院子、不拆北京人的房的启发。

第二个盖院子的办法是和北京人直接合作，组建公司。刘世明从河北回到北京后，当地乡的领导迅速和他搭上了线，并介绍了一位亲戚老郑，和他合作。老郑原来是该乡服装厂的头儿，服装厂在温州人的竞争下停产后，便转向和他们合作开发房地产。他们先后办了两个公司，一个以郑原来的工厂名义注册，另一个是以郑为法人代表的新组建公司。经刘世明的努力，前一个公司召集了 11 个股东，在京温市场的对面盖了一个大院。大院名义上的主管是老郑，但碰见什么难题，总要拉着刘世明去。这个大院还专门辟出一块仓储区，租给别人当仓库，专门为在附近的各大市场中的经营户服务。按第二个公司的名义，刘世明又组织了 7 个人，6 股，新盖了一个布料市场。

刘世明等人又和老郑采取“弹性合作”，兴建了 JN 大院。JN 大院的所在地原来是当地行政村的厂房。1995 年刘世明和村里签合同，一年地皮费 40 万，厂方 50 万的债由刘世明负责。JN 大院成为“浙江村”租金最高的大院，一平方米 70 块钱一个月。刘世明介绍窍门说：“这就靠挑人。1996 年外面做衣服的，大概有 40% 得赔，其余都只顾得上保本，而我们院里的不仅赚钱，而且还赚得比较好看。

大家觉得这里有财运。其实这靠你管，什么样的人你让进来，什么人不要让他进。搞好规划。”老郑在JN大院好像没有股份，但应该有某种利益。

陈清安的大院不叫大院，挂的牌子叫“DB服装公司”，这是大院自我保护的第三个办法。他1990年来北京之前，曾在山西某县做过生意，和那个县的工商局某干部成了“很好的朋友”。他吸取1995年大清理的教训，拿他在山西临时注册的“DB服装公司”和当地行政村签了地皮租赁合同。“我不怕出事。我可以跟你说，这里是一个正规的公司啊，里面住的都是公司的一个个企业，不是大院。”

1996年以后“浙江村”里最引人注目的大院是“HQ皮服城”。这片偌大的场地和楼区原来是北京市HQ橡胶厂的厂房。1995年，该厂由于经营困难而停业整顿。宋德清等人将厂区租下后，将车间分隔成小间出租。院内还建起了自己的酒楼、幼儿园和桑拿浴室。这片厂区一年租金230万，成为原橡胶厂150多名职工下岗后的主要生活来源之一。这个大院的合法性可能是最强的。一则它用的绝大多数是原来的车间，怎么也算不上违章建筑；二则它合作的是“国有企业”，将直接“化解下岗工人问题，有利于社会稳定”（HQ皮服城有关的宣传资料）。这也是它敢于大张旗鼓，在院门口树起大招牌的原因。

盖新大院还有一招是，向紧邻大红门的洋桥街道办事处所辖地区转移。在北京的多年生活使人们也得到了这样的知识：由于行政区界的不同，一街之隔，往往政策就大不一样。在早年的轰赶中，洋桥也多次成为人们的“过渡地带”——从河北或者大兴等地回来的时候，对大红门的情况摸不准，就先住到洋桥观察一阵。由于洋桥的大院房租明显便宜，各方面设施也比较好，1996年以后，不少人，特别是永嘉人，纷纷迁往洋桥。一个才在洋桥

1995 年大清理后，部分从大院里被清理出来的“浙江村人”租用了当地的厂房，把车间改造成住家和作坊

盖了大院的老板跟我说："洋桥还是1993、1994年的'浙江村'呢。"他的意思是，现在那边还在欢迎温州人的到来。他还说："我是1995年下半年就想盖大院了。有人说，赶你走了，你还盖什么大院？偏是赶，我偏要盖。赶走了，人还是要回来的，大院不够，正是机会呢！"

我在写这本书的时候得知，"浙江村"的大院已经过剩，特别是大红门一带的大院价格在持续下调。付天郎几个人则"不信邪"，又在原来JO大院稍往北的地方破土兴建一个新的"浙江村"，占地100多亩，建成后将集居住、娱乐、加工为一体。对于历史会不会重演，付天郎则一点不担心："过去他们是不懂，现在我们都是要办手续的。"我也倾向于相信付天郎们有足够的能力和技巧不会使1995年的历史重演——即使重演了，不也就是一次中断而已吗？

新热点

代理制

我们关于"系"的讨论，是从对"浙江村"内一组最基本的关系：做的（加工户）和卖的（包柜台的）之间的关系开始的，这组关系也在变化。原来，包柜台的在生意圈里占有更大的主动性，做衣服的要求着卖衣服的。到1995年以后，加工户的主动性越来越强，代销的价格在不断提高，经销的比例也越来越大，甚至经销户如果掏不出一定现金给加工户，衣服都拿不走，代销中的拖欠付款比以前少了许多。究其原因，一是城市里的商店和柜台多了，再一个是不少加工户自己在社区内的市场里也有摊位。只要衣服好，不怕卖不出去；而如果没有好货在手里，租了柜台就是看着赔。1995年至1998年，无论是北京市的大型商场还是"浙江村"内的批发市场，经营场所过剩，这对加工户更为有利。

在此趋势下，一些加工大户探索了代理制。

代理制的基本安排是：（一）加工户和销售户之间是经销关系，价格由加工户定，但销售户的意见也有重要作用。加工户的基本原则是：不能让自己的代理商不赚钱。（二）在代理商和非代理商之间，加工户要首先照顾代理商的利益。比如说在销售旺季供不应求的情况下，要先把货给代理商，在价格上也要优惠。（三）代理商应该以销售这一品牌的服装为主，或者专卖一种产品。代理商做得越专，他将在加工户那里得到越大的优惠。这是因为，加工户希望通过这一办法，使自己的产品在该地区打出品牌，占领稳定的市场。四，代理商应该经常向加工户反馈信息。

代理制形成过程和代销制的形成颇有几分相似，也是亲友关系和生意关系交叉的结果。刘泽波现在在全国有近十个代理点，主要分布在华北各省和北京的近郊（他自己也在北京市区的商场包有专柜，郊区的商场远，由于市场情况不易掌握，代理比自营更方便）。我在他们家常常看见一些山西、河北来的亲戚聊天喝酒，仔细一问，原来都是他家的代理商进货来了。刘东告诉我：“这些亲眷原来就给我们做代销，做来做去觉得还不如就给我们一家做，省力又赚钱。”

我问他：“那为什么要变成了经销呢？”

“他们愿意经销！我们的东西好卖。经销进价低，他们赚得多。”

刘东1997年正积极地发展自己的代理商。碰见北京的小谢，小谢的母亲在乡里工作，刘泽波早年曾给她所在的单位做过制服。刘东和小谢也很熟，刘东动员她：“你自己出30万。这30万给我，我给你在大连搞好关系，给你货，我包你半年赚15万！”

我对刘东为什么让小谢给他30万有点不明白。他解释说：“投下去30万，半年赚15万，哪里还有这样的生意！她把30万给我，就什么都不用愁。商场我给她找，第一批货我给她白拉。卖出去了再拉第二批。就算运气不好，没赚到15万，凭我们这关系，她也知道我们不会糟蹋了他的30万。对我来说呢，多一点流动资金，就能多办点事。在大连有了专柜，我的牌子能扩大影响。”

戴明高，53岁，也是刘的远亲加代理商，在大同包柜台。他跟我说：“他们的东西在山西挺吃香，国庆节的时候我在这里要等上两三天才能拿到东西。我们好几个做代理的都在这里等，他做出一批来，给你10件，给他5件，大家再等下一批。这样他能把自己的货散得更开，各地都有。尽量把钱给自己赚。因为大家拿到的就是这些货，不可能再去批给别人。”

“那卖得这么好，会不会出现假货？”

“我们都是亲眷，我们不可能造他的假。别人要造了假，我们就会去骂他。如果有人造假，不但把名声搞坏了，而且把钱赚走了。”

这些采取代理制的加工户一般都是正式注册的公司。1995年以后，一批正规公司的出现也是社区内小小的热点。但是正规化并不意味着它们要脱离现在的网络。相反，它将给现在的经营网络带来合法性，使它有更强的生命力。

早市

从1994年开始，早市成为“浙江村”内一种重要的市场形态。原来只在大红门路两边自发设摊卖货，到1997年，东罗园村的一片空地上形成了集中的早市，一时极其火爆。

东罗园这片地方，最早是虹桥姓张的两连襟跟当地行政村谈下来的，但是面对诸多浙江人的竞争，两连襟自感气短，拉了高建平来入股。高建平一来，倒成了头儿。他们以200万元3年的租金从村里租得，3天以后就以300万元的价格转给了大红门街道办事处。早市里不设固定摊位，一个人一张钢丝行军床，开市时打开，闭市时合拢。一个摊位（即每张床）每月交700—800元的租金，不再交工商费、税收等等。整个早市有1000多个摊位，办事处当然也赚得可以。从办事处租得摊位的人再把摊位转租，还能大大加价。位置好的摊位，一个月要租到3000元到4000元，而且要一次付清半年或者一年的钱。在早市生意最好的时候，这些转租的摊位按天算租金，贵的一天要200元。

夏天天热的时候，早市凌晨4点多开业，9点关市。到冬天，早市在六七点开始，到10点左右结束。

陈强乙1997年来北京，以10 050元的租金租了一个摊位，租期半年。在每天大约4小时的营业时间里，陈一个人卖西装的摊位就能做到将近1万的流水，利润有1400元左右，这就顶了一个月的租金。他的西装从石家庄批过来，每件批发价70元左右，一件赚10元到15元，利润一点不比别的市场低。

眼见早市这么红火，1997年4月，大红门路边上的DH市场把原来固定的柜台拆掉，搞成大厅式的，让大家摆钢丝床，从正规的市场“退化”成早市，结果每天客流量也上万。

早市和“浙江村”内其他市场的顾客对象是一样的，主要都是外地来的批发客商。这里最突出的特点是东西便宜。这里的东西常常是加工户的积压产品，或者是做错了型号，在正式市场里摆不出来的东西。“浙江村”里有了那么多个（至1998年一共有22个）正规的批发市场，出现这么一两个作为正规市场的淘汰产品的补充市场，是不奇怪的。由于摊位租赁是短期的，它能更灵活地根据市场情况调整，成本更低。

1995年以后“浙江村”市场的另一个主要趋向是经营户的来源地的“杂化”，不仅有浙江人，也有江苏、四川、山东等地的客商，不仅卖当地生产的服装，也卖浙江萧山和杭州生产的窗帘布（到1996年，大红门路北段的店铺几乎全部转向窗帘布的生意），以及其他地方生产的各式服装。

羊绒大衣和毛皮长短大衣热

和过去的皮夹克热不一样，这两个新产品的热主要是由大户掀起来的。羊绒大衣在1996到1997年在北京狠狠流行了一阵，毛皮大衣是“浙江村人”的叫法。“毛皮”看似水貂皮，事实上是一种人造毛皮，质量较差，一件大衣的批发价也才200多。但是利润率也高达30%—40%。毛皮大衣主要是做外贸，拿到雅宝路批。在“浙江村”主要是虹桥人做。

这些大户手头的资金至少都在200万到300万以上。他们统一进料，招工人统一剪裁，然后把料子带样板发给加工户。加工一件毛皮和加工一件羊绒大衣，都是20块钱报酬。大户们先是给亲戚朋友做，然后再逐渐分散到其他的经营户。加工户欢迎这种代加工的方式，因为风险很低，投入很少，发挥他们日夜苦干的习惯，所赚也不少。某家只有4台缝纫机的加工户，做了半年的羊绒大衣，就收了14万的加工费。而另一户做毛皮的，也是4台机子，一天就能拿上千。一个工人赶一赶，一天能做10件左右。

但是这种经营方式的组织者要面临巨大的风险。一个虹桥做毛皮大衣的大户，1997年上半年赚了100多万，但是因为料子的价格降得太快（在几个月之内，从29块钱1米降到20块以下），下半年就亏了200来万。

官司热

“打官司”竟也成为“浙江村”里清理复归之后的热点之一。

先是大院老板和村里打官司（参见第六章），又是京温市场里关于合同变革的官司（参见第七章）。1997年11月份，大红门服装城的经营户又和南苑乡政府产生分歧。大红门服装城由南苑乡政府下属的鑫福海公司投资兴建。服装城共有2600多个摊位，是“浙江村”里规模最大的市场。这一工程得到了市政府的肯定。[①]

市场在招租的合同上写明，“地下半层”的营业大厅将高 3 米，有 1.5 米高出地面。结果事实上高出地面不到 1 米，而且设了楼梯（工商户认为应该设缓坡），使上下运货大不方便。工商户认为事实和合同不符，影响生意，应该打官司。一个热衷打官司者告诉我：“市场小了，你让赔他也赔不起，（我们）只能来硬的。他们这是正规的市场，也讲‘知名度’的，打官司他们怕。”在地下营业厅经营的 160 个经营户联合凑钱请记者和律师。请来第一个律师，前前后后花了 5 万多块钱，但是大家觉得不顶用，辞了。叫来第二个律师，提出如果胜诉，将以赔款的 0.2% 作为律师的报酬。结果在开庭之前，鑫福海公司同意接受调解，工商户的摊位加这一段时间的活期利息，一共是 9 万多，全部退回。[②]

这一“官司热”也为外界所察觉。1998 年 3 月 19 日，北京 LH 律师事务所到“浙江村”召开“恳谈会”，请了七八桌人（七八十人）吃饭。“浙江村”里知名度高的人物都请到了。开吃之前，大家都讲几句，全用普通话说。律师事务所表示：“要一如既往地为首都的浙江人和浙江企业保驾护航，提供优质高效的法律服务。”刘泽波

---

① 前面已经提到，“浙江村”大清理刚刚结束，就举行了隆重的大红门服装城的奠基仪式。政府一方面认为经营户太多，要赶走大部分；另一方面又斥巨资投资市场（其市场的模式是完全针对“浙江村”的外来人口设计的）。在同一时期出台如此矛盾的政策，说明不同的政府部门有各自不同而又明确的利益。

② 在这一波折中间及其随后，大红门服装城的摊位在“二级市场”上的价格竟一如股票，忽升忽降。在打官司之前和调解过程中，摊位的价格大跌，没有谁能把摊位转出去。等鑫福海公司突然接受调解的时候，摊位租金马上上蹿。春节过后，新一个经济年度开始，摊位价格又涨到一个新高度，中上等位置的当时卖到 16 万到 18 万，最贵的卖到 30 多万。但等 3 月初正式开业的前后，16 万的又降到 8 万左右。服装城一看形势不好，找到一个在京温中心做羊毛衫、绒衣的，通过他把京温里做羊毛衫的 70 多个经营户全拉过来了（这批人大多是从温州瑞安过来的），“浙江村”里又突然对大红门服装城的摊位看好，一般的摊位重新涨到十三四万，位置较好的则涨到 20 万左右。

普通话、芙蓉话一起用，说："我们做生意的就像一艘船，有律师事务所，我们这船就有了方向，以后我们老老实实、平平安安做生意就行了。"

刘泽波讲的并不完全是套话，他们是希望能有一个平平安安做生意的环境，而且他们确实认为法律是他们最重要的保证之一（另一个保证是"关系"）。我的"浙江村"朋友们都对我无心成为律师而感遗憾。

最后需要说明的是，"浙江村"里"打官司"的意识非常强，但这种意识基本只限于和政府部门的纠纷之中，如果是经营户内部的矛盾，则极少人会想到"打官司"。

第九章　讨论：关系丛

分离和重叠

如果问“浙江村人”这些年来他们的人际关系有什么变化，他们的回答常常令人失望：除了朋友比早年刚来的时候多些，亲戚之间没像过去那么抱团之外，并没什么变化。还是那句话：亲眷最好，朋友很重要，但最后生意靠自己做。那么，何来“浙江村”在总体上这么大的变化呢？原因在于亲友关系和其他社会关系之间的关系发生了变化，特别是亲友圈和生意圈之间分离—重叠的互动过程，可以看成是“浙江村”不断壮大，达成其内聚和开放之统一的基本线索。

我们在这里再集中回顾一下“浙江村”的生活史。

一、很自然，流出地传统的亲友关系是人们关系发展的起点。1986 年以前，不管是在流动还是在经营中，人们主要按亲友圈组织在一起，在亲友圈内生意上各做各的，但经营内容和方式基本一样。在流动中，亲友圈的功能主要在于减低人们的所谓“心理成本”。来到北京，亲友圈才开始发挥它的经济功能，但也只是简单的合作，大家一起进货，或者一起卖。

二、1986 年，“浙江村”通过“包柜台”进入正规市场。人们意识到完全搞自产自销的局限，于是在亲友圈内出现了最早的分工：即包柜台的和加工服装的。包柜台的和做衣服的之间采用代销方式。

人们又通过“带能人”“带自己人”使得亲友圈在范围上扩大。亲友圈这些变化，成为当时“浙江村”人口迅速扩张的原因。

人们通过代销形成了和自己亲友在生意上的明确“合作”（过去属于“帮忙”），也逐渐和亲友圈之外的人形成合作关系，出现了“系”的初级形式。此时亲友圈和生意圈的重合范围比较大。

三、1988 年皮夹克热的兴起和外贸生意的突然来临，使生意上的合作突破了原来的亲友范围，出现单独的“生意圈”，“客户”成为“浙江村”里重要的关系类型。随着经营的进一步发展，特别是 1992 年木樨园轻工批发市场等社区内市场的建立，人们的生意圈和亲友圈之间的重叠减少。同时正因为单个系内部亲友关系和生意关系重叠的减少，促进了不同系之间重叠的增加，也把不同的亲友圈联系起来。至此出现了典型的“系”的结构。

单个亲友圈和生意圈重叠范围的减小也促使产生“核心系”，这里有从亲友关系发展而来的生意关系，也有在生意合作过程中结成的朋友，它成为人们在生活中交往频率最高，也最为重要的关系。对于“大人物”来讲，核心系往往发展成“大事业”的股东会。

那么，在此后的发展中，亲友圈和生意圈的这一组合为什么没有被其他的组织方式取代呢?

首先，以亲友圈为主要生活领域，并靠亲友圈来监督生意圈的组织方式，使企业所需要的管理结构难以生成。靠亲友圈和生意圈的互相重叠来经营，使社区内的任何项目在很短时间内利润会平均化，谁也无法垄断或者占有超额利润，于是便出现了“扩散流动”这种补偿形式，以致形成了独特而重要的“全国流动经营网络”。显然，反过来，“全国流动经营网络”的形成使“浙江村”的内经营网络的效率大大提高。

企业固然难以形成，为什么交易中心也很少产生呢？“浙江村”不是没尝试过这类中心。第一个尝试的是万挺光的批发点。他的批发点是建立在亲友圈基础之上的——所以他抓住两个大家族的年轻人就解决了大问题。这类批发点没能持续下去，是因为他的组织功能被迅速兴起的批发市场替代了。批发市场相对批发中心的优势在于，批发市场把亲友圈和生意圈两层关系都动员起来了，做的、卖的、买的，能更直接地撮合在一起。第二种交易中心是1996年以后出现的大户进料、分家定做的形式。但是由于这种方式风险太大，也未能普及。个中的道理和批发点相似。当大户把各户的产品，同时也把原来高度分散的风险集中起来的时候，却没有对应的独家控制外部市场的能力，所以虽然能在碰上运气的时候赚一下，而无法成为稳定的安排。总之，“浙江村”最基本的结构特征是，通过每个人的相互连接、重叠的小网络撮合和扩展，它有很强的“平面发展”的能力，却没有被组织的基础。“浙江村”的大户也纷纷看清形势，顺应社区的基本结构，不做“中心”而提供“场所”（市场）。

大小相配——社区的基本格局

在一个社区中，大人物的形成和地位维持机制，往往能集中说明这个社区的社会格局。大人物和“精英”概念的差别在于，“精英”是外来研究者所赋予的概念。我们按某一个理论标准，把社区内的一批人称为“精英”，他们之间可能是完全不一样的。而“大人物”是社区成员自己的概念。我们所说的“精英”可能在他们看起来就不是大人物。我认为用他们自己的社会分类标准更能了解到社区的格局。比方说，按我们惯常的标准，陈存圣应该算是精英了，他是“浙江村”内和政府内部关系最紧密的人物。但是“浙江村人”就不太这么看，至少觉得他和刘世明这种大人物是差远了。像潘利华的企业在“浙江村”是数一数二的，可是村里人也不觉得他是社区内的重要人物。在他们看来，大人物主要指盖市场、大院的，和生意做得大并且“有一帮人”的。

这样，我们又面临了一个问题：既然我强调“浙江村”的特别在于“平铺发展”的格局，那又为什么会有“大人物”，又该怎么去理解大人物的作用呢？

我们先来看看我们过去对大人物和小人物之间关系的几种理解。

第一种是阶层模式。它是我们理解社会的最普遍的思路之一。在阶层论看来，由于大户们经济地位、社会影响力等因素的相同或者相似，他们会在行为方式、思想意识上趋同，而与小户们区别开来；同样的道理，小户也会形成自己的一套生活方式和理念。交往主要在阶层内展开，阶层和阶层之间是有相对明晰的边界的。在一定条件下，同一个阶层的人将形成共同利益，而与其他阶层的人发生冲突。社会秩序就来自这阶层内部的同质性和不同阶层之间的区分。

第二种模式可以说是再分配和中心模式。

这种模式不像阶层模式那样强调大和大、小和小分别形成不同的整体，而更加注意大和小之间的联系，以及大之为大、小之为小能持续存在的原因。在这个模式中，大者被认为处于社会分配的某种中心位置，社会资源先向他集中，然后由他向社会分配。这种分配权力的占有是他们维持大户地位的主要基础。阶层论强调大—小之间的区隔和冲突，再分配的思想则强调了互相的依存关系。在比较小型的原始社区，在以科层制为主要规则的社会，以及在社会主义社会中，这个模式都是适用的。

第三种模式，主要来自对海外华人移民社区的研究，可以叫作“层叠”模式。这一形态可以直接和“浙江村"形成比较，不妨多花些笔墨给予说明。

根据王（Wong，1988）、吴景超（1991〔1928〕）对美国纽约和旧金山唐人街的研究，和李亦园、华德英先生对东南亚华人社区的研究，我们看到，唐人街里有两个最主要的社会要素：一是社团，二是侨领。

海外华人社区内的社团不仅数目惊人，在人口一两万的社区内往往能发现六七十个团体，而且门类齐全。最基层是按血缘关系结成的宗族会，然后是根据地缘关系和方言体系而形成的同村、同乡会和同方言会。又有按姓氏组成的“宗亲会”。有的“宗亲会”不问地域，凡是一个姓的都可参加；有的则加上地域因素，一个地方的一个姓组成一个会。覆盖面再大些的有娱乐社团、宗教和慈善团体；还有同业行会，在美国尤以洗衣同业会和餐饮同业会为重要。社团多且全，就势必形成各社团成员之间的重叠，你既会是一个村会会员，也将是一个宗亲会会员，又可能同时参加某一宗教的、行业的协会。李亦园先生（1996：366）指出，在没有正式行政体系的华人社区内，正是靠这诸多社团之间的相“叠”，而造就了一张大网，“触角伸到无微不至的地步”，“尽量吸引各种不同的成员，而纳入组织系统之中”。

社团产生了社区内的“大人物”，即侨领。社团之间的重叠，也造成了侨领之间的所谓“关联执事”，即一个侨领将同时参与几个社团的领导。侨领和非侨领的区别，大侨领和小侨领的分化，就看能否同时参与多个社团的领导。如果跨的社团越多，你的地位也就越高。李亦园认为，东南亚华人社区能在结构上形成体系并顺利运转，“完全是由于各社团的领袖人物经常互相重叠而构成一网络”的缘故。（367）

这样，社团之间的“叠”，造就了大小不同的“层”。纽约唐人街里的最高组织中华公所，以下面的60多个联合会为基础，公所的联合大会（great assembly）由从各种联合会中选出来的70多名代表组成，其中19人被选为常务委员会，它对所有的组织都有协调能力。在社区内的纠纷调解中，也要遵守层级关系。要求越级处理的案子将不被受理。层级越高，调解的程序也越正式。在家族中，坐在家里就能说事；到了姓族或者地方组织，到饭店里说；如果到了公所，那就要在办公室里搞“开庭”。Wong 认为，唐人街内这种纵横交错的体系促使了阶级和阶层的分化。“如果你想在唐人街有所发展，那就必须去认识一些侨领。”

但是，社团之间的重叠并不是社区内部结构的全部，地缘和宗族关系又是整个唐人街社区结构的“底子”。越是大的姓和大的房，它们的首领也越有可能在别的社团中获得一席之地。在 1965 年之前，中华公所的调解只用一种方言，如果是讲别的话的人，只能到下一层的组织中解决。李亦园（1996：375—378）认为华人社区内因来源地不同、所用方言的不同而区分为不同的部分，他引用华德英提出的“直接范式”（我是谁）、“内在观察范式”（你是谁）和“理想范式”（我们是谁）的概念来说明彼此的关系。在外界压力较小的时候，前两种文化范式将占主导地位，不同方言群之间的争执冲突较为厉害；而当外来压力加大时，前两个范式就和理想范式接近于重合，各方言群倾向于团结和联合。在社区里要分是漳泉人还是潮州人，到了外面都是“中国人”。这有点类似于费孝通先生所提出的“差序格局”，由近而远，层层分级。李亦园又进一步认为，这样分分合合的结构，既能保证华人社区作为一个整体的生存，又为华人在移入社会的调适提供了多样的文化资源。这是华人社会能像植物的藤一样，看上去不是铁板一块，而又极具生命力的原因。

这个模式可以说是，以大小侨领为核心，以各类社团为依托的“层层套”模式，且各类社团时分时合。

但是“浙江村”的大—小关系和这已经被注意到的几种都不相同。

首先它和阶层模式相去甚远。从生活方式等表面现象去看，“浙江村”的大人物和大人物之间是相似的，他们甚至还要刻意去追求这种相似。尽管早已债台高筑，但是还要摆这个谱。但这并不能说明他们有共同的利益，相反，某个大人物在摆谱的时候，在一定程度上是在向别的大人物挑战，至少是表示不认输。真正重要的互动发生在他和他“下面”的一帮人之间。辐射的范围越大，你的权威也就越高：社区里的人们一再强调“人抬人”（小抬大）的重要，刘世明反复述说要把“自己一帮人”聚起来的心愿。陈存圣可能是刘世明的几个大人物的朋友里最有钱的，是外头关系也是最广的，也是刘世明认为最聪明的，同时和刘世明的来往也是最多的，但人们认为他算不上是“有势力”的。如张昌洪所说：“自己的亲眷朋友找他办事（他）都要钱。他怎么能搞得大？”

“浙江村”里的绝大多数大人物显然也不是再分配模式中的中心者，大人物和小人物的生意都是各做各的，加工的小户和销售的小户之间所形成的网络是社区内的基本运行框架，大人物完全靠内部关系的编织来维护权威。

“浙江村”和东南亚的华人社区颇有相似之处，比如纵向沟通、交叉重叠的结构特征，但是“浙江村”和它们又有几点不同。首先，在其他的华人社区，是通过人们的社团成员资格的重叠而组织起来的，大人物是社区组织的核心。而在“浙江村”，所重叠的完全是人们在经营和日常生活中，所形成的关系，并不是靠大人物和社团来组织社区的生活。“层层上报”在这里是不可思议的。其次，“浙江村”内也不只一个方言群，但最后的格局基本上是：来自同一个地方的做一样东西，而不同地方的人之间进行交换与合作。同乡之间亲友关系多一些，他乡人之间生意关系多一些，但都会包含在一个“系”内。不同地方的人在观念上彼此有分界，在行动上却没有分界。最后，和其他华人社区很不一样的是，从本质上看，“浙江村”是“大主内，小主外”，社区日常的对外交往，是小户各自完成的，大人物做的是给社区内部提供大院、市场等公共场所，调解内部纠纷。像刘世明，他和外部的交往就相当有限。而在一般的唐人街（其他移民聚居区也是如此），对外来往完全是精英的特权。这也正反映了“浙江村”在本质上是开放的。

“浙江村”里大一小之间的这一格局，也是亲友圈和生意圈分离和重叠的互动过程的产物。在早期，大人物或者因为掌握某种稀缺资源（如执照副本），或者因为组织能力较强，而成为亲友圈内的中心；如果这个亲友圈比较大，生意上做得也不错，那么这个亲友圈的中心就借助自己亲友们的不同生意圈，把自己的影响扩展到其他的系。

随着合作关系打破亲友圈范围的局限，和不同系之间重叠的增加，各类纠纷也在增多。影响范围较大的人出面调解，强化了自己的影响。纠纷也导致了帮派的产生，帮派又帮助大人物确立他们的地位。

1992年以后，大人物纷纷集中到盖大院和盖市场生意中，大生意中的合作圈构成他们的核心系。那么，既然出现了一批身份、社会地位相似的角色，而且还有一定合作，这是不是意味着他们会联合成为一个阶层呢？对大人物的核心系的分析使我们发现：第一，这个小圈子内也是有结构的，一般是一两个地位较高的大人物找几个他能“搬得动”的人组合在一起，不同的人都是“带自己一帮人”来的，各人的势力基础还是自己这帮人，每个人也都要对自己的这帮人负责。大人物的核心系与其说是不同大人物个人之间的联合，不如说是不同大人物的各自的系的重叠。第二，这样组成的小圈子主要和下面的系（其中又以小圈子里的中心人物的系为主）互动，而和其他大人物的核心系往往只是表面上的来往。如果这个小圈子插手了另一个大人物圈子下面的系，那么双方的冲突似乎不可避免。

我们在“1992—1995：乱里挣钱”一章中所画的图表示的是单个大人物和系的关系。如果我们再考虑大人物和大人物所组成的“核心系”，那么大人物和系的关系可以表示成下面这张图。

图中一号圈表示几个大人物形成的核心系。二、三、四、五圈表示不同的大人物所“带”过来的自己的系。图中1、2、3三个箭

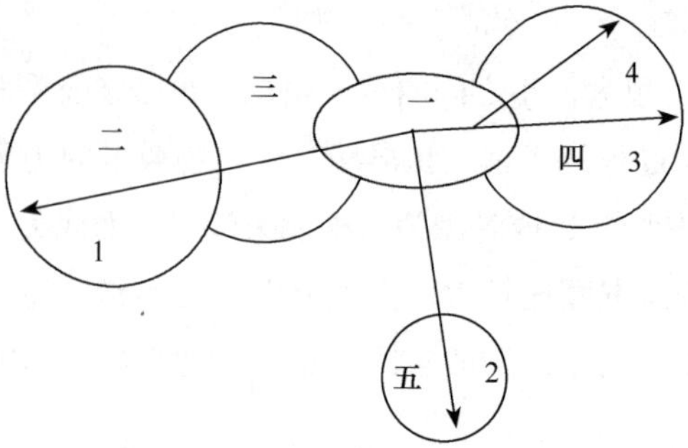

图 8 大人物的组合事实上是不同的系的重叠

头表示核心系里的中心人物影响所能及的范围，箭头 4 表示大人物核心系里的一个次要人物的影响所及。在核心系里居于核心位置的大人物，他的影响将波及所有其他的系，而如果在核心系里只是等而下之，恐怕他的影响仍然只以自己原来的系为主要阵地。核心的大人物的影响范围因此又上了一个台阶，同时，不同系之间也因此进一步加强了沟通，社区内部的联系更为紧密。比如二系里的人和五系中的人发生什么矛盾——过去他们几乎没什么关系的，现在则很可能就可以由大人物出面按“内部矛盾”来调解。

“浙江村”的大人物完全是以小人物的系为基础的，他们作为不同系之间重叠的中介的地位，是他们影响力的基础。这样，尽管从大人物所在的系来看，存在纵向的结构，但是对于整体社区来说，依然是促进了社区的“平铺式”发展。不过，在促进平铺发展的同时，也促进了社区的整合，不至于只“平铺”而无重叠。

“锁住”

那么是系内部的什么特征，使“浙江村”能迅速扩展并充满活力呢？

讲到“浙江村”这类具有明显网络特征的经济体系，人们往往想到其内部的“信任”的作用。信任是经济社会学中最重要的概念之一，人们甚至提出，信任也是我们整个经济体系得以维持的基础。什么是信任呢？最一般的理解是“相信对方会这样做”的预期。又凭什么相信呢？惯常的答案是“经验”。即人们基于对此人的一贯行为，或者对相似的事例的长期观察，而形成的判断。[①]

按这个说法——做生意离不开信任，信任又只能靠经验来建立，我们可以马上得出两个结论。一是人们在做每一笔生意之前，都要经过小的“试错”，小心翼翼地磨合一阵之后，才谈得上真正的交易。这也正是布劳给我们设计的办法。他说，大家起初只做小量的交易，后来，交往使信任增强，于是交易也越做越大。随着时间的推移，社会交换提供了信任的“自然形成”的方式。（Blau，1968）这在逻辑上可以讲得很顺，但恐怕和事实不相符合。做生意的人讲究的是谈一笔，成一笔，几乎不可能在一笔大的交易之前，先设计一系列小买卖来试探。从这里还将得出第二个结论：我们的社会将是骗子的天下。在做了几桩无关紧要的小买卖以后，我们终于决定要大投入了，可骗子为什么不能拿前面几次交易作为他的投资，在你信任他的时候大骗一笔？如果交往真是建立在这种以有限经验为基础的心理状态（信任）之上的话，行骗的成本实在是太低了。

我们也常常夸大了“信任”的解释能力。Granovetter 在他那篇著名的文章中，引用了剧院中起火和家庭中起火的例子。在剧院中，谁都知道如果大家冷静地按次序退场，结局将是最好的，但是谁都

---

① 还有一种更经济学取向，但很有意思的说法，认为信任是一种不得已的风险投资。因为你面临着这样的困境：在你不和他人发生关系之前，你无法知道对方是不是值得信任，所以你只能先姑且信任他。这一次“姑且”的信任是为获得对方的有关信息，形成进一步的判断的投资。这个说法还是属于“经验论”，即把对别人的信任建立在对这个人本身的经验把握上。

不对别人抱有“他会按次序走”的预期，从而争先恐后，互相践踏，酿成悲剧。而在家庭中所以不出现这样的情况，据 Granovetter 的观点，是由于大家彼此“信任”。但是信任究竟为什么能使大家脱离火海？难道信任能天然地导致有秩序的行动？其实我们也经常看见这样的悲剧：母亲跑出来后又想起孩子还在里面，又冲回屋而惨遭不幸，信任和爱反而导致悲剧。家庭在某些时候能比剧院中有更好的结局，乃是因为家庭中有它的结构：父亲可以组织家庭成员有秩序地逃跑。假设剧院起火的时候坐着的是一群训练有素的士兵，发生践踏悲剧的可能性就会大大降低；或者正有一名克里斯马式人物在演讲，他一声令下也能改变局势。Granovetter 用这个例子是想强调要从“关系”来看信任，而我这里想强调的是，信任和关系甚至不能分隔开来看。信任就是一种关系。

从概念本身来看，“信任”是个主观性很强、个体性很强的词，指的是个体的心理状态，和“喜欢”“讨厌”等相似。从社会学的角度，它并不具有很大的分析潜力。

那么，生意人在强调“谈一笔成一笔”的时候，靠什么办法来减少自己的风险呢？很简单，一靠“事先想得细”，把各种可能发生的情况先想周全；二靠尽量地把握对方的“底细”，一旦出什么事情就可以“制”他。现实生活中的骗子所以还没有多到那个程度，也是因为人们事实上并不主要靠所谓“信任”来下判断，而是存在“制”你的办法。职业骗子要做的就是，一方面是让人们感觉到最后能“制”他，比方他留下电话；或者叫熟人来带路，让人感觉最后有人作保，而另一方面，又想办法逃脱人们“制”的手段。所以与其说骗子们是在骗取人们对他的信任，倒不如说是骗取被骗者对自己的“制服”能力的信任。

日常交易中也是如此。旧时候的商店门口往往挂着“不欺八旬老叟、三尺童子”的幌子，以表明自己的商誉，可见小买卖人欺骗老人小孩还是很经常的事情。这就很难用“信任”进行解释：为什么这些买卖人在某些人面前就是可信任的，而在另外一些人面前又是不可信任的呢？原因很简单，因为老人、儿童发现他们的欺诈行为，特别是制服他们的能力弱小。平常到商店里买东西，顾客敢先把钱给售货员，或者售货员敢先把东西给顾客，而不怕对方不认账，“我不怕你不给我钱（货）”比“我相信你肯定会给我钱（货）”的逻辑更为接近事实。

在我看来，建立一个稳定关系的实质意义，在于建立双方之间的制约。这个制约包含两个层次：一是对对方“诱之以利”，让对方对自己有兴趣甚至依赖，这可算作“软制约”；二是“硬制约”，使对方的行为不敢轻易超越某一界线。“浙江村”的一个老板曾经要回温州去和一家国有公司谈合作项目。他先考虑的当然是合作的利益有多大，但更让他费心的是，他自己在将来的合作中能占到什么位置，会不会到时候说被吃就被吃掉了？于是找我商量，看怎么来显示自己的特殊之处，让对方感到有所依赖，同时又怎么找一个实际的“杀手锏”，能“制”住对方。

这个“制”的能力，就是我所说的“锁住”。

如果要对“锁住”下一个定义的话，基本上可以说是对对方的超出预期的行为的惩罚和纠正能力。讲起“制服”这个词，我们通常想到的是法律、契约一类。但是，法律并不是自古有之的，法律不过是对人们的一些行事规则的总结，它所提供的是一个如何惩罚的“依据”甚至可以是“参考”。涂尔干说得好，“契约并不是在创造一个规则，而是把它以前的规则运用于具体的案例。”（Durkheim,〔1893〕1984）法律和契约固然给我们提供了制约能力的前提，但要真正落实自己的制约能力，则必须在具体的关系和“案例”中进行。在对“锁住”的定义中，我强调两点。一是“锁住能力”必须是现实的能力。比如，如果你不能及时掌握对方的有关信息，行骗之后便可逃之夭夭，那么法律再完备也没用。二是“锁住”不仅包括惩罚的能力，还包括“纠正”的能力，即在对方真正违规之前就有所发现，甚至在其违规之后，能令之悬崖勒马，继续合作。如果整个社会都要靠惩罚和对惩罚的惧怕来维持秩序，那成本实在是太高了。老实人都要等受了真正的损失之后才有话可说，而骗子可以先骗了再说，这样的生意没法做。

实际的锁住能力包含两个要素：一是方便地对对方进行监督，二是能及时调用一定的资源对对方加以制裁。如果在关系中再包含第三种要素：有可能以较小的代价给对方相对大的打击，那么锁住能力就更强了。越是关系近的人，越可“信任”，这不是没有道理的。首先，关系越近，你越能迅速地察觉对方的问题，风起青萍之末，就可通过种种“不伤面子”的办法来纠正他；其次，关系比较近，你有关系的人也往往和他有关系，那么你所调用的资源，不仅对你来说是比较方便，对他也刚好是有“杀伤力”的。这个“杀伤力”包括多种方式，不一定是 Granovetter 所说的“驱逐”。关系越近，可锁的能力也就越强。[①]我们感觉到的“信任”乃是它的表现。

亲友锁客户

“浙江村”里亲友关系和生意关系之间的互动，正是人们运用亲友关系来“锁住”生意关系。这首先解释了人们为什么倾向于和与自己的亲友有关系的人做生意。1996 年，JDQF 城布料市场招商的时候，李文虎交了钱甚至都没要条子：“高建平的小舅子是我表弟，

---

① 要强调的是，用“锁住”解释“关系越近越可信任”，有两个前提。第一是主要指经济活动上的信任，像政治上的信任是不是可以用“锁住”来分析，我还缺乏足够的案例。第二个前提是要在一定范围内。如果是家庭内部的关系，比如夫妻之间、亲子之间的信任，带有各种复杂因素，不能仅用“锁住”来解释。

出问题我让他小舅子跟他说去，我怕什么！”可后来事出意外，由于高建平的合作者的原因，李文虎预订摊位被换了位置。直接管这事的是付家天，李文虎打电话给朋友把这事“广而告之”了一番，说，“你们也认识付家天，如果他真不客气，我也没有别的办法了。”这帮人又给付家天打电话，重则责怪，轻则提醒。李文虎还是轻易地保护了自己的利益。我们看到，谁的亲戚朋友多，谁的生意就好做，他并不是在和自己的直接朋友做，而是以此为后盾。这还解释了人们为什么在发展生意的同时，念念不忘保持并发展自己的亲友关系。所谓“赚了钱对亲戚不能变（脸）”，至少在“浙江村”，并不只是对某种伦理的忠诚，而是人们意识到，如果变脸，就要失去亲友，最后会使你的生意不好做。

从这个角度看，我们也就明白了亲友圈较大的人容易成为大人物的理由。首先，这样的人容易信任别人，生意圈的开放程度比一般人要大。刘世明当年和在东北的兄弟联手做的时候，和他合作的户差不多都是他在全“浙江村”内挑选的结果。他说：“我们就要挑最好的。东西好不好差远了。……有人总觉得和不太认识的人做不放心，窝在自己几个人中间，怕被别人欺负。这不是做生意的办法。”在刘世明看来，别人不敢大胆地扩大生意圈是因为“认识水平”的问题，而事实上乃是他亲友圈大，可以不怕，别人怕自有他们怕的理由。同时，合作的对方也更容易信任有广大亲友圈的人。为什么呢？（一）亲友圈多的人，别人和他的系发生重叠的可能性就大，出了事，或者还没出事要做什么改动，能比较方便地找到中间人调解。（二）亲友圈大的人多少有点像大公司。人们觉得大公司比小公司更可信任，是因为大公司在社会上的“可见度”高，不要说欺诈，哪怕是你的言行举止稍有不妥，马上就有闲话。像张昌洪、刘世明对自己的要求确实是颇为严格的，刘世明和我评论村里的事情的时候经常说，“事情这么干怎么看得（看得，意思是能拿得出去给大家看，经得起公众评说）！”这也是一种“锁住”。

有意思的是，刘世明并没有利用他和别人的相互信任，而一味地在范围上“扩大”他的生意圈。不管做什么生意，他都要拉上几个亲戚。他有一个非常强的观念：让自己的亲戚也能跟得上别人的水平，自己这帮人人马一定要整齐。比如还在做皮夹克的时候，他从别人那里拿到什么新鲜样式的衣服，就给亲戚看；或者有时候故意让亲戚代他去别人那里拿衣服，让亲戚跟得上潮流。但这和刘世明的经济发展并不矛盾。他所做的正是“曲线投资”，为迎接更大的生意圈准备后盾。

既然越是关系近的人，信任度越高，或者说越能锁得住，那“浙江村人”为什么不直接和自己的亲友做生意呢？还要出现生意圈和亲友圈两个圈子的分化呢？这说明了“锁住”的另一个机制：不能拿这个锁套这个锁本身。“锁住”的目的是要使不同的规则发生有效的互动，要使它们发生有效互动的前提应该是尊重不同规则本身的内容。如果过于强调生意关系和亲友关系的重叠，将会导致这样几个问题。（一）生意上的选择范围受到限制，会使市场不完全，利润直接受影响。（二）使生意的规则受到破坏。比如有人在一些东南亚国家所发现的一样，一个家族企业中有若干个厂长、若干个副厂长，全是七大姨八大姑，整个厂子就成了家族俱乐部，当然别想到外面去竞争了。（三）更重要的是，过度的重叠将使“锁住”能力下降甚至消失。像“浙江村人”所一再体会到的，生意关系有可能会损害亲友关系，不但生意做不好，而且亲友之间出现隔阂，降低他们以后去锁外人的能力。生意和亲友关系的分离避免了锁住变成“锁死”，即在一定的小圈子里打转转，不能发展。

第二章中的两个重叠的椭圆的图形（参见图 2）只是对单个“系”的描述。但在事实中，“系”和“系”的重叠关系甚至比“系”本身更重要。可以用下面这张图表示：

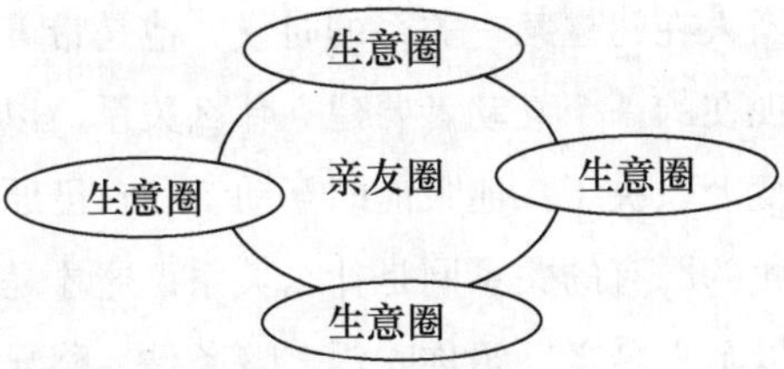

图 9　“系”和“系”的重叠

中间这个圆圈表示是亲友关系。我们看到，在社区内，人们基本上是以亲友关系来组织平常的生活的，居住格局是典型的反映。然后不同的人又有自己不同的生意圈，即外围的这些椭圆。一个系的人共享一组具有锁住能力的亲友关系。在这个图中尚未表现出来的还有一个特征，即各个生意圈之间也将有不同程度的重叠。你拿自己的亲友圈锁人家，别人也用他的亲友圈来锁你。就这样，亲友圈、生意圈相锁相叠，而构成社区的整体秩序，构成各种活动的基本依托。

上面强调的是非经济关系对经济行为的“锁住”。在经济行为中，则有更丰富的“锁住”策略。比如代销中的“付预款”制度，这是在非经济关系的锁住能力不够时，用经济关系安排来补偿的例子。纯粹经济关系中的锁住是一个普遍现象，不是“浙江村”的特色，我们就不详细分析了，但是我们从“浙江村”这个具体案例中挖掘出来的概念正好去分析这一普遍现象。

关系丛

从前面关于锁住的讨论中，我们已经能意识到“关系的关系”的重要性，即不同的关系如何被组合在一起。

我们过去一讲“关系”，往往把它理解为两个点（行动者）之间的连线，而我认为，任何长期、稳定的关系都不能只从关系的两端来理解，它同时包括许多“不在场的参与者”，应该从一个更大的行动单位来看。当人在建立某一关系的时候，他是带着大量已有的关系来的。他和现在的一个互动者要建立什么关系，以及怎么去建立关系，很大程度上取决于：他眼前的互动者和自己原来关系网是什么关系。你和我的既有的关系网是什么关系，这才是你我之间关系的实质。我“以个人名义”请你吃饭、谈条件、称兄道弟，都是对那层关系的落实或者修整。不看僧面看佛面，明明面对的是僧，却要对不在场的“佛面”负责。可以说，关系的实质乃是“关系丛”。“系”是针对“浙江村”所提出的一个概念，关系丛是在系的基础上提出来的。系可以理解为关系丛的一种。

在有关“链式流动”特别是移民聚居区的研究中，移民间的“互相帮助”被认为具有特别重要的意义。那么，人为什么愿意给“自己人”提供帮助呢？最通常的理解，认为这是一种“互惠”，和市场的交换是一样的，只不过它的回报不像市场交易那样是“即时”的，而是长期的。显然，这是“单线关系”的解释。它看似合理，却不能回答这个问题：如果人在帮助别人的时候，和在市场上交易时的心态是一样的，是为了日后的回报，那么帮忙这样的“投资方式”的优势在哪里？换句话说，人们为什么不把帮助别人的这些付出转移到市场上投资呢？我们可以勉强地说，当我帮助别人的时候，我付出的是现在对我所不稀缺的资源，等我日后得到回报的时候，将能得到对我却很重要的东西。但如果稍加思索，就可以意识到，这样的明确的“互通有无”的帮助在生活里只是少数。事实上，当一个人去帮助别人的时候，他对自己的收益是根本没法预期和计算的。现实生活也一再显示，一个人如果对自己的利益越敏感，他越不会帮助别人。这便是我们所说的“自私自利”。庞大的自私者的存在，就足以证明“日后从被助者那里获得回报是帮忙的动机”这一论断的缺陷。（可理论偏偏说“自私自利”是我们帮助别人的原因！）如果是为了从对方那里获得回报，这个社会上是不会有帮助的，因为市场的即刻交易毕竟是实现“付出—回报”这一逻辑的最简明最合理的安排。

那么，帮忙是不是又完全是一种自我牺牲呢？也不是。当人们提供帮助时，特别是在经济活动中帮人一把，人们又是感觉到这是“值”的。“浙江村”的普通人对为什么要帮忙的基本解释有两点：一是这是“理所当然”，如果不帮就会遭闲话，会搞得“没朋友”；二是“你帮别人，别人也（才）会帮你”。

我们先来说他们的第二点解释。他这里的“别人”是指谁呢？我们发现，帮助确实可以被理解为互惠关系，但是这种互惠并不是帮助者和受助者之间的一一对应的互惠，而是整个关系丛中的互惠。我们常常发现这样的“交错互惠”的例子：A 帮了 B 的忙，C 又来帮 A 的忙。如果我们还坚持“理性人”的假设，我们可以说帮忙实质上是在给自己所处的“关系丛”投资，和帮忙者互动的乃是网络，而不是某一确定的个人。在一个稳定的关系丛里，往往会形成某种“分工”：让付出代价较小的人去帮助最需要的人。比方说在梅建光的“系”里，人们要找个执照，需要和北京的商场打交道，来找梅建光，而需要和别人打一架的时候，则找梅建光的一个侄子。大家都发挥自己的特长为集体服务。常言所谓“助人者人助之”，此“人”盖泛指矣。“浙江村人”对帮忙的第一点解释——“不帮会遭闲话”——说明了一个人帮另一个人的时候，他其实是在“帮给其他人看”。帮助别人，和让大家知道自己帮助了别人，这两点对于很多人来说是一样重要的。所以“做了好事不留名”显得分外可贵。“浙江村”内的生活透明度极高，这也促进了人们互相帮助的积极性。像刘世明这样的大人物，帮助别人的积极性比普通人又要高得多。可能任何一个社会都会有这样一帮好善乐施的人，他们在提供帮助的时候，根本不期望被帮助的人能给回报，而且越是不可能回报他们的人——比如贫穷者——他们越愿意帮忙，他们的用意在于帮给别人看，提高自己在关系丛内的威信。

在单线关系的视角下，我们往往只能用所谓“多次博弈”“以往的经验”来解释人的有关行为和选择，而从关系丛的角度看，人们所要参照的指标就要多得多了。

1996年，刘东又和我说他的“面对现实才是真实”的理论。下面是我们的一段对话：

> 刘东：“我们的现实是什么？原来一点关系没有的，你该低头就要低头，该弯腰就要弯腰。应该弯90度的你弯成80度都不行。现在我们的关系是有一些了，可是碰到新的事情，你还是要和过去一样地去拉（关系）。不能觉得自己有一些关系了，就不愿意做这事了（指‘低头弯腰’）。我们还是没有背景的人，背景和关系还不一样。”
>
> “怎么不一样呢？”
>
> 刘东：“有背景的人找关系不像我们这样吃力啊。他说他老爸是谁谁谁，别人就凑上去了，路就容易走通了。”
>
> “你是不是说有背景的人肯定也有关系，但是他们的关系不用去拉，他们本来有一大堆一般人没有的关系，别的关系也自然会有人来给他拉？”
>
> 刘东：“对。”
>
> “那在‘浙江村’里面，有没有说谁是在村里是有背景的人呢？”
>
> 刘东：“……说有背景都是说和中央的、北京的或者浙江的当官的有什么关系。……但村里也有厉害不厉害的，你在村里家族大、朋友多，特别是要和刘世明这些人关系好，那你办事也方便。这和有没有背景道理是一样的。别人知道你有这些关系，也就给你让路，起码不会欺负到你头上。”

“那没背景的人就只能一辈子靠苦干、靠拉关系啦？”

刘东：“不一定。我觉得搞企业成功不成功，就看你能不能把没背景搞成有背景。如果你的关系很多，很硬，部长也认识他七八个，出什么事你拿起电话就能往国务院里打，那你也就有背景了！现在我还做不到这一步。以后企业大了，像树一样，大了，风雨也多了，就一定要有背景了。我现在一要赚钱，二把背景慢慢地也搞起来。”

他所意识到的“背景”和“关系”的不同，就清楚地显示出狭义关系和广义关系之间的区别和联系。现在一般不说谁是在村里有背景的，是因为“背景”这个词主要指和政府的联系，但“道理是一样的”。在“浙江村”里人们要作“局”①，拉着影响力大的人物再去拉新关系，无非都是对这“关系丛”的逻辑的运用。

我认为“背景”是中国社会日常话语中一个很值得分析的概念。如果把“背景”译作英文，当是 background，这两个词在它们的原初意义上可以说是完全对等的，都是指焦点事物所具有的场景特征。但是当它们用于社会生活中，彼此就有了明显的不同。英文的 background 指的是个人过去的经历，而中国的“背景”即指你现在所具有的多样的“关系”。

费孝通教授（1996：25—6）在谈及功能主义历史观的时候提出了“多维的一刻”的说法，指出人们用当前的话表达出他对过

① 温州方言中本来没有“局”这个词，是借用的北方话。“局”和“背景”有密切的关系。“背景”主要指客观存在的，但是未必一下子让别人明了的“关系丛”，而“局”正是要把这个背景摆出来给别人看。典型的例子是 1995 年，温州某集团公司和刘世明商议在河北燕郊重建“浙江村”的时候，他们特意拉去当时的温州市市长跟河北方面商谈，同时带去近百个经营户。车队浩浩荡荡（很多车是临时借来的），煞是威风。他们事先商量的时候就说：这个“局”还是要做，让河北知道，不仅有温州政府的支持，也是得到广大工商户的拥护的。

去的记忆，而且包含了他对未来的期待。我们在这里可以提出一个和“多维的一刻”对应的说法，叫作“多维的一点”。英文的background可以说是对应于“多维的一刻”的。他要了解一个人的过去，以确定现在如何互动，并对今后产生预期，而中国话里的“背景”则可对应“多维的一点”。当我们和某人互动的时候，我们面对的不是一个简单的个人，而要意识到还有很多潜在的参与者。

这两个概念的异同，反映了对“个人”的不同的理解，同时也反映了关于社会延续和社会组织方式的不同观念。在background的概念里，线性的时间是一个重要变量。过去、现在和未来是不一样的，又是延续的。个人和社会都处在与时间序列对应的“发展”之中。而在背景的观念中，平面的（相对时间的纵向和线性特征而言）人际关系网络是最重要的，整个社会更多地被想象成为一个空间上的格局。

讲到这一层，我们对前面所说的“只问耕耘不问收获”式的帮助也许又有新的理解。中国人“轮回”的时间观加上对社会的空间化的理解，产生了这样的历史观：现在的社会——一系列我和他人的关系——是随时有可能倒转的，现在我高你低的关系，随时有可能变成你高我低。“旧时王谢堂前燕，飞入寻常百姓家”，这一类的历史感慨总是特别能引起我们的共鸣。“昔”与“今”的区别本身没什么含义，真正叫人感慨的是“王谢”和“百姓”的对立和流转。这中间又加上一个燕子的角色，燕子依旧，草木未改，要突出的是“物是人非”，这个“物是”，用意正是淡化历史的时间性。历史是关系的空间格局来回变化的过程。我们是以关系之间的变化，尤其关系的极端的逆转来理解社会和人生的变迁的，而时间本身不是一个重要变量。今天别人需要帮助，没准哪天我也落入他的境地。这是我们达成人和人之间的相互理解，并且愿意相互帮助的重要思想基础。

因此，和基督教文化中的靠“我们面对同一个上帝”的意识而建立的共同感不一样，“关系丛”的意识让人们以实际的多元联系为基础，再“外推”而建立共同感。我初步认为它也是在我们日常生活中“公共性”得以浮现的中介。

但是“互惠”“双向性”“交换”这些概念，不仅是社会学和人类学理论中的主流用语，更重要的是，它们也体现了普通社会成员的一般意识。比如有研究就强调，“报”就是中国人的重要概念。难道是这些实践者“错”了吗？我这里要特别提出的是，强调双方平衡的关系观，乃是人们在主观上构造的对社会秩序的想象，它和人的真实日常行动是有距离的，不能将这些话语视为人们行为的真实逻辑。

以中国家庭的代际关系为例。看起来，不同代之间的关系的确立是建筑在“互惠”和彼此平衡的原则上的，所谓父母养小孩一小，孩子养父母一老。但是在当今的中国农村，一方面，父子之间“互惠平衡”的观念和过去相比并没有多少变化；但是另一方面，老人们的处境却越来越难（郭于华，1998：793—808）。如果我们认为代际关系是以抚养和赡养之间的交换维持的，那就无从解释这一现象。理解这一事实的要害在于，互惠平衡的观点是人们对代际关系的理想化想象。事实中的代际关系并不以双方的“交换”为原则。子女会不会尽心赡养父母，除了感情的因素外（这是不能用“交换”来解释的。感情是随时表达的，赡养是表达的方式之一，不能说子女跟父母平常的感情交流都是出于交换），在客观上取决于其他关系的制约，比如家族势力、老一辈对家庭经济权力的掌握等。现在农村养老越来越成问题，正跟家族的衰败、家庭内部关系发生变化等——也就是说，是整个有关家庭的“关系丛”的变化——有关。又比如在当今社会，父母对子女的爱护日甚一日，也与其他社会关系的变化有关，并不是父母想从子女那里换得更多的回报。

人际关系的互惠意识很像经济学中“均衡”“出清”这些概念，它并不是完全虚假的，如果把时间延续得足够长，我们好像也能看到不同人之间的“平衡”，它可以说是一种“理想型”。人们毕竟需要一个关于社会的心理图式。这个图式的功能在于“安定人心”，对社会形成统一的理解。恐怕只有极少数人能真正怀抱冲突主义的图式（如“人对人就是狼对狼”）过日子。这是为什么交换、互惠的想象能长期维持，而且在不同文化和不同社会普遍存在的原因。

“报”的概念也一样。我们仔细检索一下就能发现，“报”这个字多半出现在说教性比较强的语境里，是个“大”概念。比如“精忠报国”“滴水之恩当报以涌泉”“回报社会”等。一个企业家给希望工程或者灾区捐款，他会说这是“回报社会”，但是要注意的是，他只是拿这个词来概括他的行为，说明这个行为在人们所想象的社会秩序下的含义。他在他做出这个决策的时候，恐怕和“报”这个概念没什么关系。他要考虑的是，他的行为将在自己直接的消费者、潜在的消费者、直接的受助者以及政府和公众舆论中会有什么效果等等。除非在难以下决心捐赠的时候，经理可能会用这个词鼓励自己：回报社会也是应该的嘛！这就更可看出“报”实乃一“理念”矣。其他诸如“你敬他一寸、他敬你一尺”等“两点一线”互惠互利的观念莫不是“理想观念”而已。

关系中人

关系丛是不同关系的组合。那么关系是靠什么组合在一起的呢？“人”依然是这里的中心环节，我们还必须讨论行动者和关系丛的关系。

在关于“背景”概念的讨论中我们已经谈到对个人的不同看法。在 background 的语境里，个人是有明晰边界的统一的实在体，个人具备的行动能力、理智等等是各种社会现象的基础，是出发点。而在“背景”的文本中，个人就要模糊得多，人是被嵌入具体的关系和场景中理解的。我们一再听到的所谓中国文化不注重个性、不重视个人能力等等的说法，也算是对此的一个印证。

显然，第一种关于行动者的看法是现在社会科学的主流思想，“单线关系观”和这种思路也是一脉相承的。由于每个人是边界清楚的，占有不同资源的，有充分计算能力的，因而他们不但能够很好地交换，而且除了交换似乎也没有更普遍、深刻的交往方式。

在这样的关于行动者的思路下，出现了所谓社会学的核心问题：结构和个人的关系问题。强调社会结构的理论把人看作受结构决定的行动者，强调个人能动性的理论突出个人的建构作用。两个流派在理论内容上互相对立，但是对个人的看法却有一致的地方，即都把人看成分立的原子，具有完全的自主行动能力和自主意志。现在，如何提出有效的理论策略来解决这一二元对立，已经成为社会学和人类学理论发展的基本线索之一。但是我作为一个中国人，通过对我自己生活的观察和反思，却并没有感到在理解社会生活的时候必然要出现这一二元对立。

首先，在我们看来，人并没有统一的和一贯的利益和原则，也没有统一的明确边界。“见人说人话，见鬼说鬼话”“到什么山上唱什么歌”“量体裁衣、看菜下碟”，人在不同关系、不同场景中有不同的利益和想法。我们所说的“实践理性”“实用主义”也都有这个意思。行动者的原则、意志不是社会构成的出发点。但是也不是说人完全“溶解”于关系，成了毫无统一性的碎片。我要强调的是：这个统一点不是固存于他的内心。这一点我们在下文还将讨论。

人有不同的侧面，那么，人的各个不同侧面和角色又是怎么形成的呢？

主流社会学的“角色”概念本身就给出了它的答案：由社会规

范决定。“角色”高于“个人”，人按照规范去“扮演”角色。那么人又是怎么学习到角色的扮演技巧的呢？以往的理论往往用“社会化”来笼统地回答这一问题。而我认为，人在社会化过程中主要是学习“关系”意识和关于角色的分类知识。一个具体的角色究竟该怎么扮演，则是由当时的“关系丛”决定的。

让我们假设一位大妈刚刚有了第一个外孙。在成为外婆之前，她并不知道“外婆”该怎么当。她可能会回忆起自己的外婆，同时会注意别人怎么当外婆。她也会知道社会上关于外婆角色的一般期望。但是，所有这些都是极其粗略的，完全不足以设计她的日常行动。在事实中，这位大妈怎么当外婆将取决于她和她女儿的关系，和女婿的关系，以及她儿媳和她的关系及儿媳和她女儿的关系等等。她可能觉得自己早年没给女儿足够多的欢乐，而对这个外孙格外关爱，也可能为了缓和自己和儿媳妇的关系及调整儿子和女婿的关系而不对外孙过分关心。她也将根据这些关系的反馈来不断调整自己的角色。天底下的外婆可以算是一个角色，可天底下没有完全一样的外婆，同一个外婆对不同外孙外孙女的态度也常常相去甚远。“朋友”“同事”这类角色的弹性就更大了。可见，社会规范中的“角色”，只给人们提供一个行为的“底线”。关键的内容是由行动者来创造的，而这个创造来自既存的关系。

在温州和“浙江村”，现在当外婆越来越不容易。在孩子“满月”“对周”（出生一周年）的时候，社会“期望”老太太要给孩子送各种玩具和用品，各家之间还形成攀比。很多自己没钱的老太太也成功地做到了这一点。她并不是靠自己借钱，而是她的儿女们为此悄悄把钱塞给她，让她去买。这些儿女可能就是小孩的父母，也可能是别的晚辈。按角色的理论，一个角色的树立、对规范的遵从应该先于有关关系的建立。只有你自己先做到了社会上对外婆角色的期望，别人才会以这个角色接受你。而在这个例子中我们看到，角色的树立和一系列关系的运作是同时的，个体角色并不先于关系，个体角色完全是在和诸多关系的互动中形成的。个人所以按规范行事，也是因为有这一层“关系”作为中介。

可见，人在一定场景下怎么行动，既不是规范直接决定的，也不是由完全独立自主的个人决定的。

但是我并不是要把个人和角色处理成“关系”的副产品，不同的关系的组合，不是关系自身发展的必然。像前面说的外婆送礼的事，有些老太太自己没钱，和儿女们的关系又处理得不那么巧妙熨帖，就只能唉声叹气。人不一样，处理关系的能力不一样，他的处境也就有好坏之别。关系丛是人组织和运用的结果，关系丛的概念十分强调行动者对关系的认知、把握和计算能力①。

1998 年，我受命于“浙江村”内盖市场的某公司负责人，同时也是我的朋友，为他起草他关于“规范”公司内部关系的文件。文

---

① “计算能力”是认识和把握能力的典型表现。“计算”暗示着人是有理性的，这个暗示也贯穿于本书。我对社会学和人类学（特别是国内近年来的社会学和人类学）对经济学理性假设的批判并不太理解。在我看来，“理性”意味着人的行为是“可以理解”的和具有推论的可能。如果我们一定强调人是“非理性的”，那就几乎置社会科学研究于不可能的境地。此外，提出“人有时候是理性的，有时候是非理性的”，恐怕也是一种为批判而批判而策略（通过对显学的批判以引起对本学科的注意）。一门成熟的学科，一个有理论潜力的思想，其起点应该是单一的。理论工作的基本任务就在于把表面上看起来“有时候是、有时候不是”的现象统一到一套解释里去。经济学坚持这个理性假设就获得了很大的成绩，如果老作面面俱到的分类，只能有越来越多的新概念而没有理论上的真正发展。

但是，经济学所没有解决的问题是：理性究竟是怎么被具体表达的，人是怎么形成他的理性的，以及理性为什么有多样的形式，为什么很多时候不同的理性碰在一起不仅不能沟通，反而产生剧烈的冲突等等问题。我在本书中说理性、计算能力，并不是说“人们所以这样做是因为他们知道应该这样做（有好处）”，不是说一提理性就解决了一切。比如“浙江村”里“代销”制度的产生，这并不是人们的“选择”，不是人们事先就有若干个备选项，经过理性推论选一个，而是人们在多种关系的碰撞中逐渐形成的。人们确实没有一次达成新制度的理性能力。但是，在每一次关系的碰撞和处理中，人们又是理性的，否则也不可能达成这个结果。

件说的都是他的意思，并经他过目修改。下面是核心的一段：

> 我公司内部运作方式，概括起来，可以叫作传统关系、模糊合作，边走边看、边看边走。股权和经营权不分离，义务和权利的关系不明确。日常工作事到临头才就事论事，而没有成熟的规章制度。这种安排的好处是利于启动，适合于公司的草创时期；但它把宝完全押在个人的自觉性和负责人的个人能力上。到目前，它已经暴露出严重的弊端，成为我公司进一步发展的最大制约。
>
> 一、先划股权再投入，实际投入和名义占有份额不匹配，造成了股东对公司的贡献、个人面临的风险和得到的回报互相“错位”的局面。
>
> 由于股权划分在先，实际投入在后，造成一部分股东的实际投入大于名义占有额，而另一部分人的实际投入则少于名义占有额。越是多投了的股东，对公司的贡献越大，个人所面临的风险越大，风险大，也逼着他多做工作，但是他的回报却并不增加！相反，越少投的人，不仅资金贡献少，压力、风险也小。这势必将导致这样的局面：有钱的、愿意投资的股东不敢投，能干的人不愿意干。一部分人没有动力，一部分人没有压力。一个集体“人气”一失，还有什么长久的生命力可言？
>
> 我并不是在强调这一体制的不公平。一时一事的不公平很容易处理，但是，它作为一种公司内部的基本制度，如不加以改革，公司将根本性地失去长远发展的保证。
>
> 二、内部的“模糊合作”严重影响了对外的合作。市场上的合作有两种：一是一手交钱一手交货的、即时的交易，这个简单；二是同时还应着眼于长期回报的投资。很多合作伙伴愿意在现在帮助我们，他们图的是和我们今后的合作。我们现在

最需要的就是这样的合作。但它有一个前提，即对方对我们有明确的预期，他对我们能把握得清楚。现在，我们的内部关系不规范，当我们中的某个人向别人承诺的时候，对方不得不怀疑，你在你自己这帮人里到底是什么位置，说的话算不算数？对方想给我们提供帮助的时候，他也不得不考虑，他的这笔人情究竟记到谁的账上去了？如果每个当事人和公司总体的关系界定得不清楚，对外的工作很难开展。

以资金筹措为例。我们公司现在的难中之难是资金。筹措资金本来有两个行之有效的办法：1. 内部增股，2. 从外面找合作者。但是在现有公司体制下，内部人没有积极性增股，外面的人又不愿意和你合作。所以说这种不规范的体制已经到了非改不可的地步了。

这个公司的结构是“浙江村”里做大生意的组织的典型结构。大股东构成“核心系”，各自再动员外围的亲友给予支持。（参见第七章）文中所谓“先划股权再投入”，指的是，5个人在实际投入之前先划定各自的投资比例。当头的占40%，其他4个人，一个20%，两个15%，一个10%。把大股给当头的，是让他多担点责任也多享受利益。其他几个人之间的差异则没有什么说法，无非是有的人钱多，有的人经济上差一点，他们在合作中享有完全平等的权利。在项目进行过程中，大家根据公司资金需要，按此比例分期投入。结果正如该文件所说，划定的股权和实际的投入越来越不相符，使合作出现了障碍。

对股权的重新安排是一层计算，更令人注意的是外围的朋友在帮忙时所作的计算。帮助别人的时候要算清楚自己的“人情账”记到哪里去了，是不是又体现了“双向互惠规则”呢？并非如此。现在这个公司也不是没有得到别人的帮助。愿意帮助的人主要是两类：一是和公司里的几个股东关系都不错的；二是在社区内威望相当高的，他不用担心自己会吃亏，而且他也需要帮给别人看。但是显然，这样的帮助者数量很有限。现在需要的是每个股东都能发动自己的多样关系促进公司的发展。可见，和几个股东的核心系有直接重叠，或者对大部分人都有锁住能力的人，没必要搞清楚人情账究竟记到哪个人身上；而且越不能把人情账算到某个个人身上的，他支持他们的热情反而越高。要搞清楚“记账方式”的，是那些与这边的关系从没有重叠的人。提出“记账”的问题，正说明人们没有把某个股东当作简单的个体看——作为个人，他们的关系过去就界定好了。现在要重新界定，就是要考虑他背后的多种关系，考虑他们股东之间的关系会对自己和他的关系产生什么影响。在上面的例子里，我的这位朋友已经明显感到，首先是股东内部的关系，而不是他们个人的信誉、为人以及交往面等，制约了他们去发展新的关系，争取新的资源。

最近，我们在对“关系”的理解中出现了两个新的观点。一是可能受布迪厄等人有关提法的启发，把关系、面子等“资本化”，提出诸如“关系资本”的概念，并将之和“地位”等概念相联系，认为“关系”是中国社会生活中的一种独特的“资本”（或者是资本形态）。二是可能也同样受福柯、布迪厄等人的另一些提法的启发，强调用抽象“关系”的视角来看问题。比如福柯强调“权力”与其说是被行动者占有的，不如说是存在于某种关系之中的；布迪厄则直接提出“方法论的关系主义”。这两个观点有对立的一面，前者暗含着关系可以被占有，后者努力把关系“关系化”。

我显然不同意关于关系的“资本论”。首先，“资本”这个概念有它自己的独特含义，比如是可以增值、可以转换的。“关系”是不是具有这些特征？值得怀疑。除非我们把资本概念推广至无限，一个人比较自信可以说他有“心理资本”，家庭和睦有利事业可以说是有“家庭资本”，生在改革年代是有“正向的时代资本”，出生在“文革”中则因为有特别的经历而具有“负向的时代资本”或者说“时代资本之B类型”，如此等等。更重要的是，就如我在“引论”里说的，用“资本”概括关系，就“跑了味”。更重要的是，“资本”是一项要素，它相对于人是完全被动的物品，可以购进、转让和取消。但是“关系”是人和人的连线，它不是完全外在于人、受个人随意支配的“物品”。再比如，资本必然要联系着“所有权”的概念，“关系”的所有权又如何界定呢？如果界定不了这一点，那么我们就无法按“资本”概念的逻辑加以讨论。[①]

但是我也不完全同意把问题抽象地“关系化”。像“背景”这个概念是非常关系取向的，但是背景并不是非要到个别化的关系中才被意识到。我们可以看到一种概率的分布，即有的人在各种关系和不同的场景下被认为“有背景有来头”的概率要比别人高。福柯所说的权力也是一个道理。权力的本质不是一种固有的资源，它产生于关系，表现为关系，我们一定要在关系中理解它。但是如果我们观察不同人的不同关系，我们也将发现，特定权力关系出现的概率将随人出现明显的差异。正是因为这种差异，我们在日常生活中形成了“有没有”权力的概念。在温州话中，也有“背厚不厚”的说法，“背”即背景，似乎它真是可以长到行动者的身上的。

一个人所以让人感觉更“有来头”，是因为他的关系丛可以涉及更多的人。市长的儿子比县长的女婿有来头，银行总裁的夫人

---

① 在这里我反对的是理论研究中的“资本观”，但是我注意到普通人在日常生活中也常常把关系说成是“资本”，这是很有分析价值的一个说法。问题是研究不能搬用日常生活中的用语。

比杂货店的兄弟有来头，因为和市长、和银行总裁有关系，他的关系丛也就有更强的辐射能力，能对更多的人产生影响。这种概率上的差异，是和社会的总体结构及制度有关的。如果我们完全忽视这种差异，那就可能过于忽视结构和制度的作用。同时，如果不在重视具体关系的同时注意到行动者在行为表现上的统一，那么我们看到的人将是支离破碎的，这也将直接妨碍我们对社会的观察。见人说人话，见鬼说鬼话，一个人的人话和鬼话不会完全没有关系，相反，他在决定怎么说鬼话的时候，所要参考的正是他说过的人话，他要在人话和鬼话的关系之间寻找到他所要的东西。但是，我们所说的“统一”和方法论的个人主义所强调的个人的内在的统一性不一样。在他们那里，这个统一是先验的，是前提；而在我们这里，这个统一是随着对不同关系和行为的协调而形成的。

我们在这里讨论了两对“辩证关系”。（一）人的行动是在关系中形成的，但人又是有主体性的，能把握、计算和创造关系。（二）我们反对个人主义的个人观，但又强调人的行动和意识有统一的一面。这两点概括起来，我所要强调的就是：行动者本身是在和关系的互动中不断被塑造的。塑造自己，编织关系，和塑造社会是同一个过程。

这并不是鸡生蛋蛋生鸡的说法，因为人所遭遇的关系是有先后的，人也是在不断变化的。我们强调的是行动者、关系丛和社会结构在“过程”上的统一性，而不认为它们是所谓同一事物的不同侧面。

对行动者和关系丛的关系的这一理解，既注意到了可观察性的问题，即我们完全可以从个人和制度开始观察，同时作为一个分析思路，它又使我们的理解能超越观察本身，看到被常识掩盖的东西。这使得这一思路在具体研究中有较强的可操作性。

比较：开放下的聚合

讲到这里，我想我们已经能比较容易地看出“系”和“圈子”的差别了。（一）“圈子”的概念往往强调内部成员的同质性，志同道合者才构成圈子，而“系”的成分则要多样。（二）圈子的内部结构是简单的，“平面性”是它的特征，它正要靠这种互相的平等、无拘束的往来而维持，而“系”则远要复杂。特别是在大人物的系里，不仅他们几个人内部会有一种不可言传的等级，特别是，他们各自原来的亲友跟着他们走，会形成多级的结构。（三）用库利的概念，圈子应该属于“初级群体”，在现代社会中，它的主要功能是感情沟通等；而“系”既不能说是初级群体，也不能说是次级群体。和次级群体相比，它没有正式的形式化的规则，它强调的是具体的人；但是和初级群体相比，它的内部关系又不是完全开放的，可以说，它是以初级群体的面目，在承担着很多次级群体的功能。总之，“系”的特征在于它是多种关系的综合，是具有社会建构能力的，即它在内部能衍生出新的关系，在外部能通过不同系的重叠生成更大社会单位。

我认为第三点区别尤其重要。在以往的社会学理论中，圈子内部的关系是“特殊主义”的，对外是封闭的，与“传统”联系在一起。与圈子相对立的是靠统一制度维持的“次级群体”。次级群体的关系原则是“普遍主义”的，开放的，与“现代”联系在一起。在过去的理论中，凡是“脸对脸”、存在实质性关系（相对于抽象的无实质内容的“关联”，比如顾客—售货员之间的“关系”就只是一种形式的关联而已）的地方，都被认为必然是特殊主义的；而这种组织方式将会“内卷式”发展，缺乏大范围的、有效率的资源调动能力。所以现代的市场经济和超社区的国家的兴起，就必然要求超越关系的“制度”的出现。从传统到现代的变迁，就是从一种组织方式到另一种组织方式，一种主义到另一种主义的转型，而像我们所讨论的“系”“关系丛”等概念在这个理论图式中是没有位置的，也无法被现有理论所解释。

这样的视角也贯穿于我们对移民聚居区的研究之中。

在对移民聚居区经济体系形成过程的解释中，“民族聚居区经济”理论恐怕是最有影响的解释之一。这种理论认为民族聚居区独立于外界社会，形成自成一体的独特结构，这个结构为人们提供了独特的经济机会。典型的例子是老板和工人的关系。因为老板和工人来自同一个地方，老板起初可以用很低的工资雇用工人；工人是给亲戚或者老乡干活，也格外带劲。这样，业主省下了一大笔资金，工人则可以在这里迅速地学到手艺，同时和社区建立联系，很快也可以自立门户了，享受到独特的所谓“非正规的培训机制”。（Bailey and Waldinger，1991）因为聚居区是封闭的，人们赚的钱，全花在社区里面。发了财的人，又积极地在社区内发展公共服务事业。肥水不流外人田，聚居区的经济因此而扩张。

Portes（1993）用“社会资本”理论来解释移民社区的研究也有广泛的影响。简言之，“社会资本”是指社会关系对交易的影响，它表现为信任、互相帮忙等行为。（p12）Portes 和 Sensen Brenner（1993）认为“社会资本产生于个体成员对集体期望的服从（一致）”。（p1325）当聚居区越是隔绝于流入地社会，人们越抱团，社会资本也越丰富，从而促进聚居区经济的发展。但 Portes 也充分注意到了“社会资本”可能造成的负面影响。比如社区的内聚性越强，人们的同质性也越高，受到思想意识上的制约也越多，企业家的创新能力就弱。像旧金山的唐人街，家族和“六大公司”保证了社区的内部秩序，但是也限制了社区里企业的发展。它们对具有“侵犯性”（如到社区之外发展）的企业要制裁甚至驱逐。（Victor Nee and Brett de Bary Nee，1973）

我们看到，这一理论所描画的聚居区经济的发展过程是：移民由于不能进入外部社会而被迫聚合封闭，封闭又提供了促进经济发展的独特结构。而别的理论更强调移民聚居区的封闭和落后。

我在调查"浙江村"之余，也对北京的其他几个流动人口聚居区进行对比调查，我看到这样一个事实：越是聚合性强的社区，对外开放和辐射的程度却越高。

"聚合性"是个模糊的概念。我大致把它归结为三个指标：一是在社区内部人和人互动频次的高低和深度如何。也就是人们的互相依赖性如何；二是社区内部分工程度和服务的专业化水平的高低；三是在主观意识上，有没有形成关于自己社区的较强的概念，和认同程度的高低。比如"浙江村"有自己的一套历史，和一些共同的故事，而在北京西北侧的"安徽村"，人们只觉得大家是临时"凑"在一起而已。这三个指标，涉及了人际互动、结构特征和主观意识三个层次，而且它都具有很强的可观察性，便于对不同的社区进行区分。所谓"开放性和辐射能力"，包括两点：一是其日常活动的半径有多长，二是社区和外部形成的关系的深度如何。比如长期合作的关系就比临时买卖交易的关系要深得多。

"新疆村"分为两片，大的一片在甘家口，有50多家，小的一片在魏公村，有30家左右，全以开饭馆为主导产业，一共大概有500人。"新疆村"的渊源在它附近的西苑饭店。西苑饭店兴建于20世纪50年代，当时叫西苑旅社，是作为团结穆斯林民族的窗口建设的。新疆维吾尔自治区的驻京办事处也在附近。为了使该饭店更好地发挥这一功能，从50年代开始，国家陆续从新疆招了一批厨师进京。开始厨师住在饭店里面，后来由于人员的增多，饭店大概在70年代就在魏公村和甘家口一带新建了一批房子作为他们的宿舍。这些厨师的迁移是属于"体制内流动"，但这一流动却又引发了体制外的流动。首先是厨师们慢慢地带来了他们的家属，后来又带来他们的老乡。以这批厨师为“桥头堡”，逐渐形成了这两个社区。他们的产业显然是针对社区之外的。来这里的顾客以海淀的为多，但是远至朝阳、丰台，也有不少。刚到北京的新疆人，从小本的卖葡萄干、烤羊肉串开始干，到有自己的小门脸，再建起像样的饭馆，形成阶梯式的经济布局。但随着社区对外辐射范围的加大，“新疆村”出现了新的行业，如为餐饮服务的屠宰。还出现了一批“远程倒爷”：他们从北京倒丝绸到新疆，再倒到中亚国家。由于近年新疆人出国做生意和朝拜的多了，替人办护照在这里也成了一项专门的职业。

在北京有若干个“河南村”，最为典型的在朝阳区的豆各庄和苇子坑（均为原来的京郊自然村）一带，大概有1000多人。他们大多来自河南的信阳（特别是固始县）、驻马店等地区，以垃圾回收为主导产业。全村分成三个行当：一是每天推车外出捡垃圾的，其实是以“买”为主，每个人都有自己相对固定的地区，挨户或到单位收购。现在只有一些作为辅助劳动力的妇女才光捡不买。二是“开点的”，即租下垃圾场上的一块地，每天收购其他人到外面捡来的废旧品。再一个是“开点的”雇的“打小工的”，他们做给垃圾过秤、整理等工作。一个“开点的”告诉我：“没有五六万开不了点，平常手里没有个七八万，弄不动。我包了这一遛点，一个月租金就要2000元，给垃圾站。另外你得跟厂家有关系。我现在跟唐山的造纸厂关系多，一般的纸张收好往那儿运，像这种铜版纸要运到上海。最近我自己买了一辆130（卡车）。”他所说的“垃圾站”是指国有的废品收购站，就在“河南村”边上的一个小院里，是这片垃圾场的所有者。“河南村”的形成有两条线索。一是20世纪80年代初有一些河南人在这里打工，打工之余也捡垃圾到附近的垃圾站卖，后来发现捡垃圾比打工还赚得多（据我估算，捡垃圾的每月收入也能达到500元以上。）就开了这个行业之先河。另一个线索是由于城市垃圾增多和招收垃圾工人困难，国营垃圾场慢慢地把自己的场地外租，开始主要租给本场的职工和京郊的农民，后来又转租给河北蓟县等地的农民。两条线索凑在一起，构成了现在“河南村”的面目。

“安徽村”是最为松散的社区。通常所说的“安徽村”包括两片，一片在海淀区知春路的西五道口，另一片在海淀区蓝旗营。第一片人数较多，但是居住较为分散，而且较多地夹杂着其他地方的人口。蓝旗营的人数较少，来源地也更集中一些，内部关系相对紧密。这两片都形成于80年代的中后期，开始是在这里卖菜，其初步形成可以视为是大钟寺等大型集贸市场的衍生物（从这些市场里趸菜，再到街上卖）。但很快，这里的行业也多元化了，现在主要有捡垃圾、搞装修、擦油烟机、钟点工和在附近的单位打工的。职业和来源地有一定的对应性。“安徽村”里的河北人主要来自易县，他们几乎全部集中在卖蔬菜水果这一行；在村里占少数的江苏人则基本上是干装修的；安徽人则干什么的都有。“安徽村”内最重要的结构要素却是居处的分布，它包含了前两个要素，而且用新的互动方式落实。亲戚之间，或干同一行的尽量住在一起，各个院落内部有着较亲密的互动，不同的院落又有不同的行动规则。但是很明显，“安徽村”无论在行业上还是在居处上都显得比较“离散”。

下面的这张表，对我重点调查的四个村的情况做了最简要的概括。

北京主要流动人口聚居区的组织和与城市社会的关系

社区名称	地点	源发地	行业
“浙江村”	北京城南丰台区大红门（“城乡结合部”）	浙江省温州地区乐清市（县）永嘉县	服装生产和销售
“新疆村”	海淀区甘家口，魏公村（市区）	新疆维吾尔自治区（南疆为主）	餐饮、少数的布料生意和代办出国朝拜护照
“河南村”	北京城乡结合部的各点	河南驻马店、信阳地区	垃圾回收
“安徽村”	海淀区知春路西五道口，海淀区蓝旗营及其他城乡结合部	安徽无为、阜阳、巢湖等地，及河北、河南、江苏等省	卖菜、垃圾回收、“钟点工”、清洁工、其他家庭服务

（续表）

社区名称	内聚性	内部冲突	最远辐射范围
“浙江村”	最强	最多	中国、东欧、俄罗斯
“新疆村”	强	多	北京，东亚等国
“河南村”	弱	少	北京、上海、河北等地的加工厂
“安徽村”	最弱	最少	社区附近

可见，对几个聚居区的比较和“浙江村”的事实都与我们过去对移民社区的想象不符。移民聚居区经济理论反映了现在的一个理论动向，即强调传统的、特殊主义的关系在现代社会仍有它的合理性，仍然能够以各种方式存在。但我在这里要强调的是，这些关系不仅是“可以”存在的，而且是现代社会构成中的重要因素。特殊主义和普遍主义之间并没有我们所想象的界限。

现在这些社区都是在和外部社会的充分互动中形成的。形成是一个人口聚合的过程，但同时是一个经济网络扩张的过程。紧密的合作未必和封闭联系在一起，而“天下以同怀视之”的做法也未必是有效率的，甚至是不可能的。像在“浙江村”，你只有靠自己在外部的活动能力，才能在社区内获得更紧密的合作。“特殊”和“普遍”是相互交织的。

我们依然可以同意 Portes 的“社会资本产生于个体成员对集体期望的服从”的说法，但是，必须强调的是，不能把这个“集体”理解为僵化的事实。“集体”是由它的成员塑造出来，而且是在不断被“再塑造”的。同时，个人对集体从来不可能有真正的说一不二的“服从”。集体期望来自其成员，又是存在于成员之中的，与其说是“服从”，不如说是“协调”。（关于社会规范，我也不认为人是在简单地“遵从”规范行事，他是在不断地协调着自己和规范之间的关系。）

在小集体和大社会之间划分出截然界限的做法是值得商讨的。人们往往把传统社会中的农村社区看作是封闭的，对社区成员来说，社区内部和社区外部就完全是两个世界。但事实中，社区内部的关系也是相当复杂的。家庭成员之间是有肉体关系的，同族之间有血缘和经济关系，一般的同村人则是熟人关系；同时，他们也不可避免地因为通婚和贸易等活动和其他村社发生关系。在这样复杂多样的关系中，人们也会形成一般性的有关关系的想象。这种想象是有弹性的，可以推延的。当一个人外出离开村庄，或者一个陌生人来到这里，人们并不会完全不知所措，而同样能够和新的世界、新的来人沟通。社区内外、熟人生人，其间的互通性比我们想象的可能要强得多。"浙江村"所以比别的聚居区同时有更强的聚合性和开放性，关键原因之一就是"浙江村人"由于内部紧密的联系而获得更多的关系技巧，比如如何在多向合作中形成制衡，和陌生人打交道时怎么处理"锁住"的问题等。

划分"特殊主义—普遍主义"的理论已经向我们描述了"现在"的社会和"以前"是如何的不同，让我们意识到社会的变迁。我们现在所要做的工作，恐怕一是反思在描述变迁中所产生的绝对化的倾向，更重要是再往深一层看，尝试把变迁前后的现象纳入统一的逻辑框架，对人和社会的"本性"和变化作出更好的解释。来自以往理论的产地之外的中国概念也许能作出这方面的贡献。

第十章 未来：新社会空间

新空间

在有关中国社会里“关系”的研究中，学者们最关心的是非正式关系和正式制度形成了什么关系。早在20世纪六七十年代，人们就注意到社会主义行政体系中的“关系”问题。比如在对农村的研究中，舒尔曼（Schurman，1964）指出，为实现国家对社会的全面管理和控制，使之彻底渗入基层社会，基层干部在按正式体制运作的同时，也需去发展他与农村社员的“关系”。波斯廷（Berstain，1967）认为，干部和群众的“关系”在“动员型政治”的实践中相当重要。麦德逊（Madsen，1984）从另一个方向讲这个问题：在再分配体制下，基层社区为了从国家那里争取到更多的资源，基层干部不得不去发展他和上层官员的“关系”。

魏昂德（Walder，1986）和奥伊（Jean Oi，1989）分别在《共产主义的新传统主义》和《当代中国的国家与农民》中提出了西方对社会主义国家研究的三个范式：极权主义，多元主义和我称为“关系网络”的范式。他们两位的研究是第三种范式的代表。他们认为，在改革前，无论是在中国城市的“单位”里还是在农村的公社—生产队体系中，“领导”和“群众”形成了普遍的“庇护网络”。社会成员对国家的忠诚与对领导个人的效忠是合而为一的。这一范式极富洞察力地揭示了在改革前的中国，国家和普通人的日常生活如何通过“关系”而相互混合的微观机制。

在对改革后中国的研究中，形成了两种意见。一种可以以尼（Victor Nee）的“市场过渡”理论为代表。比如他基于韦伯关于官僚体系和市场的理论，认为在中国，国家一方面固然是市场的“助产婆”，但市场的发育和发展会越来越要求一个法制的和理性的政府，所以，国家和市场之间最终会出现明晰的边界，种种体制的“混合”现象只是过渡性的。（1989）但正如我们所看到的，他的这一观点现在已成了不少文章开篇的靶子。林南（Nan Lin，1994）通过他对天津大邱庄和江苏等地的研究，提出了“乡土市场社会主义”（local market socialism）的说法，认为传统的乡土关系、市场经济、社会主义的行政模式和意识形态，在一定区域内被稳定地整合在了一起。彭柯（Pieke，1995）通过对北京的人类学调查，提出“私人关系”是与行政体系、市场并列的一个社会行动领域。通过它，行政体系和市场相互渗透，构成所谓“资本社会主义”（capital socialism）的独特形态。Oi（1992）自己更是以财政改革为线索，提出农村基层政府和地方工业紧密结合在一起，形成了“地方法团主义”（local coporatism）。相应的，在对中国是否存在“市民社会”或“公共领域”的讨论中，越来越多的实证研究倾向于持否定态度，而且提出这些范畴是否适用于中国的疑问。（顾昕，1994）比如Walder（1989）就认为有些现象更应归结为“体制内的多元主义”而非一个独立市民社会的生成。大家觉得“市民社会”在中国可能不适用，很重要的原因之一就是非正式的关系模糊了国家和社会之间的边界。

索林格（Solinger，1992）和沃克（Wank，1996）对中国的国家—社会关系的研究与本书有更直接的关系。他们两位都以私营企业主为主要研究对象。Solinger指出，私有企业总是努力争取官员的支持，甚至把自己变成归属于国家的企业；而官方也高度评价这些新企业家，因为发展经济成为党的政治合法性的来源，同时官员可以从中受益。“国家原先对经济资源的占有，在今天既造就了商人，也造就了官员；他们形成了相互依赖、相互渗透的准阶级，甚至共同以一种新形式依附于国家……他们竞相争取国家的资金、补贴和市场，但有时也彼此交易，串通在一起。”（pp.127–129，p136）Wank（1995）对厦门的实地调查发现，面对国家，不同企业的行为取向也不一样：大企业主倾向于与官员联合，中小企业主倾向自己联合（如组织工商联合会），但最后未能成功，而更小的企业主则无兴趣跟任何人联合。Wank 指出，这种新经济群体内部的异质性，特别是大企业主倾向和官员结盟，使他们无以联成自己的社会联盟，因而国家和社会仍是相互交错的。

可以认为，“关系—混合”模式已成为当前中国问题研究的主要范式。在这个范式中，国家、市场、社会是你中有我、我中有你的，不同的社会领域通过个人间“关系”整合在一起。人们用这一模式来解释两个问题。（一）中国社会的“弹性”，即不管上面的正式政令怎么变，到了底下总有另一套逻辑。“关系”使得在正式制度之外的另一套运作法则成为可能，使正式政策在实际运作中不断形变。这也是很多问题可以不通过冲突而和平解决的原因。（孙立平，1996）（二）为什么中国在经济上采取了迅速的市场化措施，却没有蹈苏东政治命运的覆辙？这被解释为由于国家和社会的不分化，在国家之外没能生成独立的政治行为。（Wank，1995）

这一“关系—混合”模式包含着对体制的这样的认识。（一）原有体制是强大的。比如 Solinger 认为，虽然流动人口不完全受国家控制，但他们依然要依附于国家。国家虽然不能将他们拒于城门之外，但是却可以不授予他们一系列正式的权利。流动人口因此变得更为脆弱，使政府部门在感到问题严重或认为不需要他们时，能随时将他们逐出城外。（1993）（二）结构的延续性。Solinger 在另一篇文章（1995）中认为，即使流动人口想绕过国家的规定取得生存资源，也必须采取脱胎于旧体制的一些手段，如贿赂国家资源的“看守人”，而这又造成了对国家的依赖。她还强调“人力资本”的延续性。那些在流动中得到更多机会、更有能力的人，一般总是在原有体制中受过较好教育，甚至有过较好待遇的人，所以他们会对国家有更强的亲和性。还有研究者强调，现有的发展是在原有的结构基础上，特别是“关系”网络上展开的。（Pieke，1995）所以“混合”是一件自然的事。

我在调查中也持这样的“体制决定论”的想法，认为“浙江村”应看成是在缝隙里生长，如果缝隙一旦被填满，他们也就失去了自己的天地。1993年，我在自己的调查笔记里这样写道：

“浙江村”面临着三个问题：

一、北京市市政建设的扩大。南四环路的建成将把大红门划为新的市区，北京市的向外扩张必定要覆盖现在的“浙江村”。从光彩体育馆经邓村到石榴庄的公路已经破土兴建。（1993年）3月20日，部分的本地农民已经转变为居民户口。该地也将逐渐转为街道办事处管理。城乡结合部的城市化、管理的正规化，使“浙江村”的活动余地小了。

二、奥运会（指北京市政府申请的2000年奥运会）的召开，必将使“浙江村”受到较大影响。这有1990年的亚运会的先例在。但是人们现在对奥运会的申办并没什么怨言，反而也很积极，跟北京市民差不多。说“办法总是有的，到时候再说。”但是恐怕“浙江村”在整体上会受到影响，如被迫搬到更远的地方去。

三、全国性市场的进一步建立。“浙江村”能够存在并发展，温州的“泥腿子”能够成为市场上的先锋，很大程度上靠的是我国现在“计划—市场”两条轨道不协调的空子，偷税漏税、假冒伪劣降低了他们的成本。随着真正的统一的现代市场的建立，“浙江村”这样的经营之道必定要受到挫折。

这样的外在压力，也许正能改造他们呢。谁能知道这些温州的农民能走到哪一步呢！

然而事实远远超出我们的预料。除了奥运会一事因为北京没能申办成功而使我们无法检验它对“浙江村”的影响外，其他不管是市政建设的扩大、市场竞争加剧，对“浙江村”都无影响！它不仅不萎缩，而且继续发展。现行体制给流动人口制造了障碍，但是也激发了他们的创新。

比如，体制和身份的区隔使作为外来者的“浙江村人”不能取得平等的“市场进入权”。这逼得他们要在加工上做文章，而不能只靠转手倒卖。吴步江说：

我们怎么可能跟北京的个体户一样呢？俗话说：坐地的老虎出地的猫。他们有自己的店面（门脸），有一套关系。再说，国家扶植的是不动的个体户，虽然没有明确反对我们这些跑出来的，但至少是没给优惠。到现在也没人说我们是“个体户”，只说“外省来经商的农民”！个体户是在北京市场里面的，所以他们光‘倒’就行。但我们早年是进不了好市场的，只能靠“做”，加工。

但作为外来者进行加工，还面临着两个问题：一是成本高，比如1983年刘泽波为进北京还得专门回温州办手续，北京的市场信息也难以迅速获得；二是规模受限制，租房而居，随时可能被赶，不可能进行大规模投入，市场竞争力不强。这就产生了对新制度的需求。外来人口面临的制度创新的可能性也是多样的：如和北京市个体户合作、找集体或国有企业“挂靠”、寻找新的体制内的“庇护网”等。但这些都需经长期的打交道、试错和修正，才能建立稳定的信任和预期。刘泽波们的办法则是：老乡一起干。如让一个人回家替6户办证明；在北京统一进料、统一生产，使内部松散的无经济联系的流动网（如在乌海）重新紧密起来。他们充分利用了原有的组织资源和社会基础，无疑，这对他们是最简单的办法。

“浙江村”运用不断扩张的“流动经营网络”替代企业规模的扩大，也有类似的体制原因。从一般的经济经验看，扩大生产规模是增强主市场竞争力最通常的路径，但“浙江村人”在相当长的一段时间内只是有限地采取了这一策略。人们早期积累的资金主要有三个去向：一是提高消费。高消费往往具有较强的群体性，比如和朋友出去玩，请外地客户吃饭等等，本身就有加强网络关系的功能，所以这在很大程度上也是投资。二是提高产品的档次。比如进更高级的料，用高工资雇用手艺好的“老司”。三是通过亲友网络入股盖市场或者盖大院的“大生意”。

流动人口没有获得名义上的正式权利，并不意味着他们就无所作为，他们也以自己的流动行为，特别是以“跨越边界”的特征，抓住了既有体制的弱点，与体制形成了互相制约甚至互相迫使的关系。

比如，我国行政体系的最大特征之一是其高度的地域化。北京不能管浙江的事，反过来，浙江如果对北京的什么事有所微词，不仅北京不高兴，中央也会认为不妥。不同地域的同级行政机构不能交叉，不同级别的行政机构一跨地域也就无所谓高低。北京要管温州的事情，温州可以完全不听；浙江省要管丰台区的事，丰台可以轻轻松松把意见打回去。难怪很多学者要提出“蜂窝化”“割裂化”来形容中国的地方经济和社会格局。在改革前，中国看似是高度一体化的，仔细一看，却是被分割成无数的“地域社会”的。在各个地方，大家追求“小而全大而全”，搞诸侯经济。生猪大战、羊毛大战、蚕茧大战、煤炭大战……都是这一格局的反映。户口制度也是行政系统地方化的典型代表。户口制度固然是限制了人们的自由的永久性迁移，但是人一旦流动，又马上超越了原来的管理体系。我1994年到珠江三角洲调查民工问题的时候，在很多市镇，外来人口的数目已经远远超过本地人口。但他们再庞大，仍然是处在行政系统的日常视野之外的。他们几乎从来不进入本地的统计报表，不进入经济社会发展规划之内。作为对这“行政地域化”的补充，政府也提出了“属地管理”的原则，即如果出现跨地域的事件，那么这事发生在什么地方，就由那个地方的政府说了算。但是很明显，属地管理只针对“事件”而言；如果不出事，“属地管理”很难发挥日常管理的作用。“浙江村”就是这个情况。几年来北京地方政府的目标一直不明。是赶还是不赶？当赶的意见占上风的时候，大家突击清理，清理完了就算“获得圆满成功”。但工作队没回来浙江人先回来了。当不赶的意见占上风的时候，日常的管理又不可能跟上。一个中层干部说得明白：“我们怎么算是把他们管起来？要真管起来了，这可是个大包袱啊！出了什么事我们都要担责任。我们这么干，你们浙江也不会同意啊！这一大帮浙江人也不能说归北京就归北京了。”即使是出了事之后的属地管理，也不顺畅。事是北京的事，但人还是浙江的人。所以，面对这个跨越了行政地域边界的社区，政府部门非但不能铁板一块地来对付它，它反倒引发了不同地方政府之间的龃龉。但社区因此赢得了更大的自由，能够蓬勃发展。

当我们把“浙江村”里的经营户和北京的个体户做比较时，我们会发现，“浙江村”里的经营户“长”得比北京的个体户要快得多，而且相当一批人达到北京个体户难以企及的地步。温州人早期所拥有的资源当然没有北京个体户多，但居然比北京的一般个体户干得好，这正是由于他们形成了自己的空间。而北京个体户则可能由于和原有体制有更多的联系，反而被抑制了发展。在当今中国，一个重要的新格局正在生成："体制"更多的是在制约体制内的人，而在体制外的反而赢得更大自由。

关于当前中国国家和社会的关系，除了上面提到的"混合"模式外，学术界还有另外三种看法：一是认为中国已经出现了一个相对自治的社会（Gold，1990；Ostergard，1989）或可以去"建构"中国的"市民社会"（邓正来、景跃进，1992）。但认为中国已出现市民社会的论者多以一些特殊事例为根据，其论证确实不太全面。第二种看法是认为中国社会的自主性在增强，但不一定是与国家明确分化的，提出诸如"民间统治精英"的概念（孙立平，1992），Huang（1992）以历史经验为基础提出的"第三领域"的概念庶几近之。再一种看法是认为中国近期难以出现所谓的市民社会，但也没有提出"混合"的提法，主要是从概念上加以论证。（夏维中，1993）

但从流动人口尤其是"浙江村"的例子来看，至少可以说在一定领域内，中国已经出现国家和社会的分野，但这种分野又是"有实无名"的，在事实中存在，却并未得到政策、法律及一般社会意识上的明确认可。大概正是这种"有实无名"，导致人们对它的忽略，而也正是这种"有实无名"，使得这个新的空间既不同于西方意义上的"市民社会"，也不同于中国传统的"民间社会"（即天高皇帝远的状态）。我姑且笼统地称之以"新社会空间"。今后这样的空间将沿着什么样的路径发展，有待进一步的观察。

"浙江村"的发展史强化了我这样一个观念：这类的"非国家空间"乃是中国改革成功的重要保证。综观这 20 年，我们改革的种种困难都可归结为"自我改造"的困难。我们改革的起点是铁板一块的计划体制，此外没有别的任何空间，市场化所需要的代价、造成的危机，只能由这个系统自身承担。当危机大到一定程度时，我们不得不重新动用计划手段来"应急"，造成改革进程的不断反复。而市场化所带来的成果，又常常落入原来计划体制下的当权者的口袋，从而无法真正把市场激活，相反走入非市场非计划的四不像境地。无论是“双轨制”、20 世纪 80 年代中期的通货膨胀、权力下放所造成的问题等等，莫不是“自我改造”的痛苦。

我写这本书的时候，正是国有企业改革和“下岗”问题讨论最热闹的时候，我看到，一批北京的下岗工人反倒在“浙江村”实现了“再就业”。“浙江村”和国有企业的合作，保证了工人的基本工资，国家的资产也得到了新的利用。面对 1998 年市场疲软的局面，“浙江村人”并未见多大慌张，只是觉得自己要提高技术，出新活。同时他们还向我打听互联网是怎么回事——准备尽快进入高档次的国际市场。有了这样的“跨越边界”的空间，改革的各种成本才有消化和回旋的余地，而市场体制的建设才获得实在的促进力。至于“浙江村”中出现的问题，我甚至不认为它们是所谓的“改革的代价”。正是这些问题，才让我们意识到整个行政管理体系和市场发育的不配套。

虽然改革的路途上问题多多，但大家现在都不至于怀疑中国的发展方向，最给我们信心的恐怕就是这些空间的生成吧。

“套”

我们在第四和第八章中所说的“逃避”是“浙江村”这个新空间形成的重要环节。但“躲”不能解决所有的问题。体制毕竟掌握着大量的资源，特别是当你发展到一定程度之后，就必须要直接面对体制。在 1992 年以后，“浙江村”在和国家的互动中，发展出了以下新的策略。这几个策略的共同前提是，“浙江村”已经成为一个相对自主的社会空间。

一、交换。在盖大院的过程中，地、水、电等问题都是靠这个办法解决的。比如胡家富的大院，电从附近的一家停产的国有企业里借。借了50千瓦，20多万。如果让村里解决，也是按一度0.487元的价格算，算是工业用电。

二、表达。万佳友一直热衷于这一策略。他曾试图在村里发起一场募捐活动：

> 1990年要开亚运会，我从电视上看到不少单位和个人都在捐钱。北京个体户不也在这儿附近捐了座光彩体育馆吗？我忽然想到，咱"浙江村"为什么不能捐？就算1000人，每人捐100元，也有10万了。这样一来，让大家知道"浙江村人"也是愿意为国家作贡献的，再者我们既然为北京、为亚运会出了力，没准儿他们就不轰了呢。
>
> 我把这主意跟几个朋友一讲，都觉得不错。但这钱该怎么个捐法，比方捐给谁、怎么让社会知道，我们脑子里是一片空白。我干脆放下自己手中的生意，专跑这事——我们可不就是这样，自己要捐钱，还得求人！
>
> 最先还是找了那个军队里的，他说自己不管军队系统以外的事。后来好不容易跟市政府的一个秘书——大概是秘书——接上头，托人说了我们的意思。可捎回来的信说最少得100万，否则好像就没什么意思，不值得谈。100万就100万，我自己就能捐1万哩。可是还没等我们开始行动，新的"台风"（政府的轰赶行动）就刮起来了。我的一肚子计划也都泡了汤。

京温中心的"爱心小组"也是这一策略的代表。虽然它最后并没有成功，但是人们开始有了这样的意识，有了新的关于自我的认定。

三、合作。早至1986年的柜台出租，就可以视为是流动人口和正规商业部门的某种合作。1992年以后的京温服装中心的建设，刘世明和派出所的短暂的关系，特别是1996年以后新服装城的投资，更典型地表现了流动人口和地方政府机构的合作关系。

四、“套”。这是在日常生活中最常用的策略。

1995年6月的一天，丁朝方在京温大楼四楼的摊位被无故关闭。他在附近的金都饭店找到正在吃饭的市场治安人员，对方不仅没搭理他，还让他替他们付400多块钱的饭费。丁朝方乖乖付了钱，但让服务员开了发票。丁朝方把这事告诉了在东城区公安分局工作的北京朋友。丁朝方曾在东城住了两年，那时候老乡聚在一起的少，注意拉外面的关系；来了“浙江村”老乡多，住了3年多还没在丰台的公安口里拉上关系。东城的朋友把这情况告诉了丰台公安局报道科的一个朋友，报道科还真把这事报到市里去了。结果上面来了批示，要派出所和分局严肃处理。派出所的副所长赶紧找丁朝方来，说别为这几百块钱的事情伤了和气。400多块钱退回，那要钱的警察也被调离了京温大楼。丁朝方颇怀几分得意地和我说他的故事。又说：

> 反正我们还是想在这里长干的，真把那警察搞得怎么样也没意思。你给某某（指副所长）一个面子，今后丰台这边的路也就通了。在外头做生意，一定要有几个这样的熟人！我们不搞行贿、送东西那一套，就经常到他家里坐坐，把他捧起来大[①]。到时节（过节的时候）衣服啊，温州的虾啊，送一点。他有什么事情找我们的，尽量给他办，把他“套”住。到时候我们有事情，锄头就砸到他头上[②]，他肯定出力。

① 尊重他，在当众场合给他面子。

② 意思是一砸一个准，表示“套”得紧，跑不了。

我这个“套”字，就是引的他的话。“套”是对方对自己有某种义务感，不能轻易拒绝帮忙。“套”里也有“交换”的因素，但不像交换策略那样是即时的，它强调长期的稳定关系。但这个长期又和自己人互相帮忙不一样，它是不得不“从长计议”，因为和行政人员的即时的交换代价较高，“成交率”低，所以只好把线拉长。

1996年春节，我在永嘉碰见一个“浙江村”来的“旅游团”。带队的是“浙江村”的两个经营户，“团”里的主要成员是大红门一带的派出所、工商和税务的办事员。他们在温州过的春节，先玩楠溪江，再游雁荡山，一趟下来总共花了3万多块钱。这样的旅游团并不是什么新鲜事，大红门一带的基层办事员去过温州的人数比我想象的要多得多。1998年3月，全国“超霸杯”足球赛在温州举行，陈存圣、高建平专程带着北京的几个关系户去温州观战并旅游。这当然也属于“套”计。趁着几个北京人上街逛，“团长”和他的朋友在旅馆里聊天。朋友说：“你跟他们这么熟，明年给我搞个京温里的摊位！贵一点没关系，位置要好。”我插话说：“京温的恐怕不好搞。”“团长”发话：“我跟他们说。把这帮‘糖儿’[1]养起来干什么用的，就给我们帮忙的么！”“他们”还是“他们”，“我们”还是“我们”，我们为了我们的发展去套他们，是我们在利用他们，而不是他们在改变我们。陈存圣的例子也说明了，和政府有紧密的关系，并不意味着在社区就能有很高的威望。

不同的温州人“套”住同一个干部是普遍的情况，但这并没有导致这样的后果：不同的“浙江村人”因为跟某一个或者某几个北京人的关系，而结合得比较紧。换句话说，并没有以这些北京人为中心而形成新的圈子，对原来的“系”的结构形成影响。个中的原

① 对第三者的蔑称，近似于“家伙”。

因并不复杂，“套”是工具性的策略，彼此的互动很不全面，对方并没有进入社区的生活中去。老乡们在北京干部的家门口不期而遇，也只心照不宣地点点头，不再多问。人们并没有被“反套”。

跨越边界的社区

“浙江村”将何去何从？

令很多人惊讶的是，很少“浙江村人”为没有城市户口而焦虑，他们甚至不认为这是一个问题。他们在一次又一次“要回家”的念叨中，年复一年地在北京生活。回不回家对他们并不重要，而留在北京也不意味着要成为北京人。一位在“浙江村”挖掘素材的电视制片人对我说：“你们这些老乡的时空观念和别人完全不一样！某某某，48 岁。43 岁的时候还是地道的农民。他告诉我他明天去广东，到机场现场买票走人。另外两个明年准备去新加坡和意大利。我问他们什么时候走，说没定，看什么时候闲一点就走。说去就去。一般的中国人哪有这样的‘地球村’意识！”我给“浙江村”里的经营户打手机，一般都要问：“在哪儿呢？”——不是问他在家不在家，而是问他现在在哪个省市。“浙江村人”就是生活在这样一个不同空间的状态中。

同样叫人惊讶的是，“浙江村”里第一批在北京接受教育的青少年，出现了“回归”的趋势。刘世明的两个孩子在小学和初中阶段是非常“北京化”的，可是他女儿的男朋友最后竟是“浙江村”里的温州小伙子。他儿子在北京体育学院读书，1998 年春节前，他和“浙江村”里同年龄的亲戚和朋友，瞒着父母独自“逃”回温州（怕刘世明在寒假里对他管教太严）。而其他的青少年，像金一国等人，也在顺着“浙江村之路”在成长。这让我意识到，在这个强大的社区里，不仅形成了自己的社会流动机制，也形成了自己的社会化模式。孩子即使完全接受北京的正式教育，他们仍不会马上变成“北京的孩子”。①

移民研究通常预设，随着时间的推移、交往的增多，外籍和土籍也将融合到一起。调适、涵化、同化、融入等等概念都反映了这一理念。但“浙江村”和外界的频繁互动为什么没有导致这一后果呢？

这里的关键之一是我们对社会秩序的想象。一个外来群体要融入主流社会中去，这个群体在主流的想象中的位置必须是被认可的，同时这个群体也必须认可主流对总体社会和对自己的想象。像我们在第七章中看到的商场经理对“浙江村”经营户的态度，他们的交往不可谓不深，甚至有共同的利益，而经理很难在意识上把他们和城里人视为同类。“浙江村人”是“外来人口”。“外来人口”之“外”，并不指外地或外籍，或者另一种地域文化。“外”也不意味着所处经济和社会地位的相对低下，不能进入城市的核心部门。（在“大跃进”和1977—1978年的“洋跃进”间招来的农民工从未被视为“外来者”。）这个“外”更多是指“国家之外”和体制之外。“浙江村人”则觉得这一想象可笑。体制的区隔对他们来说是可以利用的机会结构。“浙江村人”比当地居民能在经济上获得更大的成功，原因之一是他们的关于社会的图式想象更接近于事实，体制对他们的意识形成的影响更小。

① “浙江村”里不少的孩子在北京的小学和初中读书的时候，成绩很好，甚至当上班长；但到了初三、高中，学习的兴趣明显下降，纷纷要像父辈那样做生意。“浙江村”里的生活虽然并不好，但这里的大人物、不断出现的“大生意”，还是给他们很大的刺激，觉得很有前途。这条通向成功的道路，要比通过读书、考大学来得容易多了。这颇符合Ogbu所说的“关于成功的民间理论”（folk theories of success，即移民群体对成功有着和主流社会不一样的定义，Pieke，1991）和Erickson（1987）所讨论的教育中的双方信任问题，即当老师对学生有一定的信任，学生也相信老师所教的知识能给他们带来好处，学习才有效果（感谢Pieke使我注意到这一理论）。按部就班地接受正规教育，在“浙江村”青少年看来，不是他们获得成功的有效之道——尽管他们的父母热切希望他们“学得越高越好”。

其实现在户籍制度对外来人口的生存已经不构成直接制约，也不能完全阻隔外来人口和城市社会的沟通，但它使人们维持着“城市—农村”分立的社会图式。

既是与社会的各个部分紧密相关的，又是在既定的总体社会秩序之外的，这便是我所说的“跨越边界的社区”的含义。

“跨越边界的社区”，在迁移研究中不是什么太新的提法。早在20世纪70年代，就有人对把流出地和流入地分隔开来看的取向提出了批评。比如，罗穆尼兹（Lomnitz，1976）提出同时包容农村（流出地）和城市（流入地）的关于迁移的生态学模式理论。尤兹尔（Uzzell，1979）批判了迁移研究中的农村—城市的“两极模式”，提出了“跨越千里的村庄”。以及怀特福特（Whiteford，1979）的“放大的社区”（spatially extended communities），吉奥吉（Georges，1990）的“跨国社区”（transnational community）等概念都强调迁移者既不单纯在流入地活动，也不仅受流出地的影响，而是形成了有关包容二者的统一体系。Rouse（1991）提出把“跨国移民圈”（transnational migrant circuit）作为分析单位，认为迁移形成了一种“后现代的社会空间”（social space of postmodernism）。所谓“后现代主义的空间”，按我的理解，是指迁移所带来的文化空间、社会空间和地理、行政空间不相整合的状态。

但是，“浙江村”的“跨越边界”有它自己的特点：

一、它不仅和外部的经济体系“联结”，而且积极地改变外部的经济社会格局。“浙江村”对北京乃至中国的服装市场的改造是有目共睹的。

二、它不仅是把流入地和流出地联结在一起，而且形成了覆盖全国乃至辐射国际的“流动经营网络”。“浙江村”既是可见度极高的，又不是有明确边界、可以一把抓得住的实体。

三、“浙江村”与其说是把本来完全分隔的社会体系连接在一起，不如说是从原有高度统一的社会中分离出来，即我们在上面强调的“体制之外”的含义。

这样，“浙江村”超越了地理上的边界，也超越了组织体系（党团组织、城市的“单位”、农村的社区组织），行政体系（逐级负责，条块配合）和身份体系（是城里人还是乡下人，是农民还是工人）等，一系列更隐蔽也更深刻的社会边界。上面所说的“浙江村”不能为人们的想象秩序所接受，就是这一事实的综合体现。

“边界”对社会秩序的形成和维持是有重要功能的。越是静止、凝固的社会，它内部的社会边界也就越明显，越不可逾越。按中国人的说法，不分出个父子君臣，高低上下，岂不是“乱了套”。对以往的社会边界的超越，意味着局部的新秩序，和经济和社会生活方式的形成。也意味着对总体社会的新秩序的要求。

在意识到流动人口是“体制之外”的时候，我们曾十分强调他们的“定位”问题：觉得他们在社会结构里找不到位置。这对“浙江村”也是过虑。并不是说他们已经同化，更不是说他们已经在既定的结构中定位，而是，在“跨越边界的社区”里的生活，已经成为他们新的生活方式。他们觉得自己的“位”定得挺好！我们面临的是一个飞速变迁的时代，我们应该摒弃用固定的总体性的社会范畴（如城里人—农村人）看现实问题的倾向，而应注重现实中不同社会部分的具体联系。

“浙江村”向我们典型地展示了在现有的体制空间下，一种新的生活状态的可能。它不是暂时的过渡，更不是“变态”。这个新的社会空间将长时间地存在，它将随着国内外市场的变化，继续迅速地变化，行政体制对它的影响将越来越小。“浙江村”内部的问题，不是它自身固有的，而是源于它和外部社会、和管理体制的联系方式上。基于这样的观点，我既不同意把这个社区“连根拔”，因为这是不可能的（难道取消“全国性的流动经济网络”？），也是没有道理的；也不同意让社区“组织起来”，向主流社会争取他们的权益。社区缺乏这样的组织基础，而且它和现有体制的矛盾不是对抗性的。现在最应该做的，恐怕是处理好社区和城市社会之间多个分散的“接口”，比如强化当地原来的社区管理体系，激发社区内大人物们管理社区和配合政府的积极性等等。在这里，首要的任务乃是改变现有的行政管理思路和管理体制，建立起“互动”特别是多元制衡的观点，而不要去单一地“控制”乃至取消这些新的社会空间。

后记：理解的知识

书的一开头，我们讨论了“为什么要写这本书”，现在我想说的是为什么要以这种方式写这本书。

从1997年春节开始动笔到1998年夏天结束，这本书基本上是一气呵成的。我并没有在“怎么写”的问题上深思熟虑。写作过程中，我甚至很少看笔记，我只觉得是在向别人述说我这些年所再熟悉不过的事情。现在所以要另写一篇后记来讨论这个问题，一是我明白，人类学报告的“怎么写”和“写什么”一样重要，写法本身值得反思。二则，我在修改的过程中不断意识到，我的“自然而然”的叙述方式和我们所习惯的社会科学的写法有很大差异，甚至超出了人们通常认为的“科学”范围。我应该对此有所交待。

本书在描述上的最大特点是对“我”的强调，经常提到我的“惊讶”“欣喜”以及“不耐烦”等等。不仅调查是参与式的，叙述也是参与式的，强调对“发现的逻辑”的说明。这和以往“科学”文本的“客观”叙述方式不同。由于强调我的“亲眼所见”，书里的材料显得非常具体和个别化。这又和以往概化的，把行动者处理成各种角色的描写方式——比如“当家族族长和本社区的行政长官发生分歧时，掌握着社区的文化权力的僧侣便出面协调家族和行政这两个系统之间的关系”——形成明显的对比。可能有人会认为，我写的只是我最初步的调查记录，还没有经过“思维的加工”，尚属“前科学”阶段。

那么，这种叙述方式的学术“合法性”在哪里，为什么能把它叫作一个人类学报告？这么写的价值在哪里呢？

首先，我这么写无非是“回到了事实”。一个人类学调查难道不是单个的“我”所看到的吗（但在以往的人类学报告里用的是“我们”）？在我们观察社会和他人的时候，我们面临的难道不是各种个别化的事实吗（但是过去用的总是“他们”）？我想凡有人类学实地调查经验的人都会同意，随同一个小组进入社区远比单枪匹马进入困难，而用所谓“座谈会”的办法——把被调查者按调查者的意愿分类组合——来搜集材料更是荒唐的。也就是说，人类学的理解更大程度上是建立在个别的交流之上，以往报告中的“我们”“他们”这些“代言人”是不真实的。我想大部分有过实地调查经验的人会同意我在第二章中说的“在互动中认识对方”，只不过不大愿意把这个过程真实地反映到文本中而已。

在西方近来“后现代人类学”和有关“实验民族志”的论说中，对这个问题已经有了不少讨论。尤其是马尔库斯和费彻尔对以为的民族志文本作了文学批评式的分析，指出了在民族志写作中许多被制度化了的虚假现象。其中最重要的问题之一便是人类学者把自己扮演成全知全能的上帝，隐身遁形而洞察一切。

但是光说“回到事实”还不能解决问题。让研究者出现在文本中，并把研究的个性特征和主观特征表露出来，这固然是反映了一方面的事实，但这样的人类学写作还能不能算是“科学”呢？

在我看来，这个问题的意义与其说是在诘问民族志形式的学术合法性，不如说是让我们借人类学的实践来反思我们的科学观和知识观。

科学可以而且应该有多种形式。在传统上，我们所持的是“支配性”的知识观，即认为科学的用意在于“把握”、支配客观世界。尽管这个科学观所说的“世界”同时包括了自然世界和社会人文世界，但是它强调，当这些现象成为被研究的对象时，它们是独立于思考者之外而存在的，彼此是完全分离的。在表述形式上，它将努力表现为一系列严密、清晰、彼此有逻辑关联的命题。

而我认为，人类学（其他的社会科学在不同程度上也是如此）应该是一种“理解的知识”。

人类学等社会科学的认识论基础，并不是建立在人对“客观事物”的认识能力之上的。而是建立在人与人之间的“主体间性”（如果我对这个概念没有理解错的话）的基础上的，最简单地说，就是“人和人是可以互相理解的”这一预设之上。“这个世界上最难以理解的事情是这个世界是可以被理解的”，而人和人是怎么可以互相理解的，也是同样具有魅力和挑战的问题。“人可以理解世界”这句话可以看作自然科学的出发点，“人可以理解人”可以作为人文思考的缘起。

人类学学科产生的背景，是本世纪早期开始出现的新的世界人文格局。这个格局的核心特征就是不同的人、不同的文化、不同的观念开始“遭遇”在一起，建立互相之间的理解就成为人类学的目的。其后的人类学，也都是随着不同文化之间“遭遇”的加深，为了更好地探求理解的方式而发展的。

“理解的知识”和支配性知识的最大不同在于，它对述说者和被述说者，以及和阅听人之间的关系有新的理解。首先，我认为不应该把被述说者（调查对象）处理成外在的，特别是可以被全面“把握”的客观存在。述说者和被述说者是相互映照而存在的，研究者只能在一个个具体的场景下观察被研究者：有研究者的“引发”，才有被研究者的“发声”。在观察者观察被观察者的时候，被观察者也观察和思考观察者。只有在互动的过程中，被述说者才会展示自己，述说者才据此获得他想要的信息。而在过去的文本里，被述说者似乎是在“无对象”地述说着他们的“普遍事实”，而能“看穿一切”

的研究者又能把这些全面地“掌握”在心。

在过去的人类学报告中，述说者和阅听人（读者）之间有两层关系。一是述说者作为“权威的知情人”告诉读者“有一个遥远的事实”如何如何；另一方面，述说者要强调他和阅听人之间共享的理念。这样造成了两个后果，一是阅听人几乎完全是被动的，或者说，在一定程度上是受蒙蔽的。述说者一开始就把自己当作虚无的“我们”（其实谁也不知道这个“我们”究竟指谁，但用了这个词论述上就更有合法性）的代表，也不说明他究竟怎样卷入社区，读者失去了对他的调查过程加以检验和批判的权利。第二个后果更为重要，这一文本形式使述说者将“事实”和“评论”（理论）分离成两部分。事实被述说者全面地“占有”，读者像被放在了一个黑箱中；而评论的目的是吸引广泛的读者关注，其实是以读者心中的理念为基础的，有时候甚至是要引读者所好的。这样，述说者很容易自觉不自觉地按着事先的理论要求来组织事实，而读者对此则无从检验。

述说者应该是被述说者和阅听人之间的媒介，我很希望把我的这本书写成我和“浙江村”的人们，和读者们之间的一出“双重对话”。述说者应该承认他所进行的调查是一个和被调查者互相理解的过程。他发现事实的过程和他所发现的事实过程同样重要。在理论的述说中，他也应该显示自己如何从各个具体的事实中得到启发。[①]那种以往文本中所强调的主流的工作程序：在对事实的全面掌握的基础上，按照严密的科学规范系统地提出思想，是不可信的，也是

① 这样做的用意还在于增加研究报告的可讨论性和可检验性。社会科学中恐怕没有所谓完全的客观事实存在的。社会科学研究的好坏，我个人只执三个标准，一是给人启发；二是叙述简洁，用尽可能简单的逻辑方式概括尽可能多的事实；三是研究具有“可检验性”。当读者对作者所描述的某个事实感到惊讶时，他应该可以猜测可能是哪个环节出了问题；当对作者的某个观点感兴趣时，他们也应该能知道这个观点可能的普遍性有多强。

不可取的。具体的事实才是理论的出发点，述说者应该有勇气表现出自己思考中的艰难、矛盾。系统化的论述是学术工作所必需的，但是我们不能把对系统性的追求当作思考的出发点。

把述说者本人从后台推到前台，适当地描写他个人化的内容，并不意味着要把“我”当作民族志的中心。对“我”同样有一个对象化的问题。这也是我在第二章中特意写了“温州的大学生”一节的用意，我应该让读者知道我在这个调查中有什么优势（比如懂他们的方言），有什么劣势（比如阅历有限），在阅读时要注意哪些问题。我不同意把被研究者对象化为我们之外的存在，但这并不是说不要对象化，而是认为要有一种“平衡的对象化”：既对象化对方，也对象化自身，注意到彼此之间的关联。把自我对象化，这是作为学术研究文本和散文等文本形式的主要区别之一。

上面的观点可能会使许多研究者为难。如果系统的论述、清晰的概念等等不是理论的所追求的基本特征，难道理论还会是别的什么吗？不错。理论可以而且应该有多种样式。过去我们所认识到的由若干概念和一系列命题组成的理论只是其中之一。理论也完全可以表现为一个“文本”。它可能不包含明晰确凿的判断语式的命题，但同样能给人们一个“图景”，帮助人们形成新的理解。地图可以以精确的形式地反映一个地理形貌的特征，它被理解为“科学”；但是一幅写生，一帧大写意的中国水墨画，不是同样给人以关于这一形貌的理解吗？它不是精确的，不像“科学”，可它反映了地图所不能反映的信息。

关于个别化的描写方式，我们还必须回答这样的问题：如何通过零散、具体的事实而达成更深的认识呢？过去人类学报告中所以采取概化的叙述，正是认为它在认识层次上比我们直接观察到的零散现象要高。我重新回到具体事实，是要尝试把民族志从**对社会“面目”的描写转而到对社会组成方式的探求**。

虽然拉德克里夫-布朗的结构功能主义理论受到很多攻击，但正向我在“走进‘浙江村’”一章所说的，其影响还是相当之大。它典型地满足了我们通过学术知识把握和支配社会的欲求。要使社会和文化成为我们可支配的东西，首先必须把它们看作“实体”。拉德克里夫-布朗让我们想象自己在海边捡贝壳，各个贝壳是不一样的，但是又总有一样的地方。当我们捡了足够多的贝壳（我们可以从容地拿着贝壳观察、把玩它！），互相比较，便能形成适用于所有贝壳的概化认识。这个认识就是社会结构。美国的早期人类学又提出“文化区域”“文化类型”的概念，把文化和社会看成是历历可数的。这些概念再和马林诺夫斯基等人的“功能”思想结合在一起，结构、类型等更成了有明确边界、自为自主的范畴。文化被区分为不同的类型，各个文化内部又被分析出井井有条的结构，我们建立了清晰、有序的对人类社会秩序的想象，社会也变得如此可以把握。

既然把社会和文化看成实体，那么社会必然有一套完整的“面目”（不管是表面上的集体表象还是深层的结构），对这样的面目的描写成为人类学研究工作的核心任务。我们常常把社会想象成有机体或者建筑物：上是屋顶，下有台阶，外表是涂料，各个房间占据不同的位置，通道和楼梯将各点连接在一起。对社会的理解被认为等同于对这一面目的把握。

在面目描写的取向下，不同文化和社会是各自分立的。每个文化都有自己的完整构型，而不同文化之间的边界是清晰的，当我们要探求不同文化之间的共同点时，则只能转向抽象的、在思维上构造出来的概念，如功能、结构等。这样，人类学也变成一个巨大的文件夹，人类学家逐一地去搜集和描写一个个不同的文化面目。而事实证明，这一做法是无法穷尽的，文件夹到最后也只能成为杂乱的集合。

更重要的是，在这一取向下，人类学家可能认为自己的任务就是构造“完整的社会构型”。这个构型完全是思维上的构造，人类学者努力把所见所闻纳入统一的模型。这很容易造成使用事先设计好的思路指导调查，而做不到真正从事实的逻辑出发。

在勾画面目的努力下，我们的研究对象往往成为了“没有历史的人”。因为我们不关注它内部的变迁，有意忽略那些难以用完整构型涵盖的内容，这些社会被写成是“一直如此”的。艾利克·沃尔夫提出“没有历史的人”这一说法，是要批判西方中心主义倾向和把其他文化和西方文化完全隔绝开来的做法。面目描写取向下的认为文化各自分立，认为可以用统一的简单化的“他们”来概括和自己不一样的人，认为这些文化是可以通过自己的观察而把握的，不都是沃尔夫所批判的倾向的体现吗？

在把被研究者变成“没有历史的人”的同时，正如另一位人类学者指出的，我们又把自己变成了“没有文化的人”。那些远离我们的社会井井有条，有丰富的仪式、明晰的结构，而我们自己的生活则是一团乱麻，找不到令人类学家赏心悦目的文化形式。事实上，其他社会也和研究者所处的社会一样，也充满了冲突和不确定性，只不过是被研究者“造型”成了这个面目而已。

描写面目的报告的清晰程度让图书馆里的读者感到愉快，但是本地人却常常不愿意认同这种清晰。他们会皱着眉头和你说：“这可不好说。有的是这样，有的不这样……”他们经常对别人把他们规划为某一类，对把他们的社会勾画成格子架式的东西感到不安。只有对一个陌生的社会，我们才觉得存在着一个行为和意识都一致的“他们”，才会觉得它有一个突出的外在面目。

我所说的对“社会组成方式”的探求，至少是对面目描写的一个补充。它把社会看作是一个不断建构的过程，而不是静态的实体；它注重不同的人怎样联系在一起，而不注重对总体的俯瞰。

旨在揭示“社会组织方式”的文本，难以“一、二、三”地列出社会的基本特征让人“一眼看穿”，但它希望能让读者理解、体会，以至“体味”这个社会。在这个取向下，不同社会和不同文化之间的沟通和冲突，不被看作是两个实体碰在了一起，而是被看作是不同的社会组成方式纠缠在一起。一个社会中的某些特征可能会在另一个社会中发现；两个社会之间的冲突有可能只起源于它们内部的某一组关系的不调和。浮现在人类社会的海面的，是一个个独立的岛屿，而这些岛屿在水下乃是互相连接着的。只有更多关注到社会的内在的具体的组成方式，我们才能对文化之间的差异性和统一性有更好的理解。同时，我对人类学促进互相理解的使命也持乐观态度，如果我们把文化看作一个个实体，那么我们只能用“碰撞”“冲击—反应”这一类的语言想象不同文化之间的关系，而当我们注重不同文化的组成方式时，那么我们就看到，各种组成方式都有自己的延展性，它与其他的组成方式是能够发生沟通，互相交错的。

还可能令读者感到不习惯的是，我没有把“浙江村”处理成标准的学术研究对象，书中常常出现社会评论式的叙述，比如关于如何看待帮派，以及有关爱心小组的看法等。不错，“浙江村”在我心中更多的是一个现实，而不是一个用以写文章的题目。我不认同社会科学写作中的“超脱”态度。我对“学术工作的独立性”一说一直不太理解（它不仅是像“司法程序的独立性”那样强调不受行政干扰，它不仅是面对政治领域而言，而且似乎要强调面对全社会的“独立性”）。对那些声称要以“学术独立性”为前提，要“以正义的鞭子来抽打社会”的说法我更是不懂。何为正义？我们当然可以在字面上规定一些条文将之称为“正义”，社会永远不可能满足这些条文，“鞭打”起来自然得心应手。但在我看来，“正义”更是一个实践和历史的范畴，是在不断实践和不断修改中才获得意义的。正义是实践者创造的，每个人都有他的正义观。知识分子固然是对“文化大革命”作了深刻的批判和反思，但是同样要看到，广大农民的批判和反思并不少于知识分子。没有他们的批判，知识分子恐怕发不了声，改革开放也启动不了。这一点在本书的第三章中已经有生动的体现。只不过农民和普通群众的批判和反思没有表现为文字而已。不去了解现实生活中的正义如何被界定、如何被实践，这“正义的鞭子”凭什么就落到了你手里呢？支配的知识观认为学术研究可以超越社会实践，能“客观”全面地掌握事实；所以它能独立于实践领域之外，以知识权威的面目告诉人们如何如何。而我认为这一超越是非常有限的。我们的思考就是实践过程中的一小环。在今天，教育和信息传播大为发展，实践者所掌握的知识技能和思考能力都接近于研究者，我觉得人文知识和实践之间的关系需要被重新思考。

我写这本书，目的并不是要发展独立学术系统中的某一概念，而只是想提醒大家要对自己的实践方式进行反思。是我意识到，人们把“总体判断”作为行动的前提，是有危险的，因为所谓对社会的“总体认识”可能是虚假的。这才有了我从“支配的知识”到“理解的知识”的转变。从最顽强的事实出发，发现并试图解决真实的问题所在，这是我的出发点。

参考文献

Bailey, Thomas and Waldinger, Roger. 1991. "Primary, Secondary and Enclave Labor Market: A Training System Approach," *American Sociological Review*, 56: 432-445.

Berstain, Thomas. 1967. "Leadership and Mobilization in the Collectivization Campaigns of 1929-30 and 1955-56: A Comparison," *China Quarterly*, 31: 1-47.

Blau, Peter M. 1968. "Social Exchange," *International Encyclopedia of Social Science*, vol. 7. New York: Macmillan and Free Press: 452-57.

Caslets, Stephen and Kosack, Godula. 1973. *Immigrant Workers and Class Structure in West Europe*. London: Oxford Press.

Castell. Manuel. 1975. "Immigrant Workers and Class Struggle in Advanced Capitalism: The West European Experience, " *Political and Society*. 5 (1).

Chin, ko-lin. 1996. *Chinatown Gangs: Extortion, Enterprise and Ethnicity*: Oxford University Press (manuscript).

Douglas, Mary. 1966. *Purity and Danger*. London: Routledge.

Durkheim, Emile. 1984〔1893〕. *The Division of Labor in Society*. New York: Free Press.

Erickson, Frederick. 1987. "Transformation and School Success: The Politics and Culture of Educational Achievement," *Anthropology and Education Quarterly* 18 (4): 335-356.

Fernanderz-Kelly, Maria P. 1983. *For We are Sold: Women and Industry in Mexican Frontier*. Albany: SUNY Press.

Frank, Andre G. 1967. *Capitalism and Underdevelopment in Latin America*. New York: Monthly Review Press.

Georges, Eugenia. 1990. *The Making of a Transnational Community: Migration, Development and Cultural Change in the Dominican Republic*. New York: Columbia University Press.

Goffman, Erving. 1961. *Asylums: Essay on the Social Situation of Mental Patients and Other Inmates*. Harmondsworth: Penguin. 转引自 Pieke, 1995。

Gold, Thomas. 1990. "The Resurgence of Civil Society in China," *Journal of Democracy*, 1 (1):18-31.

Granovetter, Mark. 1985. "Economic Action and Social Structure: Problem of Embeddedness," *American Journal of Sociology*, 91: 481-510.

Harris, J. R. 1978. "Economic Causes and Consequences of Migration Within the Context of Underdevelopment in West Africa, "Working Paper, 6, Africa Study Center, Boston University.

Hirschman, Albert. 1970. *Exit, Voice, and Loyalty*. Harvard University Press.

Kearney, Michael. 1986. "From the Invisible Hand to Visible Feet: Anthropological Studies of Migration and Development, "*Annual Review of Anthropology* 15: 331-61.

King, Ambrose Yeo-chi. 1994. "Kuan-his and Network Building: A Sociological Interpretation, " Tu Wei-ming ed., *The Living Tree: The Changing Meaning of Being Chinese Today*. Stanford University Press: 109-126.

Lin, Nan. 1995. "Local Market Socialism: Local Corporatism in Action in Rural China, " *Theory and Society*, 24 (3):301-354.

Lomnitz, Larissa. 1976. "An Ecological Model for Migration Study, " Guillet, D. , Uzzel, D. J. , eds. *New Approaches to the Study of Migration* vol. 62, No. 3. Houston: Rice University: 131-46.

MacDonald, John S. and Leatrice D. MacDonald. 1964. "Chain Migration, Ethnic Neighbourhood Formation and Social Networks, " *The Milbank Memorial Fund Quarterly*, 42 (1): 82-97.

Madsen, Richard. 1984. *Power and Morality in a China Village*. University of California Press.

Massey, Douglas S. 1988. "Economic Development and International Migration in Comparative Perspective, " *Population and Development Review* 14: 383-413.

Massey, Douglas S. and Felipe Garcia Espana. 1987. "The Social Process of International Migration, " *Science* 237: 733-38.

Massey, Douglas S. and Luis Goldring. 1992. "Contunuities in Transnational Migration: An Analysis of Thirteen Mexican Communities, "Paper presented at the Workshop on U. S. Immigration Research: An Assessment of Data Needs for Future Research, September 17-18.

Meillassoux, Claude. 1981. *Maidens, Meal and Money: Capitalism and the Domestic Community*. Cambridge: Cambridge University Press.

Merton, K. Robert. 1993. "Foreword," Alejandro Portes, ed., *The Economic Sociology of Immigration*. New York: Rusell Sage Foundation: vii-xi.

Mines, Richard. 1981. *Developing a Community Tradition: A Field Study in Rural Zacatecas, Mexico and California Settlement Areas*. La Jalla: Program in U.S.-Mexico Study, University of California.

Nee, Victor. 1989. "Peasant Entrepreneurship and the Politics of Regulation in China, " Victor Nee and David Stark eds. *Rethinking the Economic Institutions of Socialism: China and Eastern Europe*. Stanford University Press:169-207.

Oi, Jean. 1992. "Fiscal Reform and the Economic Foundations of Local State Corporation in China, " *World Politics,* 45 (1):99-126.

Ostergard, Clement. 1989. "Citizens, Groups and A Nascent Civil Society in China, "*China Information* 4 (2):28-41.

Pieke, Frank. 1991. "Chinese Educational Achievement and 'Folk Theories of Success'," *Anthropology and Education Quarterly*, Vol 22: 162-78.

Pieke, Frank. 1995. "Bureaucracy, Friends, and Money: The Growth of Capital Socialism in China, " *Comparative Studies in Society and History*, 37 (2)494-518.

Portes, Alejandro. 1993. "Economic Sociology and the Sociology of Immigration: A Conceptual Overview, "

The Economic Sociology of Immigration. New York: Rusell Sage Foundation: 1-41.

Portes, Alejandro and Julia Sensenbrenner. 1993. “Embeddedness and Immigration: Notes on the Social Determinants of Economic Action,” *American Sociological Review*, 98 (6): 1320-50.

Price, Charles. 1969. “The Study of Assimilation, ”J. A. Jackson ed. *Migration*, (Sociological Studies 2)Cambridge: Cambridge University Press: 181-237.

Rouse, Roger. 1991. “Mexican Migration and the Social Space of Postmodernism,” *Diaspora* 1 (1): 8-23.

Rouse, Roger. 1987. *Migration and the Politics of Family Life: Divergent Project and Rhetorical Strategies in a Mexican Transnational Migrant Community*. La Jolla: Center for US-Mexican Studies, University of California, San Diego. Unpublished manuscript. 转引自 Goldring, Luin Penelope. 1992, *Diversity and Community in Transnational Migration: Comparative Study of Two Mexico -U. S. Migrant Circuits*. Ph. D. dissertation, Cornell University.

Sauvy, Alfred. 1966. *General Theory of Population*. New York: Basic Books.

Schurman, Franz. 1964. *Ideology and Organization in Communist China*. Berkeley: University of California Press.

Snowden, Lynne S. “Collective versus Mass Behavior: A Conceptual Framework for Temporary and Permanent Migration in Western Europe and the United States, ” *International Migration Review*, 24(3): 577-90.

Solinger, Dorothy J. 1992. “Urban Entrepreneurs and The State: The Merger of State and Society,” Authur Leais, Rosenbaum ed. *State and Society in China: The Consequences of Reform*. Boulder: Westview Press:121-140.

Solinger, Dorothy J. 1993. “China’s Transients and the State: A Form of Civil Society?” *Polities & Society*, 21 (1).

Solinger, Dorothy J. 1995. “The Floating Population in the Cities: Chances for Assimilation?” Deborahs, Davis ed. *Urban Space in Contemporary China: the Potential for Autonomy and Community in Post-Mao China*. Cambridge: Woodrow Wilson Center Press and Cambridge University Press: 113-139.

Uzzell, Douglas J. 1978. “Conceptual Fallacies in the Rural-Urban Dichotomy, ” *Urban Anthropology*, 8:333-50.

Victor Nee and Brett de Bary Nee. 1973. *Longtime Californ’: A Documentary Study of an American Chinatown*, New York: Patheon Books.

Walder, Andrew. 1991. “Worker, Managers and The State: The Reform era and the Political Crisis of 1989, ”*China Quarterly*, 127: 467-92.

Walder, Andrew. 1986. *Communist Neo-Traditionalism, Work and Authority in Chinese Industry*. University of California Press.

Wank, David L. 1995. “Civil Society in Communist China? Private Business and Political Alliance, 1989, ”John A. Hall ed. *Civil Society: Theory, History, Comparison*. Cambridge: Polity Press: 56-73.

Weist, Raymond. 1979. “Anthropological Perspectives on Return Migration: A Critical Commentary,” *Papers in Anthropology*. 20 (1):167-87.

Whiteford, Linda. 1979. "The Borderland As An Extended Community, " Fernando Cámara and Robert V. Kemper, eds., *Migration Across Frontiers: Mexico and the United State*. Albany: SUNY Institute for Mesoamerican Study:127-37.

Whyrte, William Foote. 1981. *Street Corner Society*. Chicago and London: The University of Chicago Press.

Wong, Bernard. 1988. *Patronage, Brokerage, Entrepreneurship and the Chinese Community in New York*. New York, AMS Press. (manuscript).

Wood, Charles H. 1981. "Structural Changes and Household Strategies: A Conceptual Framework for the Study of rural Migration, "*Human Organization*, 40 (4):338-44.

Wood, Charles H. 1982. "Equilibrium and Historical-Structural Perspectives on Migration, " *International Migration Review* 16 (2):298-319.

Xiang, Biao. 1998. "Expanding With Congregating: Studies on Migrant Communities in Beijing," Paper presented at International Conference on "Labor Mobility and Migration in East Asia," April 17-18. Beijing.

Yan Yunxiang. 1996. *The Flow of Gifts: Reciprocity and Social Networks in a Chinese Village*. Stanford University Press.

北京市人民政府研究室、北京市经济社会发展研究中心，1990，"北京市人口迁移及对策研究"。见八大城市政府调研机构联合课题组，《中国大城市人口与社会发展》，北京：中国城市经济社会出版社。

曹建春，1993，《农村劳动力转移的一个新模式》，北京大学社会学系打印稿。

北京市宣武区服装公司，1995，《北京市宣武区服装公司志》，打印稿。

布劳，1989〔1964〕，《社会生活中的交换和权力》，孙非、张黎勤译，北京：华夏出版社。

王振忠，1996，《明清徽商与淮扬社会变迁》，北京：生活·读书·新知三联书店。

张海鹏，王廷元主编，1995，《徽商研究》，合肥：安徽人民出版社。

邓正来、景跃进，1992，《建构中国的市民社会》，《中国社会科学季刊》（香港），1（1）。

费孝通，1985，《乡土中国》，北京：生活·读书·新知三联书店。

费孝通，1986，《江村经济》，南京：江苏人民出版社。

费孝通，1996，《从马林诺夫斯基学习文化论的体会》，周星、王铭铭编，《社会文化人类学讲演集》，天津：天津人民出版社：1—40。

顾昕，1994，《当代中国有无公民社会与公共空间？——译西方学者有关论述》，《当代中国研究》第四期。

郭于华，1998，《国家力量·民间社会·文化象征——从养老看文化变迁中农村的国家力量》，马戎、周星主编，《田野工作与文化自觉》，北京：群言出版社。

科尔曼，1990，《社会科学理论的基础》，邓方译，北京：中国社会科学出版社。

乐清县委组织部，1992，《关于乐清籍党员在京情况的调查报告》，打印稿。

李艳红，1995，《城乡结合部社会管理体制的新探索》，北京大学社会学系学士论文。

李亦园，1996，《人类的视野》，上海：上海文艺出版社。

李宗凌等编，1990，《商业企业改革的"四起三落"》，《探索的足迹——北京市经济体制改革重大事件研究》，北京：经济管理出版社：129—152。

李宗凌等编，1990,《小型商业企业租赁经营形式分析》,《探索的足迹——北京市经济体制改革重大事件研究》，北京：经济管理出版社：153—169。

莫泰基，1995,《社区工作的性质及基础理论》，莫泰基等主编，《香港社区工作：反思与前瞻》，北京：中华书局。

孙立平，1992,《国家与社会的结构分化——改革以来中国社会结构的变迁研究之一》,《中国社会科学季刊》(香港)，1(1)。

王铭铭，1996,《功能主义与英国现代社会人类学》。周星、王铭铭编，《社会文化人类学讲演集》，天津：天津人民出版社：108—136。

王铭铭，1997,《社会人类学与中国研究》，北京：生活·读书·新知三联书店。

威廉·怀特，1994,《街角社会：一个意大利人贫民窟的社会结构》。黄育馥译，北京：商务印书馆。

吴景超，1991〔1928〕,《唐人街》，筑生译，郁林校，天津：天津人民出版社。

吴文藻，1935,《现代社区实地研究的意义和功用》,《社会研究》，66。

吴文藻，1988,《导言》。见费孝通、王同惠著，《花篮瑶社会组织》，南京：江苏人民出版社：4—7。

夏维中，1993,《市民社会：中国近期难圆的梦》,《中国社会科学季刊》(香港)，5(4)。

项飚，1998,《逃避、联合与表达——北京“浙江村”的故事》,《中国社会科学季刊》(香港)1998，1(22)：91—112。

项飚，1994,《寻访“哥伦布”》,《中国农民》7：20—23。

项飚，1995,《城市社会成长和民工问题研究——以广东东莞为个案》，北京大学社会学系打印稿。

浙江省乐清市政协办公室，1997,《乐清市农村剩余劳动力转移调查报告》，打印稿。

周其仁，1994,《中国农村改革：国家和所有权关系的变化——一个经济制度变迁史回顾》,《中国社会科学季刊》(香港)，8(3)。

周晓虹，1996,《传统与变迁：中国农民的社会心理——昆山周庄镇和北京“浙江村”的比较研究》,《中国社会科学季刊》(香港)夏季卷，第15期，19—31。

邹兰春等，1996,《北京市流动人口调查报告》,《北京的流动人口》：10—28。

附件 1

出租柜台的手续

1. 通过挂靠、租赁、代销部分产品及各种私人关系获取正式企业（主要是外埠乡镇企业）的执照副本。

2. 以厂家名义分别向当地工商局、北京的区级工商局开出《承租柜台申请报告》；当地工商局备案之后，再以工商局名义向北京的区工商局开出联系函。所以到北京的时候，应该有两份文件递给工商局。我在工商所的档案中看到外地工商部门的联系函不少，抬头是空白的，让工商户到了外面再随机应变自己填。（见下列两函）

> 租柜台申请报告
>
> 西城区工商管理局：
>
> 为了搞活社会经济、繁荣市场，我厂拟在素雅商场租柜台叁张，推销我厂服装。
>
> 请予批准。
>
> 乐清县清江兴海服装厂
>
> 1991 年 4 月 17 日

> 关于企业外出承租柜台的联系函
>
> 编号：02183
>
> 北京市工商局：
>
> 兹有乐清县清江兴海服装厂企业，已经我局核准登记，注册（字）14554497-9 号。现该企业要求在你地有关单位承租柜台，推销本厂产品，请你们按规定办理为荷。

注：本联系函须随同营业执照副本使用为有效。 乐清县工商局 1991 年 3 月 25 日

3. 办暂住证，北京工商局在批准时需要这一条。正是因为这一点，当时国家要求办理暂住证时，还有人办了一些。

4. 和商店签订协议书。

协议书 甲方：素雅商场 乙方：乐清县清江兴海服装厂 经协商，并根据有关规定，甲方将本商场的部分空余柜台出租给乙方。协议如下： 一、甲方向乙方出租柜台叁张，货架叁张，乙方至迟于承租前一日向甲方交纳月租金贰仟捌佰伍拾元整及营业税、工商管理费柒佰伍拾元。税费由甲方代为缴纳有关部门。逾期未交者，视同乙方不再承租。 二、按工商管理规定，乙方向甲方另交保证金陆佰元整。如乙方缓交柜台租金、税费或中止协议后叁个月内遇有顾客因商品质量退货，甲方有权从保证金中扣除。保证金待协议中止叁个月后退还给乙方。乙方若在协议期限内中途退台，保证金不予退还。 三、乙方自派售货员负责商品进销业务，自行收款，接受甲方管理。遵守工商、税务、物价政策，不得出售假冒伪劣商品。如有违反，甲方有权对乙方罚款，从保证金中坐扣；令乙方停业整顿；中止协议收回柜台，直至移送工商部门处理。 四、乙方不得把上述货架转租他人，一经发现，收回乙方全部承租柜台货架，罚没保证金，直至移送工商等部门处理。 五、本协议未尽事宜，双方应本着互助互惠精神，随时协商解决。

六、本协议有效期，自1991年4月1日至4月30日。

七、一式两份。甲、乙各执，双方负责人签章后生效。

甲乙双方签章

本协议延续到12月底。

5. 拿着上面说的这些文件及出租柜台的商店的出租申请，到工商所办临时营业执照。有些所还要求有流出地的乡以上政府开出的计划生育合格证明。

关于出租柜台的申请报告

北京市西城区工商管理局企管一所：

为搞活经济、提高效益，本店准备将叁张柜台和叁个货架出租。特此申请。

主管单位：

中国 ****** 公司（章）

申请单位：

北京市西城区

素雅百货商场（章）

附件 2

劳务聘用合同

甲方因生产需要，聘用乙方为工，去省市县。为了明确双方的权利和义务，特订立合同如下：

一、合同期限：

二、工资：甲方负担乙方吃、住外，每月付给乙方固定工资________元，同时每月每人可预支________元，年终一次性算清。

三、合同期间，来回车旅费由甲方负担，乙方医疗费用原则上自理，但因工伤残，根据国家有关规定，由甲方负责。预付每人________元，下半年工资扣回。

四、甲方不得招用童工。

五、甲方要保证乙方有六小时睡眠时间。

六、违约责任：乙方擅自离走，甲方不支付乙方其余工资和返回车费。甲方中途辞退乙方，须补足乙方合同期全额工资和返回车费。

七、甲方若与人串通造成乙方人身事故的（拐卖、其他刑事），甲方要负法律责任。甲乙双方因合同纠纷时，中介方有见证责任。

八、甲方必须遵守国家有关劳动法规，关心和爱护乙方，乙方必须服从甲方的安排。

九、本合同一式四份，甲、乙方、中介方各一份，报当地工商所一份。

甲方（签名） 乙方（签名）

中介方（盖章）

地址：乐清县虹桥幸福西路 ×× 号

浙赣劳务介绍所

公元 年 月 日

附件 3

劳务委托书

浙江省乐清县虹桥镇浙赣劳务介绍所

为了解决农村剩余劳力的就业，解决待业青年的生活门路，面向社会招工，今委托________招裁缝工________名，我所负责安排就业工作，我所是乐清县工商局批准的下属集体单位，特此委托情况属实，请有关单位给予招工方便为感！

乐清县虹桥镇浙赣劳务介绍所
本所地址：乐清县虹桥镇幸福西路××号
一九九　年　月　日

附件 4

NCQF 大院房屋租赁协议书

甲方：北京市 NCQF 大院

乙方：________房号：________住址：________

为了进一步繁荣大院，搞活经济，经甲、乙双方共同协商达成如下协议：

一、甲方向乙方提供房屋________间________m^2，作为经营服装加工及居住，不能搞非法活动。如被发现，甲方有权让乙方退出大院，如果情节严重触犯法律，甲方有权移交有关部门处理。

二、乙方在使用期间，不能使用煤气灶、电炉，如违约，一切后果由乙方自负，甲方不负任何责任。

三、乙方在室内不能乱拉电线和其他有害设施，一定要注意安全用电，更要注意防火安全，造成后果由乙方负责。

四、乙方在大院内不得自行拆除屋内设施，如被甲方发现，按甲方造价赔偿。

五、乙方在使用期内不能自行转让和倒卖，如有特殊原因，经甲方同意后方可执行。

六、乙方的税务、工商费、电费以及其他乙方自负，水、卫生、保安费按实际交纳数平摊。

七、乙方在通道、楼梯口等交通要道，不能摆放自行车、三轮车和其他妨碍交通的物品。

八、二楼用户，不能从栏杆口倒水、垃圾和其他废物，更不能在栏杆上晾晒衣服及其他物品。

九、此协议经双方同意后签订，具有同等法律效力。如有部分同国家法律相抵触的，按国家法律、法规为准。

十、此协议自签订之日起生效。此协议一式三份，甲、乙双方各执壹份，有关部门[①]备案一份。

甲方：北京市 NCQF 大院

代表签字：

乙方代表签字：

一九九五年　月　日

① 此“有关部门”纯为虚设，老板向我解释，这样写的意图是使得合同更有权威性。

附件 5

通 告

近年来，我石帆乡朴湖村在京经商房已达壹佰家之多，由于买卖不一，各分东西，有部分经商户受到别人的欺负，甚至遭受坏人的敲诈、抢劫。使得有些经商户无法在此经商。为了使我村经商户在京团结一致，互相帮助，安心做好生意，并且有强大的实力，经过我朴湖村许多经商人员商议成立朴湖乡驻京“排忧协会”。

该协会成立后，将使得我村在京人员相互往来、相互支持、互通信息，若有特殊，该协会可以帮助调解，如遭受欺负、敲诈、抢劫，可由该协会直接出面解决，其费用由协会承担。

“排忧协会”的成立需要资金，由我村经商户集资。其方法是：由入会者一次性集资壹佰元，其后每月每户集资贰拾元，该款专为会员作排忧解难之用。

协会负责人： 电话：

联系人： 电话：

附件 6

关于在京温服装市场内共建爱心活动并敦请市场治安小组改善工作作风的建议

尊敬的丰台区公安局、大红门派出所领导：

我们京温服装市场爱心小组，于 1994 年 12 月份成立，是浙江个体户自发组建，在市场工商所的直接领导、其他相关政府部门的指导下，进行自我教育、自我管理，改善市场经营风气、提高社会文明程度为宗旨的组织。自组建以来，我们发出文明经商的倡议、设立爱心供水站、自发清扫马路和打扫市场卫生，获得了政府领导和社会各界的高度肯定。《光明日报》《北京晚报》《中国青年报》、中国国际广播电台先后报道并给予好评。

加强与政府部门的联系，以做到上情下达、下情上达，共同建设好市场，建设好“浙江村”也是我们小组的重要任务。兹特向区局和所领导汇报有关市场内治安人员工作情况，望给予重视。

大红门派出所在市场内派驻的三名公安同志，在到任之后，为市场的治安做了大量工作。没有他们的艰苦努力，市场不能太平，我们工商户也不能赚钱，这是大家都看在眼里的。爱心小组本计划对市场的工作人员表示慰问，表达广大工商户对他们的感谢。

但是最近一段时间，市场内因摊位大增而纠纷明显增多，治安小组的个别同志的工作态度不尽如人意。在纠纷处理中，不耐心、不公正、不适当，甚至有超出自身职权范围、侵犯公民基本权利的行为。

卢庆德同志向贵局所反映的情况，我们独立进行了调查（当事人一概回避），证明所反映情况基本属实。问题的基本性质是清楚的。

又，今年4月初，两名派出所人员对一名在市场内吸烟的工商户殴打并一次罚款500元，严重超出职权范围。

但在其他一些斗殴纠纷中，派出所同志的管理又不甚有力，没有起到应起的作用。

这些事件已引起广泛社会反响，严重影响公安部门在工商户心目中的地位和威信，工商户在此不能安心经营，若就此下去，市场的治安很难好转，而且警民之间容易出现难以和解的隔阂甚至对抗性情绪。

我们认为，要把这共有1700多个摊位的市场管好，只能靠两点：1. 警民携手齐抓共管，双方紧密配合，群防群治；2. 警察同志秉公执法，不徇私情，不求私利。这两点都有待加强。

在此，我们向公安局、派出所的领导同志郑重建议：

一、对已经出现的问题，务请调查核实，根据有关纪律规定给出处理，并向工商户解释清楚。

二、切实改变个别派出所同志的工作作风。

我们爱心小组视接受公安管理、协助维护市场秩序、保证稳定、解决矛盾为己任，希望我们以后能与贵局、所和市场治安小组加强联系。我们将及时向领导汇报市场中有关动向，提出自己的建议。

愿我们的“爱心”能落到实处。我们也坚信局、所同志定能公正处理、放眼长远。让我们携起手来，共建京温市场的爱心家园，共建繁荣、稳定的首都南城商业区！

此致

敬礼

京温服装市场爱心小组上

1995年5月9日

附件 7

联营合同书

甲方：北京市丰台区南苑乡大红门农工商联合公司养殖场

乙方：北京市 TPY 服装总公司

甲方已有承包第三公司的渔场 52 亩，现闲置不用，为解决社员生活，增加集体收入，经填土后准备发展副业生产，欲寻找合作伙伴，乙方同意甲方意见，为改变“浙江村”服装生产落后面貌，为发展大红门一带集体经济，在甲方承包地上建立临时服装加工副业区。组织松散性联合体。双方立协议如下：

一、临时项目位置：东至南苑路中心线以西 70 米，南至和义农场交界地，西至右桥电器公司后墙，北至外敬庄西路中心线 50 米。

二、项目要求：用于生产服装的车间、仓库及其他生产、生活配套设施、建筑物均为简易结构，但是保证施工质量和安全。

三、联营时间：1994 年 9 月 1 日至 2001 年 8 月 31 日，时间七周年（包括基建期），合同期满，乙方如要求继续合作，有优先权，具体协议合同期满另议。

四、投资比例：甲方出土地使用权，再投入基建总额的 20%，乙方投入基建总额的 80%，负责在基建过程中分期同时到位，甲、乙双方不得延误。

五、利益分配：乙方第一年付给甲方 30 万元基底金，以后每年递增 10%，双方联营中收入分配比例甲方得三、乙方得七，债务按同样比例承担。

六、双方职责：

甲方职责：

1. 甲方负责向规划部门办理临建手续，如手续不全，对建设物所造成的损失甲方应赔偿乙方 50% 的损失。

2. 以甲方名义联系落实办理所需要的水源和电力及排污水道。

3. 施工中如与周边发生矛盾，由甲方出面调停，保证出入口，供车辆行人通行、出口道由甲方落实。

乙方职责：

1. 乙方负责组织施工，临建要注意质量，根据双方商定合理布局，治安消防、卫生、供水、排污都要配套齐全。

2. 教育加工区内职工服从当地政府领导，诚实经商，模范带头遵纪守法，建立文明院，保证不出问题，处理好与周围群众关系。

3. 组织加工区内的生活活动，按时向甲方结算交费。

付款方法：

合同签毕十天后乙方向甲方付基底金 30 万，一次交清，以后每年两期付款，上半年一次，下半年一次。

本协议如有不明地方，双方本着友好合作精神，协商解决，或写明补充合同。

本合同一式贰份，双方各执一份，合同一经签订，双方共同信守执行，不得违约，否则违约方应赔偿签约另一方经济损失。

立合同书：

甲方：北京市丰台区南苑乡大红门农工商联合公司养殖场

乙方：北京市 TPY 服装总公司

附件 8

JO 大院住房计划生育实施细则

为了坚决执行计划生育基本国策，协助北京市加强对来京人员计划生育的管理，根据《北京市外地来京人员计划生育管理条例》和《浙江省流动人口计划生育管理实施办法》，对本院计划生育工作特做如下规定，认真执行。

一、坚决服从居住地政府对本院计划生育工作的领导，接受计生部门的检查和管理。

二、JO 大院的管理小组同时兼院内计生管理小组，大院设立兼职计生专管员。

三、凡新迁住房，必须出示原籍地外出育龄妇女婚育状况证明，已住入而未办理的应限期补办手续送交本院。

四、对已超生的妇女，应马上采取绝育措施，绝育手术地址由原籍地区、镇政府确定。

五、计划外怀孕的，必须采取引流产补救措施。

六、已生一胎的妇女应及时放环，并接受每年二次指定地点环透检查。

七、妇女在北京生育，必须凭原籍地准生证，先向院内申报，由院管理小组转报居住地乡计划生育办公室办理登记。

八、严禁收留外来亲友在大院内生育和逃避计生检查。

九、本大院每月对计划生育状况检查一次，对违反计划生育政策的，本大院把违反情况报告居住地和原籍地计生部门处理。本大院对违反者将不提供生产、生活场所，并限期搬出大院。

十、本细则对大院管理者和住户同样有效，大家互相监督，共同自觉执行。

JO大院管理小组

1995-8-1

附件 9

JO 大院住房责任书

甲方：JO 大院管理小组

乙方：浙江省（市、县）（乡、镇） 村

姓名：现住 JO 大院______区_____排______号，共计______间。

为使 JO 大院不出乱，保证一个文明的生产、生活场所，甲方经与乙方议定，落实住房责任，立责任书如下：

乙方必须做到：

1. 严格遵守《JO 大院住房基本守则》，服从管理、遵纪守法、从善经商、和睦相处、文明礼貌、爱护公物、热爱卫生、安全防火，树立首都意识，自觉做一个好公民。

2. 严格执行国家计划生育有关政策和《JO 大院住房计划生育实施细则》，严禁早婚早育，严禁超生，按规定做好计划生育四项手术，自觉接受居住地和原籍地计生工作检查。

乙方如有违反《住房基本守则》和《计划生育执行细则》，甲方除分别向公安部门和计生单位上报外，甲方对乙方采取罚款和限期退出大院，不许居住，原住房押金款不予退还。

在此同时，甲方认真为乙方做好服务，创造优良环境，保证水电供应、道路通畅、卫生整洁，并认真听取居住户意见，改进工作。甲方并为乙方提供安全保障措施，院内实行 24 小时保安值班制度，协助公安同危害社会和本院住房权益的犯罪分子作坚决斗争，树立正气，压倒邪气。如乙方有被劫被抢所造成损失，先由甲方予以赔偿。

本责任书一式两份，双方各执一份，自觉遵照执行。

附《JO 大院住房基本守则》和《JO 大院计划生育实施细则》

甲方代表：　　　　　　　　乙方代表：

一九九五年九月一日

附件 10

J0 大院通告

（一）严禁院内贩毒、吸毒，如有贩毒吸毒者进入住户屋内，住户必须立即向大院办公室报告，办公室 24 小时都有人值班，将通过广播发出信号。

（二）住户屋内如有贩毒吸毒不报者，抓住以窝藏、包庇者论处，当即送交公安部门处理。

（三）对外人来院无事生非、敲诈勒索，均属扰乱我院治安秩序行为，坚决进行必要的打击。

住房如遇到或发现上述情况，请及时与我们联系。

要求大家一条心，一股劲，密切配合大院管理小组，遇事采取必要的措施，共同把院内各项管理工作做好，谢谢合作！

特此通告！

附件 11

汪饶风的检讨

丰台区政府：

南苑乡政府：

我公司属大红门农工商联合公司三分公司，从 1994 年初开始承包村里的一片养鱼场。这片养鱼场 52 亩，因经营亏损，后荒废闲置。根据我三分公司与大红门农工商公司承包合同，我三分公司每年需上交 12 万元，并且要承担养活 35 个社员，承包期 8 年，这 35 位社员属老弱病残，因过去村里无法将他们安排落实，没生活出路，他们经常一起到村里同领导闹事要饭吃，是咱村里一大包袱，我公司收这批人后，这批人也就成了我公司的一个沉重的负担。我们原打算将这片养鱼场填土后改为禽畜饲养场，经了解难以赚钱，又恐经验不足，一直想不出有什么好办法。1994 年上半年我们认识了北京市太平洋服装总公司一些人，我向他们提出联合搞副业服装的建议，把这块无用的死地变为活地，我分公司想利用浙江人手中的钱，把这班人养活，并增加公司集体收入，这是我们最初的想法。

太平洋服装总公司是浙江一些服装大户和北京人在京创办的一个公司，他们对此事也很慎重，经多次商量，共同认为以联营形式建造一个服装加工区，对改变“浙江村”现状，和发展大红门一带的经济很有意义：1. 可以使“浙江村”一片散沙式的家庭服装业走股份合同合作道路，通过筛选形成规模，逐步引导他们走规范化生产道路。在内加强行业管理，提高产品质量与档次，改变这一带服装业的不良形象。2. 解决“浙江村”脏、乱、差的局面，给来京服装户创造一个比较文明、整洁的生产、生活环境，给他们树立一个好榜样。3. 能解决时村一带外来人口过多、住房超负荷的矛盾，把服装生产从三环引向四环外，减少三环路附近因外来人口过多所带来诸多问题的压力。

于是我们双方在去年八月二十日根据国务院《关于加强横向联合》的精神，签订了横向联营协议书，协议中规定，我方出土地使用权，对方（太平洋公司）出资金，第一年对方付我公司基底金 30 万元，以后每年递增 10%，然后对今后所产生的效益双方三七分成，我方得三，对方得七，时间为六年（基建时间除外）内部具体生产管理由对方组织，财务由双方共同派人共同管理，互相监督。

为了确保管好这个院子，我公司还向太平洋服装总公司提出四点要求，以作为联营先决条件：

1. 一切服从当地政府领导、遵纪守法、诚实经商、管好你们的老乡、保证不出问题；

2. 临建车间要盖得好一点，要有合理布局，治安、卫生、供排水、消防等都要配套齐全；

3. 要按时向我们交费，否则，予以断电、断水；

4. 如果国家需要这块地方，无条件拆除，当服从大局，不予赔偿任何损失。

他们都同意我们的要求，表示有决心有能力把这个服装大院建成一个文明院，为改变目前外来人口聚居区面貌，为树立浙江人在京好形象，为首都文明建设而做出努力。

临建工作从去年 9 月份开始，至今已营造完成，对方共已投入资金 800 万元，已建好房子 800 多间，并且已达到“三通一满”，即水通、电通、路通，到四月底服装户已全部住满，共有 5000 人左右，目前，服装户们都已埋头投入生产，进入正常运转状态。对大院下步的管理，我们已经做出以下相应措施：

1. 关于治安问题：

我们已向大红门派出所领导联系，制定内部治安管理条例，组织强有力的治安管理小组，以大红门派出所为主，以丰台人民保安公司为辅，负责做好本院的治安工作和暂住户口登记，及时掌握住户流动情况，大红门派出所已入院落实暂住人口登记。加工区大门口设岗，内部24小时保安人员巡逻，各加工房之间建立互保，房房设有报警装置，不给犯罪分子有任何可乘之机。太平洋服装总公司还提出，在院内加工房如发生被窃、被劫、被偷、损失多少，赔偿多少，以表示他们配合公安部门与犯罪分子斗争的决心和对保护群众利益的勇气，这对于经常遭受抢劫骚扰日夜提心吊胆的浙江的加工户来说，内心很受感动。

2. 关于交通问题：

为防止出现时村和木樨园一带车辆过多、道路经常堵塞的现象，本公司向外联系落实四辆面包车，从京温至久敬庄来回运送，每辆每天开25班次，杜绝三轮车运送人员给公路交通带来影响。

3. 关于卫生问题：

为解决垃圾堆放和污水处理，对方已向附近大兴县和义农场租用三地（已付款），夜间用车把垃圾运送到消纳场。污水排放与和义农场也有协议，挖一条暗沟从和义场流入南苑河，院内还建造四个干净清洁的文明公厕，已落实清洁工打扫卫生，为提供良好的生活环境和卫生条件，院内设有四个医疗保健室和十几个生活用品网点，还设有一个幼儿园，做到不出大院也能解决生产、生活问题。

4. 关于消防问题：

每排车间配有二个干粉灭火器，每区的道口设有消防栓，房子间距较大，有消防安全通道，防止火灾隐患确保安全生产。

5. 准备办理有关事项：

在院内准备开设一个宣传专栏，经常性宣传党和国家的政策、方针，开展法制教育，市民意识教育，计划生育教育，配合计生部门做好计生工作，并配合、工商、税务进行管理和统一收费，配合区、乡政府，认真落实对外来人口管理的各项工作。

由于我们双方认真合作和配合，我们的联营协议在实践中已初具成效，已达到预期目的，但由于我们法制观念不强，思想糊涂，有意和无意地触犯了国家土地管理法和城市规划法，见了四月一日丰台区政府的《通告》和看到附近其他一些临建被拆除，对我们的教训很深，永生不忘，特别给区领导所带来的影响和麻烦，更使我们痛心疾首，悔不当初。虽然我们在临建初期接受了区规划局罚款处理，根据我们目前经营、管理的面积，随时准备接受各级领导的处罚和教育。但目前已经投入那么多资金，已建造完毕，如被拆除损失无法弥补，并给浙江人带来许多麻烦问题，有打不完的官司，易产生不良后果，特别是5000人已入院生产居住，如果拆除他们将无处可住，会流落街头，给社会造成麻烦，使我们更其不安，今恳求区乡政府根据目前状况和现实问题能够网开一面，以教育为主，帮助我们渡过难关，给我们有一次戴罪立功的机会，保留已建院子，把它作为改革中对外来人口管理的一个试点，我们会在区、乡政府领导下，一切听从安排，忠实地配合区乡政府做好各项工作，以报答领导对我爱护教育之情。

大红门农工商联合公司三分公司养殖场
汪饶风
一九九五年四月二十七日

附件 12

北京市人民政府关于清理整顿丰台大红门地区的通告

为了保障丰台大红门地区良好的社会秩序和人民群众的正常生活，促进经济的发展，维护首都的政治稳定和社会安定，根据《北京城市总体规划》和本市关于外地来京务工经商人员管理的法规、规章，决定对丰台大红门地区依法进行清理整顿，现通告如下：

一、凡持有齐全、有效的身份证件，已领取暂住证，依法在京务工经商的外地人员，其合法权益受法律保护。

二、凡符合向外地人员出租房屋的条件，履行有关法规、规章规定义务的单位和个人，其房屋可以继续出租。

三、凡符合规划要求，经市政府有关部门批准的合法经营场所，予以保留。

四、未领取暂住证，又无有效身份证件的外地人员，自本通告发布之日起 15 日内，应自动离开本市。有有效证件，未申办暂住证或办理暂住证已逾期的，除由公安机关依法处罚外，允许其自本通告发布之日起 15 日内补办暂住证。无固定住所、流浪街头的，由公安机关依照有关规定收容遣返。

五、来京经营的无照人员，由工商行政管理机关依法处罚；符合在京经营条件的，可以自本通告在发布之日起 1 个月内，向所在地区工商行政管理机关申领营业执照。逾期未办的，予以取缔。

六、来京务工的外地人员，未办理外来人员就业证的除由劳动行政管理机关依法处罚外，应自本通告发布之日起 1 个月内到劳动行政管理机关办理就业证。逾期未办的，不准继续在京从事务工活动。

七、严格禁止外地人员在京从事三轮车运输行业，违者没收车辆，并依法予以其他处罚。

八、任何单位或者个人擅自与大红门地区各村、队签订的土地租赁合同，均属违法，一律无效，凡在违法租赁土地上建设的各类房屋或者侵占道路、绿地、耕地、公共场所私自搭建的房屋、商亭、商棚以及其他设施，一律由违法建设单位或者个人于 11 月 30 日前全部自行拆除。逾期未拆除的，将依法强制拆除。

九、未经政府有关部门批准开设的各类非法市场、门店和经营摊点，一律依法取缔。

十、对违反暂住登记、房屋租赁、劳动、工商行政管理、税务、计划生育、城建、规划、市容环境卫生等规定的由有关管理机关依法处理。

十一、非法持有枪支弹药和管制刀具的人员必须在本通告发布后，立即送缴当地公安机关；隐匿或者拒不缴出的，由公安机关依法惩处。

十二、对拒绝、妨碍国家公务人员依法执行公务或者造谣惑众、煽动闹事的，由公安机关依法惩处；构成犯罪的，依法追究刑事责任。

特此通告。

北京市人民政府

1995 年 11 月 13 日

致　谢

写这篇致谢，对我来说并不比写正文的一个章节容易多少。从1992年至今，“浙江村”调查已成为我生活中最主要的部分。其间我所遇到的师友，都在各个方面给了我帮助。这里且依循本书的结构，以我调查的时间先后为线索，表达我对下面个人和机构的谢意。

最早启发我进行这项调查的，是当时中国经济与社会调查中心周拥平博士。我的舅舅何丰礼先生在我进入社区的过程中给予了关键性的帮助。我的家人一开始就给了我大量的支持。

在我第一篇调查报告《北京有个“浙江村”》完成之后，北京大学社会学系的袁方、王思斌、萧国亮、刘艾玉等老师给予了热情的鼓励。

这篇报告也引起了我后来的导师——王汉生教授的注意。她使我的调查成为一个项目。没有她的支持、鼓励和指导，我不可能坚持“浙江村”调查这么长时间，眼下的这部书稿更无从谈起。

通过王汉生老师，我认识了北京大学社会学人类学研究所刘世定教授、北大社会学系孙立平教授、中国社会科学院沈源教授。在向他们请教的过程中，我得到了极大的收获。他们给了我各方面无私的帮助。这本书最后的修改工作还是在刘世定老师的寓所里完成的。

在向北京大学经济研究中心周其仁教授、北大社会学人类学研究所王铭铭教授、北大法律系朱苏力教授、北大社会学系李猛先生等人的请教中，我也受益良多。

北京大学季羡林、费孝通、马戎、潘乃谷、李强教授、中国社会科学院陆学艺教授、美国福特基金会驻华代办处麦斯文、美国哈佛大学麦克法夸尔、英国牛津大学彭柯，以及王小强等先生都给了我很大的鼓励。

北京大学党委和行政领导人任彦申、朱善璐、梁柱等，北京大学团委陈建龙等老师，北大社会学系的所有领导和老师，中共北京市委、市人民政府李志坚先生等，浙江省温州市委、市人民政府钱兴中、王运正先生等，以及北京市公安局、丰台区政府，乐清市、永嘉县等地政府及有关社会机构都给了我很大的支持。

在成书过程中，得到了中国社会科学院黄平教授的大力支持帮助，本书责任编辑叶彤先生给我提出了诸多中肯的修改意见。

我在调查中还高兴地认识了美国康奈尔大学的张鹂女士和耶鲁大学的郑钟昊先生，他们也对“浙江村”作了深入调查，他们的工作给我以启发。我希望早日看到他们的成果。

最后，我恐怕不能用“感谢”来提及我的“浙江村”的朋友们。这里我只提一件小事。1997年我在林友福家过春节，他总认为我太瘦，一定要切西洋参给我喝，不慎把手指头切去一大块皮肉。鲜血溅满案板和地板。大年夜他去天坛医院包扎，而我被强留在屋里看电视。

借用我本科论文“致谢”中的一句话，他们是社会发展的真正推动者，我只是实践者的再蹩脚、无能不过的秘书。怎么把这个秘书当得少蹩脚一点，是我终生的任务。

索　引*

---

*　本索引不覆盖目录、参考文献和致谢部分出现的主题词，也不录入贯穿全书的核心主题，比如"浙江村"、老乡关系、非正规经济，以及研究的主要地域，比如北京、浙江、温州等。原则上，所录入的词条意在反映书中讨论的具体议题，而不是机械地记录某个词汇的出现次数。比如索引里录入作为概念的"传统"，但是不录入作为一般词汇出现的"传统"（比如"在传统上，我们所持的是'支配性'的知识观"，页 450）。再比如，"妇女"是作为"性别"下的次级条目出现的，索引只录入提到妇女、反映性别角色的地方，而不录入作为一般描述词汇的"妇女"（比如"一位女顾客"）。

地名一般录到县级，和"浙江村人"直接相关的录到乡镇级。访谈对象的化名不录。关于文献作者，只录对社会科学形成重要影响的人物，如布迪厄、费孝通，一般的被引用者不录。

在页码标识上，连贯页码表明这几页在连贯地讨论某一主题，比如"传统 6—9"表明页 6、7、8、9 在连贯性地讨论"传统"这个议题；而分页标识，比如"成都 150，151，152"，则表明这几页都提到成都，但是成都不是这几页的讨论主题。

词条后面括号里的内容对词条的具体含义进行界定。比如"国家（统治主体）"指明这里的国家是政治学意义上的（如"国家与社会"），而不是一般地域意义的国家；"农民（身份）"是指根据户籍制度界定的作为社会身份的农民，而不是作为职业的农民。

B

C

D

G

H

J

K

L

M

N

P

Q

R

S

T

W

X